时运变迁

修订版

世界货币、美国地位与人民币的未来

CHANGING FORTUNES

[美]保罗·沃尔克
[日]行天丰雄
著

于杰
译

中信出版集团·北京

图书在版编目（CIP）数据

时运变迁：世界货币、美国地位与人民币的未来：修订版 /（美）保罗·沃尔克，（日）行天丰雄著；于杰译. -- 2 版. -- 北京：中信出版社，2018.12（2026.1 重印）
书名原文：Changing Fortunes
ISBN 978-7-5086-9607-2

I. ①时… II. ①保… ②行… ③于… III. ①国际货币体系－研究 IV. ① F821.1

中国版本图书馆 CIP 数据核字（2018）第 231282 号

时运变迁——世界货币、美国地位与人民币的未来（修订版）

著　　者：[美] 保罗·沃尔克　[日] 行天丰雄
译　　者：于　杰
出版发行：中信出版集团股份有限公司
（北京市朝阳区东三环北路27号嘉铭中心　邮编　100020）
承 印 者：北京通州皇家印刷厂

开　　本：880mm × 1230mm　1/32　　印　　张：17　　字　　数：428 千字
版　　次：2018 年 12 月第 2 版　　印　　次：2026 年 1 月第16次印刷
京权图字：01–2016–7227
书　　号：ISBN 978–7–5086–9607–2
定　　价：68.00 元

服务热线：400–600–8099
投稿邮箱：author@citicpub.com

To Fei Lee

a great

project!

Paul A Volcker

Hope "Changing Fortune" help you make a good fortune!

目　录

布雷顿森林体系的前世、今生和未来
——以《时运变迁》为中心的学习笔记

张　健
（美国哥伦比亚大学政治学博士，北京大学政府管理学院副教授）

引子

布雷顿森林体系（为行文方便，以下简称“布雷顿体系”）是“二战”后世界经济最基本的制度支柱，即使在1971年美国政府宣布美元与黄金脱钩从而结束了该体系的经典存在形式之后，也仍然深刻影响着自那以来的重大国际经济和金融事态。关于该体系的经济学、政治学和历史学研究著作，早已汗牛充栋。但作为研究型著作的原始资料之一的、实际参与运转和管理这一体系的高级人员的回忆录，却相对较少。以笔者所见，美联储前主席保罗·沃尔克和前日本大藏省次官行天丰雄合著的这本《时运变迁》，大概是英文世界中唯一一本完全以布雷顿体系为对象、从亲身经历者的视角阐述该体系的兴衰成败的作品了。本书中提到的鲁萨、康纳利、贝克乃至尼克松、竹下登、宫泽喜一等同样在布雷顿体系的历史中扮演了重要角色的人物，或者没有出版回忆录，或者只在自己的一般性回忆录中部分地讨论了与布雷顿体系相关的事件。相较而言，《时运变迁》则是沃尔克和行天丰雄在普林斯顿大学威尔逊国际和公共事务学院联合讲授国际经济课程时的提纲，其专门性和反思性是其他亲历记乃至研究专著所无法取代的。仅凭此点，本书中文版的面世，即有其重要的文献价值。

在文献性之外，本书在 1992 年初版后近四分之一世纪被译介到中国，又具有一种特殊的现实性。2015 年的股市动荡和 2016 年围绕人民币汇率和外汇储备的种种攻防，使得中国官产学界和一般公众对中国经济发展趋向的讨论更加热烈，观点分歧也更加明显，而全球资本流动和汇率问题则是争论的最大焦点之一。论者反复提及的美元霸权、黄金的避险功能、人民币国际化乃至被称为阴谋的“广场协议”等概念和事件，都和布雷顿体系及其后续影响紧密相关。可以说，不了解布雷顿体系，就没办法理解我们身处其中的现实的来历。而常言有道“鉴往知来”，若想在面对不确定性日益增加的未来时少一点迷茫，从《时运变迁》开始，也未尝不是一个上佳的选择。

本文的目的就在于，以《时运变迁》为考察中心，将视角向前和向后扩展，以期获得对布雷顿体系既作为具体的制度安排，又作为一种广义的自由主义政治经济学理念的全时段视角，并对这种理念的未来做一番初步的探讨。在以下的部分中，本文首先将回顾布雷顿体系之能够建立的历史和智识基础，这对于我们理解该体系所立基于其上的政治经济学理念是至关重要的。然后，围绕沃尔克和行天丰雄集中讨论的布雷顿体系从危机到解体再到事后管理的这个关键时段，本文将解释这个体系的不严谨性，但同时强调，恰恰是这种具体结构上的“缺陷”反而更证明了布雷顿体系理念的生命力。在第三节中，本文将视角扩及20世纪90年代至今的国际政治经济结构的变化，讨论布雷顿体系以某种变形得以重建这一观点，并指出布雷顿体系的理念在冷战后的更大成功中却制造着自身最本质的危机。本文将以对上述几点的总结和提升结束。

一、前史

1944年在人类公共事务和智识生活的历史上颇值得大书特书。这年3月，自奥地利移民英国的哈耶克出版了《通向奴役之路》，强烈地批判了法西斯主义和布尔什维主义所共同尊奉的集体主义经济哲学及其在政治上的可怕后果，对两次世界大战期间西方世界的主要政经思潮做了一个从经典自由主义立场出发的总结。同一年，从匈牙利移民美国的波兰尼则出版了《大转型：我们时代的政治与经济起源》，通过对19世纪的经典自由主义经济秩序起源和演进的梳理，事实上解答了那个秩序在两战期间所遭受的挑战的原因。而以凯恩斯和怀特为首的美英两国货币金融专家，则在该年夏天设计了民族–国家时代以来第一个整体性的国际货币和贸易框架，并经由当时仍在共同对轴心国作战的联合国家批准而获得其空前的合法性，这就是布雷顿体系。

两本书的出版和一个体系的诞生，这三者是有其内在联系的。

它们共享的历史背景就是19世纪世界秩序的丧失，以及两战期间的各种思潮对这种失序提出的解决方案和各种政治运动相应的努力。如果说波兰尼旨在总结过去，则哈耶克是在警告一种未来，而无论怀特和凯恩斯是否读过这两本书，他们的实际工作却不自觉而近乎完美地在波兰尼的“过去”和哈耶克的“未来”之间设计了一套折中的现代方案。

按照波兰尼的观点，19世纪秩序的本质就是一种经典的自由主义经济秩序。毋庸多言，自由主义经济的合理性，已由亚当·斯密关于私有产权基础上的市场机制和大卫·李嘉图关于比较优势的贸易原理加以论证。在此之上，19世纪日渐扩张的国际经济交流，其支付基础是由稍早于斯密和李嘉图的大卫·休谟所提出的“物价–现金流动机制”（Price Specie-Flow Mechanism）所建立的。

按照休谟的理论，当各国普遍使用黄金作为货币的时候，一国的国际收支如果出现逆差，则黄金外流，继而导致本国流通中货币量减少，物价下跌。物价下跌使得出口成本降低，本国商品的竞争力增强，从而导致出口增加、进口减少，直至国际收支改善并重新平衡。如果一国国际收支出现顺差，其自动调节过程完全一样，只是方向相反而已。这样，国际收支的不平衡完全能够自发调节，用不着任何人为的干预。虽然在休谟发表其理论的1752年，纸币使用还不广泛，但当纸币在19世纪得到广泛使用的时候，倒的确是普遍使用黄金作为准备的。在这种条件下，休谟机制之运行只是多了一个“国际收支不平衡，导致一国信贷规模变化，再导致收支再平衡”的环节而已，其原理完全不变。事实上，拿破仑战争期间，英国为支付庞大的军费而滥发纸币的时候，英国议会的一个临时调查委员会就在1810年发表了著名的“锭金报告”，重申了严格以黄金为储备发行纸币的必要性。从那时起到1931年，这个扩展了的休谟机制一直是身为世界霸主的英帝国的货币政策原点。

总而言之，在国内的政府与市场关系上，斯密论证了政府最少干预市场的好处；在国家间的经济关系上，李嘉图论证了政府最少管制贸易的好处；而休谟则论证了政府最少干预货币政策的好处。人类经济在19世纪的第一次全球化繁荣发展，就在三个英国人思想（也许还有皇家海军所保证的世界和平）的基础上展开了。一切似乎都很美好。

但是，市场自我调节、收支自动平衡的理念虽然有其理论上的自洽性，其具体实现却是以忽视“被调节”和“被平衡”的对象为基础的。举例来说，某国的某个产业在国际竞争中丧失竞争力之后，该产业中的资本所有者（例如企业主或投资人）要承担财务损失，该产业中的劳动者，则要面临失业和生计问题。理论上，他们都可以找到新的投资方向和新的工作机会，但这通常都需要一段时间，而且很可能是相当长且无法预计其具体长短的一段时间。这期间资产者和劳动者所面临的经济压力和心理压力，都意味着这种自发性调节机制可能是无法忍受的，尤其是对更加弱势的群体（通常是劳工）而言。

所以，一个根本性的伦理和政治问题就是：就让那些在市场中由于某种原因恰好处于弱势的人承担所有或最大份额的痛苦吗？那些正在过着好日子的人，对于这些人是否具有某种基于同情心、人道主义、宗教情怀乃至自利考量的救助义务？用波兰尼的语言来表述，任何一个人类共同体的经济秩序或者经济规则，难道可以是脱离这个共同体的其他秩序而独立证成和独立运行的么？

无论如何，兴起于19世纪末叶而蔚然于两战之间的劳工运动和左派政治，都说明纯粹的市场秩序和自我调节机制的现实社会政治成本之高，有时甚至到了使自由主义市场机制彻底丧失其政治基础的程度。俾斯麦执政末期，德国社会民主工党的蓬勃发展，迫使德意志国家开始了福利制度和劳资协商的最初实验。十月革命纵使在它激发起席卷半个欧洲的社会主义激情没能建立世界性的社会主义阵营之后，仍然在欧洲的极东端开创了完全反市场机制的经济和社会实践。“一战”期间西欧各国在征兵压力之下不得不向底层阶级做出的，以降低财产要求和扩大选举权为标志的政治让步，在战后迅速演进为左派政党在国家政治生活中的突飞猛进。20世纪20年代初的意大利经济危机催生了以国家统御下的强制性劳资协作（corporativismo）为招牌之一的法西斯主义。简称为纳粹主义的国家社会主义在德国的兴起就更不必多言。甚至至少在国内政策上最尊奉经典自由主义经济学的美国，也终于在1933年将主张政府全面干预经济的“新政”的罗斯福总统送进了白宫。世界范围内，只有斯密、李嘉图和休谟的故乡还在苦撑着自由主义的大旗，但即使是英帝国也在1932年的渥太华会议上，通过变本加厉地实施“帝国特惠制”，而将自由贸易的原则抛诸脑后。

在相当程度上，两次世界大战期间的历史，就是19世纪的自由主义经济思想和它所造成的各国内部的社会危机进行反复博弈的历史。其最惨痛之结果，当然是毁灭性的第二次世界大战。

二、正传

如果说1944年6月6日的诺曼底登陆已经奠定了对轴心国作战的同盟国家在战场上的胜局，那么同年7月1日汇聚于新罕布什尔州布雷顿森林地方一间酒店的来自44国的730位经济官员和专家，则意在确保消灭或控制那些使“今代人类两度身历惨不堪言之战祸”最初得以发生的经济原因，同时“促成大自由中之社会进步及较善之民生”。

那么，作为这次会议成果的所谓“布雷顿森林体系”到底代表了什么？这对具有大学本科经济学程度的人来说，大概都不是难以回答的问题。简而言之就是三条。其一，美元和黄金挂钩；其二，其他主要货币和美元挂钩；其三，非美货币和美元之间的汇率调整应该只在某货币发行国的国际收支严重失衡时才能发生，而且理论上应该事先获得作为主要货币国之间政策协调中心的国际货币基金组织（IMF）的同意。

请首先注意第三条：虽然汇率调整被严格地限制，但已经成为国际规则正式认可的国家调节经济的手段。在布雷顿体系之前的时代，当某国的国际收支（包括资本和经常账户）出现严重不平衡，特别是逆差的时候，国家政府或是拘泥于当时流行的金本位观念，不加干涉，放任其通缩（或通胀）效果伤害本国中下层的经济利益，或是选择以邻为壑的竞争性贬值手段，导致国际自由贸易秩序的崩坏。而无论哪一种反应，都会带来本文上一节所概述过的，对于国内外政治经济秩序的伤害。有鉴于此，在布雷顿森林会议上，僵化的金本位观念被放弃了，汇率调整得以在一定条件下正当化，同时这种调整应该是经过与其他国家协商之后才做出的。

过分僵化和随意操纵这两个极端被排除了，“可调整的固定汇率”制度成为布雷顿体系的核心。其所反映的深层政治经济学逻辑就是，在保证基本的市场经济和自由贸易的同时，尊重民族－国家体制的现实，尊重后者实现国内社会关系协调的需要。著名的国际政治经济学学者约翰·鲁杰（John Ruggie）曾指出，布雷顿体系的具体安排，一方面将19世纪经典自由主义经济政策重新内嵌于（embedded）一国国内社会稳定的总秩序之中，另一方面，国家追求国内谐和的各种社会经济政策（主要是凯恩斯主义的宏观政策和福利国家的建设）也被要求不伤及一个基本上自由开放的世界经济秩序，一种他称之为“内嵌的自由主义”的新国际经济秩序产生了。

无疑，布雷顿体系的第三条体现了人类在经历两次世界大战之后对于政治的新理解，而它的前两条则体现了人们对于自18世纪经济学诞生以来的基本信念的坚持，也就是：多种货币之间的兑换应该尽量便利得如同它们本就是一种货币一样，因为这样才能使投资和贸易的便利最大化，而这是人类福祉进步的根本机制之一。

但正如罗伯特·特里芬早在1959年就指出的那样，美元和黄金挂钩，其他货币再和美元挂钩的安排，事实上建立了一种“黄金－汇兑本位制”。而在“二战”后的经济恢复期结束，国际贸易和投资进入爆发式增长状态之后，这种安排就将面临以下两难。一方面，国际经济交流的扩大，天然地要求国际支付手段的增加。

由于地球上的黄金储量有限，国际支付规模的扩大就使得其他国家对于法定地等值于黄金的美元的需求日益扩大。另一方面，为了不使国际贸易和投资陷于停滞，美国只能通过增加自身国际收支赤字的方式来向美国之外的国家提供美元，而长远来看，这必然会使美国将美元兑换成黄金的承诺承压，从而导致美元贬值的巨大压力。这就是著名的“特里芬两难”。

事后来看，“特里芬两难”实在是一个非常明显的道理，何以当初在布雷顿森林聚会的各国专家没有留意这一点？这个困惑还有待历史和政治学者继续去慢慢考察。而年轻有为的沃尔克在 1962 年初入美国财政部的时候，则立即面临着如何“保卫美元”的政策难题。《时运变迁》一书中，沃尔克执笔部分的一个最引人入胜处，就是他详细地记述了他的上司（特别是当时的副部长鲁萨）和同事们，如何煞费苦心地通过发行债券、签署货币互换协议、征收资本离境税乃至要求盟国负担驻欧美军费用等办法，构筑所谓美元的“外围防护圈”的努力。这些措施的出发点都在于，通过使持有美元而不是黄金更有吸引力，并增大各国央行和 IMF 干预国际货币和资本市场的能力，最终保卫“35 美元兑换 1 盎司黄金”这个布雷顿体系的核心安排。

但还是那句话，事后来看，所有这些努力都是注定要失败的。特里芬所说的，以一国货币作为国际储备的根本性难题，不是小修小补所能挽救的，即便你聪明如鲁萨或者强势如康纳利（尼克松总统的第二任财政部长）。如果在一个较长的时间段里观察，美国在“二战”后初期的经济强势是个历史的偶然。当战前发展水平就和美国相当或接近的西欧、日本等国的经济充分恢复之后，美国经济的相对优势缩小，其国际收支状况的相对弱化也就是不可避免的。在这样的基本面下，让美元单独充当黄金的等价物，独力提供国际经济交流的支付手段，已经是勉为其难了。再加上当时已经大幅便利化的跨境资本流动以及越战造成的美国长期通胀等原因，尼克松总统在1971年宣布黄金和美元脱钩，实在是不得不然而又事有必至之举。

相较而言，英国在1870年的经济相对优势和1945年的美国相孚，其时英镑在国际货币体系中的地位事实上（虽然不是规则上）也和战后美元相类。在19世纪较差的通信和交易手段以及英国庞大的殖民体系等有利条件的支撑下，英镑以一国货币充当世界经济的主要储备和支付手段的年头，也只有区区60年而已（1931年英镑对黄金贬值，导致了世界范围内的外汇储备出清）。以美元为基石的布雷顿体系，虽然延续时间较短，但它所造成的繁荣与和平，又是英镑时代所无法企及的。

或许是出于对固定汇率制度下的便利和繁荣的怀念，或许是由于对浮动汇率下宏观经济形势和政策的缺乏掌握，从布雷顿体系解体到冷战结束的这20年里，西方主要国家政府仍然不懈努力建立主要货币之间某种程度的汇率稳定性，从“爬行钉住”到“目标汇率区”，再到为了协调货币政策而不得不进行的各国国内宏观政策协调，不一而足。以七国集团（G7）为核心，从首脑定期会晤、财长央行行长会议机制以及更经常的副部长 / 高官级别沟通机制，世界主要经济体之间还从来没有建立过这么高级别和经常的经济政策协调体制。这20年，恰好是沃尔克和行天丰雄在美日这两个最大的经济体的财金部门担任关键职位的时期，《时运变迁》的后半部也就成为这一段史无前例的主权国家间协调经济政策的历史的忠实记录。

这一时期的各国间政策协调，其议题主要是货币和宏观政策，而更深层的战略性目标则是保持至少是西方世界内部经济的相互开放和要素的自由流动，汇率的相对稳定是实现这个目标的必要条件之一。布雷顿体系试图以国际条约和规则的方式来实现这个目标，而后布雷顿时代，这个目标则以更加非正式也更灵活的政府间协调来达成。正是在这个意义上，布雷顿体系虽然正式结束了，它所体现的，所谓“内嵌的自由主义”政策原则，却通过以“G7”为代表的民族 – 国家间协商机制得以实质上的延续。

单就汇率而言，“可调整的固定汇率”与“浮动但大致稳定的汇率”其宏观经济效果是一样的。整个 20 世纪七八十年代，西方主要货币间的汇率波动，在浮动汇率机制下，幅度当然大过此前的 25 年，但要点在于，这种波动也是大致反映了各国经济基本面的。布雷顿体系下的所谓汇率“可调整”的触发条件，本就是一国货币汇率与其经济实况严重背离，不调整就将危及国内经济秩序和社会稳定。只不过，这种市场所要求的调整，却不能经由市场机制达成，而是需要经过国家间通过 IMF 的协调才能启动。在后布雷顿时代，这个调整不再由政府间机构如 IMF 所批准或协调，而是由市场决定，是谓“浮动”；政府间协调的主要任务则变成了防止某国政府为了获得竞争优势而通过主权行为来操纵汇率，其最著名的例子即是 1985 年的“广场协议”。《时运变迁》的两位作者，尤其是行天丰雄，认为“广场协议”是正确的宏观决策，日本经济后来的问题是自身没有利用好日元升值带来的机会所造成的。更有研究者如彼得森国际经济研究所的伯格斯滕等认为，“广场协议”完全是值得大书特书的、国际经济协调的里程碑式的范例。

当然，无论是布雷顿体系以及后布雷顿时期的西方国家间的经济协调，还是所谓兼顾国际经济自由和国内社会安全的一般理念，都不必过分赞扬。对于这套安排和理念的最大批评，也即它的最大缺陷就是，它只在欧美日澳等发达经济体之间运行，对于欠发达经济体的发展问题，几乎没有关注。和 IMF 一起在布雷顿森林会议上成立的、主司国际发展业务的国际复兴和开发银行（也就是常说的世界银行），长期得不到充足的资本，也没能在国际发展问题讨论中扮演重要角色。换句话说，布雷顿体系或者理念，虽然本不必是但事实上却的确是一套富国的知识和游戏。它所带来的经济稳定和繁荣，只在很小的程度上外溢到了发展中国家身上。冷战期间的 45 年，抛开另起炉灶的苏联集团不论，发达经济体和发展中经济体的差距是逐步拉大的。而长远看来，一个二元化的世界不可持续。

三、续集

2016 年 6 月，英国公投脱离欧盟，11 月，唐纳德·特朗普当选美国总统。此时，上距 1991 年苏联解体、冷战最终结束，正好四分之一世纪。如果我们把“后冷战时期”定义为一个冷战胜利者所主张的政治经济秩序在现实中也占据主导地位的时期，那么 2016 年很可能会被后来者认作“后冷战时期”的终结。

政治上，1991 年在科威特，1995 年在前南斯拉夫，以及 2001 年以来在阿富汗和伊拉克，美国领导其盟邦维护世界秩序的决心一直是世界秩序本身最主要的基石。如今，孤立主义色彩浓重的特朗普给了这个基石有史以来最重大的冲击；而美国最坚定的盟友，上一任世界霸主英国选择脱离欧洲联盟，也给过去350年以来最重要的，在民族－国家形式之外探寻人类政治生活模式的实验泼了一盆冷水。

经济上，特朗普上台伊始就宣布退出跨太平洋伙伴关系（TPP），使得人们在商品和服务贸易、环保、劳工利益以及知识产权等相互联系的世界性发展议题上所取得的，可能指引未来方向的成就毁于一旦；英国“脱欧”则意味着一个重要成员对各国间史无前例的经济深度融合的拒斥。对本文而言特别相关的是，TPP和欧盟本可以被理解为在广度和深度两个维度上，继续推进布雷顿体系所体现的“内嵌的自由主义”理念的某种努力。而从《时运变迁》一书结束的时点出发，继续考察这个体系和这套理念在后冷战时代的历史，则是把本书带入当下具体情境并更好地循之以思考未来的必由之路。

似有前定，这段历史的起点要从中国在冷战结束后的经济政治抉择说起。就在戈尔巴乔夫辞去苏联总统后24天，邓小平开始了他视察中国南方的行程。在后者一路发表的几次谈话中，私有企业制度和市场经济第一次获得了中国官方的首肯，中国具备了真正加入开放的世界经济的基本制度前提。这和20世纪80年代中国的做法有根本性的不同。那时，中国的改革开放可以被描述为，在不可触碰的计划经济和全民所有制之内为外来的自由主义经济因素勉强找到一点空间。而邓小平1992年南方谈话之后，中国的做法更像是，在一定程度的保留下，通过向自由主义经济大幅度地开放，将自身也改变为一个自由主义的经济体。

被中国人称为“下海”的这第二轮改革，对世界经济体系所造成的影响，绝不亚于它对中国本身的冲击。对中国而言，从那时起到现在的20多年间，中间经过加入世界贸易组织的助力，正是中国对外贸易爆发式增长的时期，也是中国通过外向型发展实现自身经济实力和水平跃升的时期。对世界经济体系来说，所谓“中国奇迹”的重大影响之一，就是迈克尔·杜利（Michael Dooley）等人所说的布雷顿体系的重建，或曰“布雷顿2.0”。

中国在1994年元旦将人民币对美元汇率一夜之间贬值50%（从1∶5.7到1∶8.6），并长期实行实际上的钉住美元政策。中国为了满足自身消费，以及更重要的，为了再出口而实行的进口，基本都使用美元支付，中国将本国产品和服务出口到境外，也几乎只收美元。美元成为中国经济融入世界的基本媒介，因此美元之于中国的价值，已经和它与黄金或者其他主要货币的比价没有什么关系；而只要中国这个世界上增长最快和顺差最大的经济体愿意近乎无限度地接受美元，这种意愿本身也就成为美元币值最主要的支撑因素之一。进入21世纪以来，中美两个经济体的增长经常地贡献全世界经济增长的一半左右。在这个世界经济最有活力的部分，货币之间的比价高度稳定，这种稳定的主要原因是政治力量的介入，而且存在着顺差国将顺差重新投资回到逆差国的现象，所有这些都和人们能够观察到的1945—1971年间存在于美国、西欧和日本的布雷顿体系下的运转情形高度类似。所谓“布雷顿2.0”的说法，绝对不是没有根据的。

需要指出的是，在中国进入世界经济体系之前，在亚太地区的其他经济体和美国之间早在冷战初期就已经建立起这种“美国开放市场，其他国家压低汇率形成出口”的经济循环模式。事实上，所谓东亚经济奇迹中的日本、“亚洲四小龙”和泰国、马来西亚等，都是这种模式的受益者。除了这些国家自身的努力，美国治下的和平以及美元治下的稳定的经济预期，也是六七十年代之后亚太部分经济体成功实现工业化并进入发达经济体俱乐部不可或缺的外部条件。中国改革开放的总体进程中，最成功的部分也就是对这种模式的跟进。

至此，事态似乎又是很美好的样子了：如果我们相信布雷顿体系曾是战后世界经济复苏和增长的重要制度保障，那么我们现在不是又有了一个它的升级版了吗？沃尔克在《时运变迁》中多次欲言又止的关于重建布雷顿体系的期望，似乎已经在邓小平的帮助下得到了满足。

可惜，事情并非那么简单。

即使在北美、西欧和日本等世界经济的核心地带，如英国脱欧和特朗普当选所反映的那样，相当部分普通民众正在对自由主义的经济秩序的普惠性失去信心。

战后西方经济政策的重心之一，就是确保在开放的市场竞争中暂时或长期失利的那部分人，能够得到一定的保护和帮助。本文反复申说了，布雷顿体系许可国家在一定条件下使用汇率手段来保护本国经济的重要性。目的相类的其他手段还包括，关贸总协定 / 世界贸易组织规则允许的紧急情况下的贸易救助措施，以及更基本的，“二战”后西方国家普遍的福利制度的发展和完善。这些政策和制度建设一起，构成了所谓“内嵌的自由主义”的精神实质，就是既寻求自由竞争带来的效率和福利改进，也同时体认以下事实：

不是所有人，在所有时间都能公平地获得这些好处，而出于正当的伦理、宗教、文化、社群等考量，国家应该在综合考量经济和非经济因素之后，在经济利益的分配方面扮演均衡性的角色。

问题在于，在20世纪80年代的撒切尔夫人、里根革命之后，上述共识开始在西方主要国家内部逐渐瓦解。各种社会安全政策和再分配政策，都出现了向右转，也就是更强调竞争中优胜者的利益的倾向。20世纪90年代的克林顿和布莱尔政权，通过“第三条道路”的掩护，其实代表传统的中左政治力量对右翼政治力量做了社会经济政策上的历史性妥协。

与此同时，冷战后的经济全球化在国际、国内政治障碍解除和技术突破性发展的带动下，空前深入。一部分发展中国家，特别是中国，的确受益于这个过程。兹不赘述。在所有的发达经济体内部，一方面是资本所有者和高级技能拥有者，也的确得到了在全球范围内配置和使用自己的资本的巨大好处，而另一方面中下阶层却以失业和实际工资增长停滞的方式承担着这个全球化的最大成本。当然，在发达经济体向右转的经济政策的示范下，即使在那些得益于全球化的发展中国家内部，其分配模式也在日益复制着发达经济体的模式。

这样，一个有趣的现象就是：在后冷战时期，与冷战时期相反，国家间的贫富差距缩小了；但在几乎所有主要经济体内部，与冷战时期也相反，各社会阶层间的贫富差距却加大了。冷战期间，布雷顿体系及其后续安排，对于世界的发展问题无能为力。后冷战时期，布雷顿体系的重建似乎更好地解决了这个问题。然而，只可惜，这种解决发展问题的方式，却是以发达经济体内部的社会和谐的丧失为代价的。赞成英国脱欧的人们说："我们何曾得到了一体化的好处？"支持特朗普当选者的理由是："我们的工作被中国人偷走了，特朗普会帮助我们找回来。"

在秩序中处于领导地位的国家内部对于秩序本身的可欲性的质疑，可以说是这个秩序最大的危机吧。

结语

我们身处何时？对这个问题的回答大概总也摆脱不了我们对于过去的理解。以沃尔克和行天丰雄两位资深国际经济官员所著的《时运变迁》为核心，本文考察了布雷顿体系、它的变体和扩展版，以及更重要的，该体系的具体安排所内含的政治经济学理念。我们看到，兼顾自由竞争和社会稳定的种种努力和安排，既是必需的，又是困难的。"二战"结束时的那一代人，总结他们的历史和知识，所创立的这个世界经济制度，绝不是最完善的，但的确是在既定现实条件下最可能实现那种兼顾的一种安排。自那以来世界经济的发展，已经为此做了注脚。

特别重要的是，迥异于 19 世纪的经济秩序，"二战"后的世界经济秩序从不假设，只要坚守某种安排，世界经济的良好运转就能自动达成。恰恰相反，它内在地要求参与者积极地、经常地协调。换句话说，哈耶克所说的"市场自发秩序"并不为"二战"以来的政治经济决策者所信奉，波兰尼关于 19 世纪自动平衡机制所造成的灾难的描述，似乎更令他们折服。

在 20 世纪 80 年代初，种种非本文所能探讨的复杂原因，导致了西方主要国家的政策吊诡地出现了，向不相信市场之外的机制在经济运行中的正当角色的方向转变。在这样一种思潮的影响下，加上冷战胜利恰在这个思潮方兴未艾之时到来，世界经济秩序中的市场因素，事后看来是不成比例地超过了监管和协调的因素。在那之后的全球化的深入，就是市场几乎不受限制地发展的结果。而如本文第三部分所谈到的那样，这种发展已经到了威胁其自身存在的地步。

问题当然是人们如何回应这些挑战。对此，本文似乎给出了些不容乐观的理由：英美这样领导国家的内部分裂，更不必说弥漫欧洲和日本的悲观主义情绪，等等。

本文绝不打算在结尾处勉强找出什么乐观的理由。世界历史上一个较为暗淡的时刻已经到来，并且很可能继续下去。如果人们仍然相信他们已经部分失去了的那个世界比各种似乎正享受着好时光的制度更为公平和正义，如果他们不想让这个暗淡的时刻真的继续滑向黑暗的深渊，那么他们现在首先应该做的就是反思：从冷战结束时的欣欣向荣到如今的四面楚歌，何其速也！何以致之？这样的反思必须涉及基本的智识问题，例如，我们是否没能正确地理解新经济运转的动力和风险？这样的反思还必须是战略的，例如，我们是否过度迷信了经济改变政治和社会模式的能力，而放纵了那些机巧地利用自由主义的经济秩序以强化他们的反自由的政治掌控的势力？

在这些，以及那些肯定超过本文作者能力之外的，反思的基础上，保卫和重建自由才是可想象的。

2017 年 6 月

中文版作者序

保罗 · 沃尔克

距写作《时运变迁》已将近 25 年——一代人的时间过去了。最终得到证明的是：时运确实变了，以我们没有也不可能预料到的方式发生了变迁。

但是，有些老生常谈的事仍然很重要：汇率的极不稳定、对协调各国经济政策的无能为力、贸易的严重失衡，以及国际资本流动的激增。目前，我们称之为新兴经济体的一些国家似乎正面临重蹈金融危机覆辙的危险。这些问题持续存在，似乎需要被关注，而实际上并未得到圆满解决。

没有人能在 1992 年料到中国和其他新兴国家的经济增长速度和规模。尤其是在中国，许多人已经脱离了贫困。就经济而言，美国可能还是“第一”，日本的第二却已经成为历史。20 世纪 70 年代和 80 年代，日本俨然是经济持续快速增长与价格稳定的典范。

而今，它却成了另一种范本：投机过度和金融危机，接着又是数十年的巨额债务和缓慢增长。

借助于电子科技，世界各地的金融市场已经变得无比复杂，并且更具风险。近年来，加强资本和中央银行监管的重大改革，也很难同步跟进。

那么，经过 25 年的超常增长后（这甚至超出了早先日本的水平），中国目前的形势如何呢？其领导人说得很清楚：中国经济的增长模式基于基础设施投资、出口和制造业，需要重新调整；债务过高，一些重要的部门存在重复建设；增长重心必须转向消费和服务，而突出的环境问题理应得到更多关注。

这些目标是明确的，但所需的改变困难重重。相比过去，中国的经济增长势必会慢下来，但按世界标准，它应该会而且也能够保持高速度。除此之外，世界范围内广泛存在的腐败，无疑也是中国在经济和政治上的特殊挑战。

中国渴望在各类国际论坛中，尤其是在国际货币基金组织中拥有强大的话语权是自然的，同时也很合理。人民币的储备货币身份似乎对政府具有重大象征意义，但其实际作用仍有很多疑问。

正如本书所述，储备货币可能有一些好处。在错综复杂的国际金融体系的实际运作中，可能需要一种被强力支持和广泛使用的货币。但储备货币也给发行国带来了难题，特别是外汇市场对其存在的高估倾向，损害了国内制造业，并导致国内储蓄过低。

恰是这一教训，令新的中文版《时运变迁》值得一读。

2016 年 4 月

行天丰雄

《时运变迁》英文版于 1992 年面世。那一年，克林顿在美国成功当选总统。有人告诉我，政府工作人员为新总统准备了一份简短的荐读书单。令我喜出望外的是，《时运变迁》居然在列！我一厢情愿地猜测，在克林顿总统的任期内，美国经济表现相当亮眼，《时运变迁》里的教训功不可没。

《时运变迁》出版时，美国作为苏联解体后的世界唯一领袖正志得意满。然而，帝国过度扩张的阴云已经隐现。欧洲在努力走向包括统一货币在内的历史性整合；日本则处于一个巨大的资产泡沫崩溃的边缘。

世界面临着持续停滞的不祥征兆。中国经济正从此前的滑坡中走出，并在邓小平先生改革开放政策的背景下，步入了增长。

在《时运变迁》中，我和保罗·沃尔克力图告诉我们的读者（他们是普林斯顿大学的国际研究生），世界经济始终被高度复杂的动态因素驱动着。其中，有一些因素可以测算，有一些不可预测；有一些可控，有一些则无法规避。结果是，时运的变迁成为常态。

在《时运变迁》初版面世后的 1/4 个世纪里，全球经济领域发生了很多大事：金融在经济中的主导性、信息和通信技术发挥的重要作用等。毫无疑问，中国经济的卓越表现是最重大的事件之一。其间，中国跻身全球第二大经济体，并在许多经济领域，例如生产、消费、贸易和投资等，处于领先位置。这确实是一项了不起的成就。

但历史性成就带来的结果是，中国目前正面临着另一项艰巨挑战：对经济和社会政治体制进行结构性改革。如此，中国作为一个国家以及中国公民个人，便可在世界上发挥一个重要发达国家的作用。我由衷期待，《时运变迁》再版能够为中国读者提供有价值的思想食粮。

2016 年 5 月

C. 弗雷德 · 伯格斯滕[1]

（彼得森国际经济研究所高级研究员、名誉所长）

《时运变迁》是国际货币体系，更宽泛地说，甚至是世界经济方面已问世的最重要的书籍之一。20 世纪七八十年代，现代社会的全球经济基本规则和制度安排正处于改革和尝试期，本书两位作者即为当时政策制定和国际谈判的核心参与者，他们通过本书提供了理解当今世界形势、协调货币失调和外部失衡可能的最佳

① C. 弗雷德 · 伯格斯滕：美国著名经济学家。1977—1981 年担任卡特政府时期的财政部长助理，负责国际事务，并于 1980—1981 年担任负责货币事务的副部长，其间代表美国出席五国集团财政部长副手级会议并筹备七国集团峰会。1981 年创办国际经济研究所（后更名为彼得森国际经济研究所，2008 年与 2011 年两次被评为全球顶级智库）并担任该所所长，直至 2012 年，现为名誉所长和高级合伙人。该机构关于美国对华经济政策的研究影响很大。本书中脚注如无说明，均为译者注。

方式所绕不开的背景条件。失衡问题始终困扰着所有的大国，既包括这一体系的传统领导者如美国，也包括未来的新兴领导者如中国。尤为值得称道的是，本书在以下四个方面别有助益。

第一，《时运变迁》展示了见证者直接观察到的，在相互依存度日益加深的世界主要大国，当时在努力维护繁荣和稳定的过程中，所经历的一系列关键转折点。1971 年的“尼克松冲击”从根本上终结了固定汇率制的布雷顿森林体系，并开始采用目前主要通行的浮动汇率制度。1978 年的波恩峰会启动了“火车头战略”，尝试了史上影响最深远的协调努力。1978 年后期的美国，其美元保卫计划揭开了世界强势货币会像任何其他货币一样崩溃的真相，但同时也可能避免了一次前所未有的全球经济“硬着陆”。1985 年的广场协议，代表着迄今为止国际经济合作的巅峰，并成功纠正了时人眼中自“二战”以来最严重的失衡。1987 年的卢浮宫协议实施了货币目标区的新制度，虽然只维持了很短时间，却是力求回归较稳定货币体系的大胆尝试。沃尔克和行天丰雄两位作者详尽描述了所有这些事件的来龙去脉以及相关细节，其中不仅包括他们经济方面的考量，也涵盖了其关键的政治立场。

第二，沃尔克是 20 世纪后半叶最杰出的经济学家、政治家，本书则是他出版的作品中，最接近其自传的一部。通过两桩改变世界及其本国经济路径的不朽功绩，沃尔克为自己赢得了偶像地位。凭借臻于完美的技术和勇气，他几乎是以一己之力在 1979—1980 年扭转了美国的货币政策，并制服了连续三年保持两位数、令美国部分利率突破 20% 的通货膨胀。他的胜利让美国经济恢复了稳定，从而为其后 20 年的美国繁荣和大缓和奠定了基础，迎来了全球经济的空前盛况，同时也成为重建对美元的信心，以及因应的国际货币安排的前提。书中沃尔克执笔的相关章节引人入胜。

本书关于沃尔克另一项壮举的章节也同样精彩，即最终成功应对 20 世纪 80 年代席卷拉美的债务危机。那次危机对世界经济和美国银行体系造成了破坏性威胁。它要求沃尔克及其国内、国际同事在国内反通胀和国际金融紧急状态的处理之间具备自由切换的娴熟技巧。

第三，行天丰雄和沃尔克均断然否定了广泛存在却完全错误的观点：20 世纪 80 年代国际合作的努力，尤其是广场协议，导致了日本经济在 90 年代初期的衰退，乃至此后其“失去的二十年”。关于这个问题的争论至今仍保持着极高的关注度，特别是在牵涉到中国，以及中国是否应该同美国及其他国家合作以纠正全球失衡与汇率失调的话题。那时，日本是主要的顺差国，是美国和其他国家贸易政策抗议的主要对象，一如今天的中国。行天丰雄作为内部人士，其对日本的政策反应及其后续演进的解释，应当被研究这一问题的所有学人列为必读内容。乘着回顾过去 20 年的东风，关于上述过程的进一步分析，可参阅彼得森国际经济研究所最近出版的《国际货币合作：广场协议签署三十年后的经验教训》(*International Monetary Cooperation: Lessons from the Plaza Accord after Thirty Years*)。该书由我本人和拉塞尔 · A. 格林，在广场会议的组织者和领导者——前财政部长詹姆斯 · A. 贝克三世主持并发表讲话的会议基础上编辑而成，其作者团队囊括了许多当时谈判和制定广场协议的美国和日本官员。

第四，本书的副题是“世界货币、美国地位与人民币的未来”。这一主题与今天的中国直接相关，因为人民币正在谨慎却不失稳当地迈向全球关键货币的位置，而且在这一点上，极有可能走得很远，纵然是昔日的日元也难望其项背，尽管日本的经济实力在《时运变迁》跨越的时段里飞速提升。曾经，日本为保持其巨额经常账户顺差，一度操纵本国汇率，挑起了美日间的争论。这在本书中有详述。对许多人而言，此类情形很像老生常谈，毕竟过去十年，美中之间的交锋都被他们看在眼里——关键的差别是，中国拥有十倍于日本的人口，其超越美国成为全球最大经济体的时间点也将提前（如果还没有超越的话）。中国的政策制定者和非官方专家固然已经研究了日本的相关历史，但行天丰雄作为内部人士的反思以及沃尔克在此基础上的评论，有助于读者更准确地理解那段重要历史时期透露出来的信息。

《时运变迁》的写作时间，与其著述的重大事件发生时间较为接近，可能恰恰由于这个原因，对希望理解当今世界经济关键成型期的读者而言，它可谓必读之书。而中国的官员和其他人，如果在面临本国国际实力和责任上升挑战的同时，也对如何与美国在这些议题上打交道感兴趣，本书的价值将更为突出。我很高兴，今天这本书能在中国出版，愿它获得应有的广泛关注。

2016 年 7 月

英文版编者序

身为记者，我用一生时间见证了本书记录的众多事件。但参与这些事件的两位作者，仍以其亲历描述给了我很多启示。回顾起他们动荡频仍的生涯，两位成功的经济决策者笔触鲜明。其中固然流露出对成就的自豪，但他们的坦诚也与众不同，令人耳目一新：对自己制定的政策所引发的事件和结果有时会感到吃惊，如果当初换一种方式决策，效果甚至有可能更好。这种情况实属罕见。本书可视为立场不同，但角度不一定对立且观点相近的两个人，代表老牌大国[①]和新崛起大国[②]之间的碰撞。在当前美、日双方关系越发紧密的情况下，本书展示了两国间真诚交流的意义。

两位作者均视普林斯顿大学为母校，但经历完全不同。第二次世界大战刚结束时，保罗·沃尔克还在普林斯顿读本科。大约10

---

① 此处指美国。

② 此处指日本。

年后，在日本大藏省派往伍德罗·威尔逊学院[①]接受研究生教育的多批年轻职员中，行天丰雄第一个完成了学业。两人初次见面时，美、日正就后来的“史密森协议”进行着艰苦的谈判，行天丰雄是日本大藏相特别助理。其后，行天丰雄在日本大藏省一路升迁，最终于1986年成为主管国际事务的副相。其间，两人工作中的交集也随之增加。

1987年，沃尔克从美国联邦储备委员会主席任上退休，并进入投资银行业。尽管如此，他每年仍抽出时间在伍德罗·威尔逊学院教学。行天丰雄从政府部门退休后，也在该校一年，两人得以在一个研讨班通力合作，总结、交流其公职生涯中的一些经验和教训。

本书内容完全基于作者们的构思，并吸收了其对善于质疑的学生们坦诚、详尽的反馈。书中的资料年表、术语汇编、文献目录和有价值的图表及统计数据，由普林斯顿年轻学者组成的出色团队提供。所有参与者的努力，都旨在提醒公众关注，他们从事过的领域非常重要，不能成为经济学家的私产，本书的内容即为示范。

劳伦斯·马尔金[②]

① 伍德罗·威尔逊学院是美国第28任总统伍德罗·威尔逊（在任期间建立了联邦储备系统）1919年在普林斯顿大学创立的公共关系学院，同时在此诞生了世界上第一个国际政治系，国际政治学和国际关系学也正式成为独立学科。

② 劳伦斯·马尔金系英文原版《时运变迁》的编辑。

英文版作者序

本书基于普林斯顿大学伍德罗·威尔逊学院一系列非正式讲座内容编辑而成。该学院重点关注政府和公共政策研究，因而会聚了众多杰出的经济学家、政治学家、社会学家、科学家和人口学家。但教育若要成功，就不仅是上述专业人士的简单加总了，而必须将专业方法同教学内容融汇，以便处理国内、国际政策的复杂问题。同时更重要的是，政府工作应给有天赋的年轻人带来挑战和激情，只有这样才能鼓励他们将大部分工作生涯致力于公共事务。

为推动上述目标，作为一生参与世界金融事务的政府前官员，我们应邀于 1991 年春季举办一个联合专家研讨会，讨论过去半个世纪中国际货币事务的发展情况。

我们两人中至少有一位（通常是两人同时）亲身参与了本书所述的大部分事件。我们之间的出发点以及有时表现出来的理解是不同的。我们的思考体现了不同的国家立场、知识背景以及政治和官僚体制的束缚是怎样影响这些事件并将谈判复杂化的。

除了这些，在回顾固定汇率的布雷顿森林体系的管理和落幕、20 世纪 70 年代巨大的石油冲击、制服通货膨胀所付出的努力、20 世纪 80 年代的国际债务危机，以及为应对汇率不稳定在广场协议和卢浮宫协议中重复的努力时，让我们铭记于心的可能是我们的基本共识领域。

我们这些经历对世界货币体系发展的启示，被留在了最后一章的反思中。我们熟知过去体系的挑战、矛盾与困境、成功与失败，这些一手经历并非与未来无关。这是我们要将自己的经历著述成书的原因。

本书直接采用伍德罗·威尔逊学院研讨会上的文稿形式。这种粗糙机械的方式，需要进行大量创造性的人工润色，有时更要求我们的合作者具有非同常人的耐心。

我们选择劳伦斯·马尔金担任编辑确实幸运。他明晰了语言，重排了段落，删除了冗余，提出了恰当的问题并建议做相关的补充。所有这些他都做到了精确，但这还不是全部。简言之，没有他对本书出版的热情，没有他对整件事的执着，没有他对我们讲稿所做的编辑，就不会有现在这本书。我们早就知道，他是经济和国际金融领域一流的专业记者和作家。现在，我们自豪地视他为我们的朋友和同事。

我们的研讨会由普林斯顿经济学系干练的阿蒂什·高希主持，他确保既能让我们对相关问题发表演讲，又能令学生们真正学到有用的知识。在讲座的全部准备过程中，我们还得到了普林斯顿大学三位出色研究生的协助。威廉·格兰姆斯和丹尼尔·格拉尼勒是北美年轻的政治学者，对日本在世界事务中日益提升的影响力具有浓厚的兴趣；他们日语流利，深谙政治经济学。拉米·阿米尔热衷于经济政策和科研培训，他投入大量精力追溯错综复杂的史实、准备统计资料。勤勉的迈克尔和伊丽莎白·弗里德伯格，则快速、高效地将演讲录音整理成连贯一致的文稿。

我们在普林斯顿大学的秘书玛丽安娜·多纳特将晦涩难懂的文字改写成了易读的文稿，她的工作令人惊叹。迈克尔·布拉德菲尔德、萨姆·克罗斯、罗伯特·所罗门和埃德温·杜鲁门都是美联储的老同事，自愿审阅书稿的相关章节并调查了一些历史事件，确保我们记忆无误。纽约的安克·德宁在督促其中一位作者将工作全部完成的同时，还愉快地协调了本书的大量工作。

一位作者[①]欠了弗雷德里克·H. 舒尔茨一份特殊的人情，这里原因很多，其中一个原因是，他现在身为普林斯顿国际经济学系第一位弗雷德里克·H. 舒尔茨教授[②]。更重要的是，1979 年至 1982 年这段关键时期，弗雷德里克·H. 舒尔茨担任美联储的副主席，在他为国效劳的过程中，给了美联储主席莫大的支持。

而没有出版界两位著名专家持久的关注，本书也将无缘问世。来自其华盛顿律所的罗伯特·巴尼特，凭借他的专业意见和热情帮助我们战胜了惰性。他坚持认为，我们应当继续数年前由阿尔贝托·维塔莱[③]最先开辟的道路。后者一开始就坚信，货币和国际经济政策的实践者，必然有些值得一谈的东西。

---

① 此处指保罗·沃尔克。

② 弗雷德里克·H. 舒尔茨教授是以弗雷德里克·H. 舒尔茨名字设置的教职。

③ 阿尔贝托·维塔莱 20 世纪 90 年代系兰登书屋首席执行官，此前为意大利银行家。

我们两人都清楚，还有很多做出贡献却未能在本书中提及的人。过去几年，我们在各自的政府中同他们一起工作。他们用自己的经历证明，当公共服务面对挑战时，众多能人所付出的智慧和精力。我们也都无法恰当地表达对那些伴随我们成长和升迁的良师益友和同事的谢意。他们有些人在书中提及，但并不全面，更多的人则未能提到。总而言之，没有他们就没有机会写作本书。更为重要的是，因为与他们的合作，我们得以确信，政府所遭遇的挑战，能够而且必须促使最优秀的人才脱颖而出，并带给他们极大的个人成就感。

当然，我们对本书的内容负责。

保罗·沃尔克

行天丰雄

1992 年 2 月

导　言

保罗·沃尔克

与我和行天丰雄刚开始工作的20世纪50年代相比，当今的世界[①]已经发生了很大的变化。经过史无前例的大萧条和战争，在以布雷顿森林体系为标志的国际经济领域，信心、稳定和希望开始恢复。

我们都对目前的局面很不满，但也都没指望那些一系列的大型经济和货币研讨会能像“二战”结束时那样，为一种达成共识的体系缔造新的框架。“二战”结束之初，盟国作为胜利一方还在痛惜战争的残酷破坏性，如今世界已发生了翻天覆地的变化。经

---

① 本书第一章到第十章均为20世纪90年代初英文原版内容。在译者于杰先生的努力下，两位作者为本次中文新版增补了文字。因此，在前十章文字中，“今天”“当下”“现在”等词汇均指20世纪90年代初，不再另作注明。——编者注

过几年的辛勤开拓，新的国际体系框架得以建立，为一代人的经济发展和协作打下了基础。半个世纪以来，在美国的努力支持下，该体系推动了政治民主、自由和市场经济的发展。只是在上述目标貌似成功的同时，美国却开始有些迟疑，怀疑其是否有能力继续担当领袖之责。

日本的崛起是新形势的缩影。它已由贫穷的战败国变成了经济强国，巨额储蓄远超其国内需求。日本为消化其产品和资本输出，严重依赖世界其他地区开放的市场，但对于维持和管理为其带来繁荣的自由国际体系，却不确定自己所能发挥的作用。其间，欧洲实力不断恢复，正致力于更广泛的一体化，并对东方打开了大门。与此同时，美国持续关注区域性挑战，应对全球事务的精力自然会消减。

国外回来的一位老友曾对我说，他认为我的职业生涯就像一部努力使美国国际地位衰落得体面和有序的长篇小说。我觉得他的褒扬是在暗讽，暗示我们并不成功。回想起亲身参与的战后货币史，这种言论着实刺痛了我的神经。但美国也已意识到，自己在管理货币事务和美元方面日益被动。

战后，我们建立了基于固定汇率和自由贸易的布雷顿森林体系，但它刚刚如期运行货币协议就面临压力。20 世纪 60 年代，我们机智地采取了一些临时措施，希望巩固、加强这个体系，并尝试进行一些根本性的改革。但权宜之计就是权宜之计，加上越南战争引发的通货膨胀压力，布雷顿森林体系最终在 1973 年寿终正寝。其间，理查德·尼克松及其财政部部长约翰·康纳利[①]，努力将美元贬值变成政治功绩，这一成绩也确实了不起。但长远看来，这反映了另外一些问题。任何货币的贬值，尤其是连续贬值，通常是发生状况的信号。

到 20 世纪 70 年代初期，很多经济学家和一些权威人士，比如康纳利之后继任财政部长的乔治·舒尔茨[②]，想推动世界向他们信奉的浮动汇率制方向发展。由于当时没有更好的选择，大多数人只好接受这一临时安排。不从权宜的角度判断，浮动汇率制的早期情况很难令人十分满意，波动太过频繁。在吉米·卡特担任总统的 1978 年，保卫美元最终成为国内政策的重要事项，从而引发了国内反通胀战役。我也因此受命加入美联储对抗通胀。

实施了前所未有的高利率是那次应付通胀的一个代价。我们从中得到了一个很好的教训，即为什么不能让通胀失控。这场反通胀战役，使 1982 年始于墨西哥的拉丁美洲债务危机变得错综复杂，随后导致国际市场美元汇率强劲上升。债务危机和汇率波动带来的种种问题，促成了各国货币当局合作的亮丽篇章。在当时

---

① 约翰·康纳利（1917—1993）：历任美国海军部部长、得克萨斯州州长，1971 年 2 月担任尼克松政府财政部长，1972 年 6 月辞职，在其财政部长任内以关闭黄金窗口而知名，即“尼克松冲击”。1973 年由原民主党转投共和党，在 1980 年角逐共和党内总统候选人提名失败后离开政府。1986 年因 1981 年于休斯敦合伙开办的房地产生意失利，申请破产，之后曾于 1990 年 12 月海湾战争期间，前往巴格达劝说当时的伊拉克总统萨达姆·侯赛因释放扣押的西方人士，后者在会晤后同意释放人质。

② 乔治·舒尔茨：1972 年 6 月至 1974 年 5 月任美国财政部长，此前历任美国劳工部部长、行政管理和预算局局长，后于 1982 年 6 月至 1989 年 1 月任里根政府的国务卿。

的环境下，拉美债务管理、广场协议和卢浮宫协议，纵然可谓必要且有建树的突破之举，本质上却是被动的。

本书大篇幅讨论了汇率，这的确也是个复杂的问题。经济学家们有时持这样的观点，即汇率完全是技术性问题。在考虑了实质性因素，例如通货膨胀、生产率、利率方面的差异后，汇率变化就是补差找平式的调整。我可能是老脑筋，始终认为：坚挺的货币通常是好事，是活力、实力和竞争力的表现。当然，这种观点可能夸张了点儿。在里根的任期内，他的一些幕僚就这么鼓吹强势美元的好处，有时到了吹嘘的地步。这些好处后来都被证明是暂时的，但他们的直觉没错。

当然，货币贬值通常意味着进口成本上升、出口所赚外汇减少。换句话说，国家更穷了而不是更富了，这不是什么值得高兴的事。回顾历史，美元在20世纪50年代一直坚挺，但其后便走上了贬值之路，中间只有几个例外年份偶有反弹。目前美元对日元汇率只有20世纪50年代时的1/3，对德国[①]马克[②]也只有40%了，这一点就表明了美国世界地位的变化情况。

我说这些并不是想灭自己士气，而是要直面挑战。“二战”后的美国地位，总体上是不正常且不可持续的。美国在战争中毫发未损，工业力量实际得到了加强，而潜在的竞争对手则元气大伤，需要美国帮助以重建家园。美国后来的衰落（如果这个词恰当的话）并不是绝对的，仅仅是相对其他经济体而言。对其他国家来

---

① 本书中如无特别说明，“德国”均指1990年民主德国、联邦德国合并前的联邦德国。

② 本书中，德国马克均指两德统一前的联邦德国货币。

说，几近白手起家地追赶美国，是自然而迫切的事情。战后美国贸易伙伴的增长，其实是美国的政策有意为之。

而且，美国的生活水平仍然是最高的，领导能力独一无二。海湾战争清晰表明，当美国自身及朋友的重大利益受到威胁时，美国有能力做出连贯且有远见的反应。美国能够指挥盟军并协调行动，这是其他任何国家都办不到的。更为长远地说，在东欧、苏联乃至全世界建立民主制度、捍卫人类精神、振兴市场经济的重大新机遇，很大程度上反映了美国信念的坚定性及其政策成功与否。

问题在于，美国及其伙伴是否利用这些机会以及怎样利用。海湾战争中，美国被迫要求各盟国分担战争费用，这标志着美国的态度及其经济地位在过去一代人的时间内发生了变化。在我看来，还有其他一些更不祥的征兆表明美国领导能力的下降：尽管美元贬值了，国外贸易壁垒也减少了，但我们反而开始怀疑自己的竞争力；虽然美国仍然是最开放的世界经济强国，我们却逐渐发现，自己在与国内的保护主义角力；与国际金融机构交往时，我们更多关注短期政治利益或经济利益。在这些机构内外，我们既想削减对它们的财力支持，又想在其中保持最强大甚至是支配性的影响，显然二者不能长期两全。相反，其他一些国家的经济地位大大增强，尤其是日本。但还没有哪个国家，能像曾经的美国那样强大到无可匹敌，而且，对于能够获得广泛支持的新世界秩序，它们是否具备远见卓识，这一点仍不明朗。

本书对所有这些问题都做了探讨。美国的相对衰落，有多少是自然的？有多少是有利的？有多少是由于自身问题造成的？我们本该在日本的帮助下，更加努力维护布雷顿森林体系及其带来的汇率稳定吗？该体系的崩溃与过去20年中全球经济发展缓慢和更大的不稳定，是否存在一定联系？在没有“二战”后美国那样有号召力和包容性领袖的情况下，我们又该往何处去？

写作本书时，我有一种感觉，1990年开始于美国和其他盎格鲁—撒克逊国家的经济不景气，可能会持续并蔓延开来。明年（指1992年）或以后几年，除了缓慢复苏各国均很难取得更好的成绩。尽管衡量经济活动的客观指标并未表明此次萧条特别严重，但是美国民众的情绪显然传达了他们对长期经济前景深深的忧虑，其关切程度也许是我从未遇见过的。某种程度上，其他国家也是如此。

美国现正值总统大选。所有这些，提供了非同寻常的机会和诱惑：一方面，机会意味着，就作为一个国家、一个社会，我们在哪里以及我们想往哪里去进行集中讨论；另一方面，对快速调整并打开局面的追求，诱惑人们的思想和行动只顾眼下，却对下届选举后会怎样漠不关心。本书既非政治宣言也非竞选文件。在我们寻求一个持续繁荣与和谐的世界秩序的目标时，唯愿本书能为美国、日本及其他国家在进行经济决策时提供启示。

行天丰雄

每当回顾起自己参与的美、日两国谈判历史时，我都忍不住会有一种感触，那种提醒我时运变迁的感触。45年前（1945年，即“二战”结束时），美国人或日本人都没有预料到我们后来在世界上的地位。20 世纪 50 年代初，美国总统哈里·杜鲁门和日本首相吉田茂[①]代表两国结成盟友，这是一个超级大国与一个正从战争废墟中挣扎起步的新生民主国家之间的联盟。而值得关注的是，这一同盟关系不仅一直成功保持，并成为当今世界最重要的双边关系之一。

在谈论美日同盟间的日渐不满与失和时，结盟的根本意义值得我们双方深思。在我看来，两国同盟关系，基于几个不可分割的核心因素。一个因素是，日本接受美国在全球事务中的领导地位；另一个因素是，美国默许日本自由参与包括美国在内的全球市场。可以说，该同盟关系运行得很漂亮。美国可将日本视为忠诚而顺从的追随者，亦即美国全球战略的支持者；同时，有赖美国实力赋予的稳定环境，日本放手扩大出口，其石油、粮食和原材料进口的稳定性也得以保证。

战后初年，美国牢固树立起世界监护人的国家形象。这既是身为世界上最强大国家的自信心使然，也是保护西方世界利益的责任感所致。日本成为美国导师门下最用功的小学生，不仅出自对美国战后援助的感激，也出于对实现与美国同等富裕、高效和自由的殷切渴望。因此，在所有学习和追随美国的国家中，日本付出了最艰苦的努力。

① 吉田茂（1878—1967）：1946 年 5 月至 1947 年 5 月担任日本首相，且自 1945 年 9 月直至其首相任期届满同时兼任日本外相。1948 年 10 月至 1954 年 12 月再度出任日本首相，其间自 1948 年 10 月至 1952 年 4 月兼任外相。执政期间，吉田茂始终把对美关系看作使日本重新获得大国地位的政策基石，是美国“道奇路线”的忠实执行者。

美日同盟取得了历史性的成功。它实在太成功了：即便形势发生了重大变化，双方仍将维护同盟关系视为理所当然。美国在勇敢、自豪地扮演自由世界卫士的角色时，经济活力逐渐受到军事、社会保障和私人开支的消极影响；日本则充分利用同盟营造的稳定经济秩序，通过其国民的智慧和辛苦努力，迅速攫取全球经济大国地位。与此同时，由德、法两国主导的欧洲共同体意识到，为应对日本和美国，其竞争力亟待提升。欧共体在经济融合过程中成效显著，作为全球主要经济体的地位得以巩固。

随着形势的变化，美日同盟关系发生重大改变。它不再是超级经济强国和远东经济弱国之间的同盟，而是世界三大主要经济体中的两个主体之间的同盟。二者产出合计占世界总量的 40%。

最近几年，美日同盟摩擦不断。究其根源，一方面似乎是两国在同盟关系理解上的分歧。两国都承认同盟的巨大价值。尽管如此，但日本期望保持其经济自由的同时，越来越不满足于政治上的从属地位。另一方面，美国想继续担任世界卫士，却不乐意日本在经济上继续坐大。换句话说，美、日都想保留同盟关系中符合自身利益的一面，同时剔除有悖于自身想法的另一面。普遍的私心，使得两国忘记了这两个方面是不可分割的。

如今的全球格局与 20 世纪 50 年代已截然不同。尽管美国仍然是世界上最强大的经济体，并仍努力扮演世界警察的角色，但事实是，美国不再是可以凭一己之力领导世界的霸权国家了。美国、欧共体和日本，共同承担管理世界经济的职能。这种三极格局，很可能维持几十年以上。另外，也许会出现一个更多元的势力结构，其中，像俄罗斯和中国这样的国家将发挥更大作用。但至少到21世纪初，国际关系和世界本身，仍将受几个主要国家间的对抗、合作、竞争的动态局势所主导。即使在这种情况下，我仍然坚信，由于高度的相互依赖、在连接两国的亚太地区潜在的广泛利益，美日同盟仍将是两国最重要的双边关系。

要在适应全球新环境的同时巩固美日同盟，两国任务紧迫。美国必须充分认识到，它和日本的关系是相互依赖的。要解决其国内经济问题，美国必须承担起自身的责任。日本则必须像美国那样开放国内市场，同时要认识到，其生存发展取决于与世界其他国家互利的国内政策调整。作为当今世界的正式成员，日本必须放弃几个世纪前的封闭岛国文化。

第一章

新的世界秩序，“二战”后的格局

保罗·沃尔克

概述

“二战”结束前后的经济规划和国际组织的建立，就其范围和视野而言都可谓史无前例。在规模空前的“二战”期间和一段艰难的和平过渡期内，达成了关于国际货币基金组织[①]、国际复兴开发银行（这些都是布雷顿森林体系的机构）和关贸总协定（即GATT）[②]角色的协议。总的来说，这些协议为新的国际秩序打下了思想和制度基础。这种秩序以如下承诺为标志：汇率稳定、不特惠任何国家的非歧视贸易关系、饱受重创经济的快速重建，以及贫穷国家的经济发展目标。本质上，这一切都建立在以市场为导向的自由经济体制理念基础上，这也是当时的苏联和中国选择退出的原因。

这种理念得到了美国这一大国的政策支持，而它对在其间发

---

① 国际货币基金组织，即 International Monetary Fund，通常缩写为 IMF，有时简写为 Fund。

② 关贸总协定，全称为 General Agreement on Trade and Tariffs，WTO 的前身。

挥领导作用既有能力也有兴趣。凭借完好无损的工业、高质量运行的经济以及无可置疑的军事、技术优势，美国从战争中崛起。与第一次世界大战结束时不同，大部分“二战”债务被迅速豁免。1946 年盎格鲁 – 美利坚的巨额贷款，相当于今天（1991 年前后）的 250 亿美元，一定程度上帮助美国战时的主要盟友恢复了经济稳定。几年后，欧洲复兴计划，即马歇尔计划，有效推动了欧洲复兴中的合作，并提供了实施这些计划所需的充裕资金，资金规模一度约占美国国民生产总值（GNP）的 2%。

像这样为国际经济合作利益进行如此大规模的专业知识投入、制度建设以及资金和资源转移，可以说是空前绝后，其背后有一系列特殊原因推动。

人们普遍认为，因赔款要求及难以处理的债务清偿问题，第一次世界大战结束后的和平进程被搞得一团糟，结果造成了政治敌对和经济不稳定。20 世纪 30 年代的大萧条，对资本主义的生存提出了挑战，且保护主义、经济不稳定和贸易急剧萎缩的动荡伴随其间。接踵而至的“二战”使得这种局势雪上加霜，各国政府开始意识到，它们需要重新认识世界，设计全新的战后秩序。有一个国家不仅足够强大（1945 年其产出占世界总额的 40% ）且其远见足以推动实现这些新的想法，这个国家就是美国。

由于谈判仅有两个实际参加者，即两个获胜的战时盟国——美国和英国，谈判过程因此大大简化。而且，当两国意见不一致时，也不存在一方地位高低的问题。谈判虽然简单，但欧洲的战后恢复还是花了十多年的时间才稳固下来。其后，新的贸易和金融安排才能够如设想的那样运作。不过，发展、合作以及信心提升等意识快速成为主流，而且也很快主导了德国和日本这些战败国。

如何开始

以上为本书两位作者亲身参与国际金融事务之前的历史。我们潜心研究过布雷顿森林体系的创建，其中部分研究是在伍德罗·威尔逊学院进行的。该体系的管理模式为我们身为美国和日本财政官员的起点工作提供了框架。而且我们也逐渐将其运作作为正常运行的世界经济秩序中各项事务自然的操作方向。我从 1962 年年初到华盛顿进入财政部，便开始积极参与国际货币事务。但显然，就像华盛顿国家档案馆大楼的铭文所载，“过去即序幕”，我有必要先行回顾自己在 20 世纪 50 年代的工作经历和时代背景。

我的第一份工作是在纽约联储任一个低级别的经济学家[①]，随后又担任纽约联储政府证券交易员。我在那儿学到了很多经济和货币政策方面的知识，同时也获得了不少官僚政治及金融市场的经验。这两者都很重要。当然，那时的储备银行是一个很官僚的机构。我不指望能读到我自己写的一些报告，因为我不在有限的传阅名单之列。如果你为回答行长的一个问题而写了一份备忘录，它首先会交到你的上级手中，后者会写上一些批注并交给他的上级，然后再交给副行长，最后到达行长那里。如果行长有什么批示的话，也会按照同样曲折的路径反馈给你。纽约联储主席艾

① 通过扶轮大使奖学金计划在伦敦政治经济学院完成学业后，沃尔克于 1952 年加入纽约联储，1957 年离开。1975 年 5 月重回纽约联储，担任主席。

伦·斯普劳尔[1]可能是当时最有影响力的中央银行家，所以无论官僚体制多么僵化，似乎也并非一无是处。另外我估计所有大型机构都是这种工作方式。

之后我去了大通曼哈顿银行[2]，其经济学家团队规模要小得多，这样一来，在一切打上“金融”标签的事务上，我多少显得内行了。有一件事我记忆犹新，它让我经历了在美联储不曾有过的尴尬。1958 年年初的一天，我被召至总裁乔治·钱皮恩的办公室。在处理完一些日常问题后，他说：“坐会儿，我们聊聊。我担心我们的贸易地位。我感觉我们的竞争力在下降，而这会影响美元。你怎么看？”呃，国际贸易和金融还不是我关注的领域，所以我试着用当时经济学家们的标准答案来回应：“没有什么可担心的。我们在进口扩大上花的美元越多，其他国家就越想用那些美元增加从美国的进口。美国没有国际收支方面的问题。”

那段时间是“美元荒”理论的全盛期。我还记得 20 世纪 50 年代初哈佛的一门研究生课程，一位著名教授在课程中提出了这一基本论点。这个观点认为，资源丰富、活力十足并且未受战争摧残的美国，将近乎永久地保持技术和生产效率方面的领先地位。最终，美国的生产率提升速度势必要比其他国家快，这样美国易于保持强大的贸易地位。其他人认为，作为一个伴生结果，美国能够按意愿在海外大量开支，而这样做也符合美国的利益。回顾

---

① 艾伦·斯普劳尔：纽约联储第三任主席（1941 年 1 月至 1956 年 6 月），此前曾是该行首任副主席，1942 年任联邦公开市场委员会副主席。

② 此次系沃尔克首次在大通曼哈顿工作，时间较长，从 1957 年直至 1962 年其加入财政部。

大萧条年代，他们认为，繁荣的美国无法在国内找到能投入其全部储蓄的领域，这是不可避免的。结果，美国能够向海外提供有益的高水平官方援助，私人投资最终也会随之而至，这样的话，其他国家就买得起美国的出口商品，从而支持美国产业的就业。否则，由于经济学家开始说的“美元荒”，美国就卖不掉美国能够生产的商品。现在对《经济论文索引》稍加检索，就会出现以此为题的一系列文章。1940 年至 1949 年的索引中列了 10 篇，1950 年至 1954 年有 33 篇。1957 年有一本名为《美元问题》的书，颇有影响。

我记得我当时对所有那些论证都持怀疑态度。回答乔治·钱皮恩的问题时，我本可以明智地表达那些怀疑的。在他提出问题几个月后，美国的国际收支情况开始恶化，黄金储备到年底时减少了 23 亿美元。一些微弱的信号表明，对美元的信心并非坚不可摧。这些对我都是很好的教训：如果你不能理解教授正在说些什么，就不该排除其不正确的可能。市场参与者对市场趋势变化的感觉，远比埋首历史数据中的经济学家要快。事实上，20 世纪 60 年代《经济论文索引》只收录了一篇关于美元荒的文章，我猜想那肯定是一篇回顾的文章，解释为什么以前所有文章都是错误的。

如今的美国政策制定者和经济学家们，常常被指责没有充分考虑想当然的国内经济政策所带来的国际后果，但那时更甚于此。进口、出口和国际投资，很大程度上都被认为是枝节问题。实际上，常规的经济学课程中教授的经济管理内容都是围绕着国内问题。一个原因是，对经济政策的考虑，被大萧条的记忆，以及如何达到和保持国内充分就业的问题所主导。对美国而言，这意味着国内政策重点在政府支出和税收方面，即财政政策。不过大萧条也有一个关于国际货币安排的教训。金融的不稳定，在当时不仅表现为国内恐慌和银行倒闭，还有国际金融的不稳定，这被认为极大地推动了两次世界大战和大萧条之间的贸易保护主义。有种感觉是，各国政府都不惜以汇率大幅波动和高关税为代价，按各自的国际行事方式挽救本国国内经济。

1929 年至 1932 年是大萧条最严重的时期，世界贸易下降了 60%。这是极其严重的萎缩，人们显然将其与国际货币体系的崩溃联系到了一起。这种体系建立在金本位和固定汇率基础上，对很多人而言，这两者之于货币世界，就如同牛顿定律之于物理学的影响。

相比之下，20 世纪 30 年代盛行的浮动汇率，则与货币无序以及贸易受挫相联系。最糟糕的是，规则的缺位，诱使各国通过操纵汇率获得不公平贸易优势，即“以邻为壑”的政策，尽量使本国货币贬值，好让其出口商品在国际市场上更便宜，同时提高进口商品价格。如果一切按计划进行，最终的结果将是增加本国产量、创造更多就业，从而在 20 世纪 30 年代的背景下摆脱大萧条的痛苦。有些国家这样做了一段时间后似乎比较成功，但结果是损害了其他国家的利益，因为后者产品在海外市场因定价太高而无人购买，产出因此下降。在那些受损国实施报复时，所有国家都受伤害。那些建立战后新世界的国家因此非常担忧，即重复尝试所谓的竞争性贬值，将持续以邻国的损失为代价支持一国的出口增长。

我相信，修正主义者怀疑竞争性贬值在“二战”前是否真的像后来所说的那样重要。经济学家和其他学者喜欢重新回顾历史，也许是该重写竞争性贬值的那段历史了。但我本人并不怀疑这一点，即20世纪30年代美元的两次大幅度贬值（1931年在英国、1933年在美国）的确给其贸易伙伴造成了巨大压力，无论有意还是无意，这在当时引发了新一轮的不稳定。

在写下曾经很流行的“以邻为壑”一词时，我才意识到，有一二十年没在政策讨论中听到过它了。时过境迁，人们后来更多地担心货币贬值将通过提高进口价格而导致通货膨胀。这在大萧条时期不是问题，当时的主要顾虑是价格下跌。其实，美国在1933年贬值的目的，也是为了整体提高商品价格，特别是农产品价格，以扭转20世纪20年代开始的农业萧条。为实现这个目标，政府逐步提高市场上的黄金购买价格，直到金价从20.67美元/盎司上升到35美元/盎司，这一过程才停止。这样做最终的好处是什么，以及罗斯福总统[①]为什么在35美元/盎司时停止这个过程，至今我们仍不明所以。但是，无论专断与否，35美元/盎司的黄金价格，作为战后体系的诸多锚之一为人们所接受；这个价格维持了将近40年。此间的大部分时间里，黄金每盎司值35美元，也就是因为美国说它值这么多，美国同时愿意通过从任何想出售的人那里购买黄金来支持这一价格。直到20世纪60年代黄金买卖之间的平衡关系逆转，同时美国黄金储备持续下降了一段时间，这一战后货币体系才开始松动。

创建新货币体系的最后谈判，于1944年夏天战争结束之前

① 在罗斯福总统任期内确定了布雷顿森林体系（1944年7月）。

举行，地点是新罕布什尔州布雷顿森林白山豪华的世纪之交度假酒店（如果现在去这个酒店，在酒店里的突出位置，你会看到那次会议的纪念牌匾。牌匾的修建花了大价钱，比以它命名的体系更长寿）。国际市场在战争期间实际上已关闭，因此开展讨论不会有市场冲击，这是一个很大的优势。若非当时根本就不存在一个体系，且沉重的战争负担有效地压制了那些更狭隘的考虑，很难想象什么时间才能达成这样一个彻底重建世界货币体系的详尽协议。

体系筹划者们的目标是一致的，即希望避免货币动荡，后者曾是大萧条的特征，且导致了大萧条。为此，他们想要一个处于国际监管和指导下的固定汇率体系，同时结束对国际贸易和服务的管制。只有在一国国际收支出现他们定义为“基本失衡”的例外情形下，他们才愿意接受汇率变化。为了实现这些目标，他们成立了一个拥有自己雇员的国际组织——国际货币基金组织，还有新的国际复兴开发银行——世界银行，为战后重建提供资金。

当然，就如何实施这些想法有很多讨论，一些争议始终不绝于耳。当时世界最著名经济学家约翰·梅纳德·凯恩斯代表英国提出了旨在实现经济扩张的宏伟蓝图，设想在国家已有的黄金储备之外拟制一种新的国际货币。他将这种货币命名为“班柯”（bancor），即“银行”（bank）与法语词“黄金”的合成形式。凯恩斯希望，国家储备的供应量大一些并且有扩充的能力，这样政府就可以在国内推动和实施充分就业政策，而无须因可能的贸易赤字融资而迅速耗尽储备资金。几年前，他还将黄金斥为“野蛮的遗产”，不希望全世界，特别是英国收支赤字的解决，受制于一个仅仅依赖有限黄金储备的国际货币体系。

从美国人的角度回顾这一切会发现，凯恩斯的一个考虑很有意思：他很担心高效、繁荣的美国将长期处于吸收储备的顺差状态。换句话说，就是令人畏惧的美元荒。他认为制度中必须得有一些措施去约束长期盈余的国家：鼓励其扩张、让进口自由化、进行海外投资，或者向其他国家提供援助，以免后者储备流失殆尽。在金本位制下，或者为此采用固定汇率的任何一种货币体系中，赤字国家多少会自动受到约束。它们竞争力的缺乏、低利率，以及趋于通货膨胀的经济政策，将使其储备流向那些利率更高、实施更稳健或低速增长政策的国家。而且，一旦失去了足够的储备，这些国家就不得不做出应对。典型的做法是提高利率，而这又会降低其经济增速。从世界的角度，更具体地说，从英国的角度，凯恩斯担心出现太多对紧缩经济的抵触情绪。

他给出了两个解决方案。第一，扩大储备供应规模。第二，建立某种自动机制，用来惩罚那些通过长期、大额贸易顺差积累了过多储备的国家。最终通过的国际货币基金组织（IMF）协议，允许那些被视为拥有“稀缺货币”的极度顺差国的贸易伙伴，通过限制购买其出口产品来惩罚这些顺差国，这是一种可能过于严厉的惩罚选项。但是从一开始，美国人就抵制任何使该条款生效的提议，条款便沦为了一纸空文。讽刺的是，正如我们所看到的，凯恩斯在 1944 年时的顾虑，在 30 年后德国和日本积累巨额顺差时也成为美国的担忧，这个问题从未得到圆满解决。

美国财政部高级官员哈里·德克斯特·怀特①提出的竞争性方案，与凯恩斯计划有许多共同点，突出表现为，都是一种受到国际组织监管的固定汇率体系。但是它明显要收敛得多。怀特的考虑是，逆差国家不应在必定损害世界主要顺差国家的情况下获得太多廉价融资，当时的主要顺差国当然是美国。一代人之后，当美国陷入赤字时，欧洲也出现了与怀特相同的看法。凯恩斯在会议时提议，由新的国际货币基金组织建立价值 350 亿美元的国际储备；怀特则只建议 50 亿美元，而且主要取自现有储备。最终是一个 88 亿美元循环周转性基金的折中方案，更接近美国的提议，这在某种程度上表明了美、英两国的势力对比。

实际上，为启动布雷顿森林体系，美国不得不投入比怀特或财政部预期的要多得多的资金。第一个重要步骤是，1946 年美国和加拿大向英国提供了 37.5 亿美元的长期低息贷款，以补充并恢复其储备，使英镑在国际上可流通。这在当时是一笔巨款，但人们对英镑的信心太低了，以致资金未能维持多久。而旨在援助整个西欧重建的马歇尔计划则成功得多，其承诺在 2~3 年内持续投入我们国民生产总值的 2%，这几乎相当于今天（1991 年前后）的每年 1000 亿美元。但我们拨付这些资金的前提条件是，欧洲国家必须在我们的监督下，以促进它们之间贸易和经济合作的方式，共同制定出将资金有效用于重建其基础产业和交通设施的举措。马

① 哈里·德克斯特·怀特：1934 年加入财政部，随即表现出其在货币事务方面的影响力，逐渐成为时任财政部长摩根索的首席顾问，尤其是在与中国、日本、拉美和英国相关的国际金融事务方面，据信为“摩根索计划”背后的主要设计者。1944 年作为美国高级官员出席并主导了布雷顿森林会议，压制了凯恩斯的方案。

歇尔计划的实施，体现了高超的技巧和效率，而相关国家的战时经历和基于共同意识形态开展的国际合作无疑也是重要的支持因素。即便如此，欧洲国家，以及后来的日本，在经济恢复后，对进口和海外贷款的管制也只是逐步放松。多年来，美国忍受了其他国家对美国出口的歧视，而诸多国际借款人[①]则完全基于其实用目的到我们的市场来筹资。

尽管美国在预算和其他方面付出了直接代价，但无论从国际秩序还是从其自身利益衡量，美国的优势都是毋庸置疑的。一方面，萧条和战争的记忆历历在目，另一方面则是美国突出的经济实力和繁荣，这些代价根本不足以引发担忧。相反，精英中间（那时这还不是一个负面的标签）有一种强烈的使命感，认为世界需要领导的引导者。劳动者和企业对美国的竞争力充满信心，在海外市场开放、他国经济的强劲发展过程中，也有着他们的切身利益。

游戏规则

国际经济良性运行的新规则，被大胆地写入一些相对简短的创立文件中。这些规则倡导：货币事务方面的合作、市场导向的贸易体系，以及加快经济发展方面的协作。这在当时都经过深思熟虑，而不是想当然。中国 1949 年后选择退出，苏联则从未加入，同时也不允许其卫星国们留在体系内，这些都不是巧合。中国直

① 借款人，英文为 borrower（s）。后文中的借款人 / 借款国，均指资金的借入方。

至其经济改革开始后才回归，东欧国家也只是在莫斯科的影响减弱后，才得以申请成员国身份。现在（1991 年），申请加入世界银行和国际货币基金组织，则成为苏联加盟国家的优先事务。

布雷顿森林体系的机制有点儿复杂。每个成员国都有义务为其货币制定“平价”，即以黄金或另一种能够兑换为黄金的货币，来确定本国货币的价格。实际上，对于除了美国以外的几乎所有国家而言，所谓的另一种货币，指的就是美元。于是，美元在这个体系的核心扮演了一个关键角色，尽管国际货币基金组织协定中并没有具体涉及美元。

完全加入该体系的国家，必须时刻准备着，在持有其货币的他国货币当局提出要求时，将其本币兑换成黄金或一种可兑换成黄金的货币。这种兑换应采用它们所公布的平价，并在不超过 1% 的幅度内上下浮动。这样做的实际效果，是于窄幅区间内维持各国货币在市场上的固定汇率关系。最初的一段时间后，只有得到国际货币基金组织执行董事会的允许，那些固定的货币汇率才能贬值或升值。

作为世界主导性的经济和金融大国，美国是唯一准备好应外国政府及中央银行的请求将其货币兑换成黄金的国家——也就是说，保持黄金的可兑换[①]。美国也是在新体系启动后唯一能够切实做到这一点的国家。1945 年年底，在所有国家 9.65 亿盎司黄金的官方总储备中，美国拥有 5.74 亿盎司，按照 35 美元 / 盎司的价格

① 除非出于工业目的，即使是美国也不愿接受把黄金出售给包括其公民在内的私人的承诺。大萧条期间，美国公民被要求将其黄金上交财政部，以支持财政部的黄金储备并抑制投机。这项政策一直实施到 20 世纪 70 年代。——作者原注

计算，价值 201 亿美元。在这种形势下，其他大多数国家很乐意在其各自有限的储备中保留一部分，通常是很大部分的可生息的美元，而非不生息的黄金。这给体系增加了灵活性因素。

新体系还具备其他一些特点，可以应对传统金本位的缺点和过度僵化。最为重要的是，国际货币基金组织能够凭借其 88 亿美元的基金向成员国提供贷款。这被称为“提款权”，其数额由一个反映成员国经济规模和贸易地位的公式推导产生。按照设计，贷款的数额越大，获得贷款的难度也随之加大，这是体系的一个重要约束。基金组织的职员们最终为寻求大规模借款的国家开发出了一个被称为“条件性”的标准，即用复杂的监管程序去监测一国在逐步降低贸易和预算赤字、通货膨胀率以及其他目标方面的表现，要达到了标准，国际货币基金组织才会连续发放贷款。

汇率调整本身并不违反这些规则，但只有在其他努力不足以恢复贸易平衡、保证对外支付或这些政策努力产生了反效果时，汇率才可能被作为一种最后手段而实施。国际货币基金组织创立者显然意识到，成员国将需要这一手段维持增长。如果它们的政策证明与其汇率基本不协调，相比国家长期失业的压力，贬值更易被接受。同时严禁各国对贸易、旅游业、国外援助以及其他经常项目支出实施管制。20 世纪二三十年代，巨额投机性资金流动破坏了货币稳定，部分源于这一经历，创立者们并不严格反对困难时期的资本流动，这方面要更宽容一些。

有关国际货币基金组织操作上的重要问题，大多是在后期的运行过程中发现和经历的。相比严苛的金本位制，创立者们无疑非常希望在建立储备、融资及汇率调整等方面允许更多可能的灵活性。但从一开始，参会国家之间、与会专家间的侧重点就有所不同。为结束失衡应在经济政策和执行上如何“调整”，以及为解决这些失衡应提供多少“融资”，这些基本问题既古老（就像佛罗伦萨的银行家借钱给欧洲王子时的判断）又现代（恰如向新的东欧以及独联体国家提供金融援助时的争论）。从20世纪六七十年代的国际货币体系改革努力，到20世纪80年代的债务危机，这个问题将在本书中反复出现。

为就汇率应有多大灵活性达成协议共识可谓困难重重颇费周折。显然，关于一国何时贬值是正当的，用国际货币基金组织的行话，该国在什么情况下属于处在“基本失衡”状态，基金组织的创建人显然未能设计出严格的规则。在长期供职于欧洲的中央银行系统后，佩尔·雅各布松[①]于20世纪60年代初成为国际货币基金组织的总裁，他说给均衡下定义就像给“遇到了才知道漂亮与否的女孩”下定义一样难（这话是在女权运动之前说的）。

就像对女人长相可以有不同看法，某一位男士的看法，无论如何被尊重都难以成为定论。不过在国际货币基金组织成立后的前25年里，重要国家的贬值情形事实上并不多见。战后调整初期，欧洲一轮大规模的汇率调整后，在重要的贸易国家中，只有英、法两国出现过，英国是在1967年；法国在1957年和1958年有一个两步调整，后在1969年又有一次调整。加拿大有两次采取浮动

---

① 佩尔·雅各布松（1894—1963）：瑞典经济学家。1920—1928年系国际联盟秘书处经济和金融部门成员，1931年成为新建立的国际清算银行货币与金融部负责人，1956年11月起担任国际货币基金组织总裁，直至逝世（原文中表述有误）。

汇率，尽管其做法不符合规则。德国在 1961 年和 1969 年升值了马克也属于个案。1949 年，美国建议日本的汇率安排应有适当的竞争力，基于此美元对日元的汇率定在 1∶360，这个汇率一直保持到布雷顿森林体系崩溃。明摆着的事实是，不考虑国际协议中的约定条款，如汇率需要不定期调整，于市场而言，反映了情绪不稳，于政府来说，则是政治上的失败。在新的国际货币基金组织刚刚运行时，对该体系的货币轴心——美元而言，这样的调整是无法想象的。

在成立之后 10 年或更长的时间里，国际货币基金组织的正式规则在实现稳定和增长方面远不如美国所提供的资金、开放市场和全方位的安全保证来得重要。美元被广泛接受和使用，是对那些现实的自然反映。战后规划者们以及世界市场视这一格局为顺理成章，而不是一个国际协议的人为建构。

人们到后来才清楚地意识到，美元的特殊角色暗含着与布雷顿森林体系长期运行不相容的特权和负担。具体来说，美元作为储备货币的用途，意味着美国和其他国家不同，即只要其他国家仍然愿意增加它们已有的美元储备，美国便可以维持国际收支赤字，而无须交出本国的黄金储备，也无须借入外国货币。实际上，在 20 世纪五六十年代，增长的外国美元存款，以相对低的美国市场利率为美国的赤字提供了融资，且对美国来说没有汇率上的风险。同时，这些增长的美元存款，也是其他国家新的储备和流动性的重要来源。

只要人们还愿意持有美元，那所有的一切看起来就足够合理。只要美元还被视为不仅和黄金一样好，甚至比黄金更好，这种看法就没有问题。但对此观点当然也存有争议。如果黄金和美元的那个基本平衡，或者更宽泛地说，美国维持自身价格和经济稳定及其市场开放的意愿被质疑，那么这个体系稳定的基础也将被动摇。事实上，这正是 20 世纪 60 年代开始出现的状况，但在 20 世纪 50 年代的大部分时间里，美国一直在增加黄金储备，经济始终领跑其他国家，价格也相对稳定。在战后经济体系内和共同防御的盾牌后面，四分五裂的欧洲和日本则经历了一次举世瞩目的复兴。

行天丰雄

我和保罗·沃尔克相识于 20 年前（1971 年）。那时，他已经是坐在谈判桌前显眼位置的大人物，我则只是个给上司拿包的低级官员，在国际谈判中坐在后排，小心地注视着上司的一举一动。所以，你看，我与他之间有天壤之别，更不用说我们身形上的差异了[①]，但我可以骄傲地说，我们建立了深厚的友谊并相互信赖。

当国际货币体系于 1944 年在布雷顿森林成形时，日本还在打一场无望的战争，所有大城市都被彻底炸毁了。到战争终于在 1945 年结束时，日本已经在 10 年里失去了 1/4 的国民财富，日本的国民生产总值是 10 年前的 60%，而工业产值仅为 20 世纪 30 年代中期的 30%。

① 沃尔克身高逾 2 米。

我在1955年进入日本大藏省[①]，那已是战后第十年了。我还记得，按当时的汇率计算，我第一个月的工资是20美元。日本的人均年收入大约200美元，差不多是美国当时水平的1/10。1956年我来到普林斯顿，在美国国务院提供的富布赖特奖学金的资助下学习研究生课程。我花了三周时间乘船横跨太平洋抵达西雅图，这是我第一次到美国。

我离开日本前，一位刚从美国回来的朋友就如何最经济地吃一顿健康餐给了我一些建议。他向我保证，一份火腿生菜三明治加一份麦芽巧克力甜品就可以轻松搞定。我牢记这些话，紧张地登上柜台前的板凳，开始了我的第一顿午餐。服务员是一位黑人妇女。我点了火腿生菜三明治，尽量正确地发出"L"的音，因为日语里没有这个发音。那位女招待看都没看我，就用极其商业的方式问道："黑的还是白的？"

我马上意识到可能是我没说清楚点的东西，因为她的问题让我听起来毫不相关。我重复了一遍"火腿生菜三明治"，尽最大努力说得缓慢而清晰。这次她是看着我，有力地重复道："黑的还是白的？"我突然想到了什么。我离开日本前，有人向我简单介绍过美国的种族隔离，其中提到黑人被禁止坐在一些白人专属区的事。她一定在问我的种族！我慌了，感觉自己正在经受一个良知考验。一阵激烈的思想斗争后，我决定自己必须诚实。我便有些骄傲地回答："黄的。"那位女招待彻底怒了。她一手举着一片白

① 大藏省是日本行使财政管理职能的机构，部门首长称为大藏相。2001年中央省厅改革后，为了削减其过于庞大的执政影响力，大藏省被分解成今天的财务省和金融厅（主要负责银行监管）。

面包，一手举着一片黑麦面包，吼道：“黑的还是白的 ?!”

不同文化间交流困难，都是国际生活中从来不应被忽略的问题。离开普林斯顿后，我回国就职大藏省，一直到 1990 年。可以说，我很荣幸，得以在那里从日本的角度观察国际货币关系的演变，并参与了日本介入的越来越多的货币事务。当然，我在大藏省的 35 年里，日本经济的发展是非常显著的。当我回顾起那段岁月，看上去就像是一个撑竿跳高运动员的一连串慢镜头。一根横杆像是放得太高，以致你断定他跳不过去。当他开始跳的时候，他撑的竿弯得那么吓人，你断定它会断。但是，一帧一帧的镜头之后，你看到运动员居然跳起来了还越过了横杆。这是日本历史闪光的一面。

同时我必须承认，在这段时期的大部分时间里，日本处理国际货币问题的立场有很鲜明的特点。一是明显被动，表现为日本很不情愿在主要舞台上发挥作用。它只想关注自己的国内事务，不愿和其他国家搅和在一起。同时，还有一个十分强烈、近乎压倒一切的对与美国双边关系的专注。我认为，这两个特点无疑很大程度上受到了战争、战败经历以及当时战争刚结束时经历的影响。

日本的海外资产在增长，日本金融机构的商业利益在世界市场大幅扩张，这些因素促使日本抛弃长期忍受的符咒。最后，在 20 世纪 80 年代，日本开始自觉努力，去成为国际金融事务的一个主要参与者，而且日本也非常渴望成为一个负责任的参与者。

第二章

20 世纪 60 年代，布雷顿森林体系的丛林时期

保罗·沃尔克

概述

回顾历史，布雷顿森林体系确立后的第一个 25 年中，世界经济的表现好得出奇。美国经济年均增长率约为 3%，除了短暂的轻微衰退，这个成绩十分罕见。实际上，在 20 世纪 60 年代结束时，这个国家已经保持了近 9 年的增长纪录，一些兴奋的经济学家已经提前做好了宣告经济周期被战胜的准备。欧洲的经济增长更强劲，因为其起点要低得多。战后欧洲的复兴及之后的扩张，由德国这一欧洲最强大的经济力量引领。不过德国奇迹随即又被日本赶超。60 年代末，日本凭借这 10 年中约 12% 的年复合增长率，华丽变身现代工业强国。虽然日本自身仍担心战后初期不时出现的国际收支困难、金融脆弱等问题，但其经济势头迅猛、竞争力强劲。与此同时，部分得益于国际市场的开放和海外资金的支持，一些发展中国家步入经济“起飞”阶段，其增长率有时直逼同期的日本。

所有这些都是在工业国家价格水平相对稳定的情况下取得的。

日本和德国均对各自战败后货币崩溃带来的通货膨胀心有余悸。在主要国家中，这两个国家表现最好，其价格水平在 20 世纪 60 年代总体没有明显上升，特别是制成品价格。美国最初的表现稍好于大部分欧洲国家，其居民消费价格平均指数在 10 年间共上涨了 2.3%，但随着 60 年代的结束，越南战争招致财政和价格压力，引起了海外美元持有者和美国国内的不安。

20 世纪 60 年代末，美国在全球产出中的份额从 1950 年的 35% 下降到约 27%。当然，这种变化很大程度上缘于其他经济体在战后的追赶，而欧洲国家不断增长的国力和信心，则使得它们在探讨、决策货币和经济体系议题时成为更密切的伙伴。尽管不是有意为之，但 1957 年《罗马条约》缔造的欧洲经济共同体，本身就意味着对美国及区域外其他国家出口的歧视。不过，美国对这种贸易优惠政策的态度，并没有如以往那样抵触，这既有鼎力支持欧洲经济共同体的政治因素，也有两轮关贸总协定谈判达成的多边关税大幅减让的因素。

也就是在这一时期，布雷顿森林体系在精神和实质上均处于全盛期。不同货币间恢复了可兑换，欧洲放松了外汇管制，工业国之间的汇率波动不多，以战前标准衡量波动幅度也很小。赖此良好环境，扩张贸易便成为经济增长利器，实际经济增长率平均高达 6%。

但故事总有另一面，而且是我们特别关心的一面。新货币协定刚刚全面实施，就出现了失败的苗头，起初还是微弱、零散且可以控制的苗头，但到了 20 世纪 60 年代末则变得越发麻烦。在原本力图维护并巩固该体系的国家和决策者之间，协商与合作的新基础被打破，而猜忌却愈加强烈，到70年代初期，大坝坍塌了。如果在关键时刻采取其他一些更有力的政策，布雷顿森林体系是否能持续更久，甚至被挽救？这是一个有意思的问题。更为有趣的则是去思考：自70年代初期开始明显走弱的世界经济——较之前更低的增长、更严重的失衡和通胀——是否与布雷顿森林体系的崩溃有关？

财政部的观点

我们就从1958年说起，“布雷顿森林体系”在这一年由协议变成现实。自此，这一体系才开始按照原本的设计运转，同时，重要货币间的交易变得相当自由。欧洲国家从战争中全面复苏，工业也具备了竞争力。它们宣布开始其货币可兑换进程，这反映了信心回归。起初，外国人可以自由兑换他们被冻结的欧洲货币头寸，而到1961年，欧洲国家公民能够自由获得外币以便在境外购物。尽管一些国家对旅游和资本交易的管制时间更长，但大多数交易不再需要外汇管理部门的特别批准。

布雷顿森林体系当时是一个完美的图腾，代表着汇率稳定、支付自由，再抽象一点儿，其代表着国际合作精神，甚至很多人到现在仍这么认为。但讽刺的是，其运转刚走上正轨，对其可持续性的担忧就出现了。该体系出现的第一个压力信号与其开始兴盛的时间几乎同步，也并非纯粹是巧合。1958年，美国国际收支整体出现大规模赤字（包括国外投资、援助、军费开支和其他资金流动，而不只是贸易）。这意味着外国中央银行正在大规模增加美元储备。

1957 年秋至 1958 年冬，我们经历了一次短暂但急剧的衰退。短期利率降到了约 2.5%。美元储备增加，而相应的利息收益率却在下降，外国货币当局于是产生了购买黄金的冲动，这也完全符合布雷顿森林体系的规则。1958 年年初，美国黄金储备约为 230 亿美元，接近其历史峰值，且几乎仍占世界官方黄金储备总额的 60%。但就在这一年，美国黄金储备下降了 22.5 亿美元，约为上一年总额的 10%，这足以引起市场注意了。

不过，担心其实是多余的。美国当然乐见欧洲逐渐强大，后者的储备足以启动其货币可兑换，部分证明了欧洲发展的势头。我们的黄金用来满足不时之需，也似乎绰绰有余。衰退很快结束，利率上升，市场上用美元兑换黄金的冲动相应减少。

但美国的黄金储备在随后几年里继续下降，虽然下降的数量要少得多。就在 1960 年 10 月底总统大选前，市场经历了一次心理冲击。约翰·肯尼迪是个对金融问题一无所知的年轻人，而且是个民主党。显然，这两个标签的组合令人怀疑其政府在保卫美元方面将是否会“负责任”——责任一词开宗明义。这种背景下，美国开始流失更多的黄金。

我至今未能完全理解的是，为什么市场上的黄金价格会突然上升那么多。当时，美国政府不允许其公民自由购买黄金，而许多其他国家公民却可以。不过，新开采的黄金通常远超珠宝、牙科和贮藏需要，中央银行因此倾向于购买黄金，并将金价维持在 35 美元 / 盎司左右。与以往的通常情况不同，1960 年 10 月的情势可谓突如其来。我清楚地记得，我正坐在大通曼哈顿银行的办公室里，有人走进来兴奋地说："金价到 40 美元了。"我说："不可能，你是说 35 美元 40 美分吧。"可就算后一个价格也是没有先例的。我们随即查了新闻收报机。他是对的。而且，最新价格的影响即便未被完全理解，却也造成了不安和担忧，这种情绪很快传到了肯尼迪的政治智囊团那里。

我在纽约联邦储备银行的老前辈罗伯特·鲁萨①，被公认为国际货币事务领域最出色的美国专家。作为那段时期沟通学界和银行界的极少数专家之一，他同时受到理论家和市场参与者的尊敬。肯尼迪的竞选团队曾问政于鲁萨。他的建议无疑受到了重视。肯尼迪在鲁萨建议次日的声明中切中要害地说："如果当选，我绝不会让美元贬值。"仅仅几天后他就当选了。这位年轻的新总统，在竞选声明中明确承诺，其政策将维护和捍卫黄金价格。黄金的市场价格很快回到了 35 美元 / 盎司左右的水平，但人们心理上已然埋下了怀疑和担忧的种子。

甚至在新总统入主白宫之前，政府的政策就开始受到影响。

① 罗伯特·鲁萨（1918—1993）：在 1961 年担任美国财政部负责货币事务的副部长之前，自 1946 年起一直在纽约联邦储备银行工作，并最终升任该行研究部门的副主任，这期间保罗·沃尔克亦曾在该行工作（1952—1957，参见前文及前注）。沃尔克于 1962 年担任美国财政部金融分析主任也全赖鲁萨聘用，故鲁萨不仅是沃尔克的老前辈，更对他有知遇之恩。鲁萨在财政部工作期间，一度协助解决美国当时的国际财政问题，其为人熟知的举措即后文提到的"鲁萨债券"。1964 年鲁萨离开财政部后进入商界，并曾于 1975—1986 年担任布鲁金斯学会主席。后文中的鲍勃·鲁萨是其昵称。

艾森豪威尔内阁中即将离职的财政部长罗伯特·安德森[①]和助理国务卿道格拉斯·狄龙[②]被派往德国，要求德国承担一部分驻德美军开支以减少美元外流。德国断然拒绝了他们，部分原因可能是这个要求过于突然。但这不只是一次外交上的小失败。美国第一次意识到，它必须寻求外国支持，以弥补其海外防务（或任何其他海外事务）的支出。这随即成为常态，特别是在海湾战争期间，当时人们更担心国内预算问题而不是国际收支。

安德森－狄龙使命是此类政治动议的发端，因而备受关注。美元坚挺多年之后，美国国际收支及黄金 / 美元固定价格的承诺，突然间成了政策的羁绊。

一年之后，我进入肯尼迪政府，在鲍勃·鲁萨手下工作。他在财政部负责货币事务。我的看法无疑带有倾向性，但在一个以卓越的经济才能著称的政府中，这的确是一个出色的财政团队。狄龙来自其父亲创建的颇具影响的投资银行——狄龙·里德投资银行，在金融界和外交界口碑不错。他是共和党人，比较保守（这倒不一

① 罗伯特·安德森（1910—1989）：进入联邦政府前一度弃政从商，1953 年 2 月至 1954 年 3 月任美国海军部部长，1954 年 5 月出任国防部副部长，1957—1961 年担任财政部长，是艾森豪威尔总统的亲信之一。离任后继续活跃在商界和投资银行业，20 世纪 60 年代代表林登·约翰逊总统承担外交任务，曾在巴拿马运河的谈判中担任特别大使。1987 年因违反银行法及逃税被判入狱。

② 道格拉斯·狄龙（1909—2003），1959 年 6 月至 1961 年 1 月担任美国助理国务卿［Under Secretary of State，国务卿的主要副手，国务卿缺席的情况下可代行国务卿职权，1972 年改设职权相当的副国务卿（Deputy Secretary），其下仍设有负责具体事务的助理国务卿］，此前曾担任了一年负责经济事务的助理国务卿，1961 年 1 月至 1965 年 4 月担任美国财政部长，下文提到其担任美国驻法大使，则是在 1953—1957 年。

定因为他是共和党人），曾任驻法国大使，对世界知之甚多，且与很多政府首脑关系融洽。显然，肯尼迪在找一个可靠的金融权威，他的安排也很稳妥，两党都能接受。我逐渐认识到，总统找了一个很胜任的人选，狄龙思维缜密，对重大问题反应敏锐。

世道真变了：那些日子里，早上七点半吃工作早餐，在华盛顿几乎是闻所未闻的；你可以很体面地在九点上班，甚至可以更晚一些。我清楚地记得，有时当我顺着岩溪公园路开着老福特车时，偶尔看到狄龙的黑色豪华大轿车超过我，他正在车后座看着报纸。我知道，一到办公室，他有半打东西等着我核对，我得花大半天时间去找资料、写备忘录，并在晚上六点左右把这些资料放到他的办公桌上。他会用约两分钟浏览一遍，然后问些其他信息。而在国会听证会上，他又总能以记忆统计数据的能力技惊四座，同时不排斥在其间加上新观点。

鲍勃·鲁萨是负责货币事务的副部长①，其地位在美国政府中独一无二，当时是财政部第三号人物。亨利·“乔”·福勒②是负责公关的高级副部长，一位睿智的资深政府官员，他的建议，无论关乎政治还是其他，都很有分量。但当涉及国内、国际货币与金融

---

① 该职位英文名称为 Undersecretary，沃尔克亦曾于 1969—1974 年担任该职（后文有提及）。今天这一职位之上另设有一位 Deputy Secretary，同时增加了该职位的数量，相比鲁萨和沃尔克的时代，尽管名称相同，其职权已被大大削减。

② 亨利·“乔”·福勒（1908—2000）：全名为 Henry Hammill Fowler，1960—1961 年曾是布鲁金斯学会研究政府金融的国家委员会成员。1961 年 2 月至 1964 年 4 月担任美国财政部副部长。1965 年 4 月至 1968 年 12 月，继狄龙之后担任美国财政部长（后文有提及），其间促成了特别提款权（SDR）方案的正式通过。离开财政部后，他成为高盛集团纽约总部的合伙人。

政策方面的问题时，部长狄龙和整个政府就都要看鲁萨的了，而他则得到同样成长于美联储的杜威·达恩的有力协助。杜威后来被任命为美联储理事，我便接替了他的位置。在当时和后来，我一直和他密切合作，因为他是美联储的国际专家。他曾多次去欧洲和其他地区参加国际会议，并赢得了“美食家”的名声，这方面我与他毫无共同之处，但我们还是成了终生的朋友。

负责货币事务的副部长职位是在几年前设置的。据我所知，其很大程度上是为满足第一位就任者的要求，此人曾是杰出的银行家。后来我也在尼克松政府中担任此职，所以对此略有所知，而且越来越喜欢这份工作。这一职位后来发生了变化，在我看来，对合理制定政策而言是一个重大损失。

负责货币事务的副部长是美国政府中的职位，与财政部长不同的是，副部长对国内和国际政策都负有实质性的直接操作责任。大多数国家是将这些职责分开的。但只要这个职位存在，在没有对美元及国外所受影响进行起码的评估之前，没有哪一项预算或税务议案、债务筹款、对货币政策的评价可以绕过财政部。事实上，没有任何一项关乎国家经济政策的重要议题可以绕过。反过来，国际政策也不能不考虑其国内影响。

随着市场越来越全球化，政府内部这种制度化联系变得越发重要。但当1985年詹姆斯·贝克①接任财政部长后，他不顾我的极

① 詹姆斯·贝克此前担任里根政府办公厅主任。老布什政府时期，于1989年1月至1992年8月担任国务卿，之后再度出任该政府办公厅主任直至1993年1月，因而同时担任了里根与老布什两届政府的白宫办公厅主任。离任后在华盛顿继续律师生涯，但依然活跃于政坛，曾担任小布什的总统竞选顾问。

力反对，撤销了该职位。我猜测，是他的主要副手理查德·达曼[1]想强力介入国际事务，从而使得另一位副部长很难拥有同样的职责。但那是一种特殊情况，而且我认为，将这一理念，即分设负责国内金融事务与负责国际事务的副部长，付诸制度，给我们带来了一些损失。

狄龙和鲁萨的年代，美国政府实际上是整个美国都没有多少在国际金融领域具有专长和经验的人。经济学家和官员，均对国外援助及经济发展感兴趣，贸易政策则一直是重点议题。有 20 年甚至更长的时间，对外收支都不是真正的忧患；直到那时，美元还很强大，国际收支也正常。绝大多数国家都担心对外收支的约束，但美国这个自由世界当然领袖却并不担心这个问题，况且其货币那么受欢迎。制定政策的官员，无须紧盯着国际收支数据不放，可供分析的材料很少，也几乎没有人和外国金融官员相熟。

鲍勃·鲁萨是个例外。在纽约联储期间，其职责是处理与外国中央银行的业务往来，因此也成为美国连通外国中央银行及财政界的桥梁。他是一位善于制定国内货币政策的才智之士，更是一位富有创造性思维的实干家，能够运用大量巧妙的技术手段，以加强和捍卫货币体系。

在国务院，乔治·鲍尔[2]与鲁萨地位相当，且常常是其专业上的对手。前者作为负责经济事务的助理国务卿，必须遏制因美元

---

① 理查德·达曼（1943—2008）：是后文中广场协议和卢浮宫协议的主要起草者。1993 年自政界转投商界，成为凯雷集团合伙人兼任总裁，直至去世。

② 乔治·鲍尔于 1961—1966 年担任约翰·肯尼迪与林登·约翰逊政府的助理国务卿，负责经济和农业事务，最为知名的是其作为越战升级唯一反对者的形象。

而起的国际动议，因此常被问题包围。在制定经济政策的另一个主要角色经济顾问委员会中，沃尔特·赫勒①是一个拥有强大团队支持的行动派主席，团队成员包括曾获得诺贝尔经济学奖的詹姆斯·托宾②。那时，他们将凯恩斯主义经济思想植入美国政府的政策，成效显著。

为能影响经济政策，这个天才的群体中存在着激烈的竞争。在包括减税、改革等总统重点政策动议等特殊议题上，各方运气互有好坏。但我认为，在国际经济政策，当然还有国际金融政策方面，毫无疑问是财政部主导。财政部也没有激进试验的想法，就是坚定维护布雷顿森林体系、35 美元 / 盎司牢不可破的金价以及固定汇率。

肯尼迪总统本能地加强了那些做法，这明显受到其父亲的影响，后者强化甚至是对他植入了这种理念。总统的智囊们有时也

① 沃尔特·赫勒（1915—1987）：20 世纪 60 年代美国著名经济学家。曾参与 1947 年马歇尔计划的设计，并推动了“二战”后联邦德国货币的重建。1961 年 1 月担任对肯尼迪政府颇有影响力的经济顾问委员会主席，肯尼迪遇刺后，向约翰逊总统建议了“向贫困宣战”计划并被后者接受，但后者之后坚持在不加税的情况下升级越战，等于为螺旋式通胀提供温床，赫勒遂于 1964 年 11 月辞职。曾于 1945 年担任明尼苏达大学经济学副教授，因政府工作中断后，于 20 世纪 60 年代重返该校，最终成为该校经济系主任，并聘请了大量知名学者，包括后来获得诺贝尔经济学奖的爱德华·普雷斯科特（2004 年得主）与里奥尼德·赫维茨（2007 年得主），令该系跻身全球顶级行列。学术上，赫勒对米尔顿·弗里德曼的追随者持批评态度，斥之为膜拜。

② 詹姆斯·托宾（1918—2002）：1981 年获诺贝尔经济学奖，以其名字命名的经济学名词有“托宾的 Q 值”“托宾税”“蒙代尔 – 托宾效应”“托宾分析”，其名言为“不要将你的鸡蛋全都放在一只篮子里”。2000 年 4 月，托宾曾与其他美国经济学家联合发表公开信，敦促美国国会给予中国永久正常贸易关系地位，以支持中国加入世界贸易组织（WTO）。

受到这种思维的约束。据他们讲，肯尼迪在黄金恐慌后入主白宫，其父警告他说，维护国际收支、美元的稳定应当是他的重中之重，因为一种强势货币是政府成本的根本。我到今天都认为这是个好建议。任何情况下，一旦美元的稳定成为政府讨论的议题，财政部最终通常认为会得到总统的支持。

如今，经历了汇率波动和金融市场混乱，对美元的国际稳定和黄金价格固定的承诺，无论是感性的还是理性的，都难有昔日的说服力。当然，美元可能需要贬值，抑或可以启动黄金价格调整这类想法在财政部看来并不体面。其他机构也有差不多的认识。这一态度显然不只是经济理论问题。捍卫美元，与其说是负担，不如说是荣誉，是关系到美国威望、国际领导地位和责任的荣誉。

在肯尼迪上任后的几周内，新政府就国际收支问题有一个表态，其后有一系列的相关表态，主旨都是一样的。其要点现在听起来过时，但在当时被广泛接受：保持我们的国际收支处于平衡、维持美元汇率和“不容改变的”黄金价格极其重要。当美元受到威胁时，政府甚至准备控制普通公民个人和私有企业的资本流出，而这是国际货币基金组织的协议所允许的。

同现在一样，当时更重要的问题是对货币和财政政策的影响。美国刚刚于 1958 年和 1960 年经历了两次经济衰退，而总统在大选期间的焦点话题是其“让国家重新运转起来”的承诺。经济衰退留下的遗产是价格近乎稳定，因此迫切需要采取经济扩张措施。但货币政策已经宽松了，考虑到不能引发对我们稳定美元承诺的严重质疑，货币政策的腾挪空间因此受到了限制。国际市场主要对短期利率敏感，而长期利率更多地影响国内市场。在鲍勃·鲁萨的大力推动下，美联储和财政部互相配合，通过在短期市场集中新增融资，同时回购长期政府债券，努力“扭转”（twist）收益率曲线。这种努力在改变收益率关系方面是否真正成功，之后引起了强烈争议。大多数经济学家后来发现，其效果非常有限，我同意这一判断。但在政府内部，这种积极尝试缓解了一些要求更大力度地宽松货币政策的压力，而且当经济有所好转时，也减少了对美联储采取适度紧缩政策的担忧。

财政政策，特别是减税，在任何情况下都被视为一种更有效的刺激经济的工具。为刺激投资，新政府在第一年（我还没去财政部）就采取了投资税收减免和允许新设备加速折旧的办法。沃尔特·赫勒和其他人力推尽早大幅削减所得税。这在财政部引起了担忧，特别是在1962年经济似乎面临停顿危险时。我当时在财政部负责经济预测。作为财政部的工作人员，我与经济顾问委员会及预算局的同事们观点一致，认为经济未必会下行。而部长狄龙则坚决反对提早行动，部分原因在于他认为将减税与重大税收改革相结合在政治上和经济上都是明智的，但税收改革需要时间筹备。

与此同时，财政部无疑更愿意通过财政政策而不是货币政策刺激经济，就财政政策而言，则更倾向于降低所得税而不是增加开支。个中道理在当下已不陌生：降低利率会损及美元对外价值，而减税有助于刺激投资、提高效率。1962年秋，我花了大量时间与乔治·福勒一起准备在国会陈述的材料，好为减税计划公开辩护。令我兴奋的是，我的看法与近 20 年后里根政府的很多观点[①]极为类似，尽管它们是用凯恩斯主义的口吻。我在一些草案中甚至提出了这种可能性：基于当时的特殊形势，因税率降低而损失的大部分或全部税收，都可以通过相应的投资增加和经济增长弥补。那些老道和聪明的决策者认为这种想法过于激进，不会被国会和公众接受，这一条就被剔除了。

的确有一些特殊情况，特别是当经济陷入低迷时，一些减税政策可能会如其支持者说的那样“为自己买单”，至少可以“买”一大部分。但我后来渐渐意识到，给人留下减税通常会或预期会带来这种影响的印象是多么危险。说得远一点儿，其后果就是我们今天庞大的、难以对付的赤字。

1963 年秋，财政部将其方案提交总统批准，内容包括了力度十足的税率调降和预期财政收入，以满足政府中扩张主义者的要求。尽管政府态度强硬，但这项计划直到近一年后总统遇刺时才通过。不管在当时还是现在，该方案都被认为是非常成功的教科书般的财政政策案例。预算很快趋于平衡。在当时，“年度预算要平衡”是一个信条，国会和公众舆论还无法轻易地接受有意地背离它，而今，这一信条也不复存在了。

20 世纪 60 年代早期迎来了国际组织建设的第二个重要阶段，目的都是捍卫布雷顿森林体系。1962 年年初，为了响应美国财政部的提议，10 个最重要的金融大国一致同意提供 60 亿美元的信用额度，以支持国际货币基金组织。这笔额度可在参与国资源不足

---

① 此处指供给学派观点，系“里根经济学”的基础之一。

以支持该国货币时使用。该机制被称为“借款总安排”。

这对美国来说有两个好处。尽管没有美国可以从国际货币基金组织提款的明确内容，但新协议表明，可以安排巨额资金以应对美元受到的投机性冲击，而美国无须被迫出售大量黄金。我们也不希望其他国家突然出现流动性短缺而被迫贬值其本币，那会削弱美国的竞争地位。

60 亿美元在当时是一笔巨款，但抛开美国和其他九国承诺的这些资金，借款总安排本身的意义更重大。日本第一次接到邀请，成为对该体系负有特殊责任的国家之一。除了美国，其他参与国还有加拿大、英国、德国、法国、意大利、比利时、荷兰和瑞典。各国承诺的信用额度与各国当时的金融影响力相对应。美国承担 20 亿美元，份额自然最大。德国这个欧洲战败国，已然成为欧洲大陆的最大经济体，国际收支状况也最好，承诺的信用额度为 10 亿美元，为第二大。传统的金融大国英国，也接受了 10 亿美元的额度。新成员日本则只承诺了 2.5 亿美元——今天才不会给它这么低的比例！

借款总安排是十国集团的起点（后来瑞士加入进来，但名称仍沿用十国集团）。该集团是其成立后 20 年间构建官方国际金融蓝图的各种组织——五国集团、七国集团、二十四国集团和二十国委员会（C–20）的先驱。十国集团的优势领域在国际货币体系、国际货币基金组织的运行及其他方面。其合法性仅基于这一事实：参与国正式同意，按基金组织独立决定的不同情况为其提供资金。十国集团不可避免地被其他国家视作封闭的富国俱乐部。但这些年来，它为严肃、秘密地探讨国际货币事务，其中包括对货币体系改革的建议，有效地发挥了一个积极论坛的作用。

1961 年，巴黎的欧洲经济合作组织（OEEC）——欧洲国家为协调马歇尔计划资金使用而建立的机构，变成了经济合作与发展组织（OECD）。值得注意的是，其成员范围不断扩大，美国和加拿大也被吸收进来，日本则于 1964 年应邀加入。经济合作与发展组织拥有大量经济专家，旨在促进工业国对诸如经济政策、发展援助、商业管理和实践等常见问题的研究和讨论。它的经济政策委员会在所有成员国的高级官员间（不论国家强弱）提供了一个探讨经济政策的广阔论坛。委员会首任主席是沃尔特·赫勒，美国人担任主席的传统则由此延续至今[①]。但由于参与国甚多，该委员会成员并不经常见面，也没有执行层面的责任。

当时更为重要和活跃的是另一个被直白地称为第三工作小组的附属委员会（WP3）组织。该组织成员国与十国集团完全重叠，这并非巧合。它并不鼓励财政部和中央银行官员以外的人参与，尽管美国经济顾问委员会定期派一名成员与会。其出发点是提供一个私密环境，负责政府决策的高级官员们可以在此坦率评论其国内经济和金融发展、探讨其发展对国际市场的影响、解释本国的政策，甚至暗示一下即将采取的政策。虽然对远途成员来说可谓鞍马劳顿，但第三工作小组会议频繁——有些年度是每六周或八周开一次会。鲍勃·鲁萨决定代表美国定期参会，显示了他对国际交流及该组织对制定国内政策影响的重视。其他国家参照美国派出相同级别的官员与会。

---

① 此处指 1990 年。

这种氛围如今很难再现。那些与会者认为，为了维护国际货币体系的稳定，他们所担负的责任尽管鲜为人知但非常特殊、重要。就像主教或者可能是无国籍的王子们，他们研究极少数人熟悉的艺术，要求某种神秘和高度互信的艺术。一部分与会者亲身参加了布雷顿森林会议，至少是外围的，并将自己视为该体系创建者的门徒，所以要维护创建者的愿景。由于对大萧条和战争记忆犹新，他们感觉责任重大。

作为第三工作小组的第一任主席，埃米尔·范·伦内普[①]很积极，他在荷兰财政部的工作与鲁萨在美国财政部相同。他是一个典型的荷兰人代表，历来为国际组织贡献智慧，后来成为经合组织的领导人。来自德国的奥特马尔·埃明格尔[②]之后担任了第三工作小组的主席，最终又接任联邦银行[③]行长。还有来自瑞士国家银行[④]、后来成为该行行长的弗里茨·洛伊特维勒；意大利银行[⑤]的里纳尔多·奥索拉[⑥]，一个性格非常热情又极其高效的协调人；以及因

---

① 埃米尔·范·伦内普在 1969 年 10 月至 1984 年 9 月担任 OECD 第二任秘书长。

② 奥特马尔·埃明格尔（1911—1986）：联邦德国著名银行家。1950 年 10 月进入联邦德国联邦银行，1977 年 6 月升任该行行长，直至 1979 年 12 月。

③ 联邦德国中央银行。

④ 瑞士国家银行是瑞士中央银行，系股份制公司。其股份全部由公共机构和私人持有，瑞士联邦政府并不持有，在制定货币和汇率政策方面有极大独立性。

⑤ 意大利中央银行。

⑥ 里纳尔多·奥索拉（1913—1990）：意大利著名银行家，曾担任意大利银行总干事，对战后货币体系特别是特别提款权的创设发挥了重要作用。1976 年 7 月至 1979 年 3 月任意大利外贸部部长，并于 1978 年访问中国，签署贷款合同。

与美国人走得太近惹恼了戴高乐[①]将军的安德烈·德·拉特，都为该组织的建设发展付出了心血。较晚被邀请加入的日本，也不像其在大多数国际组织中那么被动，这体现了柏木雄介的才能。他孩童时期住在布鲁克林，其流利的英语与国际金融方面的丰富经验相得益彰。他成为日本大藏省第一任负责国际事务的副相，后来还担任了东京银行的总裁和董事长，该行多年来一直是日本银行业在国际市场中的翘楚。

来到财政部一段时间后，我以职员身份偶然参加了第三工作小组会议。明显感觉到，主要参加者有着强烈的使命感，他们之间气氛融洽、志同道合。他们不是政治家，只是在政府中工作时间比较长；都有着不凡的责任感和共同目标，彼此间建立了足够的信任，有助于后期快速做出决定。他们偶尔也会远远超出非正式评论彼此国家政策的限度，准备上一份呈交某国政府的正式信函，通常是为了支持政治上可能存在障碍却必要的限制性措施。此类信函的起草要与收信国官员们密切沟通，后者要认为向其政府首脑传递国际关切和支持的信息对本国是有帮助的。

这种沟通属于特殊情况，据我所知，美国从未收到此类信函，这并非因为经过10年时间世界越来越不关心美国政策。至少有一个例子，在关于增加税收以支付越南战争费用的辩论中，部长福勒就鼓励外国官员把他们的担忧直接传给美国国会领导人。

---

① 戴高乐（1890—1970）：其在任期间，法国退出了北约，迫使美国撤出在法国的驻军和基地，成功自制原子弹，与苏联和东欧关系有所缓和，并于1964年1月与中国正式建立了外交关系。就金融和货币政策而言，他一度倚重经济学家让·雅克·吕夫，而后者是金本位制的坚定支持者，也是法国反对布雷顿森林体系及美元国际储备通货地位最具影响力的声音。

一国市场汇率面临压力威胁或遭遇真正的压力，是当时重要得多的紧缩动因。除美国外，一国大规模的国际收支赤字通常将通过减少其黄金或外汇储备来解决。大多数国家会定期公布这些统计数据，起码每月一次，往往是每周一次。储备的损失总会导致信心下降并引发对该国货币的投机。如果要从国际货币基金组织借入大笔资金，代替储备来稳定币值，将会直接触发“贷款条件性”问题。换句话说，基金组织的贷款是有附加条件的，即借款国须采取基金组织认为适当的措施，通常是某种形式的国内紧缩，比如紧缩货币、增加税收、削减开支或者是三者并用。

那些做法和态度如今都发生了很大变化。汇率是浮动的，也没有需要维护的官方平价，只是在极端情况下，一种货币的下跌和储备的损失才会导致“危机感”。现行浮动汇率制下，磋商主要在五国集团（现在扩大为七国集团）内部进行，美国、英国、法国、德国、日本、加拿大和意大利的财政部部长与央行行长用发表公报代替了相互间的信件来往。同 20 世纪 60 年代相比，现在的国际电话通信非常方便，因此非正式的联系更频繁。

总之，就国际问题而言，我认为今天的财政部长们消息更为灵通，开会前就已经做好了彼此针锋相对的准备。但今天争论的出发点已不再是按高于任何单一国家利益的议定规则维持（或许改良）一个体系。因此，今天的讨论多数情况下似乎更多的是在就事论事，少了些紧迫感。

当然，组织和制度的发展不能代替行动。肯尼迪政府的头几年，财经领域出现了许多技术性的新做法。其中之一就是美国开始干预外汇市场，这打破了多年来的禁忌。主要国家的中央银行和财政部间建立了一个“货币互换网络”，可以为市场干预提供部分资金支持。具体做法是，预先安排短期贷款，依托该网络，各国可以在需要时马上获得彼此对方国家的货币。所谓的鲁萨债券也产生了，美国得以从其他货币当局借取外币：当一国想将其不想要的美元兑换掉时，这些外币可以用来代替黄金支付给该国。

总统选举前的黄金恐慌记忆，促成了一个非正式的“黄金总库”。几个国家（包括美国、比利时、英国、法国、德国、意大利、荷兰和瑞士）同意，以 35 美元/盎司的官方价格为基础，小差价地在市场上买卖黄金。黄金的购买和出售均按约定的规则在这些国家间分派。鉴于黄金总库的目的是避免“去稳化”的金价上升，在市场相对平稳时期，因为有新开采的黄金进入市场，总库可以被看作（而且多年来就是）黄金净买者。

鲍勃·鲁萨喜欢用复杂的军事术语描述这些官方金融领域的创新：美元和该体系的内外围防御。当然，其含义很明确，即对美元稳定不容置疑的信念已经动摇，美元需要保护。从今天的角度看，美国 20 世纪 60 年代初的国际收支赤字似乎微不足道，每年仅仅 20 亿或 30 亿美元。而且正如政府不断强调的，这些赤字完全是资本流出美国的结果；美国的贸易仍保持顺差，表明美国的基本竞争地位还是健康的。但这些净流出足以显著增加外国中央银行的美元持有量，并使得美国为兑回它们而卖出一些黄金，尽管这个过程相对缓慢。1964 年，外国官方持有的美元开始超过美国的库存黄金价值。即便如此，只要对美国政策和表现仍有信心，那美元就还没有受到威胁。不过，也由此可见维护那种信心是何等重要。

按照过去的金本位制度，常规的应对措施是直接提高利率并紧缩货币，直到资金回流。然而，一个全心全意“让国家重新运转起来”的政府，不会轻易采取这类政策。短期利率获准以1%左右的速度缓步上调，扩张性政策的全部动力则来自减税。但财政部仍认为有必要从他处寻求帮助，在此过程中，它甚至有意触及其他一些公认的禁地。

在创建战后体系时，美国坚持自由贸易和资本自由流动，因而任何限制对外使用美元的想法都会招致抨击。但从最初的轻描淡写到1963年的愈加严苛，各种限制措施渐渐都用上了。越来越多的发展援助同美国的出口联系到了一起。只要有可能，海外防务性采购都转回到美国本土供应商，后者用美元而不是外币结算。当鲍勃·鲁萨富有想象力的大脑闪过对外流资本征税的主意时，初步措施也随之出台，从而加大了对资本外流的控制。

美国的伙伴对美元感到不安，对我们解决国际收支赤字的意愿也不确定，这是问题的核心。但美国贸易项下是大量顺差，这意味着即使我们想贬值，也没有说得过去的理由，因为那会动摇整个体系。问题出在资本账户，尤其是长期美元外流似乎在常态化。终止资本外流的传统做法是紧缩货币，但美国还处在两次衰退后的复苏之中，物价也很稳定，所以我们不能过于激进。另外，资金外流规模如此之大的真正原因，是欧洲资本市场管制，规模小且效率低；欧洲及其他所有国家不得不到纽约来融资，但这是一种人为结果，说明他们自身缺乏灵活的金融市场。我们眼下不想诉诸外汇管制，未来也不会。但我们可以另辟他途，在不过度紧缩货币的情况下，取得提高利率的效果。对资本外流征税就能做到这一点，特别是对在纽约的外国筹资征税，税率相当于对其新债券和贷款额外增加 1% 的利息。

这给我上了一堂生动的政务课。在没有真正利用市场体系的情况下，模拟推演似乎是一个富有想象力且智慧的想法。我受命与戴维·蒂林哈斯特共同起草《利息平衡税法》，他是财政部出色的国际税收顾问。我们的任务是把概念愿景变成现实立法。我很快发现，美好的概念与实际应用之间有着巨大的鸿沟。短期资本流动规模庞大、交易频繁，且很多用途非常重要，比如出口融资，所以不宜施行交易税，这是一开始就明确的，因此，三年以内的借贷纳税应予豁免。类似的原因也导致了对直接投资的豁免，比如向外国公司投入资金，特别是对美国公司的海外子公司。对发展中国家有限的贷款征税似乎有失公平。但我们决定，对其他参与者应一视同仁，正如市场利率上升时大家的成本都增加一样。

《利息平衡税法》的方案是以下面的方式公开的。一众加拿大政府人士花了约 8 小时对华盛顿狂轰滥炸。他们其实在说："上帝啊！你们不能对借给我们的钱征税！我们全指望你们的市场了。加元（也许还有加拿大经济）可能将永远消沉。你们不会希望这种情况发生。我们一直与你们的资本市场共进退，你们必须豁免我们。"于是他们被豁免了。日本说它在经济上还很脆弱，后来也得到了有限豁免。当这项法案提交给国会时，议员们被选民更多的豁免要求包围，而且漏洞越曝越多。每一个漏洞都需要更多的解释和限制，而这些限制多数情况下其实都很主观。比如，当不只有一个关键统计指标时，要区别国外直接投资和证券投资就不容易。即使是被豁免了的借贷者也要受到限制，免得他们借到钱之后又把钱借给那些被征税者；如果不加以限制，这可是一门赚钱的生意。随后，国内收入署加入进来，它们在制定复杂的规则方面经验丰富，可以杜绝避税。简洁明了的专业想法，就这样被淹没在数百段的规则条文中。

对于财政部副部长的一个新助手来说，这些都是关于管制的教训：困难、混乱和主观武断。而这仅仅是开始。原以为只是临时实施的税收政策持续了十余年，税率上升、征收面也扩大了。1965 年 3 月，银行被要求“自愿”削减其海外贷款，但一段时间之后，削减就不那么自愿了。20 世纪 60 年代的后五年，相关措施的覆盖面最终扩大到限制美国公司的海外投资。由于直接影响到大公司的商业战略和发展目标，因此在政治上显得越发敏感。经济学家们对此有争议，商人们的意见同样越来越多，理查德·尼克松在 1968 年竞选总统时也拿管制问题大做文章。

付出那么多努力，管制真的那么有用吗？统计上看，美国资本外流是减少了。但我们也清楚地看到了另一个结果：由于美国市场对外国人部分关闭了，这些管制措施极大地促进了海外美元存款和美元证券市场的发展。美国的银行和欧洲投资机构与欧洲原有的商业公司合作，通过大家后来熟知的欧洲美元市场（伦敦市场最活跃）合法绕开管制，吸引美元、发放贷款。那里的利率比纽约的还高一点儿，因此一些原本可能储蓄或投资到美国的美元被吸引到国外。另外，很多借贷款人非常喜欢欧洲市场的相对自由，他们因此再不去华尔街了。从美国的最终国际收支角度，或从美国 / 欧洲货币市场间竞争的角度，美国究竟得到了什么？我想没有谁能给出满意的答案。

同时，在狄龙－安德森 1960 年波恩之行后，美国坚持且更为强烈地要求，由盟国和贸易伙伴对其进行国际收支"补偿"。最初的要求主要在防务领域，即我们的盟国应更多地直接从美国进行军事采购，仅考虑费用因素，这通常还说得过去。后来，我们要求他们对海外驻军提供预算支持。但这些努力的结果最终只是修饰统计数据。财政部游说外国货币当局，在美国存放一年以上期限的资金。根据当时的规则，这被视为长期资本输入。与 3 个月、6 个月或 9 个月的储蓄不同，这些资金的好处是可以被列入国际收支平衡表的"线上项目"，以弥补导致赤字的资本外流，尽管实际情况并没有变化。

这些早期的谈判中，给我印象最深的是时任日本大藏相福田赳夫①在柏木雄介的陪同下访问华盛顿。在与访问者共同午餐前，我正在财政部长福勒的办公室，他得知福田将带来一份礼物。财政部没有考虑这些外交细节，我们便迅速咨询国务院，国务院回复说，他们提供一个漂亮的银相框，用来装财政部长的签名照片。午餐的大部分时间都在探讨日本如何通过各种方式"补偿"美国在日本的防务开支。我们没有取得太多进展，但午餐气氛相当融洽，当咖啡端上来时，福田先生让助手拿进来一个包装精美的包裹。客套和简单的寒暄之后，福勒接过包裹并庄重地打开。不幸的是财政部工作人员忘了装照片，所以包裹里只有一个空框子。日本代表团惊讶地沉默了一会儿，柏木雄介最终打破了沉默，说

① 福田赳夫从 1965 年起三度出任日本大藏相，1974 年担任副首相兼经济企划厅厅长，1976 年成为日本首相。

道："就像'补偿'一样：没有！"

美国的国际收支和布雷顿森林体系自身的机制安排引发的担忧，远非交换照片或资金补偿可比。肯尼迪总统在其早期的一个法案中要求，对政府所做出的所有海外开支进行评估，紧接着又推出了一项"黄金预算"，政府据此对所有影响国际收支的行政开支进行详细审查。正是这种审查使得美国对外援助与购买美国商品联系到一起，可能也导致美国的援助总体上不再慷慨。最终，我们在敦促德国和日本承担部分美国海外驻军支出方面取得了一些进展。还有一些更琐碎和令人不快的削减，比如削减了对旅游者的免税补贴。这一系列举措引发了极大的不满，尤其是在那些认为我们的安全或外交政策利益受到了他们认为次要的金融因素威胁的人中间。

有一些领域明确限制行政系统介入。我清楚地记得，财政部就召开过一次不愉快的国际收支委员会会议。当时部长狄龙让我转告与会行政官员，说他会迟到一会儿，大家先开会不要等他。一位低级别的财政部官员试着主持会议，但气氛却不轻松。时任白宫安全顾问麦乔治·邦迪①尖刻地表示，如果会议的目的是讨论削减美国海外军事开支，那么可以休会，因为该主题涉及国家安

① 麦乔治·邦迪（1919—1996）：美国对外政策和国防政策专家，最为知名的是其作为美国越战升级主要设计师之一的形象。1961—1966 年一直担任肯尼迪总统和约翰逊总统的美国国家安全顾问，1966—1979 年任福特基金会主席。

全禁区。美联储主席威廉·麦克切斯尼·马丁[①]的发言继续了会议讨论，他说，根据他长时间的观察，美元的稳定最终将比美国在德国具体拥有多少军队更有利于美国的安全。从感情上讲，我完全支持美联储主席，当然问题也从来没有那么严峻过。海外驻军一两个师的国际支出，还不足以产生决定性的金融影响。在我的经验里，那种认为美国的国际责任和经济实力之间存在着根本冲突的观点，很少得到证实；问题在于我们支付的意愿，而不是我们支付的能力。

这个问题可能与讨论越战开支时的争论一样激烈。冲突似乎在 1965 年下半年加剧了。但白宫就是拒绝向公众公开确切的开支数字。据我所知，白宫甚至对其经济顾问也保密，可能是担心这些信息在反对者中引发更多的异议。

马丁主席是很多金融界人士眼中的英雄，更是我眼中的英雄。他在华盛顿各界资历颇深，有影响力的朋友众多，直觉很准。他认为防务开支确实在飞涨，实施货币紧缩的时机到了。他提出在初秋将贴现率提高 0.5 个百分点，这个想法遭到约翰逊总统和福勒部长的强烈反对。但马丁坚持己见，在一次令人难忘的白宫会议上，我记得有人劝他暂缓讨论——至少要留出足够的时间供人们

① 威廉·麦克切斯尼·马丁（1906—1998）：美联储史上第九位也是任期最长的主席（比格林斯潘长 5 个月），自 1951 年 4 月 2 日至 1970 年 2 月 1 日，历经杜鲁门、艾森豪威尔、肯尼迪、约翰逊、尼克松五位总统。他在任时说过，美联储的身份，就好比一个“在聚会渐入佳境时收走大酒杯”的监护人。这句并非其首创的话，后来被广泛用于形容美联储的角色。此外，其父亦曾协助起草作为美联储成立依据的《联邦储备法》，之后曾担任过圣路易斯联储主席。

重新审视这个问题，而且先得让总统摘除胆囊！[①]

政府随后决定召集包括我在内的少数官员“客观地”讨论贴现率问题。我同情提高贴现率的做法，并小范围地表态已建议采取半步走的策略，即将贴现率提高0.25个百分点。情况很尴尬。当你的老板（和他的老板）已经表现出了反对任何变化的强硬立场时，你要坚持专业上的客观性就有点困难了。美联储的研究主任丹尼尔·布里尔对其主席的坚定态度感到不安。经济顾问委员会的阿瑟·奥肯[②]和预算局的查尔斯·兹维克提议，等到下一年度预算决议时再讨论。

我们经过多次讨论后向上司提交了一份备忘录，指出我们没有关于越战开支快速增加的明证，结论是，紧缩货币的决定可以推迟，在几周内完成预算决议后再议。我们毫不怀疑，如果开支像马丁想的那样快速上升，那就应该增加税收。为了宽慰自己，我在脚注里指出，如果越战开支的上升速度确实比预想的要快得多的话，就应该马上提高贴现率。不过我从不觉得这么做有什么好炫耀的。

美联储在1965年12月5日投票决定提高贴现率，此间我刚好离开财政部。我没有目睹总统要求马丁主席去得克萨斯州牧场见他时的暴怒表现。记得我看到的报道是，主席当时以他惯常的镇静，指出他们之间没有目标上的分歧。约翰逊总统继续拒绝其经济顾问们的建议，并拒绝在1966年年初加税以抑制持续升温的

① 约翰逊总统当时正准备接受胆囊摘除手术。

② 阿瑟·奥肯后来是该委员会主席，他那个时代最杰出的经济学家之一，奥肯定律提出者。

经济。我还记得福勒部长极力反对我们中间那些加税的主张，他说任何此类要求都会被国会驳回，这将极大地损害总统的威望和领导能力。话虽如此，但对于我和其他许多人来说，当时以及后来无力采取适当的紧缩措施以应对越战开支对经济的刺激，这似乎是之后困扰我们多年的通胀过程的开始。我一直猜测，总统只是不愿意因一项支付越战费用的税收问题，冒国会检验其越南政策的风险。而经济政策的教训是，当需要紧缩时我们却无所作为。这不是能力问题，而是意愿问题。

我在离开政府部门后加入了大通曼哈顿银行[①]。回想起来，我当时给财政部老同事们留了一张忧伤的便条：正如我们早前在正确的时机实施财政刺激政策一样，如今，紧缩需求如此明显，我们需要采取财政紧缩手段进行平衡。不这么做，就会损害凯恩斯主义的信条，而它正是政府所鼓吹的“新经济学”的基础。后来的局势发展也确实如此。

对布雷顿森林体系的攻击

在国际范围内，布雷顿森林体系的基本假设正面临着越来越多的理论挑战和攻击。一直有一些学者认同浮动汇率，但他们都远在制定决策的主流之外。然而，鉴于维持美元信心和减少国际收支赤字的努力越发冲击其他目标，人们自然更倾向于去考虑新的选择。

---

① 1965 年，沃尔克二度就职大通曼哈顿银行，担任企划主任，直至 1969 年重回财政部。

布雷顿森林体系遭遇的第一项重大挑战，不是来自激进的改革者，而是来自固定汇率的坚定支持者。出生于比利时的经济学家罗伯特·特里芬[①]在战后开创可行的欧洲支付体系过程中积累了实际经验，后来成为耶鲁大学有影响的国际经济学教授。1960 年，他出版了一本名为《黄金与美元危机》的书，该书的基本观点是：在对美元的依赖方面，布雷顿森林体系有一种内在的致命缺陷。他指出，伴随贸易规模的扩大，所有的固定汇率体系都需要增加可用的储备，换句话说，就是增加可接受的国际货币，以满足增长的贸易和投资、融资需求。按既定的价格水平，将来的黄金产量不足以满足这种需求，因而在布雷顿森林体系内部，满足增长需要的国际清偿手段来源将只能是美元。而把美元转移到世界其他国家手中的唯一途径，就是美国国际收支逆差。

布雷顿森林体系的创建者们没有注意到，他们匆忙建立了一个依赖美国逆差的世界货币体系，而人们又在 20 世纪 60 年代将美国逆差批评为不稳定因素。如果美国的逆差持续，对美元以及最终对整个体系的信心都将受到损害，结果就是不稳定。但如果美国的逆差消除，世界其他国家就会失去用于建立储备和支持经济增长的美元。对于美国以外的国家来说，摆在面前的问题很清楚：要么持有更多的美元储备，要么用这些美元储备从美国换取更多的黄金。后一种选择可能迟早会迫使美国停止卖出黄金，而美国卖出黄金是布雷顿森林体系存在的基础之一。如果做前一种选择，即各国持有越来越多的美元，势必会动摇信心，因为对美国黄金

---

① 罗伯特·特里芬因其对布雷顿森林体系的批评而闻名，早年执教于哈佛大学，后曾在美联储、国际货币基金组织、经济合作与发展组织任职。

储备的潜在需求远远超过美国能够满足它们的量。每种选择都会让自身陷于灾难。

前述分析后来被称为“特里芬难题”，它是逻辑无解的死循环，而其对政策制定者的影响则是长期的。肯尼迪政府对付国际收支逆差的努力看上去还成功，而且美国仍然有巨额的黄金储备。美国和欧洲都怀疑，增加世界储备的巨大需求是不是真的迫在眉睫。良好的价格稳定记录，再加上鲍勃·鲁萨的“内外防御”，为美元提供了信心基础。似乎有足够的时间来避免陷入特里芬难题的困境。

美国的政策制定者逐渐顾虑甚至比特里芬难题更甚的，是经济学家们所称的“第 N 种货币问题”。这个词听上去像一道数学逻辑题，也确实如此。其表达的中心意思是，不是每个国家都能独立地确定汇率水平，至少有一个国家得是被动的。假设有三个国家，A 国和 B 国确定了本币对 C 国货币的汇率，这同时将确定 A、B 两国间的货币交叉汇率以及 C 国货币的汇率。如果 C 国不喜欢这种设计，并试图改变其货币汇率，那么 A、B 两国就会受到干扰，并引发不稳定和不可预见的后果。

为了布雷顿森林体系的运行，必须得有个国家的汇率是被动的，那就是美国，美元则是那个“第 N 种货币”。美元有一个自身确定的黄金价格，它对英镑、马克、法郎[①]、日元以及其他每种货币都有一个汇率。但那些汇率不是由美国确定，而是由其他国家自己确定。

---

① 法郎是 2002 年 1 月 1 日欧元正式进入流通前的法国货币。

客观地讲，在我们足够强大时，这看起来不是个大问题，福特·诺克斯金库可以接纳所有黄金需求者。但大趋势是其他国家更愿意让其汇率低估一些，以争取其出口商在国际市场上的优势，从而保持国际收支顺差和美元储备的上升。这是应对老套的竞争性贬值担忧的新手段。

很难说这个问题有多重要，但当 20 世纪 60 年代行将结束时，在美国政策制定者看来，它的确是一个问题了。大国的贬值举动不是很频繁，但每当发生时，总是倾向于贬值过度，这是出于安全考虑，也是为了让市场相信，其没有必要再经历一次痛苦的调整。贬值要比升值的情况多得多，且不能忽略的另一个事实是，到 70 年代初，日本产业明显已变得更高效，且更具有出口意识。战后日本以战败国身份在美国建议下确定的日元汇率，此时已经是被严重低估了。

所有这些导致了另一个两难困境。只有当市场坚信，各国汇率不会极其频繁地大幅调整，且美元汇率根本不会调整时，布雷顿森林体系才能够正常运转。国际货币基金组织的协定规定，一个陷入严重失衡的国家是可以调整其汇率的。但市场很快认识到，进行一次调整很困难，且可能带来不稳定。而等到形势非常明朗、需要非常迫切时再行贬值，则会引发市场更大的投机力量并造成经济动荡。在依据不足时进行频繁调整，则要冒更大的投机风险，那根本就无法维持固定汇率体系。

1964 年当选的英国工党政府在英镑汇率上的艰苦努力有着启示意义。市场担心，一个社会主义者的政府在面对恶化的国际收支时将会使英镑贬值，因此开始抛售英镑。哈罗德·威尔逊首相的做法很像此前的肯尼迪总统，他当机立断：英国不贬值其货币。我相信他的这个决定并非出于对布雷顿森林体系利他主义式的厚爱。他认为，向金融界保证工党将遵循规范的政策，在国内是很重要的。这一判断受到了美国政府的大力支持。后者担心，如果英镑崩溃了，不稳定的市场情绪将把美元推到投机前沿。

威尔逊的当机立断引发了一场漫长的、使人精疲力竭的英镑保卫战。工党内外的反对意见越来越多，他们认为政府把货币和布雷顿森林体系的稳定置于英国经济增长之上：英镑的面子正在超越政策本身的意义。

1967年11月，威尔逊政府放弃了这一漫长低效的汇率保卫战，这让美国很不舒服。当英国政府最后做出决定时，它按照国际货币基金组织规则的条款要求，通知后者的管理部门并等待国际货币基金组织的正式批准。大约一天的等待拖延造成了数以亿计的外汇损失，投机者赚了钱，同时也损害了英国财政大臣的信誉。在面对议会质询时，他被迫做掩饰性的辩解。

所有努力都只是将问题变得复杂。英国人习惯于照书本行事。几年来，英国为保卫英镑，采用了其他国家不愿采取的紧缩货币和财政政策以及许多其他控制手段。但作为当时世界上第二重要和货币，英镑最终还是贬值了；而且，即使是推迟贬值，也未能使拥有英镑储备的前殖民地国家避免大量损失。正如美国早前担心的那样，市场疯狂抢购黄金。约翰逊总统迅速发出的“黄金的美元价格将保持不变”的公告，已不再像以往的表态那样有效了。从务实的政治角度看，一个很重要的问题是，英国等了这么久，最后得到了什么？

放眼国际政治舞台，法国总统戴高乐则已向布雷顿森林体系——并通过布雷顿森林体系向美国——发起了强势挑战。法国人早就表明了对侵犯其自主权行为的警觉，以及对其感受到的美国在经济上主导欧洲的强烈反感。在法国人眼中，来自美国的挑战主要表现为美国公司在新的欧洲共同市场上大量投资，而他们认为，是美国不正当的低利率促进了这些投资。这种情形就像 20 世纪 80 年代后半期日本在美国投资一样。尽管这些美国在欧洲的投资得到了受益于这些投资的公司和地区的欢迎，但也在各地引发了担忧和抵触。

1965 年 2 月 4 日，戴高乐利用一次事先安排的记者招待会开始公开攻击。他的基本观点是："美元体系"给了美国一个"过分特权"，美国能够在全世界为自己自由融资，因为与其他国家不同，美国的国际收支赤字不会导致储备流失，可以不受限制地用美元清算，而改变这一格局的办法就是返回金本位制度。他的语言很有煽动性。戴高乐说，是"在无任何国家特殊印记、无可争议的基础上"建立一个国际货币体系的时候了，"在什么基础上呢？确实很难想象还有比黄金更好的标准，是的，就是黄金，其本质从不变化，可以同质地制成各种形状——金锭、金条或金币，且没有国籍，已经被经久且普遍地视为永远最好的货币"。

而且他并未止步于煽动性演讲。一条关于法国将从美国买入大量黄金的消息给他的表态做了背书，不过不是一次买完——那将成为货币战争的公告，而是根据共同协议在几年内逐步完成。因为完全不合时宜，戴高乐返回金本位的倡议当即被拒绝，而且不仅仅是被美国拒绝。但戴高乐无疑还有其他想法。通过唤起对美元和黄金之间脆弱关系的注意，他希望制止他认为的美国政策滥用对法国和欧洲更多的损害。

戴高乐的记者招待会举办在越南战争严重升级之前。战争的升级促使一些欧洲人士后来更支持戴高乐的基本观点。他更具体的顾虑是美国的投资浪潮可能意在买光欧洲产业。不管他具体抱怨些什么——我猜测，他骨子里是反对他眼中美国偏爱的金融自由和独立——在 20 世纪 60 年代的末期，他对美国规避国际规则的批评，已经变成一个重大的情绪和政治问题。

比政治更重要的，是那些已经能被察觉到的经济后果。20 世纪 60 年代后期，美国通过美元外流输出通胀的观念已被广为接受，尤其是在德国，德国对物价稳定和货币自主权一直高度敏感。美国的通货膨胀实际上已经开始上升，尽管还远未达到后来 70 年代的水平，但许多欧洲国家开始意识到，美国的政策扩张过度，导致了国际收支逆差不断上升。

作为政治上与美国结盟的主要顺差国，德国的立场非常关键。两国间的合作措施之一，就是德国早已摒弃法国所采取的从美国直接买入黄金的做法。1967 年，时任联邦银行行长的卡尔 · 布莱辛在写给美联储马丁主席的一封信中，直接且正式地承诺，德国不会用美元储备购买黄金，信中还谈及美国在海外特别是在德国沉重的防务开支。但德国持有的美元数量不断增加越来越招致其他麻烦。联邦银行的官员们开始意识到，他们对德国国内货币供应量的控制，遭到了流入美元的冲击，通货膨胀（据说由美国输出）正威胁着他们的国家。这种担心及时地使德国变成那些准备改革该体系的国家中的先锋，特别是朝着更灵活的汇率方向改革。

根本性改革的最初努力并非针对汇率，而是直接针对美国的特里芬难题。1965 年 4 月，亨利·福勒接替道格拉斯·狄龙担任财政部长。他不像其前任那样拥有丰富的金融和货币知识，但他政治嗅觉敏锐，善于把握谈判气氛。他知道，美国要维持原状也越来越被动，如果没有新的举措，美国与盟国的关系以及布雷顿森林体系本身都将处于险境。在货币事务上，我在前一届财政部系统里是沟通想法和政策的主要纽带，我俩一起花了几个小时评估整个形势。他也与政府中的其他人进行了交流，但那些人对财政部明显很不耐烦，认为财政部过分小心。福勒随后到他科德角的避暑别墅度过了一个短暂的假期。一回来，他就让我到他办公室，去讨论一些他“在海滩上”① 产生的想法。

这些想法，被精心打磨成一篇在弗吉尼亚律师协会的演讲稿，协会会员是听众。他要向其律师同行展示一次关于货币问题的专业讨论，而且是用明显的“特里芬”风格描述这个体系。演讲时间是 1965 年 7 月 10 日，他在演讲即将结束时抖了一个包袱：总统已经授权他参加一次国际货币会议，条件是其他国家同意举行且准备充分。

这在我的专业小圈子里属于爆炸性事件，国际货币会议从没有出现在财政部的日程上。与我们伙伴国之间的任何会议都将开启一罐“谈判虫”，它会导致市场混乱，而引发的投机行为将使美元面临危险。更重要的是，这些会议会激发出不切实际的期望。他当然清楚这些，但我还是又给他解释了一次，我俩还再次回顾

① 英文为 On the beach，也有“困境中”的意思。

了已在十国集团专家支持下低调开展的研究工作，以便深入分析这几方面的问题。他听取了意见，随后粗略地修改了稿子，但他很快得到了其所期望的总统授权——召开一次会议。

法国和其他国家持强烈的怀疑态度。但是福勒部长想出了一个概念来描述他想要做的事：审慎的“应急计划”。本着这个考虑，十国集团开始为创设一种新的国际储备资产进行长期而艰难的谈判。这种国际储备资产与美元不同，将由集体控制，并成为美元和黄金的替代物。一些欧洲人，特别是法国人，对黄金的任何替代物都严重怀疑。他们怀疑美国人并不是在寻找一种不同的替代物，而仍然是在找无痛的方法以解决其国际收支逆差。

这些谈判不仅专业性强，争论也很激烈，持续了将近三年时间。最终的协议是福勒部长个人的胜利。通过其本人不懈的外交努力，并汇集广泛的学术和专业支持，在 1967 年 9 月里约热内卢举行的国际货币基金组织的年会上，他成功促使人们就设立特别提款权达成共识。这一具有想象力的新工具被寄予厚望，很快被称为“纸黄金”，但它既不是纸，也不是黄金。正如基金组织的一位聪明人所说，特别提款权“既不是铸的，也不是印的”。实际上，特别提款权只能在基金组织的电脑信号里找到，但启动计算机又受到很多限制。

事实上，谈判从未真正解决特别提款权是否真的是一种国际货币，是否可以像国家持有者希望的那样使用，或者是否更像一种适用于各种约定的信用额度等问题。其复杂的名字就反映了这些模棱两可。市场认为它是一种人为创设的东西，确实不如黄金或美元。不过，创设特别提款权的协议表明，主要金融国家能够合作巩固这个体系，而这有助于增强信心。

无论按什么标准衡量，20 世纪 60 年代的经济表现都非常令人鼓舞。美国的生产率以每年近 3% 的速度增长，一直持续到 60 年代后期，9 年的不间断增长创造了一个纪录。欧洲经济完全恢复，德国和大部分欧洲国家经济增长明显。由自信的美国公司引领，国际投资复苏，贸易稳步扩张。经济学家们对于其管理经济的能力又产生了新的信心。但是到 60 年代末，一个无法掩盖的事实是，无论是否有特别提款权，让增长、信心成为可能的那个特殊的货币体系已经陷入了险境。

1968 年唯一一次黄金危机预示了结局。英镑贬值带来了足以引发更大规模黄金需求的不确定性。大量的黄金第一次通过黄金总库从官方储备流到市场私人投资者手里。法国退出了黄金总库安排，在 1968 年 3 月局势严重期间，马丁主席在美联储召开了一次黄金总库剩余参与者的会议。除了官方联合停止向私人市场出售黄金以外，他们找不到其他度过危机的办法。35 美元 / 盎司的黄金价格，仍将用于国家间的官方清算，但民间市场将被允许在没有任何官方买卖的情况下自行交易。这项决定等于承认，这些中央银行集体对“市场购买黄金的价格随后会恢复到或接近官方价格”没有信心。美国明确表示，它不会再单独维持市场价格。觉察到这些苗头之后，市场需求把黄金价格推高到了 40 美元 / 盎司后才出现下跌。

这个“紧急决定”被视为一种永久性的改革方案，但很难说这是个好决定。两种不同的黄金价格（黄金价格被认为是布雷顿森林体系的支柱）不可避免地造成了紧张局面。整个货币体系中的黄金储备被有效地冻结了，而对于中央银行家来讲，要证明“在中央银行间以低于市场的价格卖出黄金”的合理性，变得越来越困难。获得黄金不再困难，而持有美元的不满则在上升，这一体系似乎正在瓦解。

这困难的一年，在一个奇怪又尴尬的曲子中结束了。欧洲市场上的一次投机危机，促使十国集团于 11 月在波恩召开紧急会议。市场预期马克升值、法郎贬值，这看上去符合各自的基本经济状况。但德国政府内部意见不统一，其财政部和经济部的部长各自向媒体发表不同观点。法国人则不愿看到法郎贬值。但在诸多的刻薄之词后，各国最终似乎形成共识，即预期中的汇率波动将要发生。会议中途休会，却只等来戴高乐总统的断然拒绝——甚至连法郎贬值的念头都是“荒唐之至”。德国因此也拒绝采取行动，各方看上去都不太明智。

在此过程中，很多新的观点在经济学家中流传。相对而言，几乎没有人准备支持完全浮动的汇率，但基于“汇率更多的灵活性会有所帮助”的希望，出现了如滑动平价、爬行钉住和更大范围的浮动等独特设想。

自由市场经济学家米尔顿·弗里德曼[①]的观点，开始被更认真地对待。他精于辩论，也是浮动汇率的支持者，曾是包括理查德·尼克松在内的共和党总统候选人的临时顾问。他的文章描绘了一个和谐世界的美好画面：在这个世界中，由于官方不再坚守固定汇率，外汇市场的自然运行将自动纠正国际不均衡。不需要采

① 米尔顿·弗里德曼（1912—2006）：作为对政府经济干预的坚决反对者，其对美联储的存在本身也多有诟病。

取管制措施，因为汇率的升贬将消除贸易和其他国际流动的失衡。国内政策可以独立行事，因为汇率的变化将包含各国间的通胀因素。他和其他人制造了这样一个观念：这一切的发生都将是平和且无痛苦的。

对那些饱受管制折磨的人来说，这是一个很有吸引力的学说。对那些“对协调国内政策失去耐心”的政策制定者和那些“反对将国际收支强加于国内经济目标”的政策制定者而言，它提供了一个诱人的解决方案。弗里德曼所说的关键点是：第一，浮动汇率能够在不发生大幅度波动的情况下发挥魔力；第二，它们最终将比固定汇率被动调整时发生的大幅、突然的变化要稳定得多。这与20世纪30年代所发生的情况不符，但那是一个大萧条和混乱的时期。弗里德曼的假说需在战后世界更有利的情况下去检验。

上述讨论发生在总统大选年。和8年前的肯尼迪一样，理查德·尼克松在选举过程中也被追问其本人的想法。他说，要抵制所有的诱惑，以打破旧体系的束缚；同时声明会进行激进的变革。迫于商界压力，他的确完成了一个竞选承诺，即取消所有限制资金外流的烦琐管制。总而言之，官方的决定、学术界的争论、市场的表现以及对紧缩政策的不满，都透露出一个信号，布雷顿森林体系已陷入深深的麻烦之中，而且，在越来越多的人看来，其已不值得挽救。

行天丰雄

对于日本来说，20 世纪 50 年代和 60 年代是社会秩序快速恢复和经济发展的时期，同时标志着其与外部世界金融关系的重启。日本从战争的破坏中快速复苏，首先是受到政府非常积极的产业政策的影响。政府通过包括税收优惠和稀缺资源优先配给在内的各种行政措施，鼓励战略产业发展。比如，战争结束后，政府积极促进煤炭开采，因为煤炭被视为发展钢铁和化肥产业的关键原料，而钢铁和化肥反过来能推动其他制造业和农业发展。总体来说，这些积极的产业政策是非常有效和成功的，但到了 60 年代初，私营部门已经发展得足够强大，不再需要这些政府鼓励了，甚至开始讨厌政府产业战略所带来的准控制。

1963 年，当政府提出新的《特定产业进步法》时，这种不和谐达到了顶峰。该法案的目标是，授权政府在其认为需要提高国际竞争力的产业领域，鼓励私营公司合理化布局及合并。法案遭到了私营企业的抵制，这一事件也成为日本战后产业政策的一个分水岭。它向日本政府传递了一个重要信号：政府不能再对私营企业发号施令了。

我知道所有关于日本大商社的神话，但它们并不准确。日本产业受政府控制这个观念不再有效了。相比美国，日本企业与政府之间的关系确实更紧密，摩擦也少一些。大部分时间里，政府的基本倾向是促进战略性新产业的发展，逐步淘汰落后的部门。但政府显然无权发布企业必须遵循的命令。尽管日本企业界领袖在公开场合对政府很客气，但政府不是日本经济的主导者，日本经济一直掌握在活力十足、高度资本主义的私营部门手中。虽然政府有时在利益冲突的私营企业间充当协调人，但其主要作用是判断市场的真实状况和心态，并调整其政策以适应市场。

日本战后快速复苏的另一个因素，是对通货膨胀的成功控制。在 1949 年之前，政府采取了一个多重汇率体系，对每种主要商品使用不同的汇率，且所有的汇率都低于挂牌汇价。1949 年，政府出台了一项严厉的稳定计划，颇为见效。根据美国占领当局经济顾问约瑟夫·道奇[①]的建议，政府一方面利用非常严格的预算平衡目标约束自身，同时大幅削减日本银行[②]的贷款，限制工资增长，确定 360 日元 / 美元的统一汇率。计划实施后，1948 年飙升至 50% 的消费品价格涨幅，在 1949 年被降低到 –10%。

我也不能绝口不提来自美国的大量金融援助。尽管日本没有被纳入马歇尔计划，但美国还是给日本提供了各种形式的金融援助。从 1946 年起到 1952 年，也就是日本通过与美国签订和平协议重获法律上的独立时，美国的援助总额超过了 21 亿美元。而在美国援助逐渐下降的 1950 年，朝鲜战争突然爆发，美国政府的战争采购又为日本经济输送了大量额外资金，1950—1955 年间，总

① 约瑟夫·道奇（1890—1964）：1933—1953 年系底特律银行（现在的美国联信银行，Comerica Inc）董事长，其间担任过“二战”后针对日本和德国的经济稳定计划经济顾问，也曾领导美国代表团参与奥地利咨询委员会的工作，1953 年担任美国预算局局长，系艾森豪威尔总统的内阁成员。其最为瞩目的成就是对日本复苏的贡献。1949 年 2 月，其作为盟军最高统帅麦克阿瑟的金融顾问，首次抵达日本。同年 3 月 7 日，由其制定的“道奇路线”公布，将美元与日元的官方汇率固定在 1 ∶ 360。

② 日本银行即日本央行。

额高达35亿美元。

上述所有情况的前提，是美国对日政策发生了根本改变。美国占领政策的主要目的，最初是惩罚日本人并限制日本经济。但随着冷战发展，美国政策转向鼓励日本经济自给自足，随后进一步转向鼓励日本产业复兴。这样一来，日本可以成为自由世界所需各种资源的供应商。

日本的恢复进展很快，在20世纪50年代中期就完成了。那时日本经济已重新回到战前水平，并持续扩张至60年代末。在近20年的时间里，日本国民生产总值年增长率高达10%，可谓举世瞩目。诸如钢铁、石化、汽车、人造纤维、塑料等部门的强劲国内投资和科技发展，推动了经济的快速增长。尽管农业的重要性相对下降，但40%的劳动力仍在务农，而且农业收入的不断提高，是支持国内经济发展的有利因素，因为它帮助制造业开发了日益扩大的国内市场。

有了这个基础，日本出口商品结构经历了一次根本性变化。日本的核心出口产品，从纺织品转向各类机械产品。1950年，纺织品几乎占到日本出口产品的一半，而机械产品只占10%。20年后，出口产品份额完全掉了个个儿：纺织品降到12%，机械产品升至46%。作为机械产品的非主流供应商，日本凭借廉价的劳动力、有利的汇率以及不断提高的质量，在国际市场上具有强大的出口竞争力，对其机械产品的需求也增加得非常快。所以，当20世纪60年代末布雷顿森林体系走下坡时，日本已基本成为世界主要工业和贸易国。

现在说说日本重新进入国际金融市场的过程。这一过程当然是从贸易开始的。1947 年，即“二战”结束两年后，盟国占领当局才允许日本恢复私营国际贸易。尽管从此以后贸易开始迅速发展，但贸易政策却因其鼓励出口、限制进口而声名狼藉。日本仍然面临高失业困扰，大多数制造业还很脆弱，毫无竞争力，所以日本当时的国际收支长期处于逆差状态。由于这些原因，贸易政策被认为不能像我们后来期望的那样开放，限制进口便成为那时贸易政策的一个主要特征。到 20 世纪 50 年代末，这些政策的合理性基础消失了。

正如保罗·沃尔克所言，随着美国开始出现对外逆差，20 世纪 60 年代，人们一直担忧的美元荒变成了美元泛滥，这也成为国际货币领域的一个议题。1959 年，日本在与美国的双边贸易中第一次出现顺差。我认为，美国的对日政策从那时起开始变化。1960 年美国首次提出保卫美元计划，该计划的内容之一是要求日本进口自由化。在日本这边，我们开始认识到，日本更自由地参与世界贸易体系，的确将是日本进一步增长的先决条件。这意味着，外部压力加剧了对贸易自由化的内在需求。

因此，政府 1960 年首次提出的贸易和汇兑自由化计划是相当重要的。按其价值计算，预计 80% 的日本进口商品可以在三年内实现自由化，届时将不再需要限制进口数量。事实上，日本的表现好于预期，到 1963 年 8 月——距计划公布时不到三年，92% 的进口产品通过取消进口配额实现了自由化。到 20 世纪 60 年代中期，日本的外部收支转变为顺差状态。随着布雷顿森林体系的不稳定开始加剧，日本的顺差也开始成为国际议题。

日本在 20 世纪 60 年代中期以前多是对外逆差，且直到 1968

年外汇储备从未超过 20 亿美元，日本因此必须重返国际金融市场。日本当时每年进口商品货值约 150 亿美元，因此外汇储备仅够维持一个半月的进口[①]，这使得日本在意外变动面前十分脆弱。日本的国内经济生机勃勃，投资很是活跃，生产也在不断增长。但只要国内经济繁荣，进口就不可避免地扩大，因为日本产业几乎全部依靠进口能源和核心原料，如铁矿石、棉花、羊毛和大豆等。因此，每次繁荣总伴随着一场对外逆差上升和储备下降，促使日本采取紧缩货币的传统措施以及其他一些调节手段。

总体来说，这些调节措施是很有效的，不过自然也需要外部资金流入的配合以支持我们渡过难关，这方面日本求助于国际货币基金组织的借款。日本于 1952 年加入国际货币基金组织。基金组织当时并非一个积极的放款者。我认为只是在苏伊士运河危机之后的 1956 年，大量短期资金流出英国，才使英国成为基金组织的第一个主要借款人，并根据备用贷款安排获得 13 亿美元。日本是在 1957 年第一次从国际货币基金组织提款。当时日本出现了 6 亿美元的严重国际收支逆差，从基金组织借了 1.25 亿美元。按照今天的标准，这些数额很小。然后在 1961 年，日本又出现了一次大的对外逆差。这一次我们安排了一笔 3.5 亿美元的基金组织备用贷款，政府同时还从三家美国银行借了 2 亿美元，期限为一年。1961 年的逆差被视为一次危机，因其接近 10 亿美元，可能相当于我们总储备的一半。境外融资因此被认为对日本的生存至关重要。

当年我还是在国际货币基金组织的一名受训人员，原本待在

---

① 英文原文为两个半月，经与作者核实，修正为一个半月。

华盛顿，却被临时叫到维也纳去协助参加基金组织年会的日本代表团。大藏相水田三喜男[①]正在那里安排从三家美国银行争取 2 亿美元贷款额度的事宜，我被召去协助他。我们去了一个酒店套房，三家美国银行——美洲银行、大通曼哈顿银行以及第一花旗银行[②]的行长在等大藏相。水田三喜男非常紧张，他清楚在日本与外国银行间达成第一份战后贷款合同是多么重要。他烟瘾很大，一紧张就抽得更凶。所以在我们离开饭店赴会前，我在他每个口袋里都装了盒烟，这样当他与那些行长谈话时，就不会忙乱地找烟了。

我们开始谈的方案，是通过日本的私营银行向他们申请 2 亿美元贷款。他们同意了，但坚持要我们把短期存款放在他们银行作为担保，这对他们来说很划算。我们不能那样做，因为我们必须保持储备的流动性。双方最后商定，由日本银行承接这笔贷款，期限一年。这是日本央行第一次承担国外债务，而它并不情愿，因其金融信用可能受到影响。水田三喜男在谈判结束后返回饭店，放松下来的他将一杯威士忌一饮而尽，而且很快睡着，衣服都没脱。我们只得帮他脱了外套，并把他抬到床上。

除了短期融资，日本也急需发展资金——长期的生产性资金，以建造基础设施、支持新产业。我们的首选是纽约资本市场，1959—1963 年，日本政府在此售出了约 1.76 亿美元的政府债券和

① 水田三喜男：日本反战运动领袖，“二战”后当选并担任众议院议员，直至 1976 年 12 月逝世。不同于当时国会议员只要参与过战争则必须辞退的惯例，水田恰恰因此担当要职，分别于 1960 年 7 月至 1962 年 7 月、1966 年 12 月至 1968 年 11 月、1971 年 7 月至 1972 年 7 月三度出任大藏相。

② 第一花旗银行（First National City Bank of New York），是 1955 年 3 月花旗银行兼并纽约第一国民银行后的名字。

政府担保的机构（如日本开发银行）债券。这一额度对我们至关重要。但是美国随后颁布了《利息平衡税法》，按照保罗·沃尔克的解释，该法是匆忙出台的。我们当然没有提前得到通知，罗伯特·鲁萨将此全部归咎为美国驻东京大使馆的官僚主义错误。该法案对我们产生了很大的冲击。股市崩盘了，指数在一天内就下跌了近 5%。我们感觉这真的会毁掉日本，因为直到那时，日本长期发展资金的主要来源还是纽约资本市场。

同加拿大和一些发展中国家一样，日本政府匆忙组织了一个特别代表团前往华盛顿和纽约，为豁免利息税进行谈判。大藏相田中角荣①第一个被安排率团赴美，但他拒绝了。接着指派了经济企划厅的负责人宫泽喜一②，他又得了急性阑尾炎。最后，这份吃力不讨好的差事交给了沉默寡言的外相大平正芳③。这次的呼吁没起作用。美国财政部非常强硬，非常不好说话，没有任何同情的意思，我们只能空手而归。经过 18 个月的请求和游说，日本于 1965 年才获得每年 1 亿美元的借款豁免额。此时，日本的国际收

---

① 田中角荣（1918—1993）：1962 年 7 月至 1965 年 6 月任大藏相，1972 年 7 月担任日本首相，1974 年 12 月因金权政治下台。

② 宫泽喜一（1919—2007）：曾三任日本经济企划厅厅长，1986 年 7 月任大藏相，并自 1987 年 11 月兼任副首相，1991 年 11 月成为日本首相，1993 年 8 月辞职，1998 年 7 月再度出任大藏相，创下了“二战”后前首相再任大藏相的先例。因日本中央省厅改革，大藏省分解为财务省与主要负责银行监管的金融厅，最后一任大藏相宫泽喜一亦于 2001 年 1 月 6 日相应成为财务省第一任财务大臣，直至 2001 年 4 月 26 日。

③ 大平正芳（1910—1980）：1962 年 7 月至 1964 年 7 月、1972 年 7 月至 1974 年 7 月两任日本外务大臣，1968 年 11 月至 1970 年 1 月任通商产业大臣，1974 年 7 月至 1976 年 12 月任大藏相，1978 年 12 月成为日本首相，直至逝世。

支状况已经明显改善，经济实力更强了，对海外长期贷款的需求也没有那么大了。这 1 亿美元的豁免额只使用了 6300 万美元。

我们无须使用全部豁免额的一个原因是，在豁免请求第一次遭拒后，我们别无选择，只能在 1963 年和 1964 年转向欧洲资本市场——美国财政部认为这里的价格较高，因为其效率据说比纽约差很多。日本政府及其代理机构从伦敦、法兰克福和苏黎世募集了 1.18 亿美元。对于日本而言，美国利息平衡税当然产生了影响：它使我们的资本来源转向欧洲，同时也教会日本产业界认识到积累自有储备的好处。事后看来，利息平衡税无疑对纽约资本市场造成了很大伤害，因为日本并非唯一转向欧洲的国家。这成为欧洲市场快速扩张和国际资本快速流动的一个主要因素，后两者也导致了 20 世纪 60 年代末布雷顿森林体系的不稳定。

在很长时间里，我们谨记利息平衡税的教训，至少我是如此。1984 年时，资本大量流出日本，特别是通过保险公司投资那些收益率高于日本债券的美国政府长期债券，后者可以为里根政府的财政赤字融资。日元因此走弱，而贸易账户却是顺差，国际上自然批评日元疲弱是不公平的贸易优势。政治家们于是很紧张，提出了资本管制的观点，并向大藏省大力施压。作为当时的大藏省国际金融司主任，我反对这样做，而且我认为我是对的。我强调东京正处于成长为国际资本市场的过程中，我不希望它重蹈纽约在 20 世纪 60 年代的覆辙。我说服了政治家们，总算避免了资本管制。一个市场失去信用很容易，但恢复它却需要相当长的时间。

除了民间市场，1956 年到 1962 年，美国进出口银行（EXIM）为日本购买农产品、飞机及其他商品提供了 4.05 亿美元的长期融资。不过日本长期资本的主要来源却是世界银行。那些日子里，日本可谓负债累累。1955 年到 1966 年，在超过 10 年的时间里，日本以 4.5%~5.5% 的利率总共从世界银行借入 8.63 亿美元。这些资金被用于重修钢铁厂、发电厂、高速公路和铁路。日本战后大部分基础设施是在世界银行的融资支持下建成的。在日本的战后恢复和快速发展中，该机构的作用的确不可估量。日本最后一次向世界银行还款是在 1990 年 2 月，时任世界银行行长巴伯·科纳布尔前来祝贺时，也许只是半开玩笑地说："我真心痛恨收到这笔还款，因为我们现在需要好的债务人。"

因此，自国外借款对帮助日本经济恢复和发展是非常重要的。我们有幸能够高效地利用这些资金，来提高日本的竞争力和生产率，使得这些钱可以为国内后来的资本积累打下基础。

在国际货币谈判中，黄金是所有讨论的焦点。1957 年年底，日本几可忽略的黄金储备量（只有 2300 万美元）使其有别于其他国家，因为战争结束时，日本几乎没剩下黄金——已经被军方用光了。所以，说到黄金，我们几乎是从零开始。很多政治家和官员要求提高我们的黄金储备，呼声很高。原因很明显，除非你的储备中有些黄金，否则你确实没法参与那些国际讨论，因为没人会注意你。于是我们努力提高黄金储备，但储备还是没见增加，主要原因是我们没有钱购买黄金。当只有 20 亿美元储备时，你不得不保持其高度流动性，用于贸易和国际支付，而当时国际支付几乎全是用美元。

鉴于 50 年代大多数国际交易都用美元，在当时没有人（我相信没有人）预计到金价以后会被提高且黄金持有者将因此实现大笔资本收益的情况下，主流意见是反对将美元以 35 美元 / 盎司的价格换成黄金，因为那就没有利息收入了。最后，美国也不愿意看到日本购买它的黄金。美国财政部担心，在日本还在从美国进出口银行和世界银行借钱的时候，自己若向日本出售黄金，将招致国会批评：为什么要为一个自认为其美元储备足够购买黄金的国家提供融资帮助。这造成了一种潜在的政治压力，迫使日本不再从美国购买黄金。当然，大藏省也努力一点一滴地购买国内开采的黄金，买进的渠道还包括国际私人市场。当其他成员国有意卖出时，我们还会从国际货币基金组织购买黄金，有一些甚至是直接从苏联购买的。但按世界标准，这些购买量都不算大。截至 1970 年，我们储备的黄金总价值也只有 5.32 亿美元。

事实上，我认为日本的黄金储备规模的确影响了日本在国际货币讨论中的地位。日本的黄金很少这一事实，使得我们更加反对任何“让黄金在体系中扮演更重要角色”的提议。我们这种立场一直保持到 20 世纪 70 年代甚至 80 年代。

在布雷顿森林体系处于尾声时，创设特别提款权是另一个非常重要的事件。日本从一开始就参加了讨论。我得承认，在全国范围内，我们和其他许多人一样，不知道这个议题要讨论什么。这种讨论过于专业，而特别提款权也就是国际货币基金组织成员账目上抽象的、无法交易的会计分录。政治家中，对特别提款权有一种普遍看好的观点，因为他们简单地认为，特别提款权创设后，日本的储备会增加，这将降低国家的外部脆弱性。官员之中也有一个明显的担心，即如果特别提款权的创设太过简单和随意，将会给世界经济带来通货膨胀隐患。所以，我认为，在技术层面，日本的官员们更愿意看到的是创设一种受到更严格限制的特别提款权，也许可以与成员国的某种支持相联系，且与国际货币基金组织的普通提款相联系，而后者通常有一些附加条件。讨论的结果并不像一些日本官员希望的那样严格，但两方（指支持创设条件严格 / 宽松的两方）都没有提出强烈意见，因为各方普遍认为，特别提款权对于整个世界经济将是一种不错的设计。

这里有一个插曲，1971 年特别提款权刚刚创设时，一群日本政治家就造访了华盛顿，并在那里拜访了国际货币基金组织总裁。礼节性的交谈后，为首的政治家问总裁："我们可以一睹你们存放特别提款权的金库吗？"你不能笑话他，因为我确信，其他国家的很多人当时对特别提款权的看法都和他一样。

伴随经济的惊人增长和繁荣，日本在 20 世纪 60 年代开始发力，试图成为世界精英国家核心圈的一员。在 1960 年加入经合组织的发展援助委员会（DAC）时，日本迈出了第一步。这甚至早于日本加入经合组织本身。对于加入发展援助委员会，日本国内也有强烈的反对意见。就像买黄金时的争论一样，其他工业化国家质疑：一个还在举债度日的成长中的国家，是否应该加入一个提供援助的国家集团。但我认为，这是日本迈出的很好一步。1962 年，首相池田勇人[①]第一次出访欧洲，意在提醒欧洲人，我们加入了经合组织，他认为这件事很重要。他访问了很多欧洲国家首都，在法国会见戴高乐总统时，他热情洋溢地谈到了日本的经济发展

① 池田勇人，1960 年 7 月任日本首相，1964 年 11 月因病辞职，次年去世。担任首相前，曾两度就任大藏相，三度出任通商产业大臣，任首相期间因其"国民所得倍增计划"而广受关注。

和产业进步。池田离开爱丽舍宫之后，据戴高乐总统的一个助手说，戴高乐当时直接笑话池田更像个卖晶体管收音机的商人，而不是首相。

但是我认为，欧洲国家因为池田而对日本经济成就有了非常深刻的印象。同年，日本承诺出资而成为“借款总安排”的创始成员，为国际货币基金组织补充了可用的融资渠道，并因此加入十国集团，这也是讨论国际货币问题的主要论坛。1964年，日本接受基金组织协定的第八条款，取消了对经常性交易的限制，并实现日元可兑换。日本同时成为经济合作与发展组织的正式成员，并立刻应邀加入其内部论坛——第三工作小组，我曾于1988—1990年担任该论坛主席。日本还应邀加入设在巴塞尔的国际清算银行，它是各国中央银行行长们的银行，另一个主要的国际金融论坛。

20世纪60年代中期，日本已经是工业发达国家俱乐部的正式一员。这种进步当然给了日本人极大的成就感，但我得说，这也让他们感到了一丝忐忑。经合组织24国代表们常围聚在一间宽敞、气派的会议室里开会。当日本代表团第一次出现在那间会议室时，只有它的代表是黑的直发，其他全是白种人。这种状况至今未变。1967年，我以观察员身份到巴塞尔参加国际清算银行会议，当时“文化大革命”正席卷中国，红卫兵们到处串联，令包括日本在内的亚洲邻国极其担忧。可是在国际清算银行的会议上，所有欧洲国家的央行官员们齐聚一堂，喝着鸡尾酒，享受着午宴和晚宴，不停谈论着黄金、美元以及英镑的话题，在英语、法语和德语间来回切换，对中国当时发生的混乱，他们根本没有表现出兴趣。越南战争也正处于关键阶段，但显然，这些银行官员们对他们领域之外的此类事情几乎没有兴趣。我不安地想到，对这群人而言，世界仍止步于达达尼尔海峡的西部。[①]

因此，虽然日本成了这个精英圈子的法定成员，但显然还不是一个积极的参与者。世界上的其他国家，美国和欧洲，也都不希望日本发挥主要作用。当时还没有五国集团，日本也没有被邀请加入黄金总库，尽管“第三工作小组”和其他场合都在讨论德国马克升值、英镑贬值以及一些类似的紧急货币议题，日本却没有参加这些讨论。可我们对此不能抱怨。也许我们喜欢“站到主要舞台上”的想法，但我们还没有做好成为主要参与者的准备。战争失败，以及被占领期间完全听命于美国政策，这些经历和依然清晰的记忆，使得日本怯于在国际事务中担当主动、突出的角色。从这个角度看，日本的国际关系很大程度上仅仅是同美国的双边关系。那段日子里，国际会议中的日本代表团被戏称为“3S”代表团：微笑（smiling）、安静（silent）、有时睡觉（sometimes sleeping）。

这样一种低姿态不见得是坏事。就国内而言，日本在切实努力发展自身经济，经济管理方面表现出色；我们没有理由抱怨或质疑布雷顿森林体系。当汇率最初于 1949 年被确定为 360 日元 / 美元时，日元被认为是高估了，因为日本出口的主要商品没有价格竞争力，而且出口随后确实出现了短暂下降。然而，日本的出口产业迅速根据汇率加以调整，实际上，它们不久便适应了 360 日元 / 美元的汇率。同时，在完全接受赤字国家调整义务的情况

① 达达尼尔海峡，土耳其海峡的一部分，也是亚欧分界线的一部分。

下，我们日本人能够充分利用布雷顿森林体系。虽然日本经历了周期性赤字，但我们严格执行国际货币基金组织向日本提供短期国际收支贷款时的附带要求。当时，基金组织官员代表团的建议几乎就是上帝的声音。1945—1952 年被盟军占领的经历，使得日本对国外权威机构礼遇有加。另外，我们也严格遵循世界银行和国际货币基金组织的建议，因为我们得从它们那儿借钱。日本对上述两个机构代表团的待遇有如国宾。基金组织的贸易和汇兑管制部主任欧文·弗里德曼可以方便地同池田首相会面，并向他灌输适当的经济政策。

幸运的是，日本不像美国，没有越南问题、军备竞赛、钢铁工人罢工问题。日本也不像英国和法国，没有殖民地问题和国内动荡。因此，当日本同美国或欧洲国家讨论国际货币问题时，我认为我们日本人有一种十分天真但又确实存在的困惑：这些国家在就国际货币不稳定问题争吵时，并没有真正解决好其国内问题。我觉得那是一些日本人很真实、很天真的感觉。但在这种自我感觉良好的疏离心态下，我担心日本没有意识到布雷顿森林体系正变得越来越不稳定，而且更重要的是，由于其明显自私的超然态度，日本本身正在被视为该体系的一个威胁。日本的自我定位，与其在世界经济中已经开始扮演的重要角色之间的鸿沟越来越大。直到 1970 年，当布雷顿森林体系走向崩溃时，日本才被迫正视这一现实。

第三章

布雷顿森林体系的崩溃

保罗·沃尔克

概述

美国社会在越南问题上的分歧，在 20 世纪 70 年代初给美国人生活的各个方面投下了阴影，经济也同样受到冲击。60 年代行将结束时，日益加剧的通货膨胀压力最终导致了以当时标准看来畸高的利率水平，创纪录的经济增长则让位于相对轻缓而短暂的衰退。尽管产能过剩、失业率上升，但这种衰退并未真正遏制通货膨胀，且由于消费价格指数保持接近 4% 的 20 年来最高水平，人们的担忧在增加。这加剧了欧洲对美国正在输出通货膨胀的恐惧，也导致对美国产业潜在竞争优势的更多质疑。

20 世纪 70 年代初，日本的经济产出激增，其出口规模之大也因此前所未有。日本刚刚开始积累美元，并相当乐意持有美元，以夯实其国际储备。但日本竞争地位的明显提升，在许多美国商人的概念里引发了更加尖锐的问题——关于固定汇率的好处以及美国维护固定汇率的能力。此外，至少美、德两国学术界越来越想挑战固定汇率的教条。

这是1971年捍卫美元及布雷顿森林最后行动的背景。1971年上半年刚过不久，大坝就垮了。1971年8月15日，美国宣布不再将外国官方所持有的美元自由兑换成黄金。只有彻底改革货币体系，言外之意是，只有调整后的汇率使美国公司在世界贸易中更有竞争力的情况下，黄金/美元之间的可兑换才会恢复。这项决定成为尼克松政府新经济计划的焦点。新经济计划涉及工资和物价的临时冻结、一揽子税收和支出削减，以及一个有争议的进口附加税——意在作为争取更有竞争力的美元汇率的筹码。尽管人们越来越意识到布雷顿森林体系在刚刚过去的几个月里正在瓦解，但这个计划的本质和范围仍令人吃惊。国外震惊了，尤其是日本。同时，美国如释重负的感觉可想而知，股票和债券市场马上急剧上涨。

调整汇率的讨价还价过程漫长而激烈，对一些人来说，这是国际合作破裂的一个预警。新的汇率协议，最终于1971年12月在位于华盛顿林荫大道的史密森学会古城堡召开的会议上达成。尽管对布雷顿森林体系进行根本改革没什么进展，但保护主义和货币极端紊乱的威胁也明显减弱。

美国经济对新计划也的确做出了反应——充满活力的增长和管制保护下更稳定的物价。在受震动最大的日本，增长的势头也几乎未受影响。这都为理查德·尼克松竞选连任提供了有力的支持。但这最终只是一出走向截然不同货币体系的更恢宏剧目的一幕而已。

尼克松时期的财政部

我在回顾布雷顿森林体系的结束过程（这已成为我的一种生活方式）时仍会思考，是否有什么机会原本是可以挽救这个体系的？我不确定崩溃何时变得无可挽救，但确定的是，在我于 1969 年 1 月成为财政部负责货币事务的副部长时，它充其量是在苟延残喘。在美国国内，那些在政府内外都有影响的人，都感受到政治、经济选择上的束缚越来越多；在国外，美国正在越南打一场战争。这场战争极度缺钱的原因之一，是公众从未形成支持它的共识。但无论是什么原因，越战都加重了美元的既有压力。

总统们——当然是约翰逊和尼克松——不想听到他们的政策选项受制于美元的疲弱。就拿维持美国在德国和日本驻军的问题为例，将所有问题归结为“美国海外几个师值多少流失的黄金”的算计，未免过于简单化了。但我们这些站在金融角度的人，当然会认为货币的稳定和坚挺，对美国维持其在世界中的多重角色是重要的，而且，这一考虑必须纳入决策的权衡中。那些负责安全事务的人士，通常以美国总统为首，则倾向于认为美元问题不需要过多讨论，可视为无关痛痒。

类似的重大问题，很少能在一些重要而持久的理论和政治共识中得到解决；相反，它们月复一月、年复一年地干扰决策。至少新政府就职时是这种状态，解决方案的不足导致了对国际货币体系的不安情绪。像以前一样，那些负责国家安全的官员有着他们自己考虑的议程。不过，一些在政府任职的著名经济学家准备挑战布雷顿森林体系的基础要素。特别是，他们愿意接受“善意忽略”一词作为对其“多少忽略美元和国际收支问题”的政策倾向的公正描述。

几年前，内阁顾问丹尼尔·帕特里克·莫伊尼汉[①]使用了这个词组，当时的背景、场合完全不同。在20世纪60年代的巨大进步和社会动荡之后，他是在呼吁一段冷静期和公民权利的巩固期。但“善意忽略”在黑人和民权团体中成了战斗字眼，而新闻界，尤其是国外媒体，将其与美国的国际经济政策相联系，则加剧了我们与贸易伙伴关系的恶化。

事实上，该短语同美国国际货币政策的联系是错误的。“善意忽略”是既有政策的一些批评者提出来的，包括著名的戈特弗里德·哈伯勒教授（20年前他在哈佛大学第一个教我国际经济学）。他们的不满，集中在对前政府制定的资本管制的日益强调方面，集中在“粉饰”国际收支数据以支撑信心方面，最重要的是，集中在一些人看到的国内政策可能过于倾向保护美元的危险方面。在我看来，管制以及融资以粉饰国际收支的把戏，空间都被用尽了。如果说我们财政部的人在想出新方法来表达我们对这个问题的关注时不像我们的前任那样富于想象力的话，但至少在我眼里，美元问题无疑是不能忽视的。不过问题在于应该采取何种更根本的方式以强化美元、维系这个体系。

当我回顾那段历史时，一些问题总是萦绕着我。在世界正经历前所未有的经济扩张时，为什么对一个与那种经济表现有关联

---

① 丹尼尔·帕特里克·莫伊尼汉从肯尼迪总统到福特总统，连续担任了四届政府幕僚，历任白宫城市事务顾问、总统顾问、美国驻印度大使、美国驻联合国大使，于1976年起，四次当选纽约州参议员，直至其2000年拒绝参选。

的国际货币体系的责任意识这么少呢？在制定国内政策时，美国对该体系的规则不应该做出更多而不是更少的响应吗？除了对该国际体系的关心之外，仅仅是为了自身的利益，我们难道不应该关注外汇市场就通胀和美元向我们发出的预警信号吗？

的确，维持美元作为该体系“太阳”的承诺，多次影响了美国的货币政策。但货币政策真的被影响到了吗？具体而言，对布雷顿森林体系的关切，难道不该用以更有力地影响越南战争筹资决定吗？那是美国通货膨胀真正抬头之时，并且也有向欧洲扩散的威胁，如果美国不愿为这场战争支付足够的资金，那根本就不该打这场战争。我觉得，在世界发展和繁荣的早期阶段——“罗马帝国统治下的繁荣”时期做出贡献的民族（即罗马人）有一句恰当的谚语：万物自证（事实胜于雄辩）。

当然，人们最美好的愿望是布雷顿森林体系能继续运行下去，但体系的基础设计可能有很多缺陷，以致崩溃是不可避免的，只是迟早的问题。关键在于，像以前的金本位制一样，战后体系的实际运行严重依赖一个有能力和意愿的强国在管理和保护该体系中承担主导角色。

对美国来说，让美元处于该体系的中心有一些实在的好处。它的确给了我们融资灵活性和某种政策灵活性。但为了该体系运转，也付出了不菲的代价。其中之一是维持一个其他货币可依赖的健全通货的特殊责任。如果没有一个世界主导力量准备承担领导责任并维持规则，哪一种固定汇率体系能够运行？在政治学家的行话里，这样一个主导国家被称作霸主，这是美国相当好地扮演了 20 多年的角色。

我认为 20 世纪 60 年代末发生的事情，可以视为被历史学家保罗·肯尼迪[①]称作“帝国过度扩张”的例子，而越南是美国的滑铁卢。但这是一个好问题，即美国是否有些下意识地决定放弃对这个体系的责任？或者，任何一种严重依赖一国的体系，在布雷顿森林体系中美国同其伙伴相对地位发生位移的情况下，能否熬过经济局面发生如此深刻变化的阶段？当我惋惜美国本来可以做点什么时，我在财政部的一位老同事萨姆·克罗斯[②]评论说：“如果你设想一个体系依赖于一个总是遵循正确政策的国家，你迟早会发现，这样的国家是不存在的。这个体系最终将走向崩溃。”这个评论一语中的。我准备理智地接受这个事实，即只要时间足够长，任何一个霸主要么变得暴虐残忍，要么只是脑满肠肥。但在我担任财政部副部长时，我断没有准备好被动地接受这样的事实：在一代人的时间里，体系的崩溃是无法避免的。至今我也不相信。

我们在这里必须说明的是，领导者没有什么简单的方法可以摆脱负担。观察那些困难（负担），我有着绝佳的角度，这很大程度上因为我和查尔斯·沃克相熟，他早在尼克松就职前就被任命为财政部副部长。查理喜欢炫耀其得克萨斯“乡下小伙”的背景，但他对公共政策、政治和银行业一直充满兴趣——大约是这个关注次序。在他作为美联储经济学家及后来作为纽约美国银行家协会主席时，我就已经认识他很多年了。他把我推荐给戴维·肯尼

① 保罗·肯尼迪：英格兰人，美国耶鲁大学历史学教授，重点研究和讲授当代战略和国际关系，代表作《大国的兴衰》。

② 萨姆·克罗斯：先后任职于美国财政部、国际货币基金组织和美联储，是广场协议签署时美国一方市场干预的实际操作人。

迪——理查德·尼克松的首任财政部长。

戴维·肯尼迪与马萨诸塞州的肯尼迪家族没有关系，65 岁左右，是位广受尊重的银行家。他以其典型的低调风格，曾把大陆伊利诺斯银行经营成稳健的行业领导者（讽刺的是，他退休很久之后，大陆伊利诺斯成为第一家因 20 世纪 80 年代过度扩张而倒闭的大银行，而作为美联储主席，我注定成为那个召集联邦救助小组的人）。庄重并有着雪白银发的肯尼迪，代表着诚实和坦率。在其令人尊敬的商业经历后期，他没有控制欲，且他一向习惯于授权。尽管我从未去了解事情的全部，但我后来清楚了：在确定我为负责货币事务的副部长人选后，他不顾党派之争，坚持这一决定。毕竟我是一名民主党成员，即使不是一名积极成员。帕特里克·莫伊尼汉和我是政府高层中仅有的民主党人，该届政府怀疑自己接纳了太多同情反对派的公务员。

就职那天，我坐在财政部自己的新办公室里，从我窗前经过的游行队伍很漂亮。白宫发来了一份备忘录，我记得标题是“国家安全研究备忘录二号”。显然，我还没有进入一号备忘录的阅读名单中，但能上二号也不差。那段时间，我是确实不知道国家安全备忘录是什么，但由于是亨利·基辛格代表总统签发，显然是需要严肃对待的内容。

这份备忘录勾勒了新政府开展国际货币工作的行政和其他安排。它指定负责货币事务的财政部副部长——我将被提名的职位——就该主题主持一个跨部门委员会。前政府有过这样一个组织，因此不是什么激动人心的新举措，但我能确定自己的职责是件好事。备忘录还提到，在那个位置上，我要向国家安全委员会的亨利·基辛格汇报。由于身在财政部，这个消息对我来说不寻常。我跑到肯尼迪部长的办公室说："你最好快点儿注意一下这个，这看起来要把你晾起来。"他当时同尼克松先生的关系不是很密切，而且我感觉到了他对该做什么的犹豫。我一直猜测，他对这部分指令就是置若罔闻，因为我恰恰也是那样做的。在那些日子里，亨利·基辛格还有别的事情要操心。另外，他的一位得力助手，C. 弗雷德·伯格斯滕（本书英文版序言作者），是跨部门委员会的一个成员，我知道他完全有能力随时知会亨利。我再没有听到关于此事的其他说法，而且我猜测，如果这些关于国际货币事务的复杂文件确实送达的话，那基辛格公文篮的底层就是它们的归宿。但对我来说，这是如何在官场中高人一等的有趣一课。基辛格早在几周前受命任职，他有一个齐整的班子，有机会接触总统，也有很好利用其所占得先机的本能。

我很幸运还有另一个因素。感谢那些能干、受人尊重的前任，我有一个稳固的组织基础，被华盛顿和国际社会充分认可。但政府中的其他人可能比以往更强烈地认为，他们在货币事务中有自己的话语权。尼克松竞选团队中有一两个人负责国际货币事务，该团队成员主要来自学术界，并且对更加灵活的汇率的各种观点持支持态度。他们的工作小组报告从来不具有官方性质，而且保密，可能是因为激进的观点会干扰外汇市场。这个工作小组成员曾对我念叨说，这些报告事实上是政府的官方信条。

我从未收到这类文件，而且我也从不认为总统曾看过它或受其影响。这种"信条"的关联性，也只是政府明确倾向于汇率灵活性观点中的只言片语。这些零星观点得到哈佛大学教授亨德里克·霍撒克的强烈支持，他那时已获经济顾问委员会聘任。就其个人行事风格而言，亨德里克无疑是谦恭有礼的，但在我看来，他在遍访世界同僚时多少有点儿像一颗无制导的导弹。学术界普通的质疑和讨论，如果出自一位众所周知的“高级政府官员”，就会引起对美国政策目标的困惑。

在阿瑟·伯恩斯[①]被任命为总统顾问后，我还对他在货币领域的角色一无所知。阿瑟是经济顾问委员会前主席，长期担任国家经济研究署的出色领导人，是商业周期领域的重要权威，自尼克松先生担任副总统起就是后者的朋友和顾问。在总统选举前他去了一趟欧洲，尽管其在国际货币事务上的兴趣此前并不为人所知，但不知为何，欧洲人怀疑其在游说提高金价的可能性，不管这种怀疑是否合理。这个传言在候任财政部长肯尼迪那里得到了更多证实。他在 12 月的一次新闻发布会上轻率地回答了一个问题，他说希望对黄金价格“开放每一种选择”。当意识到财政部长这样表态对市场的含意时，他又收回了那句话。而我从未感觉到总统就职时对货币体系问题有过任何明确的看法。相反，我很清楚，我们得在财政部并通过跨部门的“沃尔克小组”研究出一种方法。

伴随着低失业率和通胀上升，美国 1969 年的货币政策变得相

① 阿瑟·伯恩斯（1904—1987）：其职业生涯始终在学界和政府部门之间来回切换。1927—1970 年，相继在罗格斯大学、哥伦比亚大学、国家经济研究署教学、研究，其间曾担任经济顾问委员会主席，并发表美国经济“最终目标是生产更多消费品”的言论。1970—1978 年担任美联储主席。他被米尔顿·弗里德曼视为对其走上经济学家之路影响重大的老师，也是第十三任美联储主席格林斯潘的恩师兼挚友，对格林斯潘有提携之恩。

当紧，我们算是走运。美国处于 20 世纪 60 年代长期扩张的末期，尽管现在听来没那么严重，但财政部短期债券利率到 12 月已升到 7.25%，长期债券利率 8%，比当时所有人记忆里的利率都高。紧缩货币政策吸引了短期资本流入美国，外国中央银行不得不卖出美元。黄金没有因为对美元价格和美国政策的不确定而外流，实际上是流向美国。随着这一年的结束，欧洲对美国输出通货膨胀的抱怨，已让位于对美国货币紧缩抑制其经济活动的抱怨。所有这些都是暂时的，但为我们冷静思考美国和美元的处境提供了宝贵的喘息之机。

当时，即使美国的贸易和经常账户保持顺差，也不可能消除我们的国际收支问题已长期化的看法；也不能消除美元汇率终有一天需要某种程度的调整的判断。在结果仍然极不明朗时，我当时是极不愿在这么重要的事情上有所行动的。再者，我们显然无法在不破坏整个体系的前提下应对一次剧变，甚至根本经受不起任何变化。一份关于亨克·霍撒克和一位欧共体官员谈话的报告，的确有助于适时地把美国的汇率政策问题摆在世界面前。当被问及如果美元贬值欧洲的行动时，这位官员回答说："所有的欧洲货币将在同一天以同样的幅度贬值。"

国际货币事务跨部门小组做了一份报告，大篇幅地讨论形势，我给总统做了可选方案的摘要。将调整黄金价格作为实现汇率调整的一个手段，也包括在这些选项中。我当时想的是，这个选择更多是出于全面的考虑，而不是出于对改变黄金价格的支持。我们总结认为，在取得建设性成果的前景还不明朗的情况下，可能 10% 的"小的改变"也会带来不稳定，因为存在其他国家货币将直接同美元一起贬值且更多后续调整的风险。这会削弱外国中央银行持有美元的意愿。

可能还应该分析一种更极端的情况——大幅提高黄金的美元价格，甚至可能是翻番。但这种做法对世界储备的影响将非常不确定。一个很大的可能是，相对于黄金持有者，美元持有者将遭受巨大损失，他们将按新价格把所有美元变成黄金，并抛售所有远期美元。那是戴高乐主义对所期望趋势的看法，但很难看出其中对美国有什么长久利益。

另一种可能是，黄金持有者可能会认为，金价已涨了这么多，未来几年将没有继续上涨的投机空间。鉴于他们会抛出黄金获利，美元持有量将增加，世界流动性将随之剧增。有一件事是确定的，即汇率和国际储备这种变动的最终结果高度不确定。没有人提出这一点。

当然，这不仅事关经济，还关乎公平和声望。如果金价翻番，真正受益的是谁？两个黄金生产大国南非和苏联当然受益，还有以美国的谈判对手——法国为首的那些一直在收购黄金的国家。谁将受损呢？日本——从来没有从美国买过黄金且依赖美元，以及包括大多数发展中国家在内的其他国家，它们因为相信美国而持有美元。

这份报告讨论了浮动汇率，以及为布雷顿森林体系引入更多灵活性的方式问题。下面列出的我的最优选择，有着诱人的惹眼标签——“渐进式方法”。基本上，这种选择要求政策连贯性，但在十国集团的讨论中，没有一项是受欢迎的。

首先，鉴于特别提款权已原则上达成一致，我们实际上是提议创造一些特别提款权以“激活”特别提款权方案，这要求国际货币基金组织成员国间有高度共识。我们相信，世界储备日益增加是板上钉钉的经济趋势，而且增加储备应通过美国赤字以外的手段。随着双轨黄金市场的形成，可能没有新的黄金流入中央银行，这种形势会更明显。前述想法部分是心理上的：证明美国能够合作以强化体系。其次，美国准备平稳地探索采取一些新技术的可能，以赋予汇率体系更多的灵活性。

这些想法离浮动汇率或放弃黄金－美元体系还很远。但我对第二项努力的热情明显减退了。在我就职后首次去巴黎参加第三工作小组会议时，身临其境地感受到当时欧洲同僚间的气氛。当他们的问题和讨论变得更加微妙时，当时的惯例是核心小组（不包括日本）转到其中一位经合组织大使郊外的宅邸吃晚宴。汽车开得我晕头转向，抵达时天已经黑了，对我来说那是个相当神秘的藏身之处。车里的外国同行确实急于了解美国新政府的观点，至少非常希望我能理解他们忧虑的程度。很快，一位欧洲同行在我面前晃着手指说：“如果所有这些关于汇率灵活性的讨论搞垮了现行体系的话，账都得算到你们美国人头上。”

这种话过于极端了，但公开谈论增加汇率灵活性却不引发投机是困难的。市场将对美元形成冲击，因为汇率灵活性无疑意味着美元贬值和一些贸易伙伴国货币的升值。考虑到投机对市场稳定的威胁，学界酝酿的大部分设计，比如“爬行钉住”或“滑动平价”，都要求循序渐进地对平价进行调整，比如说，每周或每月调整 1% 的一小部分。我是怀疑美国或者其他国家能够依靠这种小幅且漫长的调整来纠正失衡。在我看来，一旦简单的汇率调整原则被接受，无论调整幅度多么小，市场上的投机压力将使得遏制更大幅度的汇率调整变得极为困难，且可能迅速引发汇率大幅波动。恰恰是这些问题和困难，消耗着欧洲国家为固定它们之间的汇率而在 20 世纪 70 年代末付出的努力。经验有力地证明，一个“灵活的固定汇率”制度不只是言辞上的矛盾，它隐含着要么四分五裂要么趋于更加固定的内在冲突。

当这些关于可能改革的争论正在进行时，现实世界经历了一次小规模的货币震荡。没有任何官方或市场预警，就在 1969 年 8 月中旬的假期时段，新一届法国政府让法郎贬值了。因为美国银根很紧，这一决定没有马上对美元带来威胁。但随着时间的推移这一行动必然会增加不确定性。当我的法国同行勒内·拉尔[①]打电话告诉我这个马上发布的公告时，他料想我会不高兴，且忍不住挖苦说，希望贬值不会给我们造成太多麻烦。实际上，数月前我们给尼克松总统的报告中，我已经指出法郎贬值是大概率事件，因此只有具体的贬值时间是个意外。倒是回归蓬皮杜[②]新政府担任财政部长的瓦莱里·吉斯卡尔·德斯坦[③]运作这件事的手腕，给人留下了深刻印象。市场没有任何暗示，没

---

① 勒内·拉尔于 1971—1981 年任国际清算银行总经理。

② 蓬皮杜：1962 年 4 月出任法国总理，1968 年 7 月因“五月风暴”事件被迫辞职，1969 年 4 月戴高乐辞职后，于 6 月 15 日当选总统，直至 1974 年 4 月 2 日病逝。1973 年 9 月访问中国，成为西方国家元首访华第一人。

③ 瓦莱里·吉斯卡尔·德斯坦：1969 年 6 月至 1974 年 5 月任法国财政部长（经济和财政部长），1974 年 5 月至 1981 年 5 月任法国总统，1988 年 6 月至 1996 年 3 月任法国民主联盟主席。因主持起草《欧盟宪法条约》被誉为“欧盟宪法之父”。

有传言，没有飞短流长，一切看上去都那么完美，毫无痛苦的贬值！

虽然法国做得干净利落，但对我们来说，却是给出了更多证据说明体系中的偏见：美元作为第N种货币被高估了。法国的举动不出意料地增加了对英镑的投机压力。即使考虑美元所有短期内的实力和稳定作用，英镑的再一次贬值几乎肯定会酿成一场普遍危机。罗伊·詹金斯担任财政大臣时的英国政府在面对连续数月的贸易赤字时为避免市场压力所表现出来的能力和决心，我非常钦佩。在旅欧期间，直到9月一个下雨的周六他邀请我参观他的乡下草堂时，我才感到我们脱离了险境。午餐前喝雪利酒时，他告诉我英国最新月度贸易收支情况。他严肃地说出一个大得惊人的数字，然后微微一笑，补充道："是顺差，你懂的。"

1969年10月下旬，不仅英镑没有贬值，反而迎来了更受欢迎的德国马克升值。由于美国选举期间的不确定性，以及似乎经常在国际货币基金组织年会前出现的外汇市场敏感性，等待美国新政府明确决定的投机资金流向马克，促成了德国政府浮动马克的决定。执政的社会民主党与自由民主党联盟将马克平价上调了9.39个百分点。

就这样，在这三个月的空当中，法、德两国政府通过各自独立的决定，办成了约一年前颗粒无收的波恩会议上被认为不可能的事。未能协调好法郎贬值与国家颜面关系的戴高乐将军，没再插手这件事，并于1969年4月解甲归田。德国换上社会民主党执政后，自信满满的卡尔·席勒[①]走马上任，成功实现了马克升值。而在此前的“大”联盟里，升值在席勒与其保守的基督教民主党伙伴间极具争议。

同时，特别提款权的谈判取得了极大的成功。自1970年1月起的3年时间内创设95亿美元等值的特别提款权的协议达成了。这个数字略低于我的最高期望值，但也还不错，足以证明政府在寻求储备的有序增长方面并非无所作为。

但对美元的关注再次成为焦点。随着经济在1970年年初走向衰退，1969年秋新任美联储主席阿瑟·伯恩斯主导实施了宽松的货币政策。短期资本流向报复性逆转。我们的贸易顺差实际上增加了，但考虑到市场萧条，顺差被认为是暂时的。国际收支整体陷入赤字，当年总额接近100亿美元，是以前所有单一年度的几倍。

一个更不祥的新趋势是新兴工业大国日本正全力进入世界市场，因为日本与变化无常的资本流动无关，这对美国来说不是好消息。在为当时一次不寻常的美日重要商界领袖会议准备发言时，我被日本的变化速度深深地震撼了。翻阅国务院已分发的标准简报后，我明确了发言主题。美国政府关于日本经济的官方材料，将后者描述为脆弱、无竞争力、有周期性国际收支困难。尽管这些可能是两三年前写出来的，但显然已不再符合事实。当然，美国商人知道这与他们在市场上看到的情形不一样。但我无法确定

① 卡尔·席勒：德国著名凯恩斯主义者，1966—1972年任联邦德国经济部部长，1971—1972年兼任金融部部长，故有“超级部长”之称。他是继联邦德国首任经济部部长路德维希·艾哈德之后对联邦德国社会市场经济贡献最大的学者型政治家。

日本代表能否完全理解美国商人的抱怨。

那时我开始痛恨上班前一大早打来的电话。一个能干的财政部公务员佩奇·纳尔逊做着一份没人爱干的工作——早早赶到办公室，查看外汇市场、接收美元最新走势报告。电话铃一响，我会猜测这是佩奇就某外国央行对黄金的兑换要求来寻求指示，如果不是黄金，就是要求鲁萨债券，或者是某些外国货币的互换提款以阻止美元贬值。如果没有电话，我就知道是好消息，可以等我到了办公室再告诉我。但因为海外美元积累的速度很快，电话铃声时常响起。

到了 1970 年年底，政府又有了新的苦恼。衰退不是很严重或者说没有持续很久，但复苏看上去也不很强劲。最糟糕的是，消费物价持续上涨，直逼扩张时期的水平。“滞胀”这个别扭的字眼，似乎正适合当时的情况。根据后来的标准，4% 左右的通货膨胀率看上去没有高到足以引发讨论价格管制的地步，但当时确实开始谈论了。

到年底，一些人在讨论“休克疗法”的可能性，以冻结工资－物价几个月的形式让我们回到更稳定的轨道上。美国财政部里的一些人建议肯尼迪部长这么做。阿瑟·伯恩斯则从美联储的角度公开呼吁采取有力的收入政策和管制手段。

在所有这些不愉快中间，对我及货币事务来说发生了一件大事。作为经济顽症的替罪羊，戴维·肯尼迪辞职了，来自得克萨斯的约翰·康纳利被任命为财政部长。财政部里没人认识康纳利。查理·沃克从他得克萨斯的熟人那儿得到的所有信息表明，康纳利是温文尔雅版的林登·约翰逊。作为约翰逊的门徒，他曾是约翰·肯尼迪政府的海军部部长，回到家乡后当选得克萨斯州州长。肯尼迪总统在达拉斯遇刺时，他和总统坐在一辆车里，也中弹并受了重伤。康纳利深谙为官之道，在受命重组政府的工作中，给尼克松留下了很深印象。他是民主党人，但显然不是一位为人不齿的正统自由主义者。总统被他坚毅、充满活力的个性所吸引，就像后来我们中的许多人一样。

他有一个劣势：不是国际金融界响当当的人物，甚至在国内金融界也算不上。我们谁都不知道该去期待什么，但他当时在很多方面令我惊奇。我原以为，一个新人，尤其像他这样一个地道的政治家，会将其老关系安排在自己身边，但他没有。我们所有人都被保留原职。我还以为，我俩在就货币体系的奥秘进行交流时会有困难，但我们也没有。

我仍然记得，我在第一次做重大简报时那种如释重负的感觉。他很快就略过了我对美国的国际收支状况、爬行钉住、更宽的变化幅度、特别提款权的复杂性以及其他晦涩难懂细节的流水账。我承认我极为担心我们迟早得寻求汇率上的大幅调整，而调整会遭到强烈反对，造成巨大的政治和经济影响。对于这些方面，他显然不需要我的指导。他对影响和激励个人、政府的因素有一种本能的把握，而且他知道我们将遭遇艰苦的谈判。

1970 年年底，随着整体赤字的上升以及更多黄金的流失，我请求采取财政部以前从未实施过的某些举措。在如今汇率机制灵活的背景下，那些举措再自然不过，但在当时可是一枚潜在炸弹。我有意绕开了财政部庞大的国际部门——那里很难保证我的请求不被泄露，我让财政部一位高级经济学家约翰·奥滕花一两个月的时间，检索他所能找到的所有证据和文献，然后告诉我他是否认为美元在“根本”上被高估了以及被高估的程度。约翰是一位腼腆的前任教授，那段时间他基本上是一个人工作。几年前我把他带入财政部，而且我知道，他有很好的国际经济学素养，异常清晰的思维，并且能够对该计划保密。过了一段时间，他用一沓厚厚的备忘录向我反馈说，所有他能测算的不同方法都表明，美元将需要贬值 10%~15% 才能恢复均衡，具体贬值幅度取决于多少国家将与我们一同贬值。

有了这一判断的支持，更因为经常项目进一步恶化的事实，我为康纳利准备了一份书面分析，里面谈到了我们的处境和我想到的应对方案。我那时无意仓促决定，但我们需要一些应急措施。我们的黄金库存正跌向 100 亿美元关口，还不到 20 世纪 60 年代初的一半。我们所能接受的下跌幅度，有着心理上和其他方面的限制。贸易和流动性头寸也许还没到无力回天的地步，但趋势显然是不利的。在没有彻底改革体系的情况下，对于协商出足够大的平价调整来应对当时形势的前景，我是悲观的。我还认为，除非关闭黄金窗口，否则谈判不宜启动。因此，我的结论是，如果时机到了，我们应该主动停止黄金销售，为重大汇率调整以及体系必要的改革做准备。此外，这些决策应该同国内价格冻结及配套的财政、货币政策相结合，以抑制通货膨胀。

对康纳利而言来说，这些内容没有一项让其感到出乎意外。但我的应急备忘录显然为其他一些重要官员抛出问题提供了由头。备忘录还只是草案，我小心地收回所有副本以避免泄露。差不多同一时间，一位精力旺盛的白宫新助理彼得·彼得森[①]被安排评估外国经济政策。尽管他并未涉足我们国际货币政策领域，但他写了一份在政府内部广为传阅的报告，这有助于解释并突出美国日益弱势的贸易和竞争地位。

我原本对避免一次重大危机抱有希望，但那种希望在 1971 年冬春之际变得渺茫了。随着美元的持续外流，我们了解到，一些欧洲国家之间已经在讨论其货币对美元联合浮动的想法。法国的反对和其他国家的热情不足，使该想法没能实施，但如果计划充分，它原本是可以成为一个壮举的。人们开始在春季抛售美元换取马克，德国的储备中，我们不受欢迎的美元汹涌而至。在没有联合浮动可求助的情况下，德国在 5 月初单方面允许马克浮动来应对这一局面。

那次行动顶着巨大的市场压力，既与卡尔·席勒坚定的自由市场哲学保持一致——他合并了强大的德国金融和经济部门供己驱策，又迎合了联邦银行里很多人对如何维护其货币政策独立性的深度关切。埃明格尔和其他人更早前对美元流入的担忧被更多人认可。他们害怕德国基础货币将增长得太快，届时联邦银行将无

---

① 彼得·彼得森：1971 年担任尼克松总统的国际经济事务助理，1972 年 2 月至 1973 年 2 月任美国商务部长，兼任国家生产力委员会主席和美苏商业委员会主席。此后，先后出任 Bell & Howell、雷曼兄弟董事长兼 CEO，1985 年，与史蒂夫·施瓦茨曼共同组建有“私募之王”之称的黑石集团，同年，担任对外关系委员会主席，直至成为名誉主席后于 2007 年退休。2006 年，因其自 20 世纪 80 年代以来长期对国际经济研究所的经济支持，该所更名为彼得·G. 彼得森国际经济研究所。2008 年，他作为创办人和主要资助者的彼得·G. 彼得森基金会成立。他是对美国政治影响最大的亿万富豪，也是比尔·盖茨和巴菲特倡议的“捐赠誓言”的签署者之一。美国时间 2018 年 3 月 20 日去世。

法维系价格稳定导向的货币政策。德国人实际上在说，他们无法调和“其国内货币政策自主权及资本自由流动”传统与固定汇率要求之间的矛盾。尽管当时没有做出过如此明确的解释，但其含意是世界第二大经济体已经决定退出这个体系了。

德国的决定，受到了美国政府内外很多人的欢迎。在他们看来，这是朝着更加灵活的汇率迈出的重要一步，并为有效地重估美元提供了一条路径。我没有这么乐观。在不彻底摧毁体系的情况下，通过那种头痛医头的措施来实现我们需要的调整，似乎是不可能的，而且进一步刺激投机只会有夺走我们主动权的风险。

贬值

1971 年 5 月，在慕尼黑举行的国际货币会议（IMC）年会上，世界主要商业银行和中央银行的重量级银行家们会聚一堂，在一众全球金融风云人物面前，康纳利这位新任财政部长粉墨登场了。他从头到尾参加了所有的会议，包括丰盛的午宴和晚宴。作为一位财政部长，这很不寻常。在发表例行的闭幕演讲前，他平静地揣摩着他的听众及他们的想法。演讲的大部分内容，都是重申美国的立场，但口吻却更为坚定、强硬：必须做点什么了；美国不能再独力“包揽”这个金融和贸易体系；既然我们想要继续一个开放体系，其他国家必须承担更多的义务，和美国一起开放它们的市场、提供援助并分担防务开支。

我在起草演讲稿时，也在结尾暗示了对更多汇率灵活性的要求。当我再看到演讲内容时，结尾的内容大相径庭，完全是康纳利的口吻:“要理解各方都必然有一些立场不能改变，这对于我们解决问题有帮助。基于这一点，我想不带任何傲慢和冒犯非常明确地宣布:美元不会贬值、黄金价格不会改变、通货膨胀会得到控制……”我问他，是否真的确定要把话说得那么死。我提醒道，毕竟不用多久，我们就得以美元贬值收场。他结束我们整个讨论的那句话永远铭刻在我的脑海里:“那是我今天不可更改的立场，我不知道它今年夏天还是不是。”

于是他就这么讲了，而且讲得如此震撼，听众们都坐回了原位。实际上，他由于流感有点发烧，不然效果比他预期的还要好。但毫无疑问，他令人印象深刻——这位新人将要在国际金融舞台上大展身手了。

到了 6 月，我感觉康纳利开始相信，采取行动的时候快到了。在政府和国家内部，关于经济政策的一场论战正在上演，这是经济状况持续不佳背景下的老调重弹。当时（就像我写这些文字的此刻）政治关注的焦点，主要在毫无活力的复苏和顽固的通货膨胀。康纳利显然赞成包括价格冻结在内的更为激进的政策，但是他没有成功。作为政府的首席经济发言人，他在月底宣布了当时受欢迎的“四不”原则:不实行价格管制、不成立工资和物价评估委员会、不减税、不增加联邦开支。

那个时候，我主要是与两位信任的同事 —— 财政部长助理约翰·佩蒂和我们在国际货币基金组织的执行董事威廉·戴尔——一起工作，我已经开始着手为暂停黄金兑付制定一些操作方案。不久，我们完成了一本厚厚的简介和一份白纸黑字的计划:美国退出出售黄金政策的机制、对美国需要的美元汇率调整幅度的分析、美国应该从伙伴国争取什么样的贸易机会、美国以后如何恢复某种程度的官方可兑换，以及货币改革的初步设想。白纸黑字地把我们的计划写下来，我们大家都知道这将是一次向未知世界的飞跃，这是一种安慰。刚刚发布的春季几个月度的贸易数据成了形势恶化的警报。随着贸易收支第一次陡降为赤字，所有的“应急计划”好像很快将派上用场。

部长康纳利当然注意到了这一切，并且他很快便开始敦促总统采取行动。他想让我在一个重要方面对计划做些补充，并要求我们就如何对美国进口物品征收一种特别的税种或关税，即一种进口附加税做好准备。尽管有几个国家曾为捍卫货币平价而采取这类行动的一些先例，我还是为美国将朝着这个方向发展而感到不安。我提出，这与实现汇率调整的努力在逻辑上是矛盾的，而且只会被解读为对抗和保护主义。我希望我的意见令人信服、康纳利的要求会被搁置。但当他坚持要很快看到一个备忘录时，我不能再拖延了，得从法律和贸易专家那儿争取一些支持来完成备忘录。

应总统的要求，财政部长康纳利还承担了经济顾问委员会主席保罗·麦克拉肯[①]与时任管理和预算办公室主任乔治·舒尔茨的一些汇报工作。到 1971 年 8 月初，我被告知，总统确信有必要采取行动，但他觉得，他不能在国会休会期间自作主张。

---

① 保罗·麦克拉肯于 1969—1971 年任该职务。1974 年年末，在国务卿基辛格的授意下，主持了一个委员会，向经济合作与发展组织提交了名为《促进充分就业和价格稳定》的报告。该报告被视为美国政策偏向新自由主义或货币主义的转折点。

康纳利决定动身去他得克萨斯的牧场，但又一次美元投机潮的爆发，让他在那儿没得到下半点儿清静。国会下属委员会要求政府浮动美元的报告更强化了投机行为。我在回复中写道，基本上我们认为该下属委员会（并暗指其激进的主席亨利·罗伊斯）的言论并不代表国会的主流意见。这完全正确，但并不完全是对其观点的有力否定。我很清楚一件事，我们正处在市场恐慌的边缘，无论是否情愿，美元将被迫与黄金脱钩。如果我们准备采取主动，暂停美元对黄金的可兑换，并将其作为一次深思熟虑且有建设性的一揽子改革的第一步，就务必在9月前做出决定。我打电话给康纳利，告诉他我的这些想法。他当即决定给总统打电话并赶回华盛顿。

他一回来，我就被告知，总统已经安排主要经济官员周末在戴维营召开一个会议。有意思的是，根据总统的决定，国务院无人在受邀之列。我曾经与国务院负责经济事务的助理国务卿纳特·塞缪尔斯合作得很愉快，但他正在度假，所以只能简要地通知他。亨利·基辛格也缺席了，我后来了解到，他正在参加关于越南问题的秘密谈判。

我知道我们将在会后的周一前关闭黄金窗口的可能性很高，所以给查尔斯·库姆斯打了电话，他多年来一直在美联储负责国际事务。布雷顿森林体系的重大事务占据了库姆斯的大部分工作生涯：他帮助策划过保卫英镑的行动，与中央银行官员俱乐部一起处理过货币互换安排，并且和他的国外同行们建立了密切和相互信赖的关系。他一直对这个体系的衰弱耿耿于怀，并且对他认为的政府未尽全力捍卫该体系感到很不痛快，也暗示对我感到不快。

我认为我欠他一个吐露心声的最后机会，于是我打电话给他说：“本周末就要做决定了。你到我这儿来，我如果不能帮你约见上总统的话，保证为你安排出一些和康纳利部长见面的时间。说出你的想法，因为这是你能说出想法的最后一次机会了。”

当库姆斯星期五早上赶到财政部时，在我办公室外打了个电话，然后垂头丧气地回去了。纽约的外汇交易室已经打电话通知他，英国人刚刚要求把他们持有的约 30 亿美元兑换成“黄金”。如果和我们共同创立该体系并竭力捍卫本国货币的英国人要将他们的美元兑换成黄金，那么显然，游戏确实结束了。给库姆斯的消息明显有些断章取义，我后来得知，英国的要求只是某些“保险”组合，以确保其美元的价值，但并不一定是黄金。

一个后来流传的说法是英国的要求加快了我们脱钩黄金的决定。这与事实不符。对黄金的要求主要来自其他一些小国。根据我的判断，当时促使做出决定的势头是不可阻挡的。从某种意义上讲，这些最后的“黄金兑换及为美元储备提供担保”的要求是有帮助的，这样就没有人可以说美国的决定是草率为之。

我们在星期五下午早早赶到了戴维营。总统立即要求财政部长康纳利就当时处境的原因及应对计划做说明。康纳利总结了市场形势，然后信心满满、条理清晰地抛出了我们讨论已久的一揽子措施。尽管总统说的不多，但会议的气氛无疑表明他准备支持康纳利的建议。我们每个人都有机会发表自己的意见，关于该计划唯一真正激烈的争论是进口附加税。我记得，讨论主要在经济学家和政治家之间，最终也没有统一看法。我想总统早就确信这次讨论既是重要的谈判策略，也是一个吸引公众支持的方式。

阿瑟·伯恩斯坚决反对该计划的核心部分，即暂停黄金兑付。他主张我们应该努力“合作”协商出一种汇率调整方式，抛出了一个（美元）对黄金贬值的提议。只有在这种努力不起作用的情况下，我们才有理由退而暂停对黄金的可兑换。我非常理解他的想法。所有在场的人员中，他和我最坚定地致力于在布雷顿森林体系下开展工作，且最深刻地意识到维持一个机构和个人合作框架的重要性。但当被直接问及时，我不得不告诉总统，我认为在保持黄金窗口开放的情况下，协商一个新汇率根本就是一个不可靠的选择。

我不相信，康纳利当然也不相信，我们能真的去对日本人和欧洲人说：“看，和我们说了七年的一切刚好相反，我们想对汇率来一次大的调整。赶在周一开市之前，我们就在这个周末把它安排好。”即使我们已愿意（美元）对黄金贬值，他们肯定还是会拒绝，肯定不会坐视不理，而是马上有一系列动作。他们怎么会继续持有并在市场上购入美元却不把美元兑成黄金？我们又怎么可能避免信息泄露和大量投机？除了立即暂停黄金兑付外，我们又该如何应付那种看上去是失败和丧失主动权的情况？

在尼克松先生的顾问中，阿瑟·伯恩斯的个人资历最老，后来有机会私底下向总统陈述其想法。我不知道是否有什么新观点，但在我看来，结果是早就注定的。

在戴维营的决策形成过程中，有两个方面让我感到失望。首先，我没有获得“货币体系长期改革适当方向”研究小组任何真正的支持。其次，总统在其公开表态中不打算重申我们不改变官方黄金价格的意图。我安慰自己，以后会有更多机会处理根本的改革问题。当时，黄金问题似乎更为重要，因为它一定会马上发生，而我们需要一个坚定的立场。

在戴维营，一件在我看来不重要的事情耗费了大量时间。总统竞选时曾向纺织品制造商允诺了更多保护以抵制进口，但日本人在一份可以兑现其承诺的协议上拒不妥协，令他计划受挫并感到愤怒。突然抛出的新经济计划似乎可以作为单方行动的合理借口。律师们却只能在古老的《对敌贸易法》中找到法律上的依据，而将此作为限制日本产品进口的法律基础又十分牵强，这是一个难题。但根据此项法案采取行动的威胁，真的很快促成了一项协议来兑现总统的竞选承诺，总统显然把这个承诺看得比黄金问题重要。

戴维营会议分成几个小组讨论。一个组处理价格管制，一个组处理附加税和贸易事务，还有一个组是处理货币调整。我有幸能争取到迈克尔·布拉德菲尔德的帮助，他当时是一位年轻的财政部律师，后来成为美联储的总法律顾问。我曾让他负责两个最富争议也是法律上最有困难的领域——价格管制和附加税方面的一些初步法律工作。在他的帮助下，一份描述该计划及其法律正当性的长篇新闻稿，在星期天上午做好了。

按照康纳利的指示，我带着匆匆起草的演讲稿前往戴维营，总统将在演讲中宣布整个计划。我猜测它是一个典型的贬值演说，旨在稳定金融市场并安抚各国中央银行。演讲包括我认为是固定的姿态式认错，以及保持内部约束的承诺、应对通货膨胀、合作改革并改进货币体系。除了一些技术性要点外，其他内容从未公开过。

总统个人显然很重视这次演讲，他与其首席演讲撰稿人威廉·萨菲尔间出现了分歧。演讲稿和我在星期天看到的那份截然不同。你瞧！暂停黄金兑付——我曾把它看作对体系的威胁，而正是这个体系，我倾注了大部分工作生涯来捍卫——已成了大胆的新举措。国际性危机为“本来可能会因一个突然且令人尴尬的变化而受到批评的”国内政策提供了一个貌似合理的理由。45 天前的说法是不会出现价格管制，而今在设立价格评估委员会后突然来了一个冻结；以前的说法是不会减税，现在是要实施一些税收削减。演讲快结束时宣布了我们将暂停黄金兑付的公告，这将把投机者们置于绝境，而我们将利用进口附加税再度控制局势。

在演讲于 1971 年 8 月 15 日星期天晚上发表后，我对运筹帷幄的政治家们的作为有了很深的领悟。我曾担心，暂停黄金兑付会被美国人看作耻辱：美国已经被外国人搞垮了，美国人喜爱并珍视的美元正在被摒弃，我们应当转向国内、提高关税、削减援助并撤回驻军。但尼克松先生的表现，以及康纳利部长随后在星期一新闻发布会上的大派头，将一切更多地变成了一个胜利、一个崭新的开始。而且，从这一切在国内的表现来看，的确是一个崭新的开始。更强劲的经济增长和走低的通货膨胀，为 1972 年的大选打下了牢固的基础。

20 年之后，我怀疑了。在一切尘埃落定后，其从某些方面看是一个失败。加速体系瓦解的通货膨胀压力并未持续削减；随着管制的取消，通胀更趋严重，折磨了美国长达 10 年甚至更久。货币体系也未能以一种真正让人满意的方式回到正轨。而我们一定程度上仍在抱怨不公平的军事、援助和贸易负担。

但事情远没有结束。1971 年将要经历的是一个漫长且火药味十足的谈判过程，比我在戴维营预期得要长得多。我天真地以为，一两个月之内，也就是说，在 9 月底国际货币基金组织会议前，我们就能完成一次汇率调整，并开始探讨改革事宜。实际情况是，我很快从大联盟谈判中得到了教训。康纳利从开始就认为，需要花上数月时间，才能让其他几个国家有心情接受汇率大幅调整。我们发现，即使关闭了黄金窗口之后，几个主要国家仍在强烈抵制其货币对美元向上浮动，那样（升值）会导致它们的货物在国际市场上更贵。尤其是日本，曾经在一段时间里通过在市场上买进大量美元以阻止日元升值。我的一位日本政府同行后来说，他们曾误解了我们的意图，行天丰雄在本章的描述中证实了这一说法。日本人以为，我们只是不想卖黄金。他们原本非常愿意购买并持有美元，不想汇率调整。而汇率调整恰恰是我们所做决定的核心。我们真正不想做却又确实强加给我们的，是官方黄金价格的改变，数届政府都曾发誓不改变黄金价格。

8 月 16 日星期一，我赶到伦敦与英国同行们会面并解释我们的做法，包括我们不愿意改变黄金价格。与会人员大多是老朋友，我从他们的语气中感觉到，对美国没有拿出拯救体系的完备方案，他们感受更多的是苦恼而不是气愤。这多少是有意为之。我们认为没有什么方案是我们的伙伴愿意接受的。

约翰·康纳利后来干脆直接说："美元是我们的货币，但是你们的问题。"我为这种说法感到难堪，无论那时还是现在，我们都有责任稳定美元。但我们的贸易伙伴当时显然还没有准备好接受我们认为必要的事：为了结束让他们很是不满的美元外流，必须进行大幅度的汇率调整；他们要实施贸易自由化；同时对我们的海外防务费用提供更多支持。

谈判的真正启动是在9月初。当时我在巴黎的一个会议上告诉十国集团的副部长们，我们认为美国需要调整的国际收支幅度：在一年左右的时间内，美国不得不从逆差转为顺差，变动幅度将达到130亿美元。在进行估算时，我们认定美国的贸易收支正在快速恶化，如果没有纠正措施，经常项目赤字将很快达到40亿美元。我们在这个数字之外又增加了对资本输出的估算，资本输出在一段时间内已达到了约60亿美元的水平。我们告诉伙伴国，美国愿意解除所有对外支付的特别管制和限制，并在一段时间内保持少量顺差。

当时还没有谈到汇率，但那些外国同行们就已经吓坏了。他们立刻想到，美国的经常账户如此大幅度的变动，将意味着远超他们预期的更大幅度的汇率调整。实际上，几乎没有贸易伙伴真想看到自己的贸易地位出现严重恶化，而这种恶化却对应着美国的必要改善。我记得很多欧洲人将目光转向国际货币基金组织代表，辩称我没有真正倾听他们的顾虑，他们实际上是想让基金组织代表告诉我，美国人的测算错得离谱。国际货币基金组织代表的回复是，他不知道是否需要130亿美元，但基金组织的测算表明，调整数字是个大的量级。我真该吻他一下。

不久后在伦敦召开的十国集团部长级会议更是争论不休，那几个国家大摆姿态并向新闻界放出美国苛索无度的风声。不出所料，矛头主要指向进口附加税，我们极易因此被指责为保护主义。在货币方面，其他国家持续向美国施压，要求美元对黄金贬值，否则就不采取任何行动。几周后，国际货币基金组织年会上的调子则更具有建设性。康纳利的演讲似乎为走向谈判更清晰地指明了道路，而且，他特意主动提出，如果其他国家同意将自由浮动作为美元找到一个新（汇率）水平前的过渡机制，美国就取消令人憎恶的进口附加税。

考虑到各国对浮动汇率的反感，我们没指望这个提议会被接受，但对一个激进得多的方案曾经有过简短却激烈的争论。康纳利的演讲草稿完成后，乔治·舒尔茨强烈建议他改变整个演讲的重点：舒尔茨想把这个过渡性浮动的提议向前推进一步，相当于美国单方面宣布，即浮动汇率本身应成为新的国际货币体系基础。演讲的前一天晚上，舒尔茨匆忙重写了一份，而我被派去和他讨论这个稿子。我们在会议所在的喜来登公园酒店房间讨论到清晨。在我自己的概念里，舒尔茨式“重磅炸弹”显然是不能考虑，它只会进一步破坏谈判气氛，没有人欢迎这种气氛。第二天上午，康纳利有两个选择：要么用舒尔茨修改过的稿子，要么用我们原本准备的演讲稿。他用了原始版本。但舒尔茨有生之年终将再度面对这个问题，那时他的身份是财政部长。尽管他的策略和方法非常不同，我们最终还是选择了浮动汇率。

国际货币基金组织会议结束后，货币谈判进展缓慢。康纳利显然认为，如果要恢复真正的均衡，现在正是最大程度地调整汇率、强化美国对欧洲和日本贸易自由化进展要求的有利时机。

第三工作小组召开了一次会议，评估我们 130 亿美元国际收支变动规模的需求，重点是看哪些国家愿意接受其本国收支相应的恶化。讨论逐渐暴露出各种困难。会上立场坚定鲜明且通常热衷此道的德国表示，准备接受大约 20 亿美元或更多的盈余下降。英国则借口经济长期疲弱，说他们无法做出任何重要贡献。法国提到其早前的贬值，拒绝行动。荷兰和比利时（曾经是购买黄金最为积极的国家，理由是它们这样的小国，购买黄金对整个体系无关痛痒）同样坚持，因为实力太弱，在当下改变不了局面。日本人担心会被要求在提升汇率方面做出最大贡献，所以自然尽量保持沉默。

秘书处迅速记下了所有数字，以起草一份粗略的平衡表：我们的 130 亿美元在一栏，其他国家的回复在另一栏。我记得后者合计只有大约 30 亿美元，低于国际货币基金组织与经合组织估计的必需量，也低于我们自己的估计。这就是谈判的形势。

在外汇市场上，货币已经按照我们需要的促进汇率水平调整的方向波动，但除了大多数国家抵制一个大幅度汇率调整外，个别币种之间的扭曲也越来越严重。特别是法国，通过外汇管制和货币市场干预，坚决抵制法郎升值。马克上涨则自由得多，危及德国在欧洲及对日本的竞争优势，日本在当时甚至正成为德国主要工业竞争对手。美国进口附加税引起的怨气非常大，丹麦也实施了进口附加税，以表明报复的可能性是真实存在的。

危及开放的贸易体系以及货币改革前景的康纳利棒球战术，是否太过激进？在美国国内，围绕这个问题产生的顾虑增加了。阿瑟·伯恩斯就持这种观点，而且毫不掩饰。秋天过去了，政府部门中不断提及这个问题的同事过来拜访我，并要求说明我们的谈判计划。对于后者，我实在是无法令他们满意。康纳利把他的牌捂得死死的，在关键时刻去印度尼西亚做了一次长途旅行，遍览各地，返回时途经日本，人还没到，其难伺候的名声先到了。他的造访在日本人中间引发了极大关注，他们预期康纳利会对谈判强烈施压。但他对没有被问及货币问题很满意。在临行前的典型戏剧化的新闻发布会上，他提醒所有人他之前“台风康纳利”的形象，并表示：“我向你们保证，我的到来就像春天轻柔的清风。”

最终，康纳利以主席的身份召集了一次约定于11月底在罗马举行的十国集团部长级会议。对于康纳利的召集行动多大程度上来自总统推动有很多疑问，特别是根据已经发生的情况判断。有一个版本说，总统可能是在回应基辛格、伯恩斯以及其他人对康纳利战术对美国与盟国关系的担忧。康纳利后来告诉我，事实并非如此，是他自己感觉行动的时间到了。但是毫无疑问，那种猜测的部分原因，是总统出于其他原因正在筹划一系列与其主要北约伙伴的会议，他们肯定会在这些会议上讨论这个问题。总统向来更关注安全和其他问题，这不一定对我们的谈判有利。

罗马会议前一天晚上，我仍然不确定康纳利是否已经改变了其黄金价格“不可更改”的立场。实际上和该领域的所有美国官员一样，我对这个问题很敏感。且不提所有对我们颇受指责的名声（或者说纯粹是固执）的担心，很难看出官方金价上涨会不会造成不稳定。期望一个足够大幅度的汇率调整去纠正美国的赤字，看上去前景渺茫。对美元汇率进一步调整的预期必然上升，同时出现的则是黄金价格进一步变化的预期。这样一来，美国要恢复任何形式的可兑换、避免黄金市场投机以及设计一种新的货币体系，都将更加困难。

尽管在戴维营或是总统的演说中都没有明确这一点，但康纳利在其所有的公开表态中，都坚决反对改变黄金价格。在财政部内部，康纳利特别要求另一位副部长，也是一位精明的擅长税务的律师埃德温·科恩，对我们的谈判形势做了一次独立的评估。如果不是相互尊重的好同事，那我俩当时的关系就会很尴尬（这本是沃尔克的职责范围）。事实上，老经验同新思想结合并没有产生任何对立，也没有任何惊人的新方法。

但到罗马会议召开时，我已不愿意自己去迎合那种需要：如果汇率调整能继续推进，就对黄金价格的改变做出一些姿态。在回答我关于“他是否认为解决的时机已经成熟”的问题时，康纳利告诉我说，他得到了在他认为合适时改变黄金价格的授权。同时，在不涉及金价的情况下，我要再次向我的外国同行们简述我们的立场。

我向十国集团的代表们提交了一份只字未提黄金的备忘录，里面第一次标明，我们希望美元对其他工业国家货币间的汇率，以美国与各个国家间的贸易额为测算基础，平均调整 11%。在我们看来，即便是这个调整幅度，也不足以实现我们需要的 130 亿美元的国际收支改观，但倒足以让我们取消进口附加税，前提是欧洲和日本在我们提出的贸易自由化和防务支出分担事务上能够坦诚协商。

最后，鉴于这个汇率校正并不充分，我们不会重新开放黄金窗口，这一点必须达成谅解。看上去特别令十国集团震惊的，是我说我们将在会后公开这份备忘录。我立即被指责为破坏国际货币合作，而他们反应之大，促使我给康纳利打电话建议收回备忘录。但正如所料，我离开会场没多久，就发现很多实质内容已经泄露出去了——但不是美国方面泄露的。

一些基础报告过后，十国集团会议进入秘密会议阶段，只有重要人员出席，不许带助手。于是，对我来说职业生涯中最有趣的一次国际会议开始了。按照字母顺序，康纳利恰好是十国集团轮值主席，这意味着某种中立角色。留给我的身份是美国主发言人，但座位距康纳利主席只有一步之隔。讨论一开始，其他国家的财政部长就宣称，除非美国准备做出“贡献”，否则没什么可谈的。他们定义的“贡献”，就是美元对黄金贬值，即提高 35 美元的黄金价格。

还是熟悉的众口一词。最后，康纳利低声同意我抛出议题，我问道：“好吧，如果，仅仅是假设，我们愿意讨论黄金价格。如果我们把黄金价格提高 10% 或 15%，你们怎么做？”显然，康纳利认为 15% 有些过了，因为他立即接着说道：“好的，问题已经提出来了。让我们假定是 10%，你们大家会怎么做？”

没有回答、没有讨论、没有试图转换话题、没有要求休会，近一个小时里，只有沉默。有人抽烟，有人和他们的同事耳语，有人坐立不安，但没人想在会上带头发言。

最先打破沉默出来发言的是卡尔·席勒。因其对通货膨胀的关注及强大的对外收支，德国长久以来是美国汇率政策上最好变通的贸易伙伴。席勒说德国可以承受美元 10% 的贬值，“而且还可能再加几个百分点”。立刻有人问他：“你说‘几个’是什么意思？”他答道：“用德国人的话来说，‘几个’不是指‘一个’，它是指‘两个’。”

我们所有人上了一堂语言课，也知道了德国将接受 12% 的汇率调整。这似乎还不够接近我们希望的总体结果，但显然真正的谈判正式开始了。德国人将它的欧洲伙伴推入了困境。英国人和意大利人声明，他们无力参与任何重大的调整；法国人则保持沉默。

然后是休会，各种小范围沟通，以及打往各国首府的电话。我们所有人都推测，最重要的是打给总统蓬皮杜[①]的电话。就这样几个小时过去了。鉴于第二天根本不可能就汇率问题达成任何协议，康纳利于是提醒与会者贸易问题还没谈。所有的参会者都已经被要求携贸易官员与会，但欧洲人通常不这么做，声称这是欧洲共同体而不是单个国家的事务。

雷蒙·巴尔[②]，后来成为瓦莱里·吉斯卡尔·德斯坦总统时期的法国总理，正以欧共体贸易特派员的身份坐在会议室外边。康纳利知道后，坚持要求巴尔进来。巴尔则坚称他没有任何授权，除非他得到欧共体部长委员会——作为决策机构的成员国部长会议的授权。欧共体的财政部长们都在那儿坐着，于是康纳利不失时机地建议十国集团休会，好让欧洲的部长们能够履行一次委员会职责。他们当然不会在这个节骨眼儿上做这么破天荒的事，因而唯一能做的就是达成一项谅解：贸易问题仍列为会议议程，贸易代表们将在日后开会讨论。

尽管有这些休会和踌躇，但大家普遍感觉，僵持数月后，达

① 当时蓬皮杜此时已是总统，原文为总理，应为笔误。

② 雷蒙·巴尔（1924—2007）：法国右派政治家，经济学家。1976 年 8 月被德斯坦总统任命为总理兼财政部部长，也是法兰西第五共和国成立以来唯一同时担任这两个职位的人。他倡导严格控制通货膨胀和削减公共开支的政策，强调工业“重组”（“巴尔计划”），是欧洲货币体系的推动者。

成协议指日可待。约翰·康纳利已竭尽全力。虽然新闻界极力抨击其“牛仔”式的好斗，但其中很多报道无疑是他的谈判对手操作的。他的一些部长同僚私底下对他却怀有某种钦佩，这些人自己也是老练的政治动物。在会议期间的正式晚宴上，康纳利无疑给他们留下了深刻印象。晚宴地点是一座位于罗马七丘之一山顶的文艺复兴时期宫殿。这位来自得克萨斯的牛仔，回顾起想必也常常聚集在我们此刻用餐之处的罗马先驱们的文明使命，以及他们的法律、学术遗产和通用的货币——他的演讲显然是即兴的，没有讲稿。他将部长们面临的世俗挑战不知不觉地放到了西方文明的长河中，至少回溯了2000年！

当这次令人煎熬的会议结束时，无人能够决定公报内容，部长们同意由康纳利独自向媒体做简报，相信他将传达谈判的公平性，并不偏向任何一国的利益。这意味着信任，当然也并不是一项轻松的任务，但他却相当气派地完成了。他先站到了一个巨大的意大利式高台上，以吸引那被记者和麦克风围得水泄不通的豪华宫殿房间里的每一个人注意。关于黄金讨论的报道仍是假设性的，但几乎没有财经记者怀疑谈判的走向（其中一位记者，也是本书的英文编辑，当时立刻发送了标题为《即将到来的美元贬值》的报道）。

下一次十国集团会议安排在华盛顿，在圣诞节前一周召开。不过，关键的谈判并没有发生在美国，而是在早些时候的蓬皮杜与尼克松亚速尔会晤中。多年来，法国一直是美国在货币以及大部分其他国际谈判中主要的反对者（有几次我曾幻想，表达一个与我们真实意图恰恰相反的美国立场，这样我就可以“优雅地”

同意法国的反对意见）。蓬皮杜先生可能不及戴高乐将军有声望，但是作为一名前罗斯柴尔德银行家，他对货币事务怀有浓厚的兴趣。如果对美国观点做出让步，协议上将会有法国的印记（指法国是主要反对者）。而且，从我们的角度，我们确信，与法国协商一致会带来更普遍的共识。

尼克松总统并没有太把货币问题放在心上，我之后得知，蓬皮杜先生一开始就以一个关于黄金和罪恶的美元本位的戴高乐式演讲主导了讨论。尼克松耐心地听他说完，等待话题转到他所关心的共同防御和安全问题。康纳利、吉斯卡尔·德斯坦和我，则坐在另一个房间里，起草一份几乎覆盖所有问题的协议大纲。

美元贬值幅度这个关键问题，被留待两位总统第二天讨论，而考虑到法国在这一议题上相对强烈的态度，我判断那会对我们不利。鉴于我们在黄金问题上让步的巨大象征意义，而法国又强调调整的必要性，在我看来，蓬皮杜应该会同意 10% 是一个合理数字。但与这位总统的讨价还价没有持续太久。蓬皮杜最终让步，黄金价格可以从 35 美元/盎司提高至38 美元/盎司，即上涨 8.5%，因为 38 美元是一个整数，适合作为当前货币体系中一个关键数字。我试图指出这个价格转换成法郎并不是一个整数，但只是徒劳，这是即便法国也承认美元中心地位的佐证。尼克松先生显然想了却此事，于是我走开去找我们亚速尔军事基地一位陆军中士的妻子，她被派来为我们打印协议。

那份协议已成定局，我们开始为在华盛顿的史密森学会主楼里举行的十国集团最后谈判做准备。它曾是（现在也是）一座维多利亚时代中等规模、装饰华丽的砖结构建筑，正位于林荫大道，现在则被现代化的航空航天博物馆大楼和圆柱形的赫希洪博物馆建筑群簇拥着。史密森学会也许因其丰富的历史艺术品收藏、对文化和传承的贡献、对科学探索的热情，被视为重建货币体系的恰当场所。重要的是，这座古老的砖堡里配有很多小房间，正适合非正式会谈。

其中一个房间被用作研究解决一个关键的遗留问题。在尽可能大幅度地升值日元汇率问题上，美国和欧洲有着共同利益。不仅日本非同寻常的贸易竞争力越来越明显，而且，作为磋商中的事项，日元升值的幅度显然会影响其他国家——尤其是德国——接受一次货币重大调整的意愿。

尽管我们竭尽所能，但日本大藏相水田三喜男最终拒绝了不低于 17% 的日元实际升值幅度（行天丰雄在本书中生动地详述了此事，我才失望地得知，本来是有可能再加上 3 个百分点的——我的了解晚了 20 年）。德国最后突破了席勒在罗马的报价，同意马克对美元升值 13.57%。但一些欧洲国家仍为 1 个左右的百分点而僵持不下。为了缓解这些国家中一些人的顾虑，我们开发出加权平均计算汇率变化方法。目的不仅仅是评估一个相对美元的调整幅度——一个布雷顿森林体系黄金 / 美元格局培养出来的思维习惯，而是要评估相对所有主要贸易伙伴货币的调整幅度。我们能够证明，考虑到日元和马克的升值，一些较小的国家，只要维持现有的黄金平价，就可以实现其货币有效的小幅贬值。但是意大利和瑞典最终仍然坚持本币对黄金贬值 1%。

当然，新的黄金价格早在亚速尔就和法国达成一致，我们两国稍微一唱一和后，所有国家就都接受了这一价格。这也在很大程度上决定了我们通过普遍协商能够实现多大程度的汇率调整。加拿大坚决反对放弃其之前已经采用的浮动汇率，这实际上意味着，我们与我们最大的单一贸易伙伴根本无法实现任何汇率调整。

确定加权平均有效汇率变化的权重选择，有主观武断的成分。我们在那天结束时测算出，对所有经合组织国家的汇率，美元贸易加权贬值幅度略低于 8%，或者说比奥廷 9 个月前测算结果的一半稍高。剔除权重很大的加拿大，测算的结果是 12%，也是我们在公告里强调的数字。即使我们已经在贸易对话中成功开放了日本和欧洲的市场，但无论哪种测算方式，结果都远低于我们认为的恢复美国外部收支的稳固平衡所需要的幅度，而且欧洲共同市场和日本的壁垒实际上还在发挥作用。随着汇率调整的确定以及进口附加税的取消，我们几乎没有谈判的筹码了。接下来几周的贸易开放谈判，主要限于一些柑橘类水果，这是政治需要，因为美国游说团体闹得厉害，但在国际收支中的影响不大。

史密森会议上采用的一项改革，在今天的欧洲内部货币安排中得以延续。围绕新平价（或者叫“中心汇率”，大多数国家这么定义）的汇率波动边界定为上下 2.25%，比布雷顿森林体系中 1% 的变化范围的 2 倍还多。那是法国针对我们 3% 要求的让步。

就像在戴维营一样，史密森会议期间整天都充斥着关于汇率的争吵，几乎没有精力讨论长期改革问题。那些（关于长期改革的）讨论是后来的事。当时，普遍认为（如果不是“愉快地”）美国不会准备通过自有黄金或借入外国货币来捍卫新汇率。暂时达成共识的实际上是一个美元本位——没有黄金的布雷顿森林体系。

谈判快要结束时，尼克松总统从白宫过来称赞谈判结果。财政部部长们、中央银行官员们，以及他们的随员，齐聚在旧航空航天博物馆里，面对站在悬挂着莱特兄弟和查尔斯·林德伯格飞机下面的媒体记者。总统宣布会议已经达成了“世界历史上最伟大的货币协议”。

这一评价经常被带着嘲笑反复提及，但就我所知，如此众多的国家就一组汇率一次达成协议，确实是史无前例的。我们所缺少的是使其整体运作的必要承诺。一听到总统的评价，我的一位助理就提醒了我这一点，我转身对他说，“我希望它能坚持 3 个月”。实际上它持续的时间更长。6 个月以后，英国让英镑浮动，尼克松总统被告知意大利可能是下一个脱离其史密森平价的国家，他私下对其白宫下属说：“我（删除某语气词）才不在乎里拉[①]呢。”

布雷顿森林体系的终结，越来越近了。

行天丰雄

1971 年的系列事件，给了日本一个非常强烈且具启发性的信号。这些事件告诉我们，日本经济已经与世界紧密相连，我们一直遵循的那种孤立的经济管理方式不再合适了。我们当然知道，国际货币体系正变得越来越不稳定，但在我们看来，主要原因是 20 世纪 60 年代美国基本收支失衡的趋势难以逆转，这种趋势由其

① 里拉是 2002 年欧元流通前的意大利货币。

萎缩的贸易顺差和日益增长的资本外流所引发，导致了美国短期负债的大幅增长；换句话说，大量美元为外国人所持有。

美国官方短期负债于 1964 年首次超过美国黄金持有量。如果不可能的事情真的发生，即所有官方美元持有者恐慌并行使其兑换黄金的权利，那布雷顿森林体系所依赖的美国黄金储备，理论上将会枯竭。而形势还在继续快速向坏，美国黄金储备到 1971 年时下降到了 110 亿美元，大约 250 亿美元的官方短期负债是前者的两倍多。换言之，外国政府和中央银行手中的美元，只有 44% 有黄金保证。美元信誉因此迅速恶化。

这不是造成不稳定的唯一因素。各国利率与通货膨胀的差别，反映出主要经济体之间不一致的经济周期，这也导致了巨额且极不稳定的资本流动，特别是通过欧洲市场。同时，一个印象越来越强烈——即将就职的尼克松政府，已将美国经济重心从外部调整转移到确保国内充分就业和增加企业利润。这一政策改变被称作“善意忽略”，我认为它给了国际（经济）稳定致命一击。

我们现在事后诸葛亮地认识到，日本国际收支的基础结构在 1960 年年中就已经非常稳固，虽然在 1967 年还曾遭遇波动，且当年实际上经历了相当严重的经常账户赤字。也正因为 1967 年的形势，我们当时认为自己仍很脆弱，当外部账户在 1970 年和 1971 年开始出现大量盈余时，我们还以为这是那些年国内周期性的经济疲软的结果。企业利润在恶化，股票价格在下跌，生产则是停滞的。美国转向国内扩张的政策，引发对日本出口产品的强大需求。在诸如本国长期的码头工人罢工这类特殊因素阻碍美国出口时，预期将出台自愿出口限制的日本纺织品生产商，正加速向美国派发商船。

由于基本形势如此不明朗，我们认为恰当的对策不是去升值日元，因为那只会加剧日本国内的疲弱。我们倾向于通过扩张性的财政和货币政策提振国内经济，并进一步放开进口。坦白说，我怀疑这种观点并没有反映日本人的真实想法，某种程度上不过是一种讨价还价策略，以便应付要求日元升值的外部压力。但大多数日本人对日本的国际收支结构缺乏信心，同时害怕升值会抑制经济增长。只有一些经济学家和商人持不同意见（即支持升值），但他们的声音不够响亮。当美国和欧洲开始批评日本的顺差和低估的日元时，我们也没有因此意识到形势已变得多么严峻，我们相信仍然可以通过采取国内措施提振经济来摆脱对我们的批评。

尼克松总统的“新经济政策”公告在东京时间 1971 年 8 月 16 日上午 10 点发布，东京当时已经开市。美国驻东京大使馆金融专员先行告知了我和日本银行。我当时是负责国际事务的副相细见卓的特别助理。他打来电话说：“东京时间 10 点，尼克松总统将做一个非常重要的演讲。”我说：“什么内容？”他回答：“我不知道，你最好听一听。”那时还没有有线新闻网（CNN），所以我问他从哪个广播电台可以听到讲话。他说美国之音会播出。美国之音只用短波广播，于是我让我的秘书赶快找台短波收音机。幸运的是她找到了，我听了演讲。副相是对的，这无疑是一次重要讲话。我记得有一个非常友好的电话，美国财政部副部长保罗·沃尔克打给了他的同行柏木雄介——日本大藏相高级顾问，提醒对方要发生的事。这是一个很好的姿态，也证明在紧要关头私人情谊和信任的重要。

我们将这次讲话称为“尼克松冲击”，所有日本人都大吃一惊。市场被美元抛售淹没了。大藏省紧急召开会议，会上暴露了尖锐的内部分歧。想立即关闭市场并停止购买美元的人，与想保持市场开放的人之间，爆发了激烈的争论。前者说美国和欧洲市场都在休市[①]，并质问为什么日本市场还得开着买美元，一旦美元贬值，政府会蒙受巨大损失，而美元肯定会贬值。但另一方反驳说，如果日本关闭市场，当市场再次开放时，日本将别无选择，只能让日元浮动或升值，而这正是我们不希望发生的。而且，他们为保护商业银行拿出了有力论据。商业银行账面上拥有大量美元资产，这些美元是它们在大藏省和日本银行的强烈劝说下接受的。如果市场被关闭，它们将无法卖出这些美元资产，并遭遇巨额损失。那些想保持市场开放的人深信，日本的外汇管制制度非常完美，市场上卖不出多少美元。

最终，希望保持开市交易的人占了上风，我们继续以 360 日元 / 美元的汇率购买美元。显然，日本方面严重误判了美国财政部和整个美国政府的真实意图。在约翰逊总统和尼克松总统反复保证美国不会使美元贬值时，日本人过分天真地相信了他们。就在几个月前，康纳利部长还重申了那个保证。我们因此以为，美国真正的目标并非贬值美元，而是让美元脱离黄金，并努力尽可能快地稳定美元币值。我们相信，维持 360 日元 / 美元的平价符合美国的利益，并将被视为一个合作的举动。于是日本银行继续以 360

---

① 当时美欧正处于周日晚上。但是到了欧洲时间 8 月 16 日上午，除法国外，欧洲主要国家都宣布关闭市场一周。

日元/美元的价格买进美元，两星期后，它已经购买了约 40 亿美元。日本官方储备在月初时不足 80 亿美元，所以那意味着我们已使储备增长了近 50%。8 月 28 日，我们最终决定放弃继续购入美元，并决定开市时让日元浮动。

这个购买数量有多大呢？按照 360 日元/美元的汇率，40 亿美元相当于约 1.5 万亿日元。当时以流通中的现金和活期存款账户为基础的货币供应量 M1 约为 24 万亿日元，所以不难想象中央银行如此大规模干预性购买的影响。毫不奇怪，日本银行和大藏省在随后的激烈辩论中被批得体无完肤。批评者认为，这些巨额美元的买进，大大增加了经济中的日元供应量，从而为 1973 年和 1974 年的通货膨胀埋下了伏笔。

我并不相信干预直接导致通货膨胀。的确，1971 年下半年和 1972 年一季度货币供应量比前一年度激增了约 1/4，但直到一年后的 1973 年的第二季度通货膨胀才真正抬头。对于大藏省和日本银行来说，它们无疑遭受了巨额的账面损失，因为仅仅 4 个月后，我们按 360 日元价格买入的 40 亿美元的价格，已经跌到了 308 日元。我们的批评者称，政府牺牲纳税人的钱挽救了那些私人银行。我认为这种观点在理论上并不是很站得住脚，因为中央银行不是必须在某特定日期结清其外汇账户。外汇账户是存续的，持有的外汇储备将在需要时对外支付，所以不存在本币的盈亏。应该说，储备中这额外的 40 亿美元在两年后派上了大用场。当时第一次石油危机爆发，而日本不得不支付大量美元购买更加昂贵的进口石油。那些美元正是在“尼克松冲击”后日本仍开市交易时获得的。

我们后来得知，8 月 15 日之后，日本的银行和商号从国外借入美元并在东京卖出。日本官方总体上低估了这些机构在国外的融资实力。我们学到的一个非常宝贵的教训是，我们的外汇管制远不完美。这对那些官僚们是一个震动，直到那一刻，他们还以为他们对私人银行及其外汇交易实施了严格控制。

"尼克松冲击"后，日本经济一片混乱，东京股指急剧下跌，从 7 月底的 202 点跌至 10 月的 176 点，跌幅超过 10%。但是出口并未下降。尽管形势还不明朗，但大藏省意识到捍卫 360 日元 / 美元的老价格已不再可能。与此同时，出于对经济将遭受灾难性影响的强烈恐惧，人们极力抵制日元大幅度升值。大藏省试图逐步让日元上浮，以避免商人和政客的尖锐批评。于是，我们继续在市场实施干预，日元价格从 8 月 28 日起逐渐攀升。10 月 1 日，汇率是 333 日元 / 美元，到了 11 月，是 329，而 12 月 18 日当天，即《史密森协议》发布的前一天，汇率是 320。这意味着，相对过去的黄金平价，其升值幅度为 12.3%。

我们并不确定美国在这次货币调整中的真正目的是什么。大藏省已做了自己的研究，我们知道自己将不得不以某种方式加入这次多边货币调整。11 月 15 日，大藏省在其高层会议上决定，接受美元对黄金贬值 6% 的方案，同时联邦德国马克升值 3%，日元升值 6%。这将意味着日元币值对美元总共升值了 12%。我们测算，这将在美国经常项目收支中产生约 65 亿美元的变动，或是美国所谋求结果的一半。我们提议升值幅度 12% 的原因是，市场已经使日元升值了约 10%，经过我们进一步测算，美国 10% 的进口附加税所产生的影响，大致相当于日元再升值 2.2%。

我们知道，日本将不得不与美国和德国讨价还价，而且美国的价码也实在太高。我们试图与法国联合，接着是与德国，但都失败了。给我们留下的印象是，日本的情况过于特殊，没有国家愿意和我们联合对抗美国的重压。这真是相当令人沮丧的收获。后来我们才发现，美国在和欧洲人组成联盟，抱团对付日本。然而，我们没有审时度势并努力找出我们如此孤立的原因，相反却采取了非常被动的防守姿态。史密森会议由此成为日本人心路历程中一个相当不幸的分水岭，至少令官僚们产生了非常强烈的孤立感。

史密森的讨价还价，应考虑日本与美国关系这一更深层背景。经济问题通常是这种关系中最为突出的方面，除此之外，1971 年所发生的一系列事件，对直到 20 世纪 60 年代中期还是一种联盟关系，而且可能最适合描述为大哥与小弟的日美关系稳定性，造成了相当的压力。日本当时一个极大的担忧是中国作为一个主要的经济和军事力量的崛起。日本保持与美国联合，以应对中国过于迅速地登上世界政治和经济舞台。然而，就在 7 月 15 日，尼克松总统经济声明前一个月，当他宣布访问中国的计划时，他给了日本人第一次冲击。10 月，当美国和日本正在联合国共同发起一项阻止中华人民共和国政府恢复联合国合法席位的决议时，亨利·基辛格秘密访问了中国。10 月 15 日，日本同意对出口美国的纺织品实施自动限制，从而结束了十分艰苦的谈判，这也给我们带来了强烈的挫败感。

大概就是那个时候，美国开始将日本视为经济对手，并决定对日本强硬。我相信，尼克松政府也在考虑在越战后的亚洲利用中国牵制日本的可能性。对我们来说，在这个问题上，亨利·基辛格似乎与约翰·康纳利不谋而合，这令我们感觉美国拆了日本的台。美国正在对日本打一种中国牌。当康纳利 11 月初赴日协商汇率事宜时，他为基辛格访华的糟糕时机致歉，但他同时强调，欧洲共同体作为一个极其排外和带有歧视性的区域，正不断巩固自身的地位，苏联和中国正日益成为非常重要的力量，而日本将发现自己处境十分艰难，除非它更加紧密地与美国合作。

康纳利要求日元升值 24%[①]，德国马克升值 18%，而美元则毫无变动。在三周后的罗马十国集团会议上，美国将要求降到日元升值 20%、马克升值 15%，并第一次提出美元贬值 10%。在 12 月 17 日，史密森谈判的第一天，美国的要求又稍微降低了一点儿，即日元升值 19.2%、马克升 14%，美元则贬值 8.25%。

美国最终与日本谈定 16.9%。为什么是这么一个奇怪的数字？在史密森会议期间，康纳利在与其日本同行、我们的大藏相水田三喜男最后的双边谈判中，坚持日元 18% 的升幅。和康纳利一样，水田也不是个官僚，而是个天生的政治家。他学生时期是个社会主义者，曾因信仰被日本战前军政府的警察数次逮捕，之后成为一名保守派政治家。他在日本战后金融发展关键时期三度出任大藏相，其中一次就是在史密森会议期间。

康纳利和水田的最后谈判，在全体会议的一个短暂休会期间进行，我当时是负责国际事务副相的特别助理，兼任水田的翻译。我们待在史密森学会的一间狭小房间，像是用于存放该学会标本的地方，架子上摆放的各种瓶瓶罐罐中泡着有趣的东西。康纳利对环境不加理会，坚持日元升值 18%。不可能，水田说。他一口

① 本段所涉汇率均指货币对黄金价格。

咬定 17% 以下。康纳利问为什么。

水田三喜男回答："因为 17% 对日本来说是一个非常、非常不吉利的数字。回想 1930 年，当日本重返金本位时，日元升值了，幅度就是 17%。经济被推入萧条。那位做出重返金本位决定的大藏相[①]被暗杀。"

我不知道康纳利是否因想到自己在肯尼迪总统达拉斯遇刺时的经历而被这番话所打动，或者他当时究竟有没有思考水田的话，但他很快答道："好吧，你能接受多少？"

"308 日元。"水田三喜男说，换算过来是贬值 16.88%。

"成交。"康纳利答道，问题解决了。

康纳利在与日本的谈判时一度非常强硬，但当美国转而与欧洲人沟通时，他也认识到日本的重要性，而且他从未将日本推入难堪的境地。他确实是一位杰出的谈判家、出色的交易能手，而且，他相当热爱他的工作。

我也必须提一下水田的高明之处。他在史密森会议后透露，其实在离开东京远赴华盛顿之前，他就得到首相佐藤荣作[②]对高至 20% 升幅的批准。我无法保证这种说法的真实性，因为他们两位

① 此处指井上准之助，1932 年 2 月被日本血盟团成员暗杀。

② 佐藤荣作（1901—1975）：1958 年 6 月至 1960 年 7 月任大藏相，1961 年 7 月至 1962 年 7 月任池田内阁通商产业大臣，1964 年 11 月至 1972 年 7 月出任日本首相。其亲兄岸信介也曾担任日本首相。两人成为日本历史上唯一一对兄弟首相。岸信介的外孙即为日本现任首相安倍晋三。佐藤荣作是日本历届首相连任期限最长纪录的保持者，其任期内日本经济高速增长，把琉球群岛（今称冲绳）纳入日本管辖范围，1974 年还因提出无核三原则而获得诺贝尔和平奖，成为迄今为止唯一获此殊荣的日本首相。

都去世了。但甚至在与康纳利敲定协议后，水田还担心德国的卡尔·席勒会试图阻挠该协议。席勒曾坚持日元至少得比德国马克多升值 4%，但水田三喜男和康纳利的交易中只有 3.3% 的差幅。水田担心席勒会反对，因此一直等到 12 月 18 日下午席勒在最后一次会议上抛出最后提议时，他才公开宣布日本接受 16.9% 的升值。康纳利说："非常感谢您，大藏相先生。"这是整个谈判过程中我第一次也是最后一次从康纳利口中听到这些话。会议休会，水田也迅速从房间中消失了。他躲到了日本代表团在史密森学会的房间里，而且没有参加起草公报的会议，唯恐这个协议在最后关头流产。

康纳利和水田建立了很好的私交，并互赠私人礼物。水田三喜男赠给康纳利一件雕刻精美的漆木日本魔鬼面具。"这据说是保护女性的魔鬼。所以，如果你把它放在府上，康纳利夫人和令千金们会一直平平安安的。"他赠礼时说道。康纳利则机敏地回答："哦，是吗？我以为它是过来吞噬美国经济的经济动物呢。"作为回礼，康纳利送给水田一双定制的得克萨斯牛仔靴，为此他必须量一下水田的脚。他让水田脱掉鞋站到一张纸上，而财政部长本人则用一支铅笔勾出水田的脚形。水田有点儿不好意思，他说："日本人有句俗话，大脚男人脑子小。"康纳利则说："不，不，您无须为此担忧。相反，美国倒有种说法，女士们喜欢脚大的男人。"

但是，在日本官僚体系中，大多数人不知道这份协议是如何达成的，史密森协议被他们视为一次惨败。他们曾相信日本能够抵挡让日元大幅升值的要求，而且真心认为最终的升值幅度太大了。似乎有一种以羞辱本国为乐的受虐倾向的日本媒体，指责官僚们在谈判时没有更明智，并声称我们遭遇了可怕的外交失败。但实际上商界欢迎这份协议，并不是因为希望升值，而是因为他们更担忧外汇市场的长期不稳定。当然，商界比较喜欢一次幅度更小的升值，但也并不认为 16.9% 幅度过大。我后来得知，早在 1971 年 10 月，日本的大公司就已经在它们的内部测算和规划中使用 310 日元 / 美元的汇率，几乎就是我们最终的谈判结果：308 日元 / 美元。甚至在正式谈判汇率问题前，这些大公司就试图对日元进行一次快速调整，到一个更高的汇率水平，所以它们没有因谈判结果显得被动。对普通大众而言，汇率变化事实上对他们的日常生活没有多大影响。整体经济在 1971 年第四季度触底后迅速反弹，股票市场在 1972 年 1 月 13 日触及历史高点。

尽管日本的国内经济在复苏，贸易顺差却并没有减少，而这将很快引发进一步的升值。我们当时以为，经过这次调整后，日本应该可能在一个美元本位基础上重建固定的平价体系。随着 1968 年双轨黄金价格体系的采用，黄金不再是国际货币体系的基石。尽管有着 1971 年所有的那些大事件，但史密森协议后所发生的可能只是汇率干预点的改变。参与谈判的所有国家（除了加拿大），都希望回到以它们商定的汇率为基础的固定汇率体制。但希望回归一个以美元为基础的固定汇率体系是不现实的，因为美元并未恢复其信誉。此外，史密森谈判从未触及根本问题，因为参与谈判的每个国家都耽溺于某种讨价还价，而未认真考虑谈判对汇率体系本身的影响。如果史密森谈判能以严肃的理论和学术态度对该体系进行讨论，也许一切就不一样了，但不幸的是，事实并非如此。所有这些因素，使得浮动汇率几乎不可避免。

最后，1971 年的危机给了日本很多教训。首先，它暴露了日本对本国经济实力以及无法抗拒的市场力量的严重低估，甚至是无视。它也在日本人中间留下了深刻印象，即日本处于巨大的国际压力下，特别是来自美国的，而不幸的是，这种印象强化了我们的防御姿态，在此后多年里依然固守。所有这些事件的演变，没能给予日本急需的鼓励，以便在布雷顿森林体系对经济调整和汇率调整明显缺乏完善机制时，在国际上扮演一个积极和具有前瞻性的角色。国际货币形势因此朝着更为混乱的方向发展。

第四章

浮动和放任自流

保罗·沃尔克

概述

史密森协议后的两年是战后经济最动荡的时期。

在美国，无论 1971 年 8 月 15 日的举措对国际货币体系的最终影响如何，它都和宽松的货币政策一起，为尼克松先生提供了强大的竞选基础：快速扩张的生产和明显下降的通胀率。国际上则如释重负，感觉货币和贸易争端已经平息、汇率稳定了。

但表面之下有不祥的力量在聚集。美国的贸易和经常项目状况持续恶化，而且出现了短期资本的大量外流。外国中央银行积累的美元储备快速上升，远远超过黄金窗口关闭之前的速度。美国国内经济扩张、国际流动性的膨胀，使得工业国家出现了强劲同步的繁荣。

繁荣没有持续多久。通胀压力正在累积，特别是在实行价格控制的美国。政府到 1973 年年初撤销了大部分强制性控管制措施。而就在此时，繁荣引发的通胀压力正好赶上了全球粮食短缺。结果是通胀率远高于 1971 年中期导致价格管制时的水平。

恰如通胀压力在急速升温，史密森协定“中心汇率”在欧洲也面临着新压力，美国因此决定在 1973 年 2 月就新的、更重大的汇率调整进行谈判。同 1971 年的经历明显不同，谈判实质上仅在一个周末就成功完成。但市场并没有给谈判艺术多少面子，不断出现的汇率压力促使主要国家达成了一项协议：允许将各自货币浮动作为最后选择，同时要探索综合性的改革。改革是有，但从未达到预期的目标。

改革谈判实际上持续了两年多的时间。谈判的目的在于恢复一个汇率平价的结构性体系和可兑换，但同时要加入重要的、新的灵活性因素。对于我们所有这些谈判参与者来说，这是一个重要的教育过程。但最终的结果是，改革的努力在 1973 年后期被放弃了。当时，高通胀率显现，主要国家间的通胀水平不同，汇率因此波动得更厉害。第一次石油危机正在酝酿。历史的经验是，固定汇率制不可能成功应付这些冲击和失衡。事实上，美国和世界正陷入战后迄时为止最严重的衰退。在此过程中，无论是好还是坏，曾一度标志着布雷顿森林体系下世界经济固定结构、稳定和秩序的观念，看上去消失了。

一些有意思的问题留给了我们。布雷顿森林体系下的货币秩序和结构方面的观念，仅仅是对不寻常环境的短暂反映，概言之，就是美国主导地位的反映吗？或者，反之，它是因为缺乏更强的规则和系统性纪律意识才失败的吗？在一个政治权力广泛分散而经济关系日趋紧密的世界，以布雷顿森林体系为样板建立新体系的努力，只是一个不现实的梦想吗？或者，反过来，是不是因为国际货币体系内缺乏更强大的结构和纪律意识，才一定程度上导致世界经济在该体系于1971年崩溃后表现得极其疲弱？

事件的压力

我们从史密森协议及促成该协议的诸多辛苦博弈中学到的最重要一点是：世界并没有（因此）分裂，而我们此前几乎没有考虑这一点。各国货币已经浮动了几个月。最终同意的汇率调整幅度，比大多数国家预计的要大。在拖沓的谈判过程中，贸易限制措施成为威胁手段，各国政府间出现了明显的对抗情绪。但股票和债券市场表现良好，贸易继续扩张，接下来的一年里，商业总体繁荣。尽管有不可避免的扭曲和不确定性，世界经济和贸易体系看上去对货币动荡都不敏感。这同我们那些在布雷顿森林体系中成长起来并全力维护该体系的人们担心的不一样。

但与此同时，各国政府缺少对"史密森体系"固定汇率的承诺。在美国，以我们拒绝把美元转换为其他任何储备资产为标志。更重要的是，各国政府极少通过提高或降低利率，或采用其他适当的国内政策来维护"中心汇率"（大多这样称呼新平价）。

当美国于1971年中止货币可兑换时，其已强制临时冻结物价，并采取了一套工资–物价联动控制体系。美国的物价确实稳定了一段时间。但在美国希望保持开放的经济和政治制度下，不可能长时间地实施控制。至少这些措施都无法有效代替货币贬值情况下紧缩货币和财政政策的效果。这个过程中，美国的货币政策在1972年年初宽松了，这反映了经济运行远未达到充分就业，但这显然也不是维持新汇率的信号。

在威廉·麦克切斯尼·马丁的任期到1970年年初结束时，阿瑟·伯恩斯被理查德·尼克松选任为美联储主席。伯恩斯曾经是工资–价格联动管制的主要支持者，并为此惹恼了白宫。一旦实施管制，伯恩斯就得承担监管商业银行基准利率这一不受待见的责任，在工资被冻结时，这是一个事关政治稳定的问题。我后来得知，在协调其诸多使命的过程中，伯恩斯（我怀疑，还有其美联储理事会的大部分成员）对"国际方面的考虑因素正影响着国内利率"这样的指责非常敏感。因此，尽管他热衷于支持固定汇率，但在我看来，涉及支持固定汇率的具体政策方面他并不积极。

当然，我没有发现白宫有意维持史密森协议汇率的任何证据。尼克松总统同其大多数前任一样，从自由世界的政治引领和共同防御等不同角度专注于国际事务。历届总统下属的历任财政部长，对于总统的国外之行、同外国首脑的会晤，则表现得忧心忡忡。对美国总统来说，经济上的优势是争取政治妥协的筹码。而在我们看来，外国领导人优先考虑的通常正相反：他们更珍视在贸易、援助或货币性事务（特别是在蓬皮杜一例中）等方面争取到的成果。

同大多数美国总统一样，尼克松厌恶其行动自由可能受制于货币困境的观念。我听他公开表达过的关于改革货币体系的唯一目标（他不止说过一次），就是他不希望再出现"任何新危机"。这让我感到非常不安。我不知道如何设计一种既可以避免危机同时又不需要考虑国内政策的体系。浮动汇率的拥趸们宣称他们有答案：各个国家都可以按意愿行事，不需要担心国际收支、储备流失或提高利率以保卫平价，因为浮动汇率将平顺、有效地调整国际波动。

国外理论界对浮动汇率并不积极，但我们并不是唯一可能因忽视固定汇率规则而应被指责的国家。1971 年 5 月，当时世界第二大贸易国德国就已经明确宣布，如果固定汇率同其国内首要任务——应对通胀——严重冲突的话，它将放弃固定汇率。

就在 1972 年年中之前，投机力量转向英镑。英国的贸易账户早已恶化，但财政大臣安东尼·巴伯的一番评论则加剧了投机活动：最近货币发展的影响给了他一个教训，即一国国际收支趋势恶化、汇率面临压力的话，那它应该尽快调整汇率。这个评论是西方国家关于汇率制度的态度普遍改变的一个缩影。在 20 世纪 60 年代中期，英国工党政府在应付投机力量三年后才贬值英镑，并在 1969 年顶住了新的投机压力，成功避免再度贬值。而如今，面对投机力量，一个英国保守党政府，仅仅扛了一个星期，就在之后的 1972 年 6 月 23 日让英镑浮动。

有件事我至今记忆犹新。就在英镑贬值的前一天，我在国会被问及英镑的问题。基于对以往英国政府态度的判断，我当时说英镑没有理由贬值。当英国财政部驻华盛顿代表把英国政府的决定通知我时，他看上去像犯了很大错误。阿瑟·伯恩斯同时告诉白宫，他担心英镑浮动可能导致对里拉的投机。一位白宫助理没有听我的建议，而是把这种顾虑直接汇报给了尼克松，由此引发了后者对里拉臭名昭著的评论，并被录进了水门事件的磁带中。在（尼克松）难堪的当口儿摊上这么堵心的事，我对此一直心怀同情。在缺少布雷顿森林体系式纪律且对体系没有责任感的情况下，我们实际上根本无法应付像欧洲这样突如其来的货币剧变，这是我后来从磁带中听到尼克松本人说的话。

英国的汇率浮动是史密森体系中心汇率的第一次正式突破。它引发了欧洲大陆国家货币对美元联合浮动的更多担心，但市场最终稳定了下来。市场趋稳，部分缘于美国不断稳定的物价和其商业扩张力量——当年经济增长超出了 6%。日本和欧洲的经济表现也非常好。

但美国的经常项目赤字仍然没有改观。即使考虑了正常的滞后因素和（出口）恢复的强度，这种形势似乎还是让我确信我们早期的一个判断：需要再进行一次汇率调整。要说我是要找到或是挑起一个贬值的理由，那就夸张了，但就像 1972 年 6 月安东尼·巴伯那样，我们心理上已经准备采取行动，而且我们认为我们有更多的理由。

1973 年年初，机会来了。在我看来，这一机会部分是“尼克松连任伊始一举放弃物价—工资联动控制”这一突然又相当草率的决定引起的。时机选择在政治上可以理解——考虑到行政管制的政治不正确以及商界和劳工界的抱怨。乔治·舒尔茨本人就强烈反对管制，他已取代了实用主义的约翰·康纳利出任财政部长。另外，放松管制的过程实际上开始得更早。管制的时间越长，扭曲就越厉害，公平、有效地处理扭曲的难度就越大。我关心的是一个现实问题，即通胀压力在明显上升，突然在全国范围内取消管制会向国内外发出不重视通胀的信号。如果货币政策更加紧缩，担心本可以少一些，但紧缩政策来得晚了点儿。

此后不久，因为完全无关的原因，爆发了一场针对意大利不稳定政局的投机，慌乱的意大利人抛售里拉兑换瑞士法郎。几天之后，瑞士使其汇率浮动以示应对，这引发针对美元的新投机潮。我写了一份简短的备忘录给财政部长舒尔茨，提议采取主动：通过谈判进一步调整汇率，确保这次能充分调整。因为我们已经有了调整黄金价格的先例，我觉得拒绝再做一次也没有什么意义。方法上，我则建议一个更常规的选择：如果日本对黄金升值 10%，那么我们将对黄金贬值 10%。这相当于日元对美元升值 20%。其他主要国家将不得不同意保持其货币对黄金价格不变，这样事实上相当于其货币对美元升值 10%。

这种做法简单、有效，或者说我是这样希望的。我们所有的分析都表明，如此大幅度的汇率调整，应该可以基本解决美国的国际收支失衡问题，由此还可为外汇市场提供稳固的信心基础。尽管在史密森协定中日元对其他货币已大幅度升值，但日本随后明显且日益增加的贸易顺差表明，日元对其他货币的汇率需要进一步大幅调整。我判断，如果欧洲同意保持其各自货币汇率不变的话，无论如何都会要求日元再次大幅升值。当我收到德国联邦银行的奥特马尔·埃明格尔的私人密函时，再次坚定了我的看法，他实质上建议了相同的行动方案。

我的提议很快在美国政府内部赢得了支持，但有两个附带条件，其中一条我认为尤其重要。一年多一点的时间里，美元两次贬值可能引发黄金市场新一轮投机的危险和市场信心恢复的问题。更高的黄金**市场**价格不会直接影响黄金的**官方**价格或市场汇率，但对黄金的大规模投机性需求必定给美元的稳定带来麻烦。所以，我在政府内部取得了一致（但不一定很积极）意见：我们相对黄金贬值（美元）的意愿，取决于其他国家是否愿意和美国一起在市场上出售黄金，如果证明那样做可以挫败投机力量的话。

第二个条件是，其他国家相信我们取消所有仍保留的对资本外流的管制——利息平衡税、直接投资限制以及其他管制。舒尔茨和政府中的其他人对继承于前几届民主党政府的资本外流管制措施一直感到恼火。不考虑市场理念这一重要因素（这一理念在后来的里根政府时期同样重要，如果不是同样急迫的话），客观事实是，管制的作用正变得越发有限，且已经成为国际商业往来中冲突的导火索。毕竟，放松和取消管制是尼克松在1968年就做出的竞选承诺。我不愿意动作太快，担心突然取消管制会削弱市场对新汇率的信心，但我的顾虑没有在政府中得到广泛响应。

除了上述两个条件，我意识到，我们的策略中还有个明显的空白点。货币政策方面，没有任何配合贬值的动作和声明。当时，经过一年的强劲增长、价格压力又在增加，在我看来，仅以国内因素就可以做出明确判断。但美联储没有做好准备，而且，除我之外似乎根本没有人愿意提这个茬儿。

我记得非常清楚，在内部讨论时，甚至没有人提出这个问题：对其他国家持有的巨额美元储备，恢复一定程度的可兑换，以转换成其他储备资产。我们当时已经就新的货币体系开始了正式的国际谈判，而且已经着手制定一些章程，美国可以据此恢复一定程度的可兑换。似乎令人难以想象的是，我们可以不再坚持那个深思熟虑的立场，即，在没有保证条款和谅解（我们以往认为这是维护承诺所需要的）的情况下，通过临时决定来恢复任何形式的可兑换。直白一点儿说，可兑换被看作我们谈判中的一张王牌，而我们的谈判伙伴已经不再催促我们早下决定了。

之后就是我和萨姆·克罗斯满世界飞。他是位能干、经验丰富的财政部公务员，不久后代表美国在国际货币基金组织担任执行董事，后来到了纽约联储，20 世纪 80 年代，他在纽约联储负责外汇市场运作。我们手头有一架没有窗户的政府运输机，原本设计作为喷气式加油机。2 月 7 日星期三下午在国会做完听证后，我马上动身飞往日本。整个听证会过程中，我不希望被问到对外汇市场情况的应对问题。我还在飞机上，日本政府就通过以总统名义发来的信息得知我要到了。信息要求我在深夜——那就是东京时间周四了——到达时与大藏相或首相会面。刚到美国驻日本大使馆，我就被直接带到时任大藏相爱知揆一家里，我们专门就汇率问题谈了几小时。与史密森会议前 5 个月的讨价还价和拉锯战相比，此次会谈算不上惊心动魄。

我给出了一个简明的态度：面对外汇市场的压力，必须有所作为；我们有一个能比其他选择更好地满足各方需求的方案。我告诉爱知揆一：我们准备让美元对黄金贬值 10%，我计划离开日本后立刻飞往欧洲，要求欧洲国家保持汇率对黄金不动，但日本得同意日元升值。这确实是我们美国人和欧洲人要求的一个条件。根据我们的判断，日元 10% 的升值幅度是恰当的。如果我们无法就此达成一项协议，我就没必要去欧洲而宁愿回国了，那就看看接下来会发生什么。

很清楚，隐含的威胁是投机压力将迫使所有货币浮动，从而导致严重无序和相互对立的风险。日本本不可能有太多时间考虑如何答复，但在两小时的谈话结束时，爱知揆一已经很接近我们的条件，尽管他不想就确定的升值幅度给出明确答复。他准备允许日元在市场上自由浮动，但并不完全同意日元对美元一次有效升值 20%。我分析他的立场是，没有政府的反对日元可能在外汇市场上升值到接近那个幅度。如果不干预，相信市场将把日元带到我们瞄准的汇率水平，或至少接近。这样，在没有强迫做出明确决定的情况下，我们看上去接近达成共识。

爱知揆一大藏相给我留下了很深的印象。在和我们的交往中，他看上去总是坦诚、直率，代价可能是被看作为了他本人的政治利益而过度亲美。在我到达前几个小时，他肯定是向首相及其他关心我想法的人征求了意见。但当他听了我们提议的细节后，我感觉决定权就在他手上。

东京方面的考虑我掌握得已经够多了，是把计划展示给欧洲同行的时候了。我打算先与包括德国财政部长赫尔穆特·施密特[①]在内的德国人谈谈，估计他们最好沟通。施密特担任财政部长的时间不长，我们在他作为德国国防部部长同美国政府的几年交往经历中了解到，他坦率而务实。我们判断，他会积极倾向于美、欧之间合作而不是去冒双方货币摩擦的风险；后者将导致单边的、不协调的行动。而且我知道，他会同联邦银行的奥特马尔·埃明格尔商量，后者支持我们建议的方法。

事实上，德国会从日元的大幅升值中获得很大的竞争性好处。智者千虑，也有一失。当时，喷气式运输机必须在安科雷奇加油才能从华盛顿飞到日本，我要从日本飞往欧洲也得经过安科雷奇，然后飞越北极。当我返回停在东京附近美国军用机场的飞机时，

① 赫尔穆特·施密特（1918—2015）：后任联邦德国总理，是欧洲货币体系的创立者之一。

恨不得马上起飞，因为我知道，德国人已接到通知在星期五晚上迎接我。让我感到惊诧的是，飞行员说他在 8 小时内不能起飞，因为军律要求，执行从安科雷奇出发的飞行后，必须休息一段时间。当我问到其他机组人员时（我以为带着他们就是应付那种或然状态），却发现他们留在安科雷奇，没跟到东京。

我打电话到华盛顿说明了我身处的困境。我被告知，最后不得不把国防部部长从睡梦中叫醒，撤销对飞行时间的正常限制。这花了几个小时，当我最终在星期五晚上八点左右到达波恩–科隆机场时，在机场等我的财政部使馆专员告诉我说，他刚看见赫尔穆特·施密特上了一架德国政府的飞机。实际上，当我的飞机降落时，施密特的飞机正起飞前往巴黎。他决定在和我谈之前，先和法国财政部长瓦莱里·吉斯卡尔·德斯坦讨论。这让我有些担心，因为我想利用这次机会向他说明我们可谓全新的建议，希望他能和我们一起去说服法国，我的目的是想扭转我们史密森会议时的谈判策略。

第二天早上，我在波恩得以向施密特解释了我们的提议。如我所料，埃明格尔和他一起。回想起来，他的反应相当谨慎，显然没有拒绝这想法，但表示想和他的欧洲同行们进一步协商。我随后飞往伦敦，并在当天晚上争取到英国的支持。我名单上的下一对象是吉斯卡尔·德斯坦，我们从亚速尔开始的老朋友。鉴于我们提议的贬值幅度，估计他将是最难被说服的。但我们同时还准备了一个迎合其固定汇率偏好的解决方案，另外也准备好迎接所有因贬值而起的恶语相向。星期天上午听完我的方案后，吉斯卡尔提议，当晚同赫尔穆特及安东尼·巴伯一起在他的巴黎寓所碰面，共同讨论解决这一议题（同时，意大利政府听闻我在欧洲，催促我给他们吹个风。我飞到罗马，并带回了意大利财政部长乔瓦尼·麦拉戈蒂，这多少让吉斯卡尔有些不快，但我认为麦拉戈蒂可能是有帮助的）。这些欧洲人全都认可，我们的方法比他们所考虑过的任何替代方案都更有可行性。理论上讲，欧洲国家的货币对美元联合浮动也是一个选择，但这将事实上构成了独立于美国的货币宣言。但我感觉到，他们怀疑自己是否有政治协同或技术能力去成功管理这种联合浮动。

那天深夜的大部分讨论是关于我们提出的条件：如果需要抑制投机，各国政府将向市场出售黄金。很显然，即使是在联合行动中作为一位有限的参与者，法国也非常不愿意出售黄金，该项建议无疑触动了这个历史上储金者群居国家的政治神经。让我失望的是，法国的反对程度，远超过其对美国取消资本管制的关注，尽管在我和其他人看来，后者才是汇率调整成功与否的心理威胁。大家就此反复争论，有理论、有实务，但最终，由于缺少屋里其他人强有力的支持，未能说服他们接受黄金协议。

有一点是清楚的，即只要同日本之间明确一个充分共识，那么我们汇率调整意向的协议就落定了。当时，日本已安排负责国际事务的大藏省副相细见卓到欧洲现场观摩会议。我第二天在波恩碰到了他，当时我们正在等待华盛顿、东京和欧洲各国首都的最后决定。

我当天同细见就淡化双方在日元升值幅度上尚存一点差异的措辞表述达成一致。日本最终承诺，允许日元对美元自由浮动至 264 日元 / 美元水平，即升值 17%；我代表欧洲和美国明确了我的理解：如果市场压力很明显，日本将允许日元上升到 257，即升值幅度 20%。同时，与在华盛顿的乔治·舒尔茨讨论后，我们决定在出售黄金问题上不再强求。但在我的说服下，舒尔茨将以推迟到未来实施的言辞，软化我们取消资本管制的声明。这部分计划到 1974 年年初才全面执行。

有了这些共识，协议达成。谈判仅从日本的星期四夜里持续到欧洲的星期一晚上就完成了。有效汇率的调整比史密森会议期间 5 个月争吵后取得的成果还大。显然，在对汇率调整的敏感度方面，所有各方的态度有了一个巨大变化，而且有很强的建设性合作意识。

该协议得到了高度评价，有国际金融事务方面评论家的，有关心欧洲、日本、美国政治关系人士的，以及实际上所有社论作者的。而那些更多被视为来自市场的反馈则褒贬不一。

当我回到美国时，根深蒂固的怀疑主义通过媒体连珠炮式地发问，问题集中在美国是否及何时将恢复黄金某种程度的可兑换，以体现对新汇率承诺的诚意。出于对改革讨论及其间我们谈判立场不言而喻的尊重，这些问题在我周末环球旅行时没有被提出来。在投机者的资金正准备下注时，对改革计划的理性赞誉和谈判细节就不重要了。在对美元投下巨注前，一些投机者至少希望看到我们满足其“把钱送到我们嘴边”的想法。

正如所料，汇率大幅调整政策的公布导致大量资金连续几天流向美元，但比不上我们原本期望的规模。更不祥的是，如我此前所担心的那样，金价很快开始急剧上升，达到 90 美元 / 盎司，也就是新官方金价 42.22 美元的两倍多。这突破了美元的心理支撑点位。一两周时间里，美元又涌向欧洲各国的中央银行。后者认为除了在 3 月 2 日关闭其官方外汇市场外别无选择。

那样做有着特殊的意义。市场参与者之间仍然按他们商定好的任何价格继续交易，但各国政府则将不再为稳定其货币而进行干预。实际上，货币从此开始自由浮动。危险之处在于，在没有官方导向和支持的情况下，交易环境可能非常混乱、规模有限，且造成第三方国家间的货币关系扭曲。

欧共体成员国的财政部长们迅速召开了内部会议，决定邀请我们和日本人参加 3 月 9 日在巴黎召开的紧急会议。尽管与会者几乎没变，但气氛与 1971 年会议时那种争吵和虚张声势完全不同。此次的与会者对一个共同问题有清楚的意识，很少相互指责，毕竟美国在发起第二次贬值过程中是按规则行事的。另外，欧洲人和日本人正面对着一个完全陌生、性格鲜为人知的乔治·舒尔茨。他举止腼腆、语气温和，外在形象即同约翰·康纳利形成了鲜明的对比。

欧洲人对舒尔茨的真实想法可以说一无所知。在我看来，他们是试探性地提出建议，各国将不得不尝试采取联合浮动安排。这关乎美国是否愿意通过不同手段吸收市场上的美元，并更好地控制无管理的欧洲美元市场问题，后者是赫尔穆特·施密特一直特别关注的。舒尔茨自始至终一言不发地坐着，直到午餐前不久他被要求做出回应时才发言。他的回应很简短：他会考虑协商一致的浮动。他愿意讨论可能采取的技术性措施以吸收一些欧洲美元，但不要指望可兑换。

在美国大使馆午餐休息时，舒尔茨和我同阿瑟·伯恩斯之间有一个有趣的讨论。尽管舒尔茨在会上的简短表态几乎无法向欧洲人表明他的理性态度，但他一直就强烈倾向于浮动汇率。伯恩斯对浮动汇率却很紧张。

舒尔茨 20 年前作为经济顾问委员会经济学家时，曾做过伯恩斯的助手，从那时起他就非常敬重伯恩斯。这位美联储主席就逆转趋势做了最后一次呼吁。在我看来，一切都太晚了，我有一些懊恼地对他说："阿瑟，如果你希望平价体系，那么你最好立刻回国并紧缩货币。"他深深地叹了一口气，回答说："我是真想这么做。"

他没有获得呼吁的机会。会议重新开始时，讨论转向为联合浮动做更多的技术性准备。副手们随即被派往布鲁塞尔，讨论合作理顺欧洲美元市场的方式、方法。一周后，部长们再次会晤，正式同意允许其货币无限期浮动。正在进行的改革探讨，是在终将恢复某种平价体系的预期下进行的，各国因此预期普遍的汇率浮动将是暂时的。

舒尔茨在美国大使馆召开了一个新闻发布会，我只记得中间的插曲。伯恩斯和舒尔茨当时都站在台上，一位记者问了一个在我看来是恰当的问题："财政部长先生，所有这些对美国货币政策意味着什么？"这时，对独立的美联储主席的特殊权力一直敏感的伯恩斯，伸手从舒尔茨手中拿过麦克风，并以极其独断的语气说："美国的货币决策不在巴黎做，它是在华盛顿完成的。"

当时我认为，现在也认为，当伯恩斯（及许多其他人）错误地敏感于"执行被视为单纯国内范畴的货币政策过程中加入国际考量的合法性"时，我们正处于经济史上的某一时点。在 1973 年年初那种特定环境下，美国的物价上涨已经开始加速。仅仅在几周内，货币政策的确是收紧了，贴现率也上升了，但太晚了，晚到不能挽救美元汇率，更晚到没有阻止处于萌芽状态的通货膨胀。后者被轮番上涨的世界石油价格加剧，很快达到了美国这个国家前所未有的严重程度。当我最终接替阿瑟·伯恩斯曾经担任的职位[①]时，通货膨胀成了我主要的挑战。我经常思考一个问题，如果那时的货币政策不总是贴上“完成于华盛顿”的标签、如果 20 世纪 70 年代初美国以国内经济需要的有力的货币紧缩来应对美元所面临的国际压力，今天的美国经济不会更强大吗?

改革的路径

在做出所有这些务实决策的同时，一个更理智和前瞻性的进程开始启动。我们大部分人是来自世界各国的财政部副部长和中央银行副行长，正考虑如何重建一个结构性的货币体系，希望其比布雷顿森林体系的模式有改进。但我们也意识到，我们只能在市场混乱的背景下，在任何一两个国家都无法决定结果的环境中去努力。

1971 年中止可兑换后，甚至在此之前，对货币改革必要性的探讨就已经远超创设特别提款权协议。史密森会议前后，有关货币事务的每一份官方简报和国际公报，都包含关于推进体系改革必要性的必列章节。但实际情况是，美国有一段时期对推动此事

---

① 此处指美联储主席。

并不感兴趣，也不积极。

美国的态度有几个原因。正如戴维营及后来亚速尔讨论中所透露的，此类事务无法激发总统个人的兴趣和想象力。另外，在美国政府内部，老的布雷顿森林体系拥趸，和尼克松政府中那些代表新派思想的人们之间，存在着分歧。后者倾向于更激进的政策选择，尤其是那些突出更灵活汇率的措施。甚至在共和党内部，上述分歧也因理论和意识形态方面的巨大差异而一定程度上存在，一方是东部权势集团的“国际主义者”，另一方则是自认为更坚定地发展自由市场理念且对国际经济交往警觉的人。

尽管存在那么多的分歧，但我认为过于强调分歧是一个错误。那些参与国际货币事务最多的官员，处理问题普遍更实用主义，约翰·康纳利就是个例子。他在 1972 年年初的主要顾虑是，协调一致的改革努力还不成熟，原因很简单：充分的一致是不可能的。我逐渐完全接受了这种看法。一系列谈判使我们相信，欧洲人的思维陷入了僵化的传统定式中。几乎没有例外，欧洲人重点只关注平价体系、严格限制汇率灵活性以及美元对约定国际资产的充分可兑换（假定为特别提款权和黄金的结合体）这几个方面的好处。在他们眼中，布雷顿森林体系的主要缺陷，是不受约束地使用美元作为储备货币，这样就不可能迫使美国采取有力的行动调节其国际收支赤字。他们改革的核心动力在于，让体系的约束力更强，应该更像正统金本位制，并给美国制定更严格的调节纪律。

我们的出发点则完全不同。我们也担心体系中的不对称，特别是对其他小国相对宽松，后者得以调整汇率以实现并维持贸易盈余，而美元则作为剩下的“第 N 种货币”，长期处于弱势状态

（指被指责）。就像之前的凯恩斯，我们感到这种体系的纪律性已经主要落在了债务国身上。我们意识到，任何新体系都需要解决特里芬难题。在根本性的不对称问题没有解决之前，我们不会反对美元作为储备，也不愿意恢复完全可兑换。如果这一问题在现实中无法解决的话，那么在储备和汇率方面就需要有足够的灵活因素。所有这些在技术上是复杂的，其中一部分在政治上是敏感的。我们在当时甚至后来都不相信欧洲人真正地理解我们的顾虑以及我们担忧的程度。

最后，我们不喜欢十国集团论坛作为改革讨论的场所。它由共同市场国家①和瑞士主导，基本上信奉充分可兑换下的牢固体系思维。日本的立场捉摸不透，当然是不像欧洲国家那样对美元的激进态度，但不能指望其作为自由化和灵活性的强大力量。尽管英国、加拿大和瑞典也许对一些观点更具支持态度，但十国集团作为整体更像是满满当当地塞实了最保守的欧洲思维。

讲得再宽一点，十国集团看上去太像一个富人俱乐部，以致无法为国际货币体系的重大改革提供合法性。由于其他一些原因，更具代表性的国际货币基金组织 20 人执行董事组织②似乎也不合适。他们经验和能力没问题，但这些人在其各自政府中离决策过程似乎太远，另外也太受制于布雷顿森林体系框架，很难取得谈判成功。我们认为最理想的安排是，由数量不多的财政部长（包括几位来自发展中国家的）和他们的副手组成一个工作组来准备决策。十国集团和基金组织的执行董事会肯定不会高兴，但这样

① 此处即欧洲共同市场国家。

② 现为 24 人执行董事会。

安排的理由站得住脚、令人信服。

事实证明，要在参与代表的问题上取得共识，唯一可行的办法就是在部长级别复制基金组织二十国执行董事会的模式。就像我们后来逐渐了解的那样，实际工作中，二十国委员会最终变成了副部长级、相当臃肿的40人工作委员会：二十国委员会中的每个国家派两名代表，一名来自财政部的官员、一名来自中央银行的官员；他们中的每个人又都有随行人员。因此，每次二十国委员会副部长们开会时，屋内可能有150人。部长们开会的话人数就更多了。

不能忘记这段历史，因为二十国委员会作为基金组织的临时委员会，是改革努力中唯一留下具体成果的。尽管至今仍未被给予一个正式的“身份”，但临时委员会同另一个委员会——发展委员会——一样，一年至少开两次会，并为财政部长们提供了在工业化国家核心圈子以外定期讨论货币议题和经济发展的唯一论坛。影响基金组织和世界银行的重要决定，必须通过这些组织。

1972年5月蒙特利尔商业银行家国际货币年会上无意间暴露出了货币改革不同观点间的巨大差异。伯恩斯主席在一个小组讨论改革方案，尽管他是有意粗略地表达了想法，但透出了一种紧迫感。如果你想让演讲有冲击力，必须经常把观点凑成一个不错的整数，并把它们放在最后。伯恩斯列了十条，其中包括需要恢复平价和美元可兑换。他事先曾客气地让我对演讲草稿提了意见，我也认为这份稿子不会被读出什么新意。但媒体迅速把他的言论理解为美国立场发生了明显变化，向更接近于欧洲的观点靠拢。纯属偶然，在伯恩斯讲话不久，我按计划举行了一个记者招待会，关于“伯恩斯计划”就有几个咄咄逼人的问题。我回答说，伯恩斯并不代表美国政府发言——这点当然没问题，而且不管怎么说我们不准备提什么新计划。

事实上，在财政部长康纳利缺席的情况下，我在会上的主要作用是就是发言定调子，预先提出我们认为必要的要求，在有效谈判能够开始之前落实。第二天，报纸头版头条附照片报道，说我是有意压制伯恩斯，结果是康纳利接到尼克松助手的祝贺电话，说我们“拿下”了伯恩斯。我是到后来才了解到，因为在一个选举年迫使伯恩斯保持宽松货币政策，白宫职员与他结下宿怨，这种事情我巴不得敬而远之。

过了不久，财政部长职位发生了惊人的人事变动，也引发了一个老生常谈的问题，即个性对政策形成过程究竟会产生多大影响。在事先没有任何暗示的情况下，约翰·康纳利突然辞去财政部长职务，他只是把我和其他几个人叫到他的办公室，告诉我们他要离开了。一两天之后他就走了，我感觉很失落。他喜欢私下里说的关于对外政策的一些看法，尤其是关于越南的，警示着我。当然，他没有特别重视政策连续性和预测，而这些通常是金融官员必备的素质。他在有些方面不好相处，偶尔会藏而不露，有着得克萨斯式的自负。当然他要求忠诚，作为回报，他有力地支持他的下属，从没有以任何方式让我参与他偏政治性的事务，却教了我很多华盛顿的权力关系。

乔治·舒尔茨被迅速任命为财政部长，他此前担任管理和预算办公室主任，早期曾任尼克松的劳工部部长。舒尔茨在后来的里根政府中担任国务卿，他的冷静、坚毅就更为世界所熟知。他在公众中的正直形象，体现出强烈和真诚的是非观。我们局外人当时还不知情，在水门事件的几年间，他最终拒绝了白宫获取关于个人所得税返还的机密信息的要求。

他对一些问题的意识形态倾向程度不太为人所熟知。舒尔茨本科毕业于普林斯顿大学，是拥有麻省理工学院经济学博士学位的经济学家。但他真正的学术源头却是芝加哥大学，他曾担任芝加哥大学商学院院长。多年来一直是芝加哥大学教授的米尔顿·弗里德曼对该学院的学术发展有着持续的影响。在很多方面——包括货币主义以及浮动汇率的国际传导——舒尔茨是众多信奉者之一。从思想的角度，毫无疑问，谁是老师谁是学生一目了然。

在政府内部的政策辩论过程中，舒尔茨会毫不犹豫地积极表达货币主义的观点，这是我亲身经历过的。但不久我发现了他的另一方面，在他后来担任里根总统的国务卿时，更多人了解了他的这个特点。他相当部分的个人职业经历是一名劳工事务谈判代表。我发现，当他在承担一个问题的全部责任时，就会表现出作为调和者和共识建立者而不是理论家的职业背景。他经常以近乎超常人的耐心，促使各方同意就一项决定达成共识，有时隐藏自己的倾向。

舒尔茨在接任财政部长后不久问我货币改革的计划。我不得不承认没有计划，至少还没有一份经由内部讨论通过的深思熟虑的意见书。此前，约翰·康纳利不鼓励太多的改革讨论，认为时机不成熟。因为观点冲突，要在政府内部达成一致意见也是困难的。我曾安排一个跨部门小组在我当时的副手杰克·贝内特领导下工作，看看他们能否找出一些一致意见，但我没指望能有大的进展。

要有进展，就得有来自更高层、更协调一致的施压，乔治·舒尔茨这儿就给了压力。

1972 年 9 月的国际货币基金组织年会是信息公开发布场合，所以我们没有太多时间讨论货币改革问题。在几周时间里，我把我的想法整理成一个关于改革后体系的综合性大纲。舒尔茨对此很认可，把它作为所有相关部门间讨论的基础，包括没有参加戴维营会议的国务院。另外，他甚至在一系列会议上促使内阁级别的同僚们集中精力就这些实际上颇具技术性的问题进行讨论。

1972 年夏天（远早于史密森协议崩溃的时间）提出的这份计划，同意新安排的重心应该是一个由“美元节余的官方可兑换”支持的平价体系。我们愿意考虑把现存官方美元余额的大部分转换进国际货币基金组织新设立的账户（被称为“替换账户”），但我们认为，美元和其他储备货币的使用仍是该体系的必要组成部分，为体系提供了必要的灵活性。我们同时希望，允许各国货币围绕其平价进行更大幅度的浮动。重要的是，我们认为，在某些情况下，一国应该能够浮动其货币，这在技术上是违背布雷顿森林体系规则的。

我们待解的问题是，如何处理在我们看来困扰布雷顿森林体系的“不对称”。“不对称”会使美国对外收支受压，而且通常将调整压力集中于贸易逆差国，而同期的贸易顺差国则没有压力。我给出的解决方案是一个理论上简单但操作起来困难的制度。其大意是，根据针对每个国家设立的“标准”衡量，当一国正经历不成比例的储备流入或流失时，该国应该主动考虑进行调整，也许是通过改变汇率，但在可能的情况下，通过调整其他政策实现。

在布雷顿森林体系中，储备的流失最终将迫使贸易逆差国进行调整，但对如日本、德国这样的贸易顺差国却没有相应的压力。改革计划的关键是，一个不愿或无力调节的顺差国，最终将失去将其货币储备变成黄金或特别提款权的权利，以减轻对体系，特别是对储备中心货币的压力。另外，政府使其货币浮动的政策选项，给逆差国或顺差国提供了一个减压阀，而这在布雷顿森林体系规则下是不合法的。

我起初对这个指标式方法相当自豪，但很快被提醒说，像其他领域一样，这个领域同样是“太阳底下没有新鲜事”。我早前没有做家庭作业——重读布雷顿体系创建时的辩论资料。一位更学者型的美联储同行罗伯特·所罗门[①]不久向我指明，我的方案与布雷顿森林会议前凯恩斯的早期改革方案相似。实际上，我们从明显相似的角度提出了方案：英国是一个有赤字的储备货币国，凯恩斯不想让所有调整压力都集中在英镑上。当时的长期顺差国家美国就反对凯恩斯的观点，就像欧洲国家在30年后反对美国改革的计划一样。

在舒尔茨部长的精心努力下，美国制订了一个得到政府内部支持的改革计划。当他让米尔顿·弗里德曼审阅这个他准备嵌入其在国际货币基金组织的演讲稿中的计划时，我却有些担忧。在加入一些有帮助的修饰语后，该计划通过了。

在基金组织秋季会议开始时，美国的处境非常被动。我们不仅被描绘成了在改革问题上迟疑的恶人，而且，会议开始前就有

---

① 罗伯特·所罗门当时领导着美联储国际部，后来写就关于战后国际货币发展的最综合和权威的研究报告。

消息透露，美国将阻挠皮埃尔－保罗·施魏策尔连任基金组织总裁。由于施魏策尔拒绝了在一两年内体面退休的选择，美国才做了这项决定，这个决定是一系列长期直接摩擦的爆发点，这些摩擦不限于美国。事实上，美国已经就此事征求了其他国家的意见，但它们不愿对该项决定明确表态。就其本人来说，施魏策尔形象不错，名气也大。另外他是位法国“二战”抵抗运动英雄，在小的成员国间很受欢迎。一个早已察觉到约翰·康纳利攻击性态度的媒体，很轻易地将美国描绘成一个国际上的恃强凌弱者。当施魏策尔在会议开幕式上被介绍发言时，掌声一浪高过一浪，响彻巨大的会场，以示对这位弱者的支持，也是一个很好的发泄对美国不满的方式。

当乔治·舒尔茨接下来讲话时，气氛明显变化。是美国最终对新货币体系提出了一套完整的、综合性的设想。不管喜欢与否，这至少是一份可摆上桌面作为谈判基础的建设性计划。

谈判中的其他参加者从没有对新体系提出一个类似的综合性设想，这在我看来是某种现实的反映。在美元成为诸事中心、针对美国谈判方案的所有批评之后，似乎没有别的国家能够提出一份关于新货币和贸易体系的意见，且该意见真正考虑到所有参与国的需要。可能我的想法自私而幼稚，但我相信，当时美国在重要事务上的立场特点是，既考虑到了国际利益，也考虑了美国国家利益。这实际上不是利他主义的问题。当一个有实力的大国采取行动时，它必须考虑反馈效应：该体系中其他国家的预期反应。因为它知道其行动会影响后者。那些小国或处于外围的国家情况就不一样。毕竟，一个小国可贸易顺差或逆差、货币贬值或升值、买入黄金或持有美元、开放或关闭其市场、紧缩或宽松货币，不必太过担心遭到报复或对整个体系产生明显影响。一个大国对事态的形成发展和体系自身特点有着更多的影响。但同时它也缺少“不给周围世界带来冲击的”行动的自由（甚至自言自语都不成）。

不管我们已经采取的主动行动有多大的安慰感，也不论我们的视野是否开阔、提议是否有独创性，都没有理由期望协议能轻易达成。对于一些人来说，整个计划看上去离多数欧洲国家希望的严格的资产结算体系相差太远。怀疑者坚持认为，我们的计划将允许美国过多地规避内部金融纪律，而世界其他国家却仍将依赖于不稳定的美元。一些犬儒的声音说，整个建议也许就是一个复杂的烟幕，掩盖了我们根本不想达成协议的真正想法。甚至更多的同情者也担心，该计划必将造成频繁的汇率调整，削弱平价体系追求的稳定性。

那是个很难接受的批评。这并不是说指标式体系将“迫使一国通过改变其货币价值或通过自动采取其他举措来调整其对外收支”。比如，如果一国出现贸易逆差，就像在布雷顿森林体系下，其政府可以选择紧缩货币或财政政策、借入短期资金，甚至采取临时管制措施，尽管我们强调不应把管制看成是优先或强制性的政策选项；当一国处于顺差状态，可以取消管制、放开市场、放松银根或增加对外援助。但的确，一旦一国发现其外部失衡严重，汇率调整可能被看作应付这种局面最有效、最合理的方式。这带来了一个政治问题，因为决定汇率水平被看作一国主权的重要组成部分。在某种情况下，政府可能为了达到一个更宏大的目标而放弃这方面的主权，就像欧共体成员国已经同意在 20 世纪末之前要做的那样[①]。但拘于机械性指标而被迫做出决策，这很难为人们所接受。事实证明，相比仅仅依据客观的市场力量做决定，政府指标化决策要难得多，前者是它们在浮动汇率时同意做的事。

各国从没有就新体系的框架达成过共识。1973年夏，由已经离任的英格兰银行前执行董事杰里米·莫尔斯[②]领导，并得到鲍勃·所罗门和日本人铃木秀雄[③]等人大力支持的多才能干的二十国委员会秘书处，一度试图打破这个僵局。结合我们提议中的内容和主要工业国家间更严格的资产清算系统，秘书处为协议提出了一个建议性的框架。当法国人承认需要关注美国人关心的对称性问题并对接受修改后的指标方法表示出积极姿态时，希望又出现了。

法国无疑被视为欧洲"强硬路线"的主力。但与其他参与谈判的部长相比，吉斯卡尔·德斯坦对货币体系有一种强烈的专业兴趣，其本人也投入了极大关注，而且我认为他是真的关心谈判的解决方案。尽管如此，思想的完全统一是很困难的。法国的重要

---

① 此处指在20世纪末使用欧元。

② 杰里米·莫尔斯（1928—2016）：系二十国委员会首任主席。其职业银行家生涯起步于威廉姆斯 & 格林银行，后于1977—1993年担任劳埃德银行董事长，其间参与了拉美债务危机的处理。此外，其于1965—1972年一直担任英格兰银行执行董事，并于1993—1997年继续担任该行非执行董事，1989—2003年担任布里斯托大学校长。1975年，因其对国际货币体系改革的贡献被英国王室授予"最卓越的圣米迦勒及圣乔治"二等勋章。

③ 铃木秀雄于1940年即加入大藏省，"二战"后，于1951年重返大藏省，1965年5月任大藏省金融局局长，1966年10月退休，后担任国际货币基金组织、世界银行理事。

谈判代表克劳德·皮埃尔·布罗索莱特[①]曾形象地描述了这种困难：在处理货币体系的过程中，作为一名典型的法国人，吉斯卡尔是按照一个常规花园的样子来思考，完全对称、各就各位；而盎格鲁—撒克逊的货币体系设计，就像英国花园，体现了非正式和即兴发挥的不同传统。

我们知道二十国委员会秘书处草案还需要一些关键修改（这份草案确实包含了大量法国花园式的成分），但我1973年9月在巴黎参加的一个重要的副部长级会议准备接受该草案作为讨论的基础。不过，欧洲人无意推进谈判的态度很快就显露出来，通过事先安排或其他方式，他们接连拒绝了秘书处的草案。在不可能得到来自日本甚至加拿大的有力支持的情况下——两国都是相对被动的参与者，所有努力开始变得无望，而且我也这样说了。

然而，当吉斯卡尔本人后来在国际货币基金组织内罗毕会议上主动提议将谈判搁置一年时，我还是有一点吃惊。汇率浮动的决定此前便已被看作临时性措施；而法国人肯定也没有从观念上暗地里接受浮动汇率选项，因此我一直不明白吉斯卡尔为什么要在这个时候搁置谈判。结束谈判的正式决定是1974年1月在罗马召开的二十国委员会会议上通过的。其时，石油危机的蔓延和通胀压力的传导都给了合理的理由。对绝大多数与会者来说，真正构建一个结构化的体系，操作上的可能性似乎是越来越渺茫。我

① 克劳德·皮埃尔·布罗索莱特：1971—1974年任法国财政部长，1974—1976年任爱丽舍宫秘书长，离任后担任法国最大国有银行之一的里昂信贷银行总裁直至1982年，之后继续供职于银行业。其父皮埃尔曾是自由法国反间谍、情报和行动处处长。

本人对我们未能在乱局中创建一个新的布雷顿森林体系的失望情绪，并没有在美国政府内部得到广泛共鸣。那些认可浮动汇率的人们则认为没必要继续谈判。

我们的方案提出了一个重要问题，即能否把浮动汇率中的关键要素导入一个平价体系中，而不会导致体系瓦解。使汇率更加灵活的真正意图是最大限度地减少管制需要，并降低“似乎适合国内需求的货币政策”与“在外汇市场上捍卫货币汇率需要”之间的潜在冲突。但与此同时，汇率可能发生变化的简单预期，将导致大量流动性资本活跃于国际市场，以追求投机性收益。在这个过程中，要维持平价或为稳定货币汇率而避免动用货币政策都是不可能的。

对谈判者来说，这不仅仅是个理论问题，作为自己决策的结果，他们能够目睹决定的执行效果。1973 年年初的诉诸浮动，并非因为大家都认为其是一个优先体系。面对资本在全球外汇市场中的投机性流动，努力维持平价或中间汇率看上去都太过困难，参与谈判各方普遍同意浮动汇率只是最后的手段罢了。

接下来是加强浮动汇率的法律和制度框架，但与此同时，欧洲国家正在发展一个平价，即用于它们几国之间的固定汇率体系。自布雷顿森林体系崩溃以来，这些国家一直尝试在欧洲货币之间维持更稳定的汇率安排，以避免欧洲内部贸易的扭曲，同时降低美元波动带来的不确定性影响。

我就不再重复欧洲货币体系创建过程中的细节步骤了。可以说，尽管这个体系在过去几年中出现了许多挫折，还有一些国家临时退出，但努力从来没停止过。当然也有很多的质疑，但 1979

年建立的欧洲货币体系模式也延续十年以上了。在该体系内，也曾出现过不同货币的升值、贬值，但幅度相对较小，投机者即使有收益也不大。借助史密森会议上引入的更宽的汇率浮动边际，该体系的管理可能更宽松了。为配合欧洲共同体内部商品和服务市场的自由化进程，资本管制已被取消。

欧洲内部体系坚定地走向固定汇率，这是一个明显的趋势。尽管规则已经允许小幅度的汇率调整，但事实上，随着该制度进入其第二个十年，这种调整已很少见了。1991 年 12 月，在荷兰马斯特里赫特召开的欧洲各国政府首脑会议的政治决定，强调走向更强的“固定”。各国的共同目标是，不仅要实现固定汇率，而且要在 2000 年之前，在欧洲共同体中所有证明有能力实施某些金融稳定政策的国家内实行统一货币。

货币一体化的进程像是在直接告诉我们运行一个平价体系的基本要求，且这样做符合商品、服务和货币市场开放的自由化理念。有件事情是明确的，它与在世界范围内什么体系是可行的这一更普遍性的问题相关。欧洲国家间有一个主导货币马克。德国马克的主导地位，部分由于德国是欧洲最大和最强的经济体，但马克的稳定性至少同样重要。其他欧洲国家已经认识到，保持物价高度稳定符合各国利益，而保持钉住马克的汇率有助于前述目标。这只能以很大程度上放弃它们本国货币政策的独立性为代价才能实现。显然，只要主导货币能带来它们追求的稳定性，共同体内其他国家就认为，它们所付出的代价是值得的。

令人沮丧的是，到 20 世纪 70 年代初，美元已不再带来那种稳定性。经过 1971 年之后的两次贬值，美国发现其货币持续下跌了几个月。1973 年的巴黎国际货币会议上，作为东道主的蓬皮杜总统不很友好，他在进会场时对媒体发表评论颇有挖苦意味："我现在看到美元第三次贬值。"但他的言论也代表了很多欧洲人对于美元从布雷顿森林体系的基础地位跌落时喜忧参半的复杂心态。

不过在这方面任何的沾沾自喜都会显得幼稚。美国贸易状况在夏秋时出现了改善的信号，随后，中东战争和石油危机困扰市场，贸易商和投资者随之发现，毕竟美国仍是一个相对强大、稳固的堡垒，而美元则是麻烦时期的安全港。随着短期资本流向纽约，美元升值的幅度几乎和它此前下跌时一样大。1974 年年初，我很高兴地撰写新闻稿宣布资本管制取消，指出外国在当下环境进入纽约资本市场是有好处的。正如行天丰雄所说的，事实上，这甚至对日本也很重要。

在现实中是否能指望某国货币数十年不间断地作为固定汇率制度一个稳固的锚？这是一个有趣的问题。在 20 世纪 70 年代初的改革努力中，我们面对的这些复杂问题经常出现在令人痛苦的细节中，而我不相信我们曾找到过完全令人满意的答案。但基本的问题不是技术性的。这个问题就被重复提及：在没有一个自身非常稳定且占主导的国家的情况下，我们能够拥有一个稳定的体系吗？美国还能够扮演这个角色吗？

二十国委员会的一次会议上，我坐在克劳德·布罗索莱特旁边。我们的思绪没有跟上沉闷的发言，这位法国同行在纸上画了一个小三角形，来演示他考虑到的设计一个货币体系的三种选择。在三角形的一边，他写的是"主导国"或"超级大国"——我记不清楚是哪个准确的词组，在这个词的下面他写的"暴君"，他说"我们不希望是它”。在三角形的另一边他写的是“分散的权力”，并在下面附上了“混乱”“我们不希望是它”。在剩下的底边处他写的也是“主导力量”，但在下面写上了“善意、无害的”。

我想他的意思是，美国一直是相对善意的，体系一直在运转。这一看法并不是法国官方当时的态度。但采取了他的看法，这个世界就能回到那种状态吗？美国仍然相对足够强大吗？在所有国家中，法国能接受它吗？这是一个非常简单的分析，但我总记着它，因为它似乎概括了我们所遇到的问题。

这些问题在今天似乎更有现实性。随着欧共体、日本同美国的关系日趋平等，几个经济体之间更接近经济和货币实力均势。没有 20 世纪五六十年代时美国那样的支配力量，我们能真正管控一个开放体系并维持它的稳定吗？

对这个问题，我们仍然没有一个结论性的答案，但我们当时在发展一种可能的集体决策方面拥有了丰富的经验。其基础实际上是乔治·舒尔茨铺垫出来的，不过我相信他本人并没有完全意识到，其低调的动议在制度建设过程有如此丰硕的成果。1973 年春，在货币体系处于混乱、改革讨论进展非常缓慢、通胀加速且没人意识到第一次石油危机正在逼近的情况下，舒尔茨邀请法国、德国和英国财政部长，在白宫地下图书馆召开了一次非正式会议。选择这个会址意在强调要进行平静、保密且意义重大的讨论。

我不记得那次财政部长会议有什么重要的、意义深远的结论，但各方达成共识认为保持这种非正式的接触是有价值的。吉斯卡尔主动提出法国在秋天主办；行天丰雄提到，日本后来通过一次巧妙的外交安排应邀出席那次会议。阿瑟·伯恩斯也坚持他必须参会。考虑到中央银行在其间的作用及出于对前辈的尊敬，舒尔茨邀他参加了在图尔附近的阿尔蒂尼城堡会议。这为中央银行行长们陪同财政部长们出席会议开了先例，也为五国集团设置了结构框架。

德国的施密特和法国的吉斯卡尔，这两位舒尔茨图书馆集团的元老不久担任了他们政府的首脑，这表明欧洲国家对国际经济事务的重视程度。当一项修改国际货币基金组织协定以使得浮动汇率体系合法化、合理化的重要协议达成后，由舒尔茨图书馆集团成员国政府首脑进行会晤就成了水到渠成的事。由此，随着意大利和加拿大的加入，七国集团诞生，其年度经济峰会如今也为我们所熟知。

因为媒体的关注和报道，尤其是首脑峰会与白宫图书馆会议为便于决策而寻求的那种平静和隐秘相去甚远，关注的升级可能不可避免，但我看不到任何相信其有助于提高决策质量的理由。给一个个人的注脚，卡尔·奥托·珀尔[①]和我作为财政部副部长参加了在白宫召开的第一次会议。后来我们作为各自中央银行行长多次参会。我相信，我们是共同出席或各自参加五国和七国部长级会议最多的。但我个人感到庆幸的是，中央银行官员从未被邀请出席经济峰会，峰会的政治性和公开性越来越明显。

---

① 卡尔·奥托·珀尔：早年从事过体育记者和财经记者的工作，1969 年联邦德国社会民主党赢得大选后，先后工作于政府经济部、财政部，1980 年 1 月担任联邦德国联邦银行行长及其委员会主席，直至 1991 年 7 月 27 日辞职。20 世纪 70 和 80 年代，他是联邦德国控制欧洲通胀蔓延、形成发达国家间广泛货币合作框架背后的推动力量，对维系和发展欧洲货币体系发挥了关键作用，被视为欧元的创始人之一。离开政府后，亦成为三十人团体成员。

所有这些为世界经济和货币事务运行而存在的机构陷阱，证明了浮动汇率的纯真期许——它自身将趋于稳定，并使经济调整相对无痛——是错误的。在市场、贸易和资本流动的现实世界中，浮动汇率的实际经历并不轻松，当然从一开始就不顺畅。即使认同在不断加剧的通货膨胀和经济危机压力下，没有哪个体系能够正常运行，但汇率波动的幅度看起来确实是过大了。当然，浮动汇率的倡导者会说，浮动汇率已经帮助世界经济渡过了危机，而且不管怎么说这也是一个学习的过程。

当时，没有多少人认为疲软的美元和全球通胀浪潮本身正是石油价格骤然翻两番的原因之一；而这些经济动荡可以追溯至布雷顿森林体系的崩溃。后续的事件发展有助于让人们重新认识到国际货币能否自我管理。

行天丰雄

1971年史密森协议到1973年浮动汇率体制确立，这是一个试错的阶段。我们都在寻找合适的汇率水平，都想在新的、不熟悉的环境中尽力维持稳定。就在史密森协议后不久，世界曾尝试支持新的平价关系，即所谓的“中心汇率”。但这一次的体系缺少黄金支持下的美元这一核心基础。形势越来越明朗，主要经济体的经济基本面之间的差异不消除，再造固定平价体制、中心汇率，或者不管被称作什么的努力实际上都将失败。二十国委员会的新论坛为重建一个可持续的汇率体制付出了艰辛努力，但国家间利益的冲突，粉碎了达成初步协议的任何希望。1973 年秋，第一次石油危机改变了全球资金流动，世界逐渐认识到，在现实生活中，浮动汇率体制是无可替代的，在可预见的未来，重返固定汇率体系是没有希望了。

日本曾担心，日元的大幅度“史密森”升值会导致经济萧条，但日本经济恢复得不错，经常项目顺差上升，美国也随之要求我们扩大美国产品进口。日、美双边谈判频繁，其中包括 1972 年 9 月田中角荣首相和尼克松在夏威夷的那次著名会面。对田中角荣来说，那次会面相当不吉利，因为他答应从美国购买洛克希德公司的飞机，以纠正两国贸易失衡，在完成该项交易的过程中，他被指控收受贿赂，他接着被起诉，持续的丑闻结束了他的政治生涯。

贸易压力增加，国际上要求日元进一步升值的压力也不断上升。坦率地讲，日本国内并不认为升值确有必要。我们认为 1972 年贸易顺差将适时消失，而田中角荣则拒绝日元升值，并热衷于施行扩张主义政策。他希望重建日本列岛，计划在全国建设 20~30 个中型城市，并用高速公路和高速铁路网把这些城市连接起来。田中角荣是日本第一个，可能也是最后一个真正的草根首相。他出生于新潟县贫穷的农村，是位真正的自我奋斗者：没有受过高等教育，但有几乎动物般的本能，他反应非常灵敏、行动迅速，也非常大胆。我感觉他最终是太大胆了。他思维里充斥着新思想，同时也有精力、胆量去努力实现这些想法。他醉心于再造日本的宏大计划，无暇顾及日元再度升值的任何问题。

不走运的是，当时的大藏相植木庚子郎相当弱势。他没有领导能力或首创精神，在其短短五个月的任期内对货币事务没有任何看法。我当然同情他，因为他健康状况差，正接受糖尿病方面的治疗。日本因此实际上没有其他选择，只能为支持 308 日元 / 美元的中心汇率进行干预，但日元的升值压力持续不断。1972 年全年，我们买入约 70 亿美元，却没有任何效果。国际市场不稳定加剧，到 1973 年 2 月，只剩 3 种货币仍努力维持“史密森协议”中心汇率：日元、德国马克和荷兰盾[①]。

1973 年 2 月 8 日，忍者沃尔克的秘密使命开始了。东京时间当天，首相办公室收到尼克松总统的电传，告诉我们财政部副部长正在前往日本的途中，并将于当晚抵达东京。沃尔克无法真正做到不起眼[②]，而要使此次秘密行动避开媒体也不容易，但我们还是尽力而为：他的飞机降落在东京郊区的一个军事基地，送他去美国大使馆的则是带有灰色玻璃车窗的轿车。他带来了一份“十对十”的提案，即美国将在黄金[③]平价水平上将美元贬值 10%，日本将日元升值 10%，而欧洲则保持不动。这意味着黄金价格是 42.22 美元 / 盎司，1 美元折合 257 日元，日元从其史密森中心汇率有效升值 20%。

我们在不到两个月的时间迎来了新大藏相爱知揆一，他是我们最聪明的大藏相之一。也许我应该说，他曾是大藏省前官员纯属巧合。但他反对一次大张旗鼓的升值，有现实考虑，也有政治上的原因。由于当时是 2 月，预算案正在国会讨论。当立法机关仍在讨论预算案时，如果改变中心汇率．我们将不得不修改已在

---

① 荷兰盾是原荷兰货币，虽已正式被欧元取代，但在荷属安的列斯仍有使用。

② 意谓沃尔克逾 2 米的身高。

③ 原文为 SDR，经与两位作者核实，应为黄金。

中心汇率基础上计算出来的一些日元数据。我们同意接受日元浮动，但不是升值 20% 的浮动。我们告诉沃尔克，可能最高升值 15%。带着一半满意、一半失望的情绪，他离开日本前往欧洲，但他走得太匆忙了，把帽子都落在了爱知揆一的住所。我记得我们后来把帽子还给他了。谈判在波恩继续。大藏省副相细见卓和我前往波恩，在那里先见了德国人，随后又与沃尔克会面。令我们沮丧的是，我们发现自己再次被完全孤立。沃尔克已巧妙地把欧洲组成一个反对我们的同盟。我们去见联邦德国财政部长赫尔穆特·施密特，我们认为他是我们得到帮助或至少是一些同情的最后希望。但去见他是一个完全错误的举动。施密特非常礼貌地告诉我们，"如果你们不接受这一方案，美、日之间将爆发经济战"。当时，赫尔穆特·施密特听上去更像是赫尔穆特·康纳利。

日本在 257 日元到 264 日元范围内浮动汇率的协议达成了，这意味着日元对美元升值 17%~20%。即使在当时，我们仍希望在预算通过之前重新钉住日元，以避免国会中烦冗的争论。我们仍然认为，浮动汇率是暂时现象，世界上有足够强烈的声音要求重返平价体制。我们发现，美国财政部和美联储之间意见明显相左。阿瑟·伯恩斯 3 月初就告诉我们说，他认为浮动汇率必将给人类带来灾难，浮动汇率一旦开始就难以终结，可能从几年的时间延长到一个世纪。他督促日本尽快重新钉住汇率。但在欧洲，混乱和动荡正在加剧，德国马克和荷兰盾这两种强货币遭到沉重打击。在 1973 年 3 月 1 日这天，德国联邦银行一天之内买入 27 亿美元，这是历史上中央银行曾采取过的最大规模的干预行动。他们最终在 3 月 2 日关闭了市场，当其于 3 月 19 日重开市场时浮动汇率实际上已经无处不在了。

我们汇率浮动的决定比 1971 年 8 月做得更快、更顺利。从那次经历的教训是，在压倒性的单向压力下，试图通过干预市场维持固定汇率是没有用的。1973 年，经济趋势好转，通胀信号显现，而且国内对日元升值的反对则不多。明显的稳定状况随之出现，一直到 10 月的石油危机冲击；美元对日元汇率在 264 和 266 之间波动，就像我们真的有一个固定的平价。但经济环境转变得也相当剧烈，由于经济过热，经常项目转为逆差、通胀上升，出现了大量长期资本外流。我们面临着日元贬值的压力，为此卖出 50 多亿美元来支持日元。我们不贬值日元，因为觉得我们仍有结构性顺差，另外也担心货币贬值将加剧通货膨胀。这至少是委婉的解释。事实上，我们就像一个被热汤烫伤了嘴唇的孩子，试图用冰激凌去降温。鉴于以前的经验，我们对新情况的反应出现了偏差。

石油冲击之后，日本通胀加速，经济步入长期衰退。日元暴跌，我们连续降低干预点位，从 265 日元兑 1 美元降到 275 日元兑 1 美元，后来降至 285 日元兑 1 美元；最后，当降到 300 日元兑 1 美元时，我们认为下跌必须停止。我们进行了大规模干预以维持 300 日元兑 1 美元的水平。从 1973 年 10 月石油冲击开始，直到 1974 年 1 月美国最终宣布资本管制和利息平衡税全部中止、美元开始走弱为止，我们卖出了将近 70 亿美元。石油价格涨了三倍，也使得日本的石油开支涨幅超过三倍，从 1972 年的 45 亿美元上升到 1974 年的 212 亿美元。我们因此担心，在经济和国际收支恢复平衡之前，将无力维持能源进口的巨大支出。随着欧洲市场的动荡以及美国富兰克林国民银行和德国赫斯塔特银行的破产，我们的担心加剧。我们因此于 1974 年 8 月从沙特阿拉伯借入 10 亿美元，期限 5 年，但借款是秘密进行的，因为担心公众会认为日本金融虚弱导致形势进一步恶化。石油冲击给了日本经济意外的沉重打击，日本毫无防范，因为其石油完全依赖进口。很快，日本经济陷于滞涨。日本人突然发现了他们的脆弱，外国人也发现了这一点。

但借助于可以缓解货币体系压力的浮动汇率体制，总体上，石油输出国组织巨额盈余的回流（到逆差国）得以顺利进行。汇率根据货币供给、需求的变化波动，黄金不再是关键的国际货币资产。尽管石油生产国拥有巨额顺差，它们不能垄断关键性国际货币资产的供给。这些顺差大部分以在纽约的银行或欧洲市场的存款货币形式存在，只需在银行账户上变更客户名字，回流便完成了。这种中立性的市场操作，消除了石油冲击造成的大部分金融恐慌。站在日本这样重要且信誉良好的借款国角度，短期融资便利很快终止了这种早期的恐慌和混乱，而如果没有可用的信贷额度，日本早已遭受严重的经济损失。我们汲取的教训是，在被恐慌笼罩时，我们没有理解和相信浮动汇率体制的价格机制作用。

不过，二十国委员会对货币改革计划的检讨，在 1972 年 7 月到 1974 年 6 月间处于一个非常复杂的阶段，此间也是日本在该国际事务中第一次发挥实质性作用。由于其在指导小组中的角色和派出官员的出色能力，日本参与得很积极。秘书处由英格兰银行的杰里米 · 莫尔斯牵头，他有 4 位副主席：美联储的罗伯特 · 所罗门、巴西的亚历山大 · 卡夫卡、加纳的乔纳森 · 弗林蓬 – 安萨和日本的铃木秀雄。铃木当时是日本在国际货币基金组织的代表，职务为执行董事。

改革议题涉及两个主要内容：及时调整货币价值和解决外部失衡。我们认为，布雷顿森林体系的崩溃，是因为货币平价调整时机的耽搁，特别是美国在其他国家不改变币值的情况下，调整美元汇率遇到困难。原则上，欧洲和日本倾向于实行固定平价，准备把浮动体制作为特例。我们反对任何货币调整的自动机制，担心丧失国家在经济政策上的自主权。布雷顿森林体系崩溃的另一个原因，是外国手中的美元增长失控。欧洲人，特别是法国人，反对美国在解决其对外逆差时使用其本国货币的特权。我们和他们一起要求，美国应该像别的国家一样，用其他资产——黄金、特别提款权或外国货币——清算账户赤字，这是其应该承担的义务。美国坚持采用一个储备指标体系。局面因此僵持。

在工作层面，这些问题的讨论技术性很高，实际上没有政治干涉和压力。但就像国际货币事务中的大多数重要问题一样，这两个问题从一开始就不只取决于技术性解决方案，因为它们代表了根本的政治问题，这使得解决方案至少技术上变得不可能。一国的货币价值被看作其主权事务，国家不会把这种主权决策拱手让与以储备之类为基础的自动指标体系。资产清算问题实际归结为，世界其他国家是否真的会剥夺美国作为关键货币国的特权。考虑到美国在世界上更广泛的作用，这个问题也不可能解决。但也有一些现实的原因：大多数国际交易使用美元，而德国马克和日元的决策者，当时不准备让其货币取代美元的位置、分担美元的负担。

浮动汇率将通过无政治因素的市场供求规则解决这些问题。没有一个国家会因为选择浮动汇率而不得不放弃其国家特权。鉴于一国也没有通过干预来支持本国货币的义务，而市场将促使经济调整，（货币间的）清算问题因此也就解决。那么需要做的就只是在国际货币基金组织协定条款下，让浮动汇率体制合法化。黄金必须摆脱其官方价格的限制，基金组织内部必须建立一种国际监督的制度机制，以防止浮动体系被滥用于获取不公平的竞争优势。这件事在1976年第二次修改协定时完成了。

实施多边监督的设想在接下来的十年里并没有真正实现。同时，形势也逐渐明朗，即随着浮动成为事实，国际体系的运行其实不是基于正式规则，而是日益基于权势部长们的会议——很快变成了首脑峰会，后者体现着这些国家间的官僚关系。尽管日本也是这个核心俱乐部的成员，但它是后来加入的。在1973年春季白宫图书馆非正式会议的组织过程中，这一点颇为明显。当时，乔治·舒尔茨邀请了法国、英国和德国的财政部长。日本大藏相得知这个秘密会议时很是嫉妒，并决心再也不被排除在外。

正如保罗·沃尔克描述他如何在东京谈判二次贬值时提到的，爱知揆一敢想敢干。那年9月在肯尼亚举行的国际货币基金组织年会上，他提出一个非常有见地的想法。他邀请图书馆会议集团的四位部长——舒尔茨、巴伯、吉斯卡尔和施密特到日本大使在内罗毕的住地，并要求他们带上各自的副部长。"整个集团"共进午餐，饭后又喝了一点日本清酒，爱知揆一随后让五位部长以外的所有人离开房间。五位部长留了下来，原以为是讨论非常重要的事，但我后来了解到，事实上他们并没有讨论实质性内容。对爱知揆一来说，最重要的事就是他们五人同意继续这个论坛。这个图书馆会议集团成立时是四国集团（G–4），后来变成五国集团（G–5），接着吉斯卡尔邀请大家下次在法国会面。

其间的悲剧是，当两个月后（即 11 月）第一次正式的五国集团会议召开时，爱知揆一未能出席，因为他在会议前刚刚去世。就在启程去巴黎前，我们在他的办公室举行了最后的准备会议。他抱怨说他感觉不舒服，于是我们取消了准备会，几小时后我们被告知他因高烧住院。我们给其他四位部长准备了致歉信，他用虚弱、颤抖的手签上了名字。大藏省副相稻村光一和我带上了这些信，当我们在阿姆斯特丹转机时，日本大使馆的一位先生赶到机场告诉我们，爱知揆一去世了。当会议在图尔附近的阿尔蒂尼城堡召开时，他的部长同行们为他举行了默哀仪式。

稻村光一惊讶地发现阿瑟·伯恩斯参加了会议。他知道这个会议仅限于财政部长参加，于是他问英国财政大臣安东尼·巴伯："没通知我带日本银行行长，是吧？通知您了吗？"巴伯回答说："也没有通知我带上英格兰银行行长。"稻村光一因此放松了，便问舒尔茨为什么阿瑟·伯恩斯来了。舒尔茨解释说，根据美国法律，美联储主席被视同内阁成员。保罗·沃尔克后来告诉我说，真正的原因是伯恩斯自己想来，而舒尔茨认为自己是伯恩斯的学生，出于尊敬不应该拒绝，尽管实际上他们对每件事的看法都不一致。可以想见，当其他国家的中央银行行长知道这些后，阻止他们参加下一次会议就是不可能的了，而且他们成了例行参会者。但就像保罗·沃尔克在其最近的中央银行展望中提醒我的那样，美联储主席不仅仅是被视同，甚至是高于美国内阁部长，而关于这一点，在我没有被美国政府不可思议的等级制度搞糊涂之前，最好打住。

第五章

协调行动的尝试

保罗·沃尔克

概述

在确立汇率浮动作为国际货币运行体制的过程中，不断加剧的通货膨胀和 1973 年后期的石油冲击交织在一起，持续了很长的时间。到 20 世纪 70 年代中期，汇率浮动才被国际货币基金组织协定的修正案批准。70 年代末，学术界、政府决策方面及银行实务中均普遍接受浮动汇率，那些指望在特定区域之外或不考虑特殊约束条件即实行固定汇率的人就被边缘化了。

但新体系（浮动汇率）发展过程中的表现并不令人满意。相反，20 世纪 70 年代中期的典型特征，是迄时为止战后最严重的萧条以及通胀率噩梦般地螺旋式上升。尽管幅度有差异，但所有的货币指标都发出了不详的信号：汇率大幅波动、世界储备和各国货币供应量的快速增长以及高利率。常常提到的汇率和经济都将因为世界有了浮动汇率经验而稳定的期待，开始看上去更像是渺茫的希望而非现实。

所有这些问题都要求新的努力：利用七国经济峰会、五国集团财政部长会议以及国际货币基金组织临时委员会这些新的可能也是更适合的机构，进行国际性的政策协调。

这些努力的重点之一就是应对油价剧变直接导致的金融后果。另一个更为雄心勃勃的努力，是制定适当的互补性经济政策以维持和巩固增长，该努力在 1978 年夏季的波恩峰会得到完美体现。当年晚些时候有一次很不寻常的协调努力，不得不在几天内而非数月内做出部署安排，即利用紧缩货币政策和积极干预等传统工具来保卫美元，这曾是一些国家在布雷顿森林体系期间的被动政策选项。显然，一些人营造的“浮动体制将消灭危机”的天真感觉是一厢情愿。

这次紧急计划成功实现了其稳定美元的直接目标，但却难以改变发展的大方向。在 20 世纪 70 年代接近尾声的时候，美元再度被反复攻击，美国的通货膨胀率直逼历史峰值，国际债务危险地节节攀升，而整个世界则陷入了一次新的石油危机。

石油冲击

第一次石油危机在世界多个层面产生了深远影响。一度主导世界经济的几个富国组成的小集团突然发现，其经济命运因丧失石油供应和成本控制权而遭受威胁，而石油既是关乎其福利的最为重要的单一商品，也是迄时为止国际市场上交易量最大的商品。即使是刚刚才失去能源自给能力的美国，也不能逃脱此次危机的直接影响，更不用说那些间接影响了。石油进口国的经济是内外交困：当购买力从它们这里被虹吸到石油生产国和出口国时，它们面临通货紧缩；与此同时，当暴涨的油价波及至国内经济时，它们又遭到通货膨胀的威胁。金融上，这导致了国际储备大规模的重新洗牌，数百亿计的美元涌向了中东国家组成的小集团。这些国家此前在除石油生产以外的所有方面都处于世界经济边缘，而今情况变了。

对那些毕生致力于研究和制定经济政策的人来说，这次危机完全是史无前例。但有件事似乎是明确的：这次危机对货币改革（就像对其他许多事情）的影响往好了说是含糊不明，但八成是不利的。这似乎都在证明，将二十国委员会面临的最棘手问题留待未知的将来解决是明智之举。

1974 年 1 月罗马的二十国委员会会议上，财政部长舒尔茨做报告时简略提及他刚刚见完教皇保罗六世[①]的无力感。教皇告诉他说，相比聚集一堂的所有财政部长和中央银行家们，上帝通过赐予欧洲一个温暖的冬季，对石油危机做出了更具建设性的回应。实际上，舒尔茨并非因为复杂且棘手的改革问题被搁置而不快，各怀心思的其他人无疑也持有同他一样的想法（即搁置改革）。但为处理石油危机导致的经济和金融后果的协调计划则不那么容易回避，必须得面对。

危机的影响从一开始就很明显：巨额美元将被从工业化国家和发展中国家在内的石油进口国吸出，最终流到约六个主要产油

① 保罗六世 1963 年 6 月当选罗马教皇，直至 1978 年 8 月 6 日病逝。他积极参与国际事务，是首位到联合国发表讲话的教皇，也是唯一一位访问过中国香港的教皇，其《人类发展》（*Populorum Progressio*）通谕，探讨了经济社会全球化的重大问题。

国手中。因为人口不多，这些产油国中的大多数不可能将这些资金全部花掉。若要避免经济活动出现巨大收缩，这些资金必须被“循环回流”进国际金融市场。但即便这些钱回到了国际市场，是否流向最需要的地方仍值得怀疑。尤其是，很多发展中国家已经因高价进口油陷入财政困难，让他们以负担得起的条款和条件去借钱似乎是不可能的。

我们这些美国财政部的人马上开始研究金融对策。财政部长助理杰克·亨尼西（后来将他的精力和才能转向第一波士顿公司投行业务，并成为其主席和首席执行官）很快提交了一些初步方案，即建立由石油消费国和石油输出国组织（OPEC）共同管理并提供财政担保的新机构。这耗尽了我们的想象力，但很显然这将牵涉大量的侵犯国家主权问题、授权决策问题，还有组织架构问题。而且，金融问题虽然重要却只是危机的一个方面，而危机对经济实力和政治力量均衡的影响将更深远。

当时刚刚就任国务卿的亨利·基辛格开始执掌美国官僚体制内部的决策制定过程。这是我第一次得以目睹基辛格和其他人就重大事务密切协作。当然他开会的气氛也与过分学院风的财政部很不一样，而我们也相当不习惯让记录员把所有事情都记下来。还好，倒是没什么护地盘的明显感觉。但国务院的关注确实有效果，美国没有利用各国财政部和中央银行十分熟悉的既有国际论坛，而是在 1975 年 2 月召集了一次高度公开化的特别能源大会，把主要石油进口国的外交部代表和财政部代表聚到了一起。

但这次会议其实没什么作用。特别会议的绝大部分时间都被外长们用来争论程序问题，而舒尔茨、施密特和吉斯卡尔则不耐烦地等待着，或非正式地讨论他们研究过的财政问题。气势汹汹的法国外长米歇尔·若贝尔似乎对会议的合法性颇有微词，特别对美国在安排会议日程过程中的主导地位不满。鉴于这些新问题固有的困难，而且也缺乏对其相应的了解、讨论，因此不可能取得实质成果。但整件事加深了我脑海里世界财经官员的一个重要成见：关于财经难题的重大协议，最好还是通过各国财政部长及中央银行官员间的平静协商来实现。后来我才了解到，在处理货币政策时，中央银行官员们就喜欢把财政部长们排除在外！

尽管付出了大量努力，但在我离开华盛顿很久以后，政治和实质性问题仍持续困扰着“金融安全网”的谈判。协议最后是签署了，但由于关注度的大大降低，因此并未得到美国国会的批准。

独立运行的国际金融市场似乎正在发挥有效作用，让产油国的盈余回流，这很快被称为“石油美元”。这种机制本身很简单。主要石油出口国发现，将他们积累的大部分美元存进知名的国际大银行很方便，特别是以短期欧洲美元的形式。欧洲美元是存放在美国之外银行机构的美元，包括诸多美国银行的伦敦分行里的美元。这些当时流动性充足的银行，在拉丁美洲和其他地区，特别是在那些由于油价上涨陷入严重外部收支赤字的政府中，发现对这些巨额资金有意愿的借款人。最终放贷人——欧佩克（OPEC）国家——很满意它们找到了一个存钱的安全港，而一旦它们需要花钱，又几乎可以马上从它们的银行收回资金。拉美以及其他地区的最终借款人借此以相对较低的利率获得期限通常为几年的中长期贷款。

包括大通银行大卫·洛克菲勒①在内的一些银行家，则对这个资金流动过程不安。按银行业观点，这确实很不正规。但是其他人，包括大通银行的主要竞争对手——花旗银行野心勃勃、能言善辩的董事长沃尔特·里斯顿②，则热衷于此类看上去简单、高效的市场操作。银行家与政府官员额手称庆，视其为亚当·斯密“看不见的手”发挥作用的一个令人惊叹的样本，顺利解决了其他方式似乎无能为力的市场难题。里斯顿和其他人在沾沾自喜之余显然忘记了，或者说从来不曾读过斯密在《国富论》里那些有趣的段落，即特别警告了将银行业的管理职责完全托付给自利的银行家的危险（因为银行业不同于其他行业）。

这个故事我们留待第七章再展开。石油危机的直接影响以及相应的应对，将强化美国与其他国家的政府官员和评论家们的概念中市场决定的汇率在协调国际失衡和调节巨额资本流动方面的优势。

新的游戏规则

1974 年财政部领导人事更迭，给前述市场观点（即市场决定

① 大卫·洛克菲勒：洛克菲勒家族的第三代，熊彼特门生，1946 年进入大通银行，1960 年任合并后的大通曼哈顿银行总裁，1969—1980 年任董事长兼 CEO，并继续担任董事长到 1981 年。曾于 1973 年访华，使得大通曼哈顿成为中国银行在美国的第一家代理行。美国时间 2017 年 3 月 20 日去世。

② 沃尔特·里斯顿：1967—1984 年担任花旗公司（后来为花旗集团）CEO，1981—1982 年出任商业委员会主席，后成为里根总统的经济政策咨询委员会主席，直至 1989 年，被公认为当时绝无仅有的最具影响力的银行家，20 世纪 70 年代中期曾帮助拯救了濒危的纽约银行。

汇率）提供了新的动力，也促使美国官方立场趋向对其公开支持。1974 年 5 月，来自债券交易领域的威廉·西蒙[①]取代了乔治·舒尔茨的位置，其经历与自由市场观点一脉相承。年中接替我的位子的杰克·贝内特以及一年后他的继任者埃德温·约，都是十足的“浮动汇率派”。他们在更具包容性的环境里共同努力，竭力处理一些实务问题，而这些问题的处理方式不会导致货币体系和浮动汇率间的冲突。这些问题包括黄金的官方角色、特别提款权的使用界定、更多的国际货币基金组织份额，以及为被高油价拖进赤字的国家在国际货币基金组织设立一种特别的“石油贷款安排”。从这些角度看，这是一段积极主动的时期。

解决汇率争议问题本身的机会随之出现，且至少是正式、合法的形式。五国集团达成了一项谅解：如果法国和美国这两个在固定汇率与浮动汇率的论战中的主要对手，能够在国际货币基金组织协定修正案方面取得一致，那么，其他国家也会接受修正案。1975 年秋天，经过数周的紧密磋商后，新任副部长埃德温·约和他的法国同行雅克·德拉罗西埃[②]——当时的职位是久负盛名的国库主任，也是法国财政部内资深官员——推敲出了一份协议。他们商定出了一些条款，为浮动汇率提供了法律依据。尽管协议模糊地暗示了回归普通平价体系的可能，但实际上，美国无疑会否决

---

① 自此，原财政部副部长威廉·西蒙开始担任美国财政部长，直至 1977 年 1 月，此前还兼任石油政策委员会主席，以及联邦能源办公室首位主任，系自由资本主义的坚定拥护者。普遍认为，西蒙担任财政部长是沃尔克主动离开财政部的原因。

② 雅克·德拉罗西埃后于 1978 年 6 月 17 日至 1987 年 1 月 15 日任国际货币基金组织总裁。

基金组织成员的任何此类决议。新修正案的其他部分缺少具体细节，但其思想基础是明白无误的：汇率稳定虽被真诚期望，但只能在“有序的基本经济和金融状况”下出现，而不是由任何政府的具体决策来确定一个恰当的汇率。国家应该避免“操纵”汇率，而国际货币基金组织自身则应发挥严格监督作用，这样，通过干预或其他方式扭曲市场的企图和行为将被遏止。

为特别庆祝国际货币基金组织协定修正案，五国集团于 1975 年 11 月 15 日至 17 日召开的第一次经济峰会，地点从巴黎挪到了朗布依埃城堡。实际参会的是六国集团，包括了意大利，因为上次达成美元贬值协议时，意大利一方出现在吉斯卡尔的公寓里，从此成为先例。之后，加拿大也被邀请加入以促进平衡，由此形成了七国集团。我最近回顾并重读了第一次峰会的公报。除了支持法美在汇率制度方面的“和解”外，公报强调了确保无通胀的经济复苏的必要、避免贸易限制、加快当时正在举行的关税与贸易总协定（GATT）东京回合谈判、降低进口石油依赖度并制定有效的能源规划。这些相同的论调，已经成为多年来无数公报的必备套餐。到了今天，世界各地的财政部官员们，就算在睡梦中也能准确无误地背出那些句子。

我没有参加这次会议以及之后的峰会，因为中央银行官员们还从未被邀请参与过那种级别的会议。但我为这些会议的召开感到高兴。首先，对我而言，更为直接和频繁地让美国总统们面对国际经济政策问题似乎是个好主意。通常，那些国外元首对此类问题的关注度要比他们高得多。也许杰拉尔德·福特不像他一年多前接任的那位总统那样，只专注于宏大战略愿景，但即便是他，也不能和朗布依埃其他三位参会者的经历相提并论：德国的施密特、法国的吉斯卡尔和英国的詹姆斯·卡拉[1]，都曾担任过各自国家的财政部长。更重要的是，我认为，当总统和首相们意识到他们将不得不在全世界的关注下面对面地向他们的元首同行论证国家主义经济政策的正当性时，要他们向保护主义压力屈服会更加困难。尽管这次公报中的许多声明已经成为例行公事，但这些内容确实有助于提醒元首们，推进其参与的那些目标的重要性。

峰会在朗布依埃举行，世界其他国家及诸多媒体代表只能遥遥观望，因为媒体的总部远在 25 英里[2]外的巴黎。会议开始的前几周，政府首脑的个人代表们已经为会议做好了准备；他们不久被称为“夏尔巴”，即指导登山者们攀越喜马拉雅山峰的尼泊尔向导。乔治·舒尔茨在担任财政部长时，与施密特和吉斯卡尔都建立了很好的私交，所以他被从其私人生活中拽回来，充当美国的夏尔巴。整个会议似乎仍保持了图书馆集团那种私密和非正式的氛围。这种氛围有利于办成事情，但我们如今已经离这种氛围很远了。今天大众传媒的关注方式以及制造热点新闻的迫切需要，往往偏离会议的实质目标：去理解并协调那些相互冲突的观点。而且，当今通信和交通的便捷，意味着国家元首们可以更加频繁地进行双边或其他方式的会晤。但是即便他们面临各种各样的困难，年度首脑峰会依然对国内政治压力提供了某种预防手段。

---

① 詹姆斯·卡拉汉（1912—2005）：英国历史上最长寿的首相，也是唯一曾经出任首相、财政大臣、外交大臣和内政大臣 4 个内阁大臣职务的政治家，曾于 1980 年 5 月访问中国。

② 1 英里 ≈1.609 公里。——编者注

关于浮动汇率的新协议实际上提出了一个更大的问题。密切合作以获得“金融和经济稳定……有序的基本条件”的呼吁，并没有为如何实现必要的合作提供任何真正意义上的指导。貌似简单的规定，即国际货币基金组织应对其成员国的政策实施监督，很难说是完整的答案。这进一步导致了我们在 20 世纪 80 年代必须面对且至今仍存在的问题：我们说的监管指什么？合作呢？协调呢？给这些名词下定义并不容易。

此前的布雷顿森林体系则在实践中回答了这些问题，部分是通过细化明确的游戏规则来回答的。它根据汇率压力和国家储备增减释放的信号，来确定哪些政策是适当的，哪些则不适合。即便当时，实践也催生了基金组织与其各个成员国间的大量沟通，如果一国想从基金组织借钱，这种沟通就会长出牙齿[①]。但是，这个过程显然有其不足和局限性。正如一个发展中大国的著名财政部长在讨论改革过程中，嘲讽却并非全无道理地对我说：“当基金组织与一个贫弱国家协商时，国家排队；当基金组织与一个强大国家协商时，基金组织排队；当大国之间存在争议时，基金组织就从火线上抽身了。”

十国集团、五国集团以及第三工作小组工作机制的探索，直接推动了主要经济大国间的协商与合作。在布雷顿森林规则范围内制定了一些目标明确的职能。首先，简单地说，关于国家发展状况和政策的信息得到了充分交流；更重要的是，向其他国家提供一国政策背后的真实意图。这类信息可以说是每个国家决策时

① 此处指国际货币基金组织提出的贷款条件苛刻。

的重要因素。通过帮助理解本国意图及他国可能的反应，各国政府减少了令他国不适的意外，并避免不必要的摩擦。此外，可以达成临时合作安排，通过共同干预、“互换”或其他信用工具以及类似措施，应对外汇市场上的突发事件。各种国际论坛，经由二十国委员会及后来取代它的国际货币基金组织临时委员会的补充，推动了长期改革讨论。

但这些组织的活动，远远没有跳出国际合作的总体框架而走向更有抱负的协调领域。在我看来，协调意味着，在国际协议和谅解的基础上制定或改变国内政策的意愿，而这些谅解也会对其他国家的政策产生影响。

我记不清我和我的那些国外同行们在 20 世纪六七十年代为“国际合作”发表了多少演讲和祝词，但“协调”又是另一回事了。哪怕一丁点儿有损国家自主权的暗示，也是政治敏感事件，阿瑟·伯恩斯不愿承认美联储政策会考虑外部影响，不过是其中一种表现罢了。总统、首相，也许更多的是立法者，通常热衷于追求最大限度的国家行动自由，而对由国际谅解来束缚手脚没兴趣。

当然，布雷顿森林体系实施了某种协调，起码是对赤字国家。在基金组织知道如何对其发放的贷款附加具体条件后，便会明显加强对借款国国内政策的强烈干预，即便对一些最大的成员国也是如此。20 世纪 60 年代和 1976 年的英镑危机便是鲜明且颇具政治争议的例证——国内紧缩政策是为满足获得基金组织融资批准以度过危机的需要。这类情况发生在特定的紧急状态下，通常涉及保卫某种货币。国家愿意采取措施（比如紧缩货币或削减开支），是因为政府官员和公众都会感觉到形势危急，不采取应对措施将面临通货膨胀、混乱、无合作，甚至还会有可能的报复。布雷顿森林体系崩溃后，随着货币体系的约定规则变得，说好听点儿，不那么明确，上述过程需要更加细致、谨慎，判断起来也更加困难。除非出现英镑1976年崩溃那样的极端情况，浮动汇率体系是不会拉响需要应对的警报了。

新方法的整体思想不是应对危机，而是合作以避免危机并促进稳定。但这种理念若要说得通，那就意味着国家的财政和货币政策，加上20世纪70年代石油冲击期间的国家能源政策、其他的管制性政策，对国际磋商与谅解而言都得是正当合理的举措。这一点很少被如此直白地表述，但如果就这样提出来，那么国内政治影响将令人生畏。再者，无论出于政治还是思想上的动机，国家之间的判断存在巨大差异，而且在任何给定的情况下得出不同结论的可能性也很大。

坦率地说，协调要求政府在国际协商的基础上采取不同于它原本可能采取的行动，通常与其他国家也未曾考虑过的决定相结合。一国所做决定的时机、程度和内容，将受到其他国家准备采取的行动的影响，反之亦然。基本原理是，如果所有国家的行动互为配合，最终，它们在实现国内和国际目标方面都会做得更好。比如，如果各国货币政策为稳定美元的目的正在进行协调，美国就不会无视其他国家中央银行的意愿而提高或降低其贴现率。而且，其他国家的行动可能减少预期的或实际存在的与国内要求间的冲突。

这是一个很简单的例子。如果涉及更广泛的问题，如试图管理增长率不同的各国经济或者影响税收政策或能源政策，协调就复杂得多。对一个政客来说，所有这些都意味着国家主权的某种丧失。学者们则会围绕着这个话题，在思想层面相当正确地布道强调：跻身于一个开放的世界经济中，必然意味着自主权的失去；而随着世界贸易和投资总量的增长，外部因素对政策的外部影响也将越来越大。然而，对那些在真实世界中对政策制定负有政治责任的人来说，协调的理念冒犯了非常敏感的政治领地。

火车头和美元

事实证明，这将是一届检验协调行动局限性的新政府。吉米·卡特对财政部、经济顾问委员会以及国务院中主要经济职位的任命，与尼克松－福特政府后期货币主义者占主导完全不同。货币主义者深信，绝大多数经济问题都能依靠市场实现必要的协调。卡特班底都接受过专业的经济学训练，并目睹了政府在 20 世纪 60 年代的重大举措。他们支持浮动汇率，但出于本能和经验，他们是信奉凯恩斯主义的政策积极分子，笃信政府有能力最大化经济乃至市场自身的绩效。从我纽约联储主席——离开政府并在普林斯顿大学工作一年后，于 1975 年担任的一个职务——的角度来看，他们的资历可能只存在一处不足：相对那些在金融市场上摸爬滚打过的人，他们骨子里缺乏特有的敏感。

但毫无疑问，新经济班底一开始就认识到，自己处在一个美国政策的成功有赖于他国政策配合的世界里。就职后，他们对形势有清晰的判断，其部分方案是由宾夕法尼亚大学的劳伦斯·克莱因[①]设计的，因他对美国和世界经济的数学建模而荣膺诺贝尔经济学奖。他在国会联合经济委员会的公开听证会上介绍了总体思路，他甚至于此前的1976年就已经在华盛顿的布鲁金斯学会（卡特班子许多活跃分子被召至政府前有过交集的一个研究中心）阐述过这个思路。克莱因支持国内财政刺激措施，以应对上一次衰退后的高失业。他同时指出，持续的国际不平衡正助长着汇率不稳定。他的解决措施很直接：在美国贸易逆差不断扩大的既定背景下，为确保最佳成效并避免大幅度失衡，必须说服顺差国扩张其经济，特别是在这项战略中被定位成动力十足的潜在"火车头"的日本和德国。

随着时间推移，卡特班底对通过日元和马克升值来提高美国贸易竞争力从而使上述战略发挥效用的渴望越来越明显，这被金融市场广泛解读为对美元命运的某种淡漠。之后，财政部长迈克尔·布卢门撒尔[②]口无遮拦的评论，更强化了那种感觉。鉴于贸易收支恶化且通货膨胀开始高位加速，美元随之下跌，这是随着卡特政府任期结束其经济政策连贯性受损的一个重要因素。

但公众刚开始对该届政府的热情和信赖不可谓不高。新政府刚在1977年就职没几周，就开始为实现国际政策的适当协调展开持久努力。波恩峰会已经成为政治学界的研究案例。蛰居纽约联储期间，我只能远远地观察这次会议，而且部分观察是通过一些

① 劳伦斯·克莱因于1959年获颁约翰·贝茨·克拉克奖章，是1980年诺贝尔经济学奖获得者、"计量经济学之父"，1958年开始在宾夕法尼亚大学任教。

② 迈克尔·布卢门撒尔幼年曾作为犹太难民短暂避居上海，1977—1979年担任卡特政府财政部长，1979年2月成为第一位代表美国访华的内阁官员，并于次月再度来华出席美国驻中国使馆开放仪式。

感到压力的外国同行们的视角。信息实际上很简单。石油出口国拥有大量顺差，而相应的逆差不该全都落到发展中国家或美国头上。德国和日本为应对石油危机导致的通货膨胀，已经紧缩了经济，其外部收支状况很好。因此，不单单为了世界利益，为其自身利益考虑，它们也应该扩张。具体目标已经成形。

这一切都有其内在逻辑，国际货币基金组织乃至视为中央银行家堡垒的国际清算银行的报告，都开始支持这个总体构想。在1977年的伦敦峰会上，日本的抵制有所缓和，并“承诺”实现一个快速增长的目标。说服德国则多费了些时间。赫尔穆特·施密特可能曾是德国左翼社会民主党领袖，但他首先是一个德国人，对他而言，稳定压倒一切。他无疑对自主决定经济政策满怀信心，而且越发反感美国自以为是地要求其刺激已经走出衰退的经济。另外，和普通欧洲人一样，施密特也对美国在能源上的挥霍无度深恶痛绝。我知道那已经是一个老话题了，但我是在说1978年，那时，就经济方面而言，为我们的能源政策辩护尤其困难。

实际上，所有其他工业国均令其汽油和其他能源价格与世界油价同步上涨，有时还加征高昂的汽油税。为保护工业和交通运输业，他们对石油的进口也在减少。相反，美国则维持对国内石油生产商的价格控制，并拒绝让上涨的世界石油价格悉数传导入国内市场。在其他国家看来，出于政治动机抵制市场发挥作用，不仅是观念信仰上的反常，更影响了世界供需平衡，从而不利于其他石油消费国。

在此背景下，一项交易达成了：德国将联合日本共同采取扩张经济的措施，而美国则解除石油价格管制。从谈判的角度来看，一份平衡的国际交易的出现，被视为抑制国内政治对抗的一种方式。

谈判持续了好几个月，开了很多次会议。最后，在施密特大本营波恩参与峰会的国家，就管理“国内”经济政策达成了明确的协议，明确的程度空前绝后。德国人将通过调节税收和开支，实现国民生产总值再提高 1% 的目标。没有完成之前目标的日本人，将加强公共工程计划，其他比较小的国家则被要求采取相应措施。美国方面，则不顾卡特政治顾问们的强烈反对，承诺加快解除石油管制，从而减少石油进口。

毫无疑问，本次峰会是真正的平等交换，大多数学者同意其对政策有重大影响。以美国为例，参与谈判的知情人士强调，是总统已经做出了一个国际承诺的事实，使他平息了其政治顾问们说他在招致政治自杀的论调。施密特则从未满意过这份协议，多年来一直抱怨称，就是德国接受的那份额外扩张性措施的协议，使得德国在面对伴随第二次石油危机卷土重来的通货膨胀时脆弱不堪，而第二次石油危机，是在波恩协议达成之后不过半年左右发生的。

事后看来，整个火车头战略很容易受到质疑。这一建议就其构思而言，似乎足够合理。但解释、推动并为之谈判却花费了太长时间。等到被实施，借用新《国际货币基金组织协定》的说法，“基本经济和金融条件”已经发生了改变。就在石油价格一倍甚至两倍地上涨、通货膨胀压力冲击巨大时，大多数国家却正忙于积极的扩张计划、预算赤字和宽松的货币政策。

以施密特为首的一些人指出，火车头战略是个错误，是国际压力影响协调的典型范例，无视掌握更多信息资源的政府对如何最优管理本国经济的直觉。退一步讲，该战略证明了一点：如果决策执行前的计划和谈判过程需要持续数月甚或一年或更久的时间，那么这个过程将存在不可避免的时间风险。20 世纪 70 年代，意外事件尤其多：石油冲击、糟糕的经济预测、刻板的政治和立法、地区性战争和革命，以及市场心理的重大变化。但这些现象一直都是经济生活中的风险因素，这一简单事实表明不要过度迷信精心的协调努力，因为那些努力并不容易适应新环境。1978 年以来，再没出现过如此雄心勃勃且具有重大政治影响的协调努力，由此判断，这个教训应该是被吸取了。

即使从美国的角度，除了加快解除石油管制外，波恩峰会即便有所成就，也被其后数月外汇市场的表现冲淡了。政府被迫很快进行了一次迥异于精心安排的波恩峰会的协调努力。这实际上是一次即兴的美元保卫战，与英国和其他国家在布雷顿森林体系下为保卫本国货币采取的行动十分相似。

1977 年年底直至 1978 年，尽管偶有反弹，但美元一直处于持续性的贬值压力下。外国人感觉，在卡特政府眼里，相比经济增长和就业，稳定美元的重要性要低一些。1978 年年初，政府对与他国合作通过干预支持美元做出了某些姿态，但后来就没有了下文。经济扩张引发经常项目赤字不断增长。最重要的是，随着当年结束，因为没有坚定紧缩的货币政策应对，通货膨胀率持续上升。美国贸易伙伴再度对“善意忽略”表达不满甚至批评。而同以往一样，9 月的国际货币基金组织年会前后，心理压力和市场压力似乎都在上升（年会将数以千计的世界财政官员和银行家们零距离地聚到了一起）。财政部已经勇敢地决定改变其对美元的冷漠形象，但直到基金组织会议结束后，公众和市场对通货膨胀和美元凸显的不安，才迫使美国政府重新考虑了它的政策。

政府于 10 月底大张旗鼓地宣布了重新考虑的第一批决定，几乎全部是一些有限的财政紧缩措施。行政当局也曾力促美联储紧缩货币，这对任何政府而言都是不寻常的举动（指政府不能干预货币政策）。但在市场看来，这些举措依然流于俗套：太没力度，也太迟了。10 月的最后一个星期，美国和其他国家投入了约 60 亿美元来支持美元，但美元还在贬值。月底，美元相比年初下跌了约 1/4，而通货膨胀率则升高到近 9%。

不能再假装漫不经心了。接替我原来财政部工作的安东尼·所罗门[①]开始着手组织一项非常传统的美元拯救方案，请行天丰雄等人到华盛顿紧急磋商。凭借其长期经验和个人信誉，所罗门很快就整合资源支持美元的各项计划达成协议，这些计划的庞大量级足以使之前的任何一揽子计划相形见绌：与德国、日本、瑞士三国中央银行的货币互换额度增加 76 亿美元，总额为 150 亿美元；通过“卡特债券”以外币形式借入 100 亿美元，使用 20 亿美元的特别提款权，并从国际货币基金组织提款 20 亿美元。除了这一建立在财政部和央行官员们熟悉的做法基础上的方案规模庞大之外，让我们的外国伙伴颇为满意的是，美国终于克服了它一直以来厌恶以外币在境外私人市场借款的心态。外国人当时不知道、而我也只是在方案宣布的前一天了解到的是，华盛顿一度反对强力紧

① 1980—1984 年，安东尼·所罗门又接任了沃尔克在纽约联储的主席一职。

缩货币的美联储，同意将贴现率提高1%，作为该一揽子计划的一部分。为了让美联储理事会采取行动，必须由一个联邦储备银行正式提出请求。我实在太兴奋了，于是给纽约联储的委员会召开了一个特别电话会议，这样我们就能尽这个责了。如此一来，卡特政府就是兜了一个大圈又回到原点，从对美元似乎不在意，到愿意从基金组织借款并利用典型的国内政策工具，去处理美元贬值问题。这也不会是最后一次。

根据公布的数据，这个一揽子计划的规模达到了史无前例的300亿美元。关于是否要用掉全部资金，乃至在事态严重恶化需要所有这些资金时，我们的伙伴是否能保证资金到位，这都是问题。实际上，仅仅宣布有基金可用并不意味着能轻易获得最大授信额度，也不会让出售储备变得容易。而且，债务最终必须得偿还，而如果它们以外币支付，这些外币就需要在市场上赚取。

这是让托尼·所罗门焦虑不安的问题。美元对日元升值了。但磕磕绊绊地开始后，我们不得不稳步卖出外国货币，以保持美元对欧洲各国货币处于一个稳定的水平。随着1978年最后两个月里相当于67亿美元的消耗，所罗门对我说出其内心的疑惑：这值得维持多久？幸运的是，1979年1月美元的自发走强驱走了新年的阴霾。随着美元在年初的升值，那些货币互换可以不启用了，债务得以偿还，财政部则为积累了一些外币感到高兴。

五年前，在思想中拥吻浮动汇率胜利的观点认为，国内经济的优先权没有必要为实则只是一类符号的固定汇率牺牲，没有人能非常确定一个经济上最佳水平的固定汇率。的确，在不断变化的世界中，很难长时间固定一种恰当的汇率。但眼下我们又回到了“捍卫”汇率的问题上，货币政策的使用比布雷顿森林体系下的任何时候都更加有力（如果不是说太迟缓的话）。

又有一个问题摆在眼前：对汇率下跌发出的预警信号是否该更早去关注？理论上，这可能不像延长谈判导致高调的峰会那样惹人关注，但下面的几个节点事件我们是目睹和经历的：1971 年那天在戴维营，尼克松先生将货币体系改革送上了轨道；1975 年的首次首脑经济峰会上，福特先生帮助主持了浮动汇率的启动；而 1978 年秋天，卡特先生发现这一切都不能防御危机。

行天丰雄

在我看来，即便没有石油危机的冲击，史密森体系也无法持续。1973 年，各国经济基本面的分化如此严重，世界经济再也无法在平价体系下维持了。事后看来，石油危机的经历大大强化了我们浮动汇率的观点。石油危机是否是必然的、抑或不可避免是另一个问题，但即使以某种方式躲过石油危机，货币形势的基本趋向还是不可改变的。

20 世纪 70 年代后半叶，世界对浮动汇率体制——曾是被勉强接受且早先对其深怀恐惧——开始了一个严肃的再评估。但我们意识到，浮动汇率的灵活性，让我们得以缓解石油危机造成的严重冲击。尽管浮动汇率体制获得了很多支持，但国际失衡却加剧了汇率动荡，且在 70 年代后期更趋恶化。对浮动汇率体制的均衡机制有效性的怀疑再度出现。

浮动汇率的支持者曾强烈期望，汇率变化将改善国际收支平衡。但我们发现，这种机制并不能足够快速地改变贸易流从而帮助带来平衡，于是燃起了对这个体制效用的幻灭感。结果，视线转移到，或者更精确地说，扩展到要求管理性政策，尤其是首脑峰会对管理政策的多边协调。

这也是货币体系的国际讨论进入了新阶段的时期，因为世界确信，重返金本位和固定汇率再无可能。而且我们同时也担心因石油出口国的巨额美元存款导致的美元债务在美国境外几乎失控的增长，我们称之为“美元泛滥”。人们做出了种种努力，探究或者用特别提款权或者用一个多元货币储备体系来取代美元的可能性。对浮动汇率体制下不稳定的担心与日俱增，结果，各种形式的有管理浮动被作为修正方案提出。这些都是这一时期的主要议题。

从日本的观点看，国际上明显增加了对我们经济的关注。这一次，当日本在 1975 年第二季度成为首批开始从石油危机的破坏中复苏的国家，吸引全球关注的就不仅是日本经常项目的盈余水平或日元汇率，还包括日本经济的结构优点和独特性。能够这么快成功，主要归功于对通货膨胀的有效控制。日本的批发价格指数，1973 年上升了 23%，1974 年又上升了 23%，1975 年则急剧减速，涨幅仅为 2%。这源于一项让国内私人需求处于停滞的非常紧的货币政策。制造业产出急剧下降。

实际上，工业生产指数直到 1978 年 4 月才恢复到危机前水平，那是第一次石油冲击四年多以后了。我们让经济经历了严重的通货紧缩。尽管许多工厂的开工率很低，但低通胀率大大加强了日本产品的价格竞争力。进口停滞不前，而强劲的出口驱动力将日本的经常项目收支从1975年5亿美元的赤字急剧扭转为1978年近170亿美元的盈余。

这种由出口带动的复苏在国际上招致了猛烈的批评。整个1977年，日元升值压力不断攀升。日本当局试图通过干预货币市场并卖出日元买进美元，以使日元升值减速，但只是徒劳。为了避免日元升得更高，我们1977年实施了其他国家所称的“肮脏浮动”，买进了60亿美元（尽管日本不是唯一这么做的国家），但日元对美元还是从291上升到了241。

换句话说，年初的时候，一个日本人花291日元去买一美元，年底他只要用241日元就能买到一美元，日元汇率上升了近20%。1978年这种情形再度重演。相对于日本大量贸易顺差的背景及持续顺差的前景，市场上的美元供应相对于需求严重过剩。尽管我们努力吸纳过量美元，但仍然是美元走弱、日元走强。这种现象突然引发了一场大规模争论，裹挟着主要来自出口商的强烈不满，其海外订单因强日元而严重受损。他们将政客们拉进了自己的阵营，后者敦促大藏省和日本银行，强化市场干预从而遏制日元升值。因此，日本的国内观点与国际上对日本贸易顺差和所谓肮脏浮动的强烈批评之间，存在着十分尖锐的冲突。

1977年5月至9月间，国际上的类似批评甚嚣尘上。这些声音的确令我们这群不得不耐着性子参加完那些国际会议的人很不舒服，因为所有国家都在抱怨日本的表现，就好像日本是世界经济的毒瘤。就这样，国际压力对日本国内政策的论争，演变出了火车头理论和其他货币对美元选择性升值这样一种并行措施。这个观点由宾夕法尼亚大学的劳伦斯·克莱因于 1977 年 2 月在美国国会首次公开提出，他主张两个贸易顺差国家[①]应当加快增长，日元和德国马克应升值大约 10%。

1977 年 5 月，世界经济峰会在伦敦举行。日本非正式同意，来年国民生产总值目标增长率是 6.7%，我们没有实现这一目标。我们听到对日本贸易顺差甚至更为苛刻的批评，以及对贸易顺差国扩张其国内经济的要求，目的在于希望贸易顺差国增加自逆差国的进口。同月，美国财政部部长迈克尔·布卢门撒尔赴日参加商业银行家的国际货币会议时，再次重申对日本的强烈要求，即分担（美国）石油进口支出增加导致的国际收支赤字，日本不能再扩大其贸易顺差。

他还一度指出，日本不应当保留其投资美国短期国债所赚取的利息。由于日本的官方储备主要是以美国短期国债的形式持有的，自然以美元生息，这进一步增加了我们的储备。布卢门撒尔说，日本应该在市场上卖掉这些多出来的美元。他强调，如果我们不这么做，日本实际上就是在通过增加官方储备的方式实施肮脏浮动，因为接受美国短期国债的美元利息，相当于在货币市场上买进美元达到干预的目的，从而打压日元。这种拐弯抹角的论调很常见，引起了国内外的广泛关注。然而日本的贸易顺差还是增加了，1977 年 7 月，我们发布的贸易顺差数达到了的创纪录的单月 15 亿美元。这导致了格外集中于日元对美元升值的要求，纽约联储的查尔斯·库姆斯 8 月写的一篇文章也是这个调子。美国

① 即日本和德国。

进一步向日本施压，要求日本增加从美国进口，以减少贸易顺差。这是我们从 9 月与美国代表团的一次高端会议中得到的信息，代表团由国务院的理查德·库珀[①]和财政部的 C. 弗雷德·伯格斯滕率领，他们还提了很多两国之间突出的贸易问题。当月晚些时候，在国际货币基金组织年会上，英国财政大臣丹尼斯·希利特别提到日本，指责我们扭曲了世界经济的整体平衡。

面对众口一词的批评，日元继续对美元升值。10 月和 11 月的升值幅度超过了 10%。这个时候，出现了一种逐渐增长的听之任之的情绪：面对如此严重的失衡，日元升值在所难免。而在大藏省内部，我们开始主张停止意在减缓升值的市场干预。但是要求我们抵制日元升值的国内政治诉求仍很强烈。对国际货币事务十分开明的福田首相，则保持其坚定立场——政府必须继续抑制日元升值。

1977 年 11 月，重返华尔街的罗伯特·鲁萨以私人部门立场在华盛顿参议院银行委员会作证，提出了他长期推崇的汇率目标区观点。他建议，主要货币国家应在它们能够同意的目标区范围内，合作维持彼此货币间的汇率关系。他是在探讨一种长期体制，但当他的证词见报时，许多日本人对此表示欢迎，以为他支持稳定日元。当鲁萨证词的报道出现在东京时，日元便迅速贬值，而我后来被告知，他对他的证词在日本被误解颇为尴尬。

为了安抚批评者，内阁 12 月决定日本 1978 年的增长目标定

① 理查德·库珀，1977 年 4 月担任美国负责经济事务的助理国务卿，1981 年 1 月卸任后为哈佛大学 Maurits C. Boas 国际经济学讲席教授。1990—1992 年担任波士顿联储主席，1995—1997 年任美国国家情报委员会主席。

在 7%。这一信息传给了美国贸易特别代表罗伯特·施特劳斯，他于 1978 年 1 月访问了日本。这次访问导致了美日两国在汇率以及贸易问题上旷日持久的激烈争论。日本反驳指出，美国也应采取国内经济措施，尤其要控制通货膨胀并削减其不断增加的石油进口。卡特政府已经准备了一项能源法案，意在大规模控制石油进口，我清楚地记得鲍伯·施特劳斯对我们的大藏相村山达雄说，他很有信心能源法案将在 90 天内获得国会通过。这句话是 1 月说的，实际上美国国会在 10 月才通过了一份弱化了很多的能源法案。这类事件加剧了美国和日本间的互不信任。但这次争论的一个颇为积极的副产品，是日本开始开放其市场。在 1978 年 1 月，福田指示我们全面清理限制性的外汇管制法规。这项工作于 1980 年完成时，便有了资本交易重大自由化——便利了日本企业的海外投资、外国人在日本经商以及外国人和日本人之间的借贷。

尽管有着所有这些不和谐的争论，到 1977 年 11 月，美国财政部和美联储也认识到，美元的进一步下滑——或者德国马克与日元的继续升值——将无助于减少美国贸易逆差，而国内经济政策同样重要。从 1973 年到 1978 年，美国家庭部门净储蓄锐减，而企业部门净投资却自 1975 年起急剧增加。虽然政府净赤字显著降低，但其降幅并不足以冲抵家庭部门储蓄的减少，而后者传统上为政府和工业赤字提供融资支持。结果，外部赤字按国民生产总值（GNP）比重计算迅速上升。换句话说，美国不得不借用国外储蓄来替代补充本国储蓄。日本的情形则恰恰相反。家庭储蓄水平非常高，企业部门的净投资却下降得厉害。尽管政府也在增加其净投资，但却不足以抵消私营部门的紧缩效应，到头来，日本的外部顺差非常急剧地上升。

1978 年年底，两国的政策需求可谓一目了然。两国的财政政策都在朝着适当方向推进：日本在放松，美国在紧缩。问题是，私营部门的举措是非常不合拍的。在美国，个人花钱太多储蓄太少；而在日本则正相反。在这种情况下，恰当的货币政策格外重要。1977 年后期，美国对美元的政策从希望其贬值变为抑制其进一步下跌。但财政部的官方说法却继续表示，美国不可能去打压经济、实施外汇管制、发行外币债券或者征收石油附加税。

由于政策没有根本变化，美元继续下跌，最终，1978 年 1 月，财政部和美联储发表联合声明中宣布，它们准备进行市场干预以保卫美元，并将贴现率从 6% 提高到 6.5%。美国和德国为美国达成了一份货币互换协议，第一次卖出 6 亿美元的特别提款权买进德国马克，从而在市场上支持美元。这在日本引起了混乱，因为我们的媒体视其为日本因大藏省糟糕的外交表现而陷于孤立的证据，对此，《日经新闻》的说法是：德国马克和日元虽然在同一个房间里，却不在同一张床上。

但美元还是没有停止下跌。1978 年 3 月一个新的冲击强势来袭——太过强势以致我们被迫停止了徒劳的干预，在此之前，我们曾在一个月内买进超过 55 亿美元，但还是只能眼睁睁看着日元对美元从 240 升到 231。大藏相村山达雄采纳了官员们的建议，下令停止干预。我们曾担心，他会因为反对日元升值的国内政治压力而拒绝下令，所以当他同意我们的建议时，我们在感到意外的同时也受到了鼓舞。他是一名税务专家，几乎不曾涉足国际金融领域，但他有着敏锐的市场直觉。他知道，面对如此反复无常的市场，交易者在投机的同时，也对可能发生的任何情况深怀恐惧。村山告诉我们说：“那些投机者也顶着巨大压力，精神上的压力。如果你在赌博，一个好的策略是将你的策略整个儿颠覆，并对那些投机者釜底抽薪。”

我们完全停止了干预，他的策略成功了。日元对美元的上浮止于218，并在4月和5月开始走弱。这是我们汇率政策的一个转折点。我们意识到，干预相对一个强势的市场并不非常有效，而新闻界和商界也逐渐认识到，强势日元可能没那么糟糕。在抵制日元升值后，商人们发现，一个更强大的日元也有一些好处。那些依赖进口能源和原材料的业务中，强势日元就意味着更低的成本。那些因高出口价格被迫通过优化业务削减成本的企业则发现了合理化改革的好处。但是，学习的过程并没有完成。正如我们接下来将看到的，1985年广场协议签订后，日元快速升值，强烈反对之声也在政客和部分商人间卷土重来。只是在1988年，强货币的好处才在日本获得了普遍认同。

同时，日本国内对国际批评——我们当时称之为“反日潮”的厌恶情绪日渐增加。日本人提出，他们的国家正努力发展经济，德国人却拖拖拉拉，紧张对抗通货膨胀多过刺激经济增长，而美国则一直在诱导美元贬值，却不采取有效措施控制其石油进口。国内的不满情绪上升，在一次内阁会议上，有位大臣提议，日本利用其积累的巨额美元储备购买黄金作为金融实力的证明，同时减少名义贸易顺差。一些大臣觉得这不失为一个好办法。那种做法毫无意义。它将只会令市场上的黄金价格大涨，将我们置入国际批评的漩涡。即便如此，大藏相处境却日益艰难，因为不管怎样，批评仍在持续，而国内沙文主义也抬头了。不过，一个积极成果是，通过宣布两年内将我们的官方发展援助翻番，日本确实用上了它的储备，同时参与扩大非洲和亚洲的开发银行的资金资源。

由于对美国高通货膨胀的忧虑日增，保卫美元的一揽子计划最终于 1978 年 11 月出台。直到 10 月 28 日星期六，负责国际事务的副相佐上武弘接到美国财政部副部长安东尼·所罗门的电话，我们才知道此事。他邀请我们去华盛顿，和德国、瑞士的官员一起讨论汇率形势。武弘、日本银行副总裁前川春雄[①]、日本银行的速水优[②]，还有我决定前往华盛顿。因为那天是星期六，大藏省财务室当天没有人，我不能预支机票钱。我不得不用自己的信用卡付款买票，我还真有点儿担心，万一谈崩了，财务室不给我报销费用。

我们四人飞往华盛顿，抵达时还是周末。我们去了所罗门在华盛顿的住所，并进行了非正式的小型会商。他解释说，美国已经在采取一系列重大措施，包括最近刚宣布的提高贴现率及一个反通胀计划，但市场并没有领会这些措施的重大意义，美元还在下跌。所罗门担心美元下跌会抵消这些政策的效果，他表示，美国因此需要过桥融资，以渡过政策与市场对政策反应间的时滞。我们很快同意。一揽子计划包括由美国、日本、德国和瑞士四国

---

① 前川春雄（1911—1989）：1974 年担任日本银行副总裁，并于 1979 年成为该行第 24 任总裁，直至 1984 年。

② 速水优（1925—2009）：后于 1998—2003 年担任日本银行总裁，2001 年主持推出“量化宽松”政策（Quantitative Easing）。

实施干预的300亿美元专项基金。美国准备信用额度的方式是：通过从国际货币基金组织借款30亿美元、卖掉20亿美元的特别提款权、扩大其与其他三国货币互换安排的上限到150亿美元，并发行高达100亿美元的外币债券。在国内，美联储则计划将贴现率再提高整整一个百分点，达到9.5%，同时提高银行准备金率，并在12月将国库的黄金销售量，从上一个月的75万盎司，增加到150万盎司，以回笼美元。

这项一揽子计划一经宣布，就迅速在全球大部分市场大获成功。计划宣布前，日元对美元已经涨到了176，但11月底，它就降到了200。一揽子计划能够奏效，一个最重要的原因是美元贬过头了。每个市场参与者都认为，日元对美元176的汇率水平太离谱了。我们曾经采用基于两国购买力公式测算过美元与日元之间的最佳汇率，结果是一个230左右的水平。市场已然处于很不确定的状态，每个人如坐针毡，因为他们知道，美元过于疲弱，随时会出现拐点。但没人敢于逆势而为。这是外汇市场上典型的跟风现象。一旦当局掌握主动并给出一个坚定表态，整体市场情绪就变了，因为人人都准备去购买美元。拐点最终到来时是非常戏剧性的。

成功的其他原因在于计划的综合、宏大且具有协调性。美国财政部曾于1978年为保卫美元采取了许多措施，但这些措施只是零零散散地出台，而且半心半意，因此从未成功影响到市场心理。实际上，对市场活动的调查证实，财政部每次公布一项那些零散的措施，美元就再跌一点儿。就规模而言，300亿美元的干预基金在当时是一个大数目，而其受到美国、日本、德国和瑞士支持这一点，令市场震动，并改变了整个风向。

就在接下来的1978年12月，伊朗革命爆发，石油价格开始上涨。第二次石油危机使得日本外部账户马上在1979年第一季度陷入赤字，日元开始走弱。但这次日本很快通过大幅度紧缩货币政策成功地应对危机。日本银行在十个月内四次提高贴现率——1979年的4月、7月、11月以及1980年2月——从3.5%升至7.25%，或者说十个月里翻倍还多。私营部门行动起来，决心普遍节约能源，尤其是石油，部分是因为政府没有管制进口和价格，让价格上涨快速转嫁给国内消费者。批发价格通胀早在1980年第三季度就停止了，尽管我们的外部收支一整年都是赤字，但紧缩措施很快恢复了国际上对日元的信心，资本开始流入，到1980年4月，日元停止下跌。

对美元泛滥的讨论又开始了。人们付出了艰辛的努力，试图用特别提款权（SDRs）代替商业和投资领域的美元，或者用一个多元货币储备体系取代作为本位货币的美元。财政部副部长所罗门非常热衷于推行这种美元替代账户的观点，而美国政府第一次官方寻求削弱美元关键货币地位途径的举动，更是令人震惊。他甚至组织了一个来自七国集团的高级官员工作组（我是其中一员），我们为找到可行的办法还召开了一系列会议。但是当然，放弃美元地位不会是财政部的正式立场，在1981年里根政府上任后，所有这些研究就没有人再过问了。

人们做出了种种努力，期望找到某种管理浮动汇率的方式。除了鲁萨的目标区理论，我也必须提一下我的同事保罗·沃尔克在英格兰华威大学一次令人难忘的演讲。那次演讲是为了纪念经济学家弗雷德·赫希[1]，而且与弗雷德·赫希的原创思维风格很是相称。沃尔克倡导采用"冷静的、共同应急计划"来实现汇率市场的稳定。他所指的是一个比鲁萨的更为现实和实用的方法，旨在努力实现一种国际安排，在这种安排下，主要货币国家合作以避免汇率过度偏离既定范围——就像刚刚发生的那样。换言之，一种消极的目标区，尽管他从没这么说。

这段时期的一个重要教训，特别是对日本来说，就是在浮动汇率体制下，货币当局仅靠逆市场基本趋势的干预是无法操纵汇率的。这个教训我们花费了数十亿（日元）才学到。我们也学到了，汇率本身的变化，并不会对大多数国家的国际收支产生很快的影响。这一点在日本和美国的经济表现中无疑是明显的。

当然，市场参与者考虑的因素已随着时间发生了变化，总体上说，这些因素几乎是超出了我们的测算范围。浮动汇率体制早期，我们还以为中长期因素，诸如购买力平价和国际收支调节将起到主要作用。但是后来短期资本流动和利率差变得非常重要。除那些因素外，信息技术爆炸也加剧了焦点的快速转移。前一刻市场还在聚焦利率，后一刻则变成了国际收支数据，然后又转向

① 弗雷德·赫希（1931—1978）：出生于维也纳的英国经济学家，1975 年任英国华威大学（又译为沃里克大学）国际研究教授，直至逝世。赫希 1952 年从伦敦经济学院毕业后，担任过《银行家》与《经济学人》杂志的财经记者，并于 1963—1966 年担任《经济学人》财经编辑。1966—1972 年担任国际货币基金组织高级顾问，负责处理国际货币问题。1972—1974 年，他成为牛津大学纳菲尔德学院研究员，在此期间开始写作其最具影响力的《增长的社会限制》一书。该书从消费角度出发，认为社会经济增长必然要受到内在限制，其中涉及"地位商品"的概念及其所谓"商业化影响"。

政治动态。所以，想要确定短期行为的决定因素是困难的。最近，我在对话一位日本最出色的外汇交易员时，请他说出他在买进卖出时考虑的因素。他说："因素很多，有时是非常短期的，有些是中期的，还有些是长期的。"他说他考虑长期因素时，我很感兴趣，就问他"长期"指多久。他停顿了几秒钟，郑重其事地回答："可能十分钟。"这就是现在市场运行的方式。

伦敦和波恩连续两次经济峰会，就火车头战略进行了密集的国际规划和讨论，我们也从中认识到，国际努力不要试图去左右将目标落在具体增长率或外部收支上的一国宏观经济政策，那发挥不了作用。波恩峰会的问题在于，与会国家对于他们的真实目的和想使用的工具，没有明确的共识。协调说起来容易，但如果缺乏对世界经济理想秩序的共同愿景，它就成了难以完成的任务。波恩以及那些年中的所有努力，犯下的根本错误在于对微调的执着。美国以为，确定具体的量化目标并为我们的宏观经济运行设定指标是可行的。比如说，让日本接受 6.7% 的增长率这样一个精确的增长目标，这是根本性错误。只要客观地考虑，怎么能有人承诺，一个拥有 1.2 亿人口的经济体能够被微调，以实现如此精确的增长率？那段时间里，试图使国家经济运行达到那种量化目标的心态，是完全错误的。我担心，这同样适用于后来几年中使用经济指标监测国家经济政策效果的做法。在一个以市场为导向的资本主义经济世界中，谈论国家经济表现，就好似它可以被精确调整到那种程度，也实在是叹为观止。

政策制定者之间那些非正式的最高级别讨论，最重要的成果是一种相互间的启发影响。每一位财政部长都能了解国外同行们如何看待当下经济形势，他们又计划遵循哪类政策方向。在相互启发的阶段之后，一个共同目标也可能浮现，但是我们还没有到达这第二阶段。我想，我们处于两个阶段之间的某种状态。

我们判断政策变得不足信的一个方式，是它们成为信手拈来的调侃对象。金融界当时有个关于三个火车头的笑话。一个火车头根本没在跑，那是德国；第二个火车头倒是跑了，可惜跑错了方向，那是通过增加出口而非国内需求拉动增长的日本；第三个火车头也在跑，但它污染了空气，那是美国火车头，烧了太多石油，并留下了一道美元的尾迹。

总之，这段时期见证了对国际政策协调需求的觉醒。但火车头战略的失败、控制汇率波动的失灵，以及第二次石油危机的冲击，浇灭了世界进一步追求协调的热情。相反，主要经济体在国内或区域目标的追求上各奔东西：欧洲共同体于 1979 年成立了欧洲货币体系，以保护其成员免受美元动荡之苦，由此向单一的欧洲货币区迈出了决定性的一步；在美国，新的里根政府领导下，政策目标为一个强大的美国和强美元；在日本，我们巩固了我们的工业和市场结构，以进一步增强我们的外部竞争力。所以，在高利率和第三世界债务问题不断逼近之际，世界正在进入一个政策非协调时期。

第六章

控制通货膨胀

保罗·沃尔克

本书是对国际货币事务的一系列反思，而非个人回忆录或货币政策专著。但所有这些事务都是相互关联的，这在我担任美联储主席之后的那段时间里尤为明显。[①]

事情来得相当意外。伴随着石油价格上升和通胀加剧，经济看上去停滞不前，政府信用亦有所下降，吉米·卡特于是登上他的戴维营山头思考对策。在那里，他撤换了几个内阁成员，其中包括他的财政部长。接着，他又下山发表了被称为“不适”的演讲。[②]在我看来，那是对这个国家心态的贴切描述，但由于未能指明国家的新方向，他受到了广泛批评。对于关心国家大事的人来

---

① 本章不是在构成本书的那些演讲的基础上形成的，而是源自课堂讨论中对问题所做的回答。——英文原注

② 卡特于 1979 年 7 月 15 日发表的全国电视讲话，内容涉及能源危机、失业、通胀和其他笼统的话题，但讲话本身并未出现“不适”的提法，而是使用了“信心的危机”一词。他认为，美国人遭遇的这场危机，表现为“日益怀疑自身生活的意义，并丧失了对国家的共同目标”。

说，安排美联储主席G.威廉·米勒[①]接任财政部部长，使得这一将来不得不应付通胀（如果有人能治理通胀的话）的机构的领导位置[②]出现了空缺。

当我在纽约接到比尔·米勒[③]要我去见总统的电话时，我有点吃惊。他没说理由，但我当然可以猜。我从未与卡特先生或其任何一位密切的白宫随员见过面，而且我也从来不认为美联储主席这个位置是值得去争的。因此，我前往华盛顿，不抱有任何特别的预期，主要关心的是，总统不要误解我对一个独立中央银行的重要性和实施更紧缩货币政策——比比尔·米勒曾想采取的政策更趋紧——必要性的关注。回想起来，见面的大部分时间都是我在讲。记得那天夜里和几个好友在纽约吃饭时，我曾如释重负地告诉他们，经过今天的表现，我肯定不会再收到搬回华盛顿的指示，给家人造成不便了。

几天之后，一通电话在早晨七点半把我叫醒：卡特总统要求我担任美联储主席（我后来有点儿怀疑，如果他知道我那天早晨还没起床，是否还认为我是称职的人选）。对于在财政部和中央银行任过职的人来说，总统的要求是不能拒绝的。我和比尔·米勒一起于1979年8月6日在白宫宣誓就职。不久前，我碰巧看到了一

① G.威廉·米勒于1979—1981年任美国财政部长，此前为美联储主席（1978—1979年），目前系最后一位企业家而非经济学家或金融家出身的美联储主席，也是唯一一位同时担任过美国财政部长和美联储主席的人。

② 此处指美联储主席一职。

③ 比尔·米勒即威廉·米勒。

卷东室[1]仪式的录影带。那里面，我拉长着脸痛陈一个事实：通胀从未如此深入美国的国民意识，而作为一个国家，美国在实现经济增长和稳定方面已然“失去了15年前那种掌控全局的幸福感”。这不是那种“不适”的演讲，却与其惊人地相似！

前面几章提到过，通货膨胀自越南战争时期就开始上升。它已经明显根植于大众的预期中。那些日子，精美的艺术品，甚至所有可收集的品类，都成了主要的投资标的。通胀的严重程度固然与两次石油危机的惨烈有关，但与那种局面失控的感觉以及美元国际范围内的不稳定，无疑也脱不了关系。在我到任前，外汇市场上的美元又陷入了熟悉的下跌魔咒。我为自己的就职公告使市场有所回升感到一丝骄傲，只是这种感觉并没有持续太久。

人们现在可能会疑问这些问题怎么就凑到了一起，而有一件事我当时是清楚的：要想彻底解决通胀带来的所有难题，只能通过货币政策。这不只是因为其他政策可能受制于政治困境，还有一个原因是，缺乏货币政策将持续紧缩的可靠证明，其他方法都无法奏效。

当时的形势由于社会上弥漫的担忧情绪而变得复杂，这种担忧也存在于美联储成员之间，认为经济衰退即将来临，甚至已然开始。我知道经济学家们并不擅长预测拐点，而这一回，他们正在预测一次并未发生的衰退——至少相当长的时间内没有发生（经济预言家职业里有一条经常被忽视的审慎准则：选一个数字或者选一个日期，但不要两者都选）。

---

① 东室是白宫最大的一个房间，可容纳300位宾客，主要用来举办大型招待会、舞会和各种纪念性仪式的庆典。

尽管通胀形势已十分严峻，但基于这些担忧和顾虑，在强化紧缩货币的政策时，自然会有所顾忌。7 月采取了一些紧缩政策，其中包括提高贴现率；8 月又采取了进一步的紧缩政策，当时我已正式上任。事后看，当时一个更为重要的举措是美联储决定同意贴现率于 9 月中旬再度提高 0.5 个百分点，这也是贴现率在仅仅 4 周内的第二次提高。其重要性不在于贴现率调整本身，而在于市场对它的解读。

贴现率调整，由华盛顿美联储理事会的 7 名成员根据 12 家地区联储银行之一的建议进行多数票决。投票结果通常是立刻宣布。经过多番激烈讨论，那次投票结果是 4∶3。理事会意见如此不一致，我一般不愿意采取行动，但根据讨论的情况，我知道这 4 张赞成票的态度是坚定的——除我之外，亨利 · 华莱士和菲利普 · 考德威尔[①] 是两位著名的反通胀“鹰派”，而新任美联储副主席弗雷德 · 舒尔茨[②]则与我合作密切。要是我真的准备照他们的想法行事，也没有什么理由能阻止我实施进一步的紧缩政策。但新闻界和市场不这么认为。在他们看来，投票结果分歧这么大，就意味着迟疑，并给人一种这将是美联储最后一次紧缩货币的感觉。整个行动似乎在传达一个信息，即通胀在眼下乃至将来都得不到有效控制，结果起了反作用。

我对这件事印象深刻，因为它进一步确认了我长期以来的感

① 菲利普 · 考德威尔（1920—2013）：1953 年即加入福特汽车公司，1979 年 10 月 1 日起担任该公司董事会主席、首席执行官，直至 1985 年 2 月 1 日退休。

② 即本书开头《作者的话》中提到的“弗里德里克 · H. 舒尔茨”。他在 1979—1982 年担任美联储副主席。

受。经过多年或失败或半途而废的治理通胀努力，市场已经对整个“华盛顿”，尤其是美联储态度的坚定性十分怀疑。在市场言论中，我们只是在局势非常明朗之后才慢吞吞、不痛不痒地采取行动，似乎总是“落后于形势”，意思是我们出手太晚。

我已经发现，部分困难缘于美联储的操作技巧。按照几年前通过的一项法律要求，我们每 6 个月按照某些货币供应量指标的预期增长来制定我们的目标。但美联储的实际操作工具，日复一日、周复一周，从联邦公开市场委员会的一次会议到另一次会议，都仅限于短期利息率。具体来说，就是联邦基金利率，实际上是各银行和其最大客户间隔夜拆借的“批发”市场价格。

对利率的关注导致了一个心理陷阱，而随着通胀势头加剧，这种陷阱的不利影响也日益加剧。即便我们拥有世界上最优秀的专业团队，也给了他们最强大的计算能力，却仍然无法确定能够保持适度货币供应、调节经济活动的联邦利率恰当水平。中央银行的技巧，很大程度上是根据经验和渐次逼近效果的感觉来做最优选择。提高利率几乎总被认为大于降低利率的风险，这也是一种现实的心理现象。毕竟，没有人愿意冒经济衰退的风险，政治对手通常也会拿衰退说事儿。结果就是，要采取一些举措的话，特别是在紧缩货币时，只能小幅度地“试水”。这在物价及市场预期相对稳定时没问题，也算得上审慎。但在通胀加速期间，美联储眼中审慎的试探性措施，在世界其他国家看来，就如同婴儿脚步般无力。

1979 年 9 月，市场似乎只对一件事有信心：押注通货膨胀。即使押注通胀的借贷成本在上升，但成本仍低于通胀。无论你想买什么，似乎都可以借到足够的资金。这种形势迫使我认真考虑，我们怎样做才能更有效果。我知道，几年来，美联储里有些人总想把更多重点放在更直接地控制某种口径的货币供应量上，可以是包括流通中和活期账户上现金 M1，也可以是 M2 或 M3，即在 M1 的口径上加上储蓄账户及其他高度流动的基金。公开市场委员会里的几个地区联储主席，则一直特别希望通过调整银行准备金来控制货币供应量，以决定我们每日、每周的操作。事实上，我们的重点将因此从控制货币价格转向控制其数量。

原理上，这与米尔顿·弗里德曼大力倡导的货币主义学派的思想一致。对于这个学派有关货币持续增长好处的极端看法，我持怀疑态度，一如我对浮动汇率体系在解决我们外部束缚方面有效性的怀疑。剔除那些过激主张中的某些内容，曾经在美联储内部争论过（并且半数被遗忘）的建议，看上去值得重新斟酌。其实，在一年多前的美国金融协会年会上，我就做过一次枯燥冗长的演说，建议在通胀背景情况下把关注点放在货币增长上，这是有好处的。

当然，我们必须警惕经济衰退的信号。但我至少清楚，“可能性”不能主导我们的决策。凯恩斯主义相关的所谓菲利普斯曲线，即认为失业和通胀之间存在替代效应的观点，似乎并不那么有效。一段时间后发生的真实情况，正如货币主义者所强调的，是失业和通胀同时在上升。而且，一再耽搁应付通胀的措施，最终将使形势恶化，包括衰退可能加大的风险。

我已经清楚我们是可以通过改变自己的方法来实现几个目标的。其中最重要的是约束我们自己。一旦美联储对货币供应量更加重视，不仅公开宣布目标，而且还切实改变操作技巧，以提高真正实现目标的可能性，我们会发现，即便我们的决定导致了痛苦的高利率，我们也很难放弃。更关注货币供应量同样是在告诉公众：我们来真的了。人们不需要通过高级经济学课程来了解通胀与货币过多有关；只要我们发出这样的信号，即当我们说要控制货币时，我们的意思就是要对付通货膨胀了，届时，我们就有了影响普通人行为的机会。

在我9月飞赴贝尔格莱德参加国际货币基金组织年会之前，我和华盛顿的同事们就着手设计这一方案。技术方面的工作正按部就班地展开，我同时还意识到，有个在委员会内部达成一致意见的好机会。隶属于公开市场委员会的地区联储主席尚未得到简报，但我知道有几位会感兴趣。

欧洲之行给了我契机，得以向财政部长米勒和经济顾问委员会主席查尔斯·舒尔策介绍我的想法。他们的态度并不积极。但当我们中途经停施密特的家乡汉堡时，我得到了某种心理上的支持。施密特已是联邦德国共和国的总理。我们与他和奥特马尔·埃明格尔谈了很长时间，后者已成为联邦银行行长。

施密特的暴怒是好事也是坏事——这要看你站的角度了。他主导了谈话且明确表示，当看到美国对美元的忽视和束手无策时，他已经没有耐心了。他的言论有着特殊的效果，因为尽管他和卡特先生在其他一些方面存在明显摩擦，但没人真正怀疑他多年来对美国和美国人民的善意。他和埃明格尔在国际货币领域的经验也是毋庸置疑的。

他们的讨论更强化了我的信念：采取行动的时间到了，我们正面临着对国际社会和国内支持者守信的极大挑战。我猜测，德国人的担忧也对米勒和舒尔策的思想产生了影响，可能减轻了他们对于我计划的顾虑。在贝尔格莱德开会期间，我找机会私下与几位我深信其判断力的中央银行同行进行了沟通，尤其是埃明格尔。在向他们暗示了我的想法后，我得到了积极的反馈。

当时的媒体以及后来一些关于那段时间的史料中，涉及了许多我在国际货币基金组织会议尚在进行时就离开贝尔格莱德这一情况。人们的推测是，糟糕的会议气氛让我意识到，我们面临着一场迫在眉睫的危机。真相没那么复杂，因为我在贝尔格莱德无事可做也就回去了。五国集团、十国集团以及临时委员会和发展委员会的一系列准备会议都结束了。在正式的全体会议上，我没有任何安排，而比尔·米勒将宣读一篇为美国政策辩护的发言稿。我于是决定，与其在那儿百无聊赖地耗时间，索性提前一两天回国着手政策调整。

我一回国就发现，技术性工作和委员们的想法都步入了正轨。我开始计划在周末之前召开公开市场委员会（FOMC）的一次特别会议，并在会上做出决定。当然，政府的支持或至少是默认，对于新推出的措施是否有说服力非常重要。米勒和舒尔策回国后，同他们自己的专家进行了讨论，其中包括时为舒尔策经济顾问委员会成员的莱尔·格拉姆利——他以前是一位有名望的美联储高级经济学家（不久之后他被指派到理事会任职，并成为我们的一位非常优秀和忠实的同事）。他们仍有顾虑，部分理由也有道理，即一个不熟悉的政策选项（即数量工具）将导致高度不可知的结果。他们敦促我们另行采取有力但正统的措施，其中甚至可以包括 2% 的贴现率升幅。他们无疑也向总统力荐了这种主张。他们转告我说，总统也是同样的想法。但总统并没有直接约见我，这一点对我非常重要。我由此认为，尽管总统将明显倾向于我们不按照自己的方案行事，毕竟该方案有其不确定性，但在一个不熟悉的领域，他也不会把他的判断强加于他新任命的美联储主席的观点之上。身负稳定美元重任的托尼·所罗门，作为负责货币事务的财政部副部长，冷静地建议我采取行动，前提是我确信可行。这一建议也很有帮助。

于是我决定行动，便在 10 月 6 日星期六召开了一次公开市场委员会的秘密会议。正如预期的那样，一些地区联储主席期望行动。我用大部分会议时间强调，在投票表决前，必须全面考虑后果——包括短期内出现更高利率的可能性。理论上，集中力量直接控制银行准备金率和货币供应量，将导致利率发生更大的波动；在通胀得到控制、信心恢复之前，利率的整体水平将会在短期内上升。实际情况也证明了这一点。当时及后来，我都比公开市场委员会的大部分其他成员更苦恼于利率的波动。多数人坚持，不要对利率的变动幅度设置任何真正有效的限制，但委员会还是制定了一个相当宽松的范围，一旦超出，我们将需要重新考虑我们的政策。

星期六当晚，在我们宣布改变操作策略的同时，还有另外几个更容易理解的变化：再次将贴现率提高 1%，商业银行新增定期储蓄要缴存特别准备金，并呼吁银行停止对投机用途发放贷款。几天之后，我在美国银行家协会年会上发表了预先安排的演讲，这样就有机会用比美联储公告更具体、形象的语言解释政策。但我们想传达的基本信息本身很简单：我们要杀死通胀魔鬼。而且，总统在被问及态度时，也表示非常支持我们的做法。

我们很快发现，通过我们自己的坚定信念来改变公众预期，这类我们也许有过的梦想也仅仅是梦想。我们面临困难的一个预警是，当短期利息率提高时，长期利率也如预期那样提高了。如果市场相信通货膨胀率会降，那么这种情况可能就不会出现，至少不会持续太长时间。而且，利率整体水平超出了我或我的同事们此前的预测。有点讽刺的是，那也是新措施的成效之一；如果需要这种水平的利率来调整货币供应量，我是不会支持特意把短期利率提高这么多的。更重要的是，尽管利率提得这么高，又变化无常，仍然很难说我们实现了在我看来必要的、更有建设性的市场不确定性，以减缓贷款和投机。最令人不安的是，虽然货币供应量几乎和我们第四季度想要的水平一致，但在 1980 年年初，通胀的势头实际上更严重了。几个月内，居民消费价格以每年近 15% 的速度上涨，能明显感觉到政治恐慌和经济困境在日益加剧。

提交联邦年度预算的时间就在眼前，按照教科书的说法，对于总统来说，这是一个以强有力的财政政策发挥建设性领导作用的机会。无疑，他做了他认为他能做的，但从政治角度，无论税收还是支出，回旋的余地似乎都不大。因为生产和消费价格在持续直线上升，金融市场对预算不予理会。在我看来，这种负面反应太过分了。一年前，在纽约联储的年度报告中，我向所有美元持有者表达了对“美国经济政策的可信性和连贯性”的担忧，反观过去一段时间所发生的一切，算是一语成谶。

利率仍在上升，商业银行间优惠贷款利率在 1980 年 2 月初达到了前所未闻的 15.25% 的水平。但月通胀率几乎高达 14.9%，而已经稳定了一段时期的美元又出现摇摆。除了再次紧缩货币，美联储别无选择；在提高贴现率之外，还对过度增长的银行借贷，通过更具体的量化指标强化“道义劝说”。政府原则上不反对。但我们被力劝推迟行动，直到一项修改后的预算可以提交。该预算罗列了所有的新措施，囊括了我们的货币政策和他们的财政政策，组成了综合性的一揽子措施，以增加力度。

总统认为，把他的想法传递给美国普通民众非常重要。为此，他希望直接控制消费者信贷的使用。这在美联储内并未得到太多认同。到年底前，经济在利率奇高且早前衰退预言的情况下仍在扩张。但信用消费往好了说也处于低迷状态，而无论从经济还是从实践出发，我们都不愿意卷入直接控制数百万消费者信用交易的管理泥沼。可是不这么做又不那么容易。国会前段时间通过了一项特别法律，其设计意在令尼克松总统骑虎难下：在他反对控制消费信贷时，法律却赋予他权力去授权控制。最终，美联储被授权实施这项控制措施。理论上，美联储可以拒绝执行总统的授权，但没有人真会这么做。

我一再向总统及其幕僚转达我们的忧虑。但我最终发现，反对下面这种含蓄的观点是不可能的：当总统已经公开支持我们前所未有的冒险的货币政策时，当他为响应我们还采取了紧缩预算的强硬措施时，我们美联储的人应该尊重他的政治判断，即，需要控制消费者信贷，以传达时下的紧迫感。毕竟，我们的意图也不是很纯粹：为配合自己追求的减缓货币供应增长的目标，我们正准备对银行放贷实施行政控制，尽管这种控制名义上是自愿的。这样，我最终说服了不情愿的理事会，基于的共识是在尽量合理的基础上，我们将把消费者信贷控制设计得温和、客观。

应总统的要求，我与财政部长米勒以及其他政府官员一道，花了大量时间与国会讨论预算缩减方案。接着，在总统做其纲领性的预算决策时，我又参与了他及其高层经济顾问的讨论。我对这些决策细节几乎没什么贡献，但这些经历给我提供了有趣的视角，得以观察一位被强大政治压力环伺的总统在竭力实现一项连贯的预算政策时所面临的现实问题。日复一日，我仿佛看到，我面前这位本性基本算保守的总统发现，自己的初步决定受到了顾问们的挑战。而后者对特殊利益以及总统所属党派较为自由的传统都颇为敏感。实际上，最后谁都不满意那些妥协的决定，而总统想传达的本意也看不出来了。不夸张地说，在我看来，那场预算斗争更多地表现为，卡特总统在向美国人民树立政策连贯的强大行政形象时所遇到的困难，虽说他个人声望颇高且信念坚定。

1980 年 3 月 14 日，整个一揽子政策方案在白宫的一次大型仪式上亮相：新的预算、信贷控制、美联储的进一步紧缩。经济迅速呈俯冲式下滑。在利率不断升高的前 6 个月里，经济仍在持续增长。眼下，新低乍现，就是几天的事。

往事回顾起来总是更清晰。国家经济研究署那些自封的专家后来指出，经济衰退开始于 1980 年的 2 月。也许确实如此，但当我们回头仔细研究数据时发现，总统的决定一经宣布，消费者就突然不花钱了。这样的情形前所未有。我们控制消费者信贷并不是为了下猛药。技术上，我们的控制措施也做不到这一点。汽车或与房产相关用途的信贷是政策豁免的，它们也是消费信贷的主要去向。因此，实施控制的范围，应该限于信用卡购物和一般用途的分期付款贷款。且新的特殊准备金政策也仅适用于新增贷款，只为了适度提高借贷成本。但总统的决定却被解读为国家处于紧急关头，消费者开支应受到限制。于是许多消费者不花钱了。当然，他们也停止了信用卡的使用，有人还把剪碎的信用卡寄到了白宫并附言："总统先生，我们将合作。"

在我们经历了停止增加货币供应量所遇到的各种麻烦后，它突然断崖式地下降。就像经济下滑时的情形一样，直到几周后拿到统计数据时，我们才发现形势的严峻。下降的幅度刚变得明显，银根就被放松了。但来自经济学家、货币主义者和凯恩斯主义者的许多批评，照样认为我们行动得不够快；通胀肆虐时，我们也希望将国家从高利率的痛苦中解脱出来，可我们在防止通胀率快速下跌方面做得还不够。

尽管如此，我们仍然将银根放松了不少。仅在 3 个月内，联邦基金利率就从约 20% 降到了 8%。我感觉时机成熟，随即安排美联储在 7 月初取消了消费信贷控制。利率很快稳定下来，货币供应量立刻开始再次上升，尽管其一度仍远低于我们年初制定的目标。直到后来我们或其他人才意识到，经济反弹时，几乎与其下跌时一样迅速。

在各种书籍里，这次经历都被记录为一次经济衰退，但回头来看，它是一桩近乎意外的怪事。生产急剧下滑，但只持续了大约 4 个月。看上去是许多消费者决定还清债务，因此开支和现金余额（换言之，货币供应量）突然下跌。随着对一次经济突发状况的恐惧消散，加上取消了控制消费信贷的措施，消费（和货币供应量）迅速回升。

最终的结果可能算不上一次经济衰退，但在对付通胀方面也没取得多大进展。通胀率仍维持在两位数的水平，随着货币供应量再度急剧上升，我们处境艰难——必须在即将（几周后）大选的节骨眼儿上紧缩货币、提高贴现率。稍感安慰的是，作为总统候选人的罗纳德·里根批评美联储太宽松了！

所有这些细节也许看上去背离了国际金融，但两者之间的基本联系还是有的。1979 年的秋后，货币政策重点着眼于反通胀，帮助稳定了外汇市场的情绪，尽管消费价格又急剧上涨了一段时间。而且，部分得益于美元此前的贬值，国际市场上的美国商品便宜了，我们的经常账户也趋近平衡。美元的走强成为可能，并最终以出人意料的方式升值。

在罗纳德·里根于 1981 年 1 月入主白宫时，货币政策再次全面收紧。我们的货币供应量目标调低了一些，商业银行利率则回归超出 21% 的峰值。我们在与新政府的关系上十分谨慎，小心翼翼地选用恰当的字眼。在我看来，新政府的财经团队是个相当奇怪的混合体，既有强硬的货币主义者，又有后来热门的“供给学派”，还加入了一些像新任经济顾问委员会主席默里·韦登鲍姆那样的实用主义者。10 年前，默里担任负责经济政策的财政部长助理时曾一度向我汇报，我们因而可以融洽、坦诚地沟通。我猜想新任财政部长唐纳德·里甘[①] 可能也是个实用主义者，但情况很快

① 唐纳德·里甘：1981 年 1 月任美国财政部长，1985 年 2 月转任白宫办公厅主任（后文有提及），直至 1987 年 2 月辞职。他于 1946 年即加入美林公司，1971—1980 年成为该公司董事长兼首席执行官（CEO）。他也是证券投资者保护机构（SIPC）最初的董事之一，并于 1973—1975 年担任纽交所副主席，是经纪公司上市的主要支持者。在他的努力下，美林公司于 1971 年成为第二家上市的华尔街公司，而且 1975 年经纪人固定佣金制的取消，很大程度上也归功于他的游说。

明朗，总体上，在其财政部下属乃至政府官员那些坚定却经常冲突的思想信念面前，他无所适从。

这些学派共同的观点是，货币政策对于新政府的成功至关重要，虽然在如何实施上他们各持己见。我从阿瑟·伯恩斯那儿得知，起初一些以米尔顿·弗里德曼和极端货币主义者（他们长期参与反对美联储的学界活动）为首的顾问，原本想结束美联储的独立地位，如果不是直接撤销这个机构的话。伯恩斯对此非常恼火。我们的确很幸运，甚至在伯恩斯退休的情况下，其学术地位、公众形象以及老关系也发挥了作用，没让他那些共和党朋友的野蛮想法得逞。

为表示对货币政策的重视，白宫顾问们建议，总统应亲自去一趟宪法大街，以便在华丽的美联储总部，也就是我的办公室，与我会面。这可是没有先例的。我感觉，尽管出发点不错，但这种姿态将引发无数关于美联储独立性的问题。我告诉他们，正常的安排应该是我去总统办公室拜访他。

我们各让一步，改为在财政部用午餐。总统在其财经团队大部分成员陪同下，从白宫步行穿过大街。这是我们第一次碰面，由于媒体和摄像机在侧，我觉得全程都稍显刻意。不过，作为开始，总统当着仍在场的记者们的面说，“作为通胀得到控制的一个指标，市场黄金价格下降非常重要”，我还是很高兴的。

在早期的政策文件中，政府里的一些新人想把货币政策写得非常具体。比如，一个被偏爱的公式是，货币增长应该以每年 1% 的速率，“可预期和确定地”连续下降几年。我认为，这种精准在现实世界中是不能实现的，而且，无论能否实现，都表明政府在试图命令美联储。我最终成功让他们放弃使用这类语言，以免在一些事务上惹来摩擦和敌对。毕竟，法律规定得很清楚，这些事务由我们（美联储）决策。当然，我们从政府那里得到了很多建议。很多这类建议后来被媒体披露了出去，有时是匿名的白宫官员隐隐透露不利的前景，而唐纳德·里甘往往比较公开，他会反复提及对美联储独立性的神秘研究。

我认为，鉴于 1981 年年中发生了极其严重的经济衰退，上述情形有些也很正常。到 1982 年年底，衰退使失业率在短期内达到了战后最高水平——11% 以上，并持续了一年多，直到当时的国会选举年。里根总统肯定收到了很多要求总统本人接手美联储的建议，但事实上，面对新闻发布会和其他场合的诸多引诱，他从来没有这样做。与见卡特先生不同，我很少见里根总统，我也从没有觉得能够跟他建立更密切的个人关系，或者能够对他真正产生更多的影响。他一直很客气，但显然，他没有真正参与货币政策实质性讨论的意图，也不想了解我在其他领域的建议。但我感觉，他和一些前任们不同，对通货膨胀有一种发自内心的强烈反感，而且无论他的顾问们怎么想，他都本能地认为，削弱美联储的独立地位不是一个好主意——说一千道一万，美联储正在努力恢复稳定。

当然，政府在 1981 年总体上是支持我们控制货币增长的，甚至不惜以畸高的利率为代价。我尤其记得，当财政部长里甘得知我们将在 5 月提高贴现率以应对货币供应量突增时他的那种高兴，尽管事实上当时恰是商业活动繁荣顶峰。我承认我的想法片面且有失公允，但在我看来，由于通胀似乎意味着切肤之痛和个人生活失序，对通胀采取强硬态度，在这个国家实际是有相当的支持力量。我并不是说我们本该赢得公众支持，但那时内心深处的感觉是，既然问题来了，我们就得努力做点儿什么。苏联军队入侵阿富汗时期曾是卡特政府最黑暗的日子。在此期间，信心的缺乏表现为黄金价格飞涨至 800 美元 / 盎司以上、白银市场投机盛行。美联储总部周围偶尔会有示威游行。建筑商们有一阵子发起了一场运动，要求降低利率以刺激他们的业务，于是，锯开的小木片一度堆满了我的办公室。不过，涂写在标语牌上的一些口号甚至和我们正在建议的一样，内容是这样的："减少货币供应，以削减利率"，或者是"停止通过印钱去填国家债务窟窿"。

最后，支持实施严厉的货币紧缩政策只有一个理由。那是一个简单的信念，即假以时日，在价格合理稳定的环境里，伴随更好的预期和更多的储蓄，经济将运行得更好、更有效率、更公平。

在 1983 年 12 月旧金山的一次演讲中，我将"合理的价格稳定"定义为如下状态：在做投资计划或安排生计时，普罗大众不需要特别考虑涨价预期。大萧条之后，许多经济学家认为，存在轻微的通胀是好事，它有一丝激励作用，鼓励消费和新投资。问题是，在人人都预期通胀且利率也在预期中上升时，人们总是忍不住要把通胀拉得更快一些，如果不是有意为之那便是担心紧缩政策引起经济衰退。最终结果很可能是更为严重的经济衰退，以及恢复稳定时更多的痛苦。这就是 20 世纪 80 年代初的情形。

要借助现代经济学家们使用的严格数学推理和统计技术来证明这个观点可能是困难的。但那些技术究竟能否捕捉到左右人类行为的复杂因素的确存在疑问。总体来说，全球最发达国家和一些最不发达国家的政府现在似乎得出结论：价格稳定是重中之重，为此承担诸多过渡期痛苦是值得的。

我们都是完美主义者。回顾过去人们都会做一些复盘的工作，比如，在我们 1982 年放松银根是否不算太慢的问题上，就有许多同情美联储两难处境的专家做出了分析。他们说，经济衰退也许原本可以提前几个月结束。这个结论可能是对的，但诸如此类的分析我并不是很赞同。这并不是说我们的政策完美无缺，而是说，当时更重大的错误，应该是没能坚持足够长的时间，从而影响社会基本心态并真正平息通货膨胀预期。那些政策的确无法微调，甚至我们做了那么多之后，目标还是没有完全实现。我觉得，我们确实为 20 世纪 80 年代的史上最长和平扩张期打下了关键基础。而且，看到现在的美联储理事们仍将工作重点放在实现价格稳定上，我十分欣慰。

比我们行动时机的精准更重要的，是 20 世纪 80 年代各项政策的广泛组合运用。1981 年里根政府的减税法案，即其供给侧计划的核心，开启了大规模减税和预算赤字的过程。这一过程超出了所有人的预期。我们美联储的人只能旁观民主党、共和党双方政客们的政治角力，看谁能把税减得更低。我向国会建议所有减税政策都应该伴随开支削减，但没人乐意听。

更爱幻想的里根政府官员辩称，减税将为经济提供一剂灵丹妙药，可以消除赤字，或者至少让赤字无关紧要。这是我在 1963 年认同的一个极端观点，当时我还是个年轻的财政部官员。但是，他们的一些想法却令我生疑：果真如此，我们何苦去征税。那些更现实的顾问们（一切都是相对的）则显然考虑到，赤字暴增的风险是他们的激进方案获得通过的合理代价。他们认为，任何损害都可以在以后修补，这基于一种新奇的理论，即降低政府开支的方式并不是坚持依据税收量入为出，而是用赤字来威胁国会与民众。

通过后来的补救，1981 年撤回了一些极端减税措施，但我们最终还是出现了巨额的内部赤字。我曾利用一切机会强调，相比低赤字时的情况，巨额财政赤字将导致利率攀升。这一点对我们大多数人似乎是不言自明的，但遭到了财政部一些狂热的供给侧人士的否认。在我长期与之打交道的保守主义制度堡垒中，这种情况太多了。

由于工作原因，我常与唐·里甘和他的继任詹姆斯·贝克见面。我们之间有一个很好的习惯，就是每周尽量共进一次早餐，而且我们需要经常见面处理特别事务。他们知道我对赤字的担忧，经常无奈于控制开支的艰难。但这些都无法真正改变财政政策的执行，财政政策已经被强大的政治和意识形态力量有效冻结了。各届财政部长无疑都感到他们对货币政策过程几乎没有影响，尤其是在里根的第一个任期内，我常常是拿起报纸看我们事情做得有多差劲（注释：指报纸上的批评报道和评论，可参见《管理美元》），尽管直接说的很少。

巨额财政赤字，尽管在经济衰退过程中是合理的，在复苏之初也是可以接受的，可等到经济恢复增长势头，对国家就没有任何好处。在我看来，这一点仅从国内角度就很明显，因为赤字实际上吞噬了美国大量的私人储蓄，而这些储蓄，按世界标准甚至按美国自己过去的表现，都低得惊人。相应地，这意味着国内投资环境要差于其应有的情况。美国处于历史上最长的和平扩张期，但这一时期生产率的上升也好，对工厂、设备的新投资也好，都表现平平，特别是允许在实际发生的投资支出中占大头的巨型计算机加速折旧之后。低投资和低生产率增长的趋势看上去是相互联系的，是当下经济政策面临的主要挑战。

一段时间以来，国内储蓄缺口很大程度上被主要借自海外的大量资本流入所补充。这些资金流入，在增长速度上一度超过了美国所有的私人存款，在规模上也远远超出了我的想象。说起来有点儿尴尬，记得大约在 1983 年，我曾斥责了美联储官员。原因是，他们在报告中建议，为了弥补日益增长的经常项目赤字，资本流入可能需要达到或超过每年 750 亿美元。我提醒他们，就在十多年以前，每年流入或流出 200 亿或 300 亿美元便已是极限，并且导致了币值不稳。事实上，在最多的 1985 年，登记的资本净流入是 1030 亿美元。

一段时间内——在 1980 年、1981 年和 1982 年——伴随着高利率，有些走强的美元给经历了 70 年代外汇市场危机的每个参与者提供了有利的喘息之机。但随着时间推移，高利率吸引了越来越多的国外资金来帮助解决我们的赤字和投资问题，这项政策组合在国际市场上的负面效应也显现出来。更准确地说，除了政府中一些虔诚人士（指认同里根政府的美元政策）将其理解为这是对美国政策投的信任票以外，它成了一个显而易见的问题。

首先，高利率和强势升值的美元，使得处理下一章将涉及的债务危机更加困难。其次，由于境外大量购买美国证券导致美元突然于 1983 年大幅升值，美国的产业在国际市场中的竞争力开始被严重削弱。这种升值在 1984 年几乎是爆炸性的，到 1985 年年初，美元对德国马克的汇率在 1980 年的水平基础上上升值了约 45%。最终，在巨额贸易赤字面前，美国商业复苏的动力逐渐消失。在这种情况下，很自然提出这样的问题：我们能否放弃严格的紧缩货币目标，尝试通过降低利率来改善当时的处境。答案看起来一直是非常清楚的：这种举措只会危及更重大的目标。

在墨西哥债务危机于 1982 年 8 月爆发之前，我们就已经意识到其隐患有一段时间了。但仅凭 1981 年年底或 1982 年年初降低一两个百分点的利率就想明显改变局面，貌似不可能。在货币供应量高于我们的目标时，即使是这种相对小幅的变化也很难解释。实际上，我们是不是该宣布，为了缓解某外国债务，美国愿承受更高的通货膨胀，特别是在这一努力几乎确定不足以产生多少作用时？

问题本身就是答案。债务危机搭上自己的高速列车，在 1981 年年底或 1982 年已没人能制止它了。事实上，美国自身的金融体系在 1982 年夏天就有了明显的隐患迹象。储蓄和贷款业问题不断蔓延，一些边缘的政府证券交易商破产被广为报道，就在这样的背景下，俄克拉何马州飞速发展但籍籍无名的宾州广场国民银行破产，爆出其发起的数十亿美元石油贷款实际上已一文不值。一些著名大银行卷入其中，自负的伊利诺斯大陆银行，也是中西部规模最大的银行，元气大伤。所有这些促使我们决定在 1982 年 7 月放松政策。而政策执行时的背景，是令人失望的商业消息以及货币供应量得到很好控制的事实。换言之，这与应对通胀的核心战斗没有明显冲突。

后来，由于美元强劲升值，利率已经明显下降，尽管站在更长的历史角度来看，利率还在高位。在我看来，这是一种奇怪且矛盾的形势。一定程度上，美元的强势通过使进口品保持低价且比美国产品更有竞争力，帮助抑制了通胀。但假以时日，这种情况就俨然从有帮助变成了潜在的灾难。美国产业的竞争力正在以一种可能造成持续损害的方式被削弱。我认为，美元极有可能像20世纪70年代经常发生的那样，出现病态式的下跌，对信心造成打击。这是早晚的事儿。然而，此时的政府似乎不是太在乎。欧洲和日本的官员时不时提出，我们应同他们一起在外汇市场上卖出美元，并以这种最直接、简单的方式表明我们的顾虑。但财政部视其为原则问题，从而拒绝了这些提议。相反，美元强势被一些官员认为是市场给予的一种"好管家奖章"——对健全的里根经济政策的肯定。

当时，美联储利用其独立地位进行干预，进而忽略财政部的态度，对我而言是理论多过现实。独自干预以应对形势的效力很值得怀疑，尤其当政府在这一问题上意见不统一时。对美联储来说，单独行动将肯定引发分散注意力、帮倒忙的政治争议，这会危及对我们基本政策的支持。联邦公开市场委员会也不会同意，其一些成员对干预的效果一直是怀疑的，即使他们的主席因被误导而已经正式地提出了这个问题。

一个更为重要的举措，实质上应该是真正更大力度地宽松货币，超过我们认为的与国内要求及应对通胀相协调的力度。在政府部门正为强美元欢呼时，那也会显得怪异。1984年年底和1985年年初时，当美元突破竞争性因素框架以货币飞船模式升值时，干预甚至货币政策都不会产生预期的影响。

在我的记忆里，美联储没有因为忽略政策的海外影响而真正遭到指责。如我们指出的那样，政府系统看上去对美元并不担心。我们那些外国中央银行和财政部的同僚们，基本都支持我们应对通胀的努力，而且大部分是公开表态。他们认识到了更大的隐患。我感觉他们一定程度上视美联储正在为所有的中央银行而战，尽管有一些副作用比较麻烦。在赫尔穆特·施密特引用“这是自基督诞生以来最高的利率”来表达他的不满时，我有些忐忑。1979 年我在汉堡中途停留时，他对促成我们的新政策帮了一个大忙。但显然，他认为美国宽松的财政政策是主要问题。

对于我和大多数经济学家而言，形势非常明朗，就是要去降低预算赤字，大约 2000 亿美元的赤字是 1980 年年初被诟病的卡特预算案的 10 倍以上。减少赤字会在不威胁通胀战斗可信度的同时，减轻对货币和资本市场的压力及对国外资本的依赖。事实上，恢复预算平衡的有效努力，只会支持我们正在做的事情。

我有很多机会向国会阐明这一观点。尽管从未被施压，但偶尔收到做交易的暗示：如果美联储本身愿意降低利率，那将为减少赤字的某种政策组合——各类削减开支和一个加税——提供政治润滑剂。历史告诉我，对此要谨慎。此前，在 20 世纪 60 年代末关于增收所得税以支付越战费用的辩论中，美联储在预期财政紧缩的情况下放松了银根。我不知道，放松决定在多大程度上体现其经济合理性的同时，也表达了政治态度。但美联储对此的总结是，这完全是一个重大错误，税收增加并没有产生预期的紧缩效果，美联储当时在几个月中政治性地受困于不恰当的政策，通胀的势头进而加速。

20 世纪 80 年代的环境中，认为国会能够完成这个假设交易，实际上是不现实的——不考虑政府的反对。我知道，在选举政治的真实世界里，为一项艰苦的表决“找理由”很重要，而且议员自然会在调高税率或削减开支两项中，选择更易看出可能获得选民支持的选项。我一直确信，国会更大的智慧反映在其决断上，即自 1913 年创立美联储始，中央银行应该免受选举的政治影响。换句话说，即使是好的、有责任的财政政策，也不能成为一项失败的货币政策的充分借口。

关于强有力的预算计划（不管长期而言是否有利）是否真有降低美元高汇率的效果，我发现当时有两个思想学派。标准的凯恩斯主义分析直截了当：在其他条件相同的情况下，削减赤字把更多的美国储蓄用于其他领域，利率将下降，吸引来的外国资本将会减少，美元将停止升值或是出现贬值，我们最终将是出口更多、进口更少。已担任经济顾问委员会主席的哈佛大学著名经济学家马丁·费尔德斯坦[①]就大力公开宣扬这种观点，把他在政府中的很多同事惹得无奈又气愤。

另一派人士则指出，一个被视为“更负责任”的预算计划，

① 马丁·费尔德斯坦：1982 年 10 月至 1984 年 7 月作为首席经济顾问，担任里根总统的经济顾问委员会主席，在此期间其“赤字鹰派”（即强硬的缩减赤字支持者）观点与政府当时的大规模军事支出政策发生了冲突。1978—2008 年一直担任国家经济研究署（NBER）主席。现为哈佛大学乔治·F. 贝克经济学讲席教授，以及国家经济研究署名誉主席。自 2003 年以来，他也一直是总部位于华盛顿的国际性金融咨询机构三十人团体（Group of Hrirty，通常缩写为 G30）成员，该机构汇聚了顶尖金融家和学者，保罗·沃尔克亦为其荣休主席。

只能使美元在外汇市场上升得更高，因为它将增加对美国经济政策和经济前景的信心，从而继续鼓励更多的资本流入美国。至少短期内，仅就政府里的辩解者来说这不是一个愚蠢的看法。我曾把这个问题抛给了在巴塞尔同中央银行家对话的一个非常令人尊敬的学院派经济学家小组。他们如何看待赤字削减对美元走向的影响？一半说会上涨，一半说会下跌。

也许正确的答案应该是，由于心理因素，开始会上升一点儿，随后则因为更长期的因素而下跌。遗憾的是，我们永远没有机会去验证这个假设。面对政府对“需要与国会在开支和税收上达成妥协”的预算修改的强硬反对，所有这些高深的讨论都可能离题了。甚至在共和党的国会领袖准备考虑这个问题时，政府的反对态度仍然坚决。政府官员们对我请求的答复是经典且不能反驳的：不管一个两党方案多么合理，政治上就过不了关；里根总统在争取连任的活动中曾发誓不再新增税收，我们也是这么做的。里根确实发过誓，但我也经常考虑这个令人烦恼的问题：在一场能轻易取胜的选举中，是哪些顾问怂恿了那个誓言，或者至少没有反对？

所有这些使得政府官员在外国财金同行们看来相当不合时宜。这种心理上的冰点可能出现在财政部长唐·里甘任期将满时的一次临时委员会会议上。听了那些针对我们预算赤字的冗长批评后，他爱尔兰裔的脾气就冒出来了。他挑衅式地发表了演讲，告诉那些外国同行们：他们是错误的，我们是对的；他们应该学习我们的政策、而不是批评那些政策；事实是美国在快速增长，而不是欧洲和日本。我正好在他演讲中间走进会场，他正处于最激动时，几乎是在咆哮。这显然有悖于外交礼仪。在我看来，其言论没有为其力辩的财政政策提供有说服力的理由，外国听众就更不感冒了。

但里甘提到了重要一点。当时欧洲和日本都处于低增长时期，也正是“欧洲硬化症”（Eurosclerosis）这个词被发明的那段日子。他们以及世界其他国家的经济实质上在靠美国拉动，特别是直接依靠美国快速扩大的进口。可能在外国人眼中，美国政府在税收、预算及汇率政策上似乎完全是关乎意识形态的（或者说，如他们看到的，缺少来由）。但同样的思想却倡导为了共同利益，强烈反对保护主义、全世界开放更多的市场。另外，在欧洲和日本重拾增长势头前，让美国在经济增长中承担更多风险是错误的。这一说法也是对的。

第二届里根政府将很快承担起实现更好的国际协调的领导责任，这是后面章节的内容。但随着 20 世纪 80 年代中期的到来，国际政策问题再次成为重点和核心，尽管在削减通胀方面有了明显进步，经济也得到了蓬勃发展。

行天丰雄

我关于这些事件的记忆开始于 1980 年，就在美联储实施新政策后。最初我们没觉得变化很剧烈，因为一度并没有真正发生什么事情。利率随后开始飞涨。在日本，我们开始怀疑这是不是一个可持续的、可行的政策，特别是在美国经济开始下滑时。美联储的强硬立场能维持多久？保罗·沃尔克过来访问我们，大藏相金子一平在大仓酒店为他安排了晚宴。餐后我们喝着白兰地围坐在一起，沃尔克问道："如果你是美联储主席，你还会继续这种紧缩的货币政策吗？"他让桌边的六七位高级官员逐一回答，我们都说"会"。我不知道他是否受到了我们回答的鼓舞，但这件事我记得很清楚。

在第一届里根政府初期，美国财政部被自由市场主义者主导。你也许想过，政府内部应当会对持续的高利率及其导致的强美元有一些反思，并促成政策调整。但是，当时那些掌权的自由市场主义者却没有这么做。他们从不怀疑自己政策的明智，对美元的不断升值乐见其成，而且丝毫不在乎日益严重的经常项目赤字，因为资金流进美国是为了赚取高利息。他们认为，这种状况是美国经济实力的标志。

我们开始感到非常紧张。当上涨的美元在 1983 年成为一个到处谈论的话题时，尽管强势美元助推日本出口商品攻陷了美国市场，但我们仍一再质疑美国政策是否明智。我们对美国的货币政策没有异议，认为其只是过分扩张的财政政策的一个牺牲品。而之所以批评财政赤字，是因为我们觉得，它在助长通胀的同时也吞噬了可用资金。但美国政府没心思听这些。我们提出高利率的确恶化了第三世界的债务问题。根据我们的测算，如果美国的利率下降 1%，拉美每年将减少 40 亿美元的债务负担。我们没有得到华盛顿的任何回应，感觉那段时间实际上在同一群聋子说话。

当然，里根政府财政政策的初衷并没有那么坏。问题是，政策并没有按预期发挥作用。他们指望其政策能促进国内储蓄，结果却适得其反。局外人都清楚这一点，但美国政府花了太长时间才认识到政策的无效，以致无法及时扭转局面。

20 世纪 80 年代的前半叶确实是一段极不寻常的时期。突出表现为，各国严重缺乏在国际层面讨论国内经济政策的准备和意愿。用保罗·沃尔克的话说，所有财政和货币官员都显得狭隘和孤立。我们日本则饱受两个问题困扰：一是美国需要努力进入更好的财政状态，再者是意识到美国的政策正在导致非常严重的国际失衡。但是，在研究日本国内不同政策的国际适应性方面，我们同样也是连意愿都没有。当时的强烈共识是，美国的财政政策应当被谴责，而且一旦其他国家尝试通过放松其财政政策来应对，全球价格的稳定将受到威胁。我最遗憾的是，那个时候，尽管我们都有意就这些问题开展激烈的讨论，可对话压根儿就不存在。

然而，日本和德国当时都没有直言不讳的勇气，这也是事实。我们若指责美国，虽然貌似说得过去，却始终有一个担心，即美国会回应说，世界需要增长动力，一旦美国削减赤字并减缓经济速度，谁又来代替其作为增长发动机？那个时候，这一针对日本经济的问题的明显暗示，就会令我们丧失继续讨论的勇气。所以，允许我这样说，在他人的罪过中，存在一些相互默许，因为某种程度上，我们都是罪人。这种情形尚未发生明显变化。站在美国的角度，这是一个主要的失望根源；在我们目前进行的协调努力中，它也几乎始终是失望和不满的缘由之一。

第七章

应付拉美债务危机

保罗·沃尔克

概述

经历了五年多的酝酿，拉丁美洲债务危机在 1982 年夏天的几周内全面爆发。债权国的财政部和中央银行、国际货币基金组织、放贷方商业银行与危机核心的债务国，展开了一次举世瞩目的合作努力。它们共同平息并化解的危局，不但可能扰乱工业化国家的金融稳定，还会削弱拉丁美洲乃至整个世界的增长前景。即便在十年之后，拉丁美洲自身的创伤也未能完全愈合。对其中的一些国家（以及受到类似影响的非洲国家）来说，从经济增长和价格稳定的角度，20 世纪 80 年代是其失去的十年。

但即便有这些痛苦的经历，影响却不完全是消极的。20 世纪 90 年代伊始，墨西哥、智利、哥伦比亚、委内瑞拉，甚至包括阿根廷，一批曾明显缺乏潜力的重要国家步入了新的发展阶段。它们的治国理念、经济政策，甚至它们的政治体系，对其固守了数十年的僵化模式来了个彻底的改变。它们不再盘踞于保护主义高墙的背后。曾几何时，它们庇护国内垄断或卡特尔，通过政府普遍拥有和控制企业来寻求舒适和安全，抵制外资对企业所有权及对相应的资产和能源的权利。

所有这些都在很大程度上被摒弃了。取而代之的是关税的大幅削减以及其他进口限制的放松，有些甚至被完全取消。政府采取了大刀阔斧的措施，以前神圣不可侵犯的国有企业，如航空、电话公司——甚至一些银行（在市场上，那些墨西哥最大的银行比一些更大也更为知名的美国机构更值钱）被出售。受优待的制造商享受的补贴被削减，更现代的资本市场开始发展起来。外国投资者和企业参与合资企业更为便利，偶尔甚至可以涉足石油化工和原油开采这样的敏感领域。

观念的改变也许是最能说明态度和方法深刻变化的证据。拉美国家之间，但可能最重要的是拉美国家与美国之间的自由贸易协议已成为日常政治对话的一部分，而这在仅仅几年前还是无法想象的。

这些事实有目共睹。我认为无法证明但似乎对大多数资深观察人士都显而易见的是，债务危机的痛苦经历为拉美领导人重新思考其旧模式、确定更有前途的新方向，提供了必要的冲击。

当然，成功与否并不确定。有一两个国家曾经在摸索解决债务问题的过程中，出现过成功的假象。巴西是最大的拉丁美洲国家，也是历史上最具活力的国家——他们常说的上帝特别眷顾的国家。十年的债务牵绊后，巴西似乎陷入了迷途危局，困顿于通货膨胀、停滞以及不合理的悲观主义。

毫无疑问，东欧国家以及苏联解体后的新生共和国，在探索经济现代化的过程中也可以从拉美学到很多教训。但显然，它们与拉美的情形并不相同。前社会主义国家，当然还包括苏联，其债务负担通常相对较轻，承担起来可能也相对容易。但与此同时，在面临调整的需要时，它们更加措手不及。长期以来，拉美国家一直有着与资本主义市场体系广泛适应的制度、法律体系和思维习惯。智利、墨西哥和阿根廷的改革努力已经进行了多年。

最有意义的教训可能就是这一点。从根本上重塑一种经济需要时间，同时需要考验民众和政治家的耐心。但是，拉丁美洲的经验也表明，艰难的过程应与更为广泛的民主与政治自由相匹配。

危机的起源

记忆是短暂的。我们现在都倾向于把 20 世纪 80 年代的拉丁美洲债务危机视为第三世界的问题了。但它发生的时候，和第一世界的问题没什么两样：第一世界发现其银行系统突然遭到了崩溃的威胁。1982 年的紧急措施，以及后续的 12 个国家、数百家银行和好几个国际机构相互协调的曲折过程，无疑都源于最重要的本能——自我保护。

假如我们再多回看一下历史，会发现眼下的处境实际上要好得多。国际债务危机，尤其是拉丁美洲债务危机，并不是什么新鲜事。20 世纪七八十年代的"跨境"贷款数额巨大，我们易于把它视为高度发达的市场和现代通信发挥作用的结果。而一个多世纪前的借贷数额，相对当时的银行规模而言可能同样是巨款。

距离 20 世纪 20 年代末的最后一个重要章节——国际贷款在短时间内激增（又在 30 年代初迅速崩溃）——已经过去了很长时

间。当我们认真回顾世界大萧条的痛苦经历时会发现，当时的国际债务问题更多的是以欧洲为中心而非拉丁美洲。债务问题显然是当时金融和经济崩溃中的一个复杂因素。但对于金融作手而言，两代人的时间太过久远，所有那些过往，在70年代都被世人抛到了九霄云外。

我还是个“二战”后的经济学学生时就接触到这个问题，但我们并没有仔细研究过。那时的问题不是债务过多，而是战乱后放贷的不情愿。我还记得，研究生时期在伦敦政治经济学院的一个研讨会上曾了解到当时的传统观点：如果由私营放贷者提供用于非短期贸易融资的国际贷款，无论数额大小（由私营放贷者提供此类贷款，从一开始就被看作有争议的提议），都应该转交银行完成。20世纪20年代和30年代，国际信贷的扩张主要通过在市场上出售外国债券实现，那种做法的教训是，没有快速有效的途径能在危机时在极其分散的债券持有者间组织一次协调“演练”，以保值并稳定市场。这是一桩人人为己的买卖，以牺牲其他放贷人、借款人的代价保全自己，最终是自己也牺牲了。

这个教训反复萦绕在我头脑里：大规模的国际贷款，如果要做就应该由银团来做，它们可以专业、谨慎地评估风险，而且，如果糟到不能再糟，它们能够在共同利益的前提下合作以进行债务重组。我以一个中央银行官员而非学生身份学到的教训是，指望那些箴言中的第一条，即银行将谨慎且深谋远虑地评估风险，是不可能的。但我确实认为，国际借贷在战后世界里复苏了，且的确大部分由银行操作，这是幸运的。也许讽刺的是，20世纪80年代债券持有者的结局比银行要好，但根本原因是债券数额相对过小，可以通过定期支付利息来偿还债务。

第一次石油冲击前，除贸易融资外，国际银行贷款相对很少，即使有也高度集中在最具国际化意识的银行。1974 年年底，所有银行给发展中国家的外国贷款总额为 440 亿美元，其中约 1/3 由美国的银行发放，后者当时引领了银行业各个领域的国际化潮流。基本可归类为发展中国家的东欧国家，其未偿贷款总额约为 140 亿美元，几乎都由欧洲的银行提供。这些贷款的相当一部分都是其政府担保。

在借入款项的发展中国家快速发展时期，这些贷款业务相当克制，数量也有限。从 20 世纪 60 年代开始，拉美和一些亚洲国家的年度增长率普遍保持在 6%~7%。按任何历史标准这都是抢眼的表现，也引发了美国政治家阿德莱·史蒂文森所谓“期望值正在上升的革命”的说法。无论是否可持续，努力保持那种增长成为拉美和其他地区领导人的政治需要。到 70 年代后半期，东欧一些国家也有了开放意识，虽然不像 1990 年之后那样如火如荼，但也足以让世界对社会主义国家也开始增长抱有一丝乐观。所有这些均导致了更多的借贷意愿。

1974 年之后，许多国家需要支付比之前高得多的石油账单，这极大地增加了对贷款的潜在需求。同时产油国向银行存入大量资金，而银行想把这些钱派上用场。1979 年年底，正当第二次石油危机爆发时，对发展中国家的贷款总额达到了 2330 亿美元，几乎是五年前的 5 倍。其中美国仍占约 35% 的份额，它对发展中国家的贷款余额为 820 亿美元，也是 1974 年年底的 5 倍。在美国几乎没有参与的情况下，对东欧国家的贷款总额增长速度甚至更快，从 140 亿美元增长到 640 亿美元，因为一些西欧国家政府想鼓励对东欧开放。

这次贷款爆发式增长，开始涉及大量传统国际贷款人核心集团以外的银行。美国许多区域性银行被拉了进来，还有日本所有的大银行，以及我们后来了解到的许多散布在欧洲和中东的不知名机构。但是发挥牵头作用并通过其业务让其他参与者宽心的，是 25~50 家富有国际经验和雄心的美国、欧洲和日本的银行。它们才是新富起来的产油国想打交道的对象，而对中东的统治者来说，这些大银行是公认的稳定和持续的堡垒，就像它们在西方最大公司眼中的位置。然而十分凑巧的是，银行在贷款给传统的公司客户方面却开始失去了竞争力。一些重要的美国公司发现，它们可以通过在市场上以自己的名义发行浮动利率票据（即商业票据）的方式募集短期资金，由此避开银行。一些银行则因不动产借贷业务损失惨重，所以，有了存款，它们很容易找到新途径快速发放大量贷款。

当然，将产油国具有潜在波动性的短期存款，转化为对有融资需求的发展中国家中长期贷款，使得银行面临风险。有市场利率上升的风险，银行将因此不得不向其短期储户支付更多利息。这种风险多是通过"浮动"利率——在欧洲美元存款利率（行业术语为 LIBOR，是"伦敦银行同业拆借利率"的缩写）基础上加上一定息差——贷款转嫁给借款人。有银行可能失去其存款的流动性风险。但对实力雄厚且自负的大银行来说，这种风险看上去并没有那么大。存款市场规模庞大，银行认为只要它们愿意支付利息，就总能筹集到资金。然后还有借款者主权国家不能或不愿还款的信用风险。这种风险很难置之不理，判断信用所需要的技术和经验，与评估公司资产负债表和损益表相当不同。但一开始，这些贷款数额相对借款国的资源而言并不是很大。它们的经济在快速增长，还款记录也不错。

产油国对自己资金的那些风险就没有这么随意了。唯一重要的例外，是它们出于宗教或政治原因，对非洲或其他地区的伊斯兰国家的直接贷款，或者委内瑞拉对中美洲贫穷的小邻国发放的贷款。产油国直接放贷上可预见的迟疑，在第一次石油危机期间引发了对顺差国向逆差国回流资金过程中将遭遇瓶颈的担忧。1974年年初的华盛顿能源大会显然没有找到解决办法，结果证明，任何官方行动都是不必要的。

新任财政部长比尔·西蒙和他的同事们当时都强烈反对政府干预。我猜测，和意识形态同样重要的是这样一个事实：工业国家不想承担风险，且公共部门在任何事务上都反应迟钝。在这样一个复杂的新领域要求多国合作时，情况更是如此。你瞧，银行市场看上去很快就自行高效地运转起来。

市场既有资金又有愿意借用的人（借款人可能格外愿意），因为不像国际货币基金组织或者世界银行，这些银行多不会烦琐地对贷款附加大量政策条件。今时今日，在任何情况下，私营放贷者向主权国家提这类要求都会招致不满。与传统的银行实践相反，这些贷款日益成为帮助国家度过国际收支和预算赤字困境的多用途贷款。这些贷款主要是以美元计价，为银行避免了借款人用其本国贬值货币偿还贷款的风险。

可能不太容易理解的是，即便一个主权国家可能有办法在国内筹措资金，但不能保证找得到需要的外国硬通货来偿还美元贷款。这将取决于其创造出口顺差并稳定信心的能力，这可不是想当然的事。

传统上，银行家们接受的培训，是为便利贸易而发放期限不到一年的贷款。如果发放更长期限的国际贷款，则限于特定业务或收益情况可分析的开发项目。那种分析为贷款过程强加了某种有效约束。但真正可靠的项目是有限的，而弥补国际收支赤字的需求却在飞涨。放松原有标准的诱惑让人难以抗拒。

当时，对立观点在两个争夺美国商业银行领导地位的主要对手身上体现得特别明显。大卫·洛克菲勒本人是坚定的国际主义者，推动了大通曼哈顿银行的全球性扩张。但该银行也是个相对谨慎的放款者，洛克菲勒担心，在数十亿石油美元回流过程中，银行将被要求承担过多的风险或自愿承担风险。沃尔特·里斯顿则带领花旗集团走向了进取型的国际借贷和盈利增长之路，在规模上，花旗银行在美国的银行中遥遥领先。他对回流美元的挑战无所畏惧，并高调坚称，政府应该把手拿开，因为市场能成功。

几年时间里，事实似乎为争论做出了决断。资金回流通过私人银行市场出乎意料地进展顺利，并伴随着美国政府自己不少的叫好声。实际上，随着时间推移，这个过程似乎势头更猛。对国际市场上声名显赫的银行而言，放贷资金看来很容易获得，贷款损失则可忽略不计，银行家和监管者开始容忍更高的银行资本杠杆操作。无疑，激进的咨询顾问们向保守的银行灌输的现代管理技术，也在其中发挥了作用。大额国际收支贷款为发起牵头银行带来了大笔预收费用，当那些收入确认时，放贷官员将能获得可观的奖励（以及晋升）。比起传统贸易贷款那种为棉花运输劳神费心，或者分析一个国内制造商的资产负债表，这可容易多了，也更令人血脉贲张。

而且，20 世纪 70 年代后半叶，人们似乎有理由认为一切运行良好。1977 年和 1978 年，许多石油进口国，比如巴西，开始逐步降低国际收支赤字，国内经济也恢复快速增长，而产油国自己则将其大量收入花在大规模的新型现代化项目上。毕竟，那才是调整过程应有的运作方式，是时候相互庆祝了。后来成为债务危机中心的墨西哥属于特殊情况，那里发现了海量石油，很难——准确地说，几乎不可能——抑制对该国潜力的狂热。当然，新发现的石油是解除对墨西哥债务负担忧虑的一剂良药。

总体来说，数字本身似乎令人宽慰。按照判断一家银行承受损失能力的最简单尺度：贷款占银行资本的百分比衡量，到 20 世纪 70 年代末，向发展中国家发放的贷款已经稳定下来。到 1977 年年底，约 150 家美国的银行对第三世界发放了巨额贷款，那些贷款合计达到其资本的 150%，比记忆中任何时候都要高得多。到了 1979 年，这一比率小幅增至 165%。主要问题集中于不多的几个最大的所谓货币中心银行。20 世纪 70 年代末，为统计目的划归那一类别的 9 家银行，向发展中国家发放了约相当于其资本额 250% 的贷款。但即使在这些情况下，这些比例似乎也正趋于稳定。

可能还没被认识到的，是作为债务人经典止痛膏的通货膨胀正在多大程度上掩藏着潜在的压力。那些巨额贷款是用美元计价的，而美国的通货膨胀率已经超过了伦敦同业拆借利率，即欧洲美元基本利率。现实后果是，从真实的、经通胀调整角度来看，借款人仅支付了很少利息，甚至根本没付。

借款国的债务负担，常常通过其每年支付的利息与该国出口原材料、农产品或其他商品的收入比率来判断。1977 年，拉美国家的这一比率为 10.5%，高于五年前，但很难说其有不祥之兆。对于想要坐下来思考这件事的人来说，更令人担忧的是，一旦通货膨胀率下降而真实利率上升，将会发生什么。

要问这一切发生的时候监管机构在哪儿，还真是个问题。是否拉了警铃，如果没有，那为什么没有？我清楚记得当时的气氛，真诚、老道、谨慎的联邦储备委员会，并不像政府中某些人一样对正在发生的事漫不经心。尽管我当时并不在场，无法证明这件事的真实性，但阿瑟·伯恩斯曾忆及他 1976 年在华盛顿召集过一帮重要银行家，警告他们在国外有可能重蹈这些银行最近对国内房地产过度放贷的覆辙。他的担心换来的答复是，他们比他更了解银行业务。这种说法固然没错，却替代不了明智如伯恩斯博士的长远眼光。他曾经历了大萧条，并一生致力于商业周期的研究。

和银行一样，几年过去了，管理者也对“银行贷款敞口和风险相对于资本”趋于稳定的趋势感到很放心。而我们则都看到了另一面：拉丁美洲增长的好处和新贷款突然中断隐含的危险。根据长期公认的管理原则，看起来，这种危险恰恰发端于最大的借款国——墨西哥、巴西，可能还有其他国家。大多数美国大银行由联邦政府颁发许可，而且多年来《国家银行法案》有一个具体规定，即对一个大额借贷者的放款不得超出银行资本的 10%。到 20 世纪 70 年代末，眼看着要触及上限，这些最大的放贷人便面临一个选择：中断向其最大的国家客户提供新贷款。

借款者动用了外交手段，国务院发出了警告，而银行则提出了抗议。所有人都在主张维护拉丁美洲秩序和发展的最高利益，而我们不能对此视而不见。面对法律（包括违反时的刑事处罚）的白纸黑字，时任货币监理署署长的约翰·海曼[①]不得不竭尽巧思。在与我和其他人商量之后，他做出了所罗门式的决断：如果一个政府性组织，比如墨西哥的国有石油公司，在国内有独立的融资渠道，美国的银行可将之视为10%的墨西哥贷款限额以外的独立借款者，即便这家公司的借款也是由中央政府担保的。这种做法缓解了压力，墨西哥和巴西一夜之间可以将来自美国的银行的借款分摊到多个实体上以规避限制。

这是一个明智的决定吗？我当时觉得它是合理的，有趣的是，多年后，国会（在里根政府敦促下）出于其他原因也放宽了对单一借款者的限制。但是，如果有人深究20世纪80年代储蓄和贷款业务的各种问题，他会更加认同就风险承担制定并实施一些严格限制的做法，尽管这些限制在特殊情况下显得轻率和专断。

稍早些时候，伯恩斯同意由我试着设计一种更健全的机制，以便在海外贷款业务领域指导我们的检查人员和银行。这种想法

① 约翰·海曼：1977—1981年担任美国货币监理署署长，其间同时担任美国联邦存款保险公司（FDIC）代理主席和联邦金融机构检查委员会首任主席。政府生涯外，系投资银行家。1981年离开政府后，重返华尔街从事投行业务。美国货币监理署（OCC）据1863年美国国家货币法授权成立，负责美国国民银行及在联邦注册的外资银行分支机构的监管，是隶属于美国财政部但独立运作的监管机构，也是美国联邦政府五大监管机构（其他四个为CFTC、FDIC、SEC和美联储）之一。该机构署长由美国总统任命，并经美国联邦参议院通过，任期五年。

的目的在于在银行敞口增加的过程中实现渐进式约束，而不是陡然停止信贷或我们点明某个特殊国家不值得给予贷款，除非出现最极端的情况。这相当于一种观念新颖的交叉分类制度，同时考虑了借款国的经济实力与银行的敞口。根据国家经济状况、银行实力及其贷款风险敞口的综合情况，将分别亮起绿色、橙色或在极端情况下的红色信号灯。就像一些商业银行为支持其信贷判断所采取的做法类似，我们开始进行大量国别分析，以支持我们的预警系统。

我个人花了很多时间研究机制框架，但在其实施后的几年里，我们发现它对减缓放贷几乎不起作用。整个流程有意设计得很细致，显然是太过细致了，以致领域内的银行审查人员难以把握分寸，或者是银行无法有效回应。十多年之后，我看到有关银行审查人员在国内地产贷款上太严还是太松的争论，便想起我们的多色示警图。官僚机构对鲜亮的红色或绿色信号反应最敏感，而试图在两者之间亮起差异细微的不同色度，几乎就像把圆的变成方的一样难。

不幸的是，商业银行的官僚机构在这方面并不比公共部门的官僚机构更容易指导。20 世纪 70 年代末和 80 年代初，所有系统似乎都在“运行中”，许多国别分析家受雇，但无论采用哪种正式评审程序，贷款官员都知道国外贷款不曾发生过大损失，当然拉丁美洲也没有。正如沃尔特·里斯顿始终强调的，他们将那些记录视为银行贷款最安全的分类。当然，贷款到期时，通常被“展期”或者以新的贷款置换。但毕竟，即便是给美国政府的贷款也是这么操作的，不是吗？

对负责放贷的高级职员而言，第二个相关事实是这些贷款的收费可观。随着越来越多的银行加入这场游戏，竞争变得十分激烈，以至普通贷款息差——伦敦同行拆借利率中的资金批发利率与银行自第三世界借款国收取利率的差额——有时降到 0.5%，甚至更低，很难提供足够合理的银行资本收益。但是资金市场上那些将贷款打包并牵头银团的大银行，以及负责这一业务的银行高级职员，可以从他们收取的附加费用中大赚一笔。因此，在飞往拉丁美洲的航班上，坐满了准备去签署贷款协议的年轻人。

对借款国而言，这是个老掉牙的故事。热衷并渴求增长是人类本性。如果获得贷款易如反掌，你多半会用它，有时甚至违背自己更为审慎的既有判断。对一个第三世界国家的总统或财政部长来说，20 世纪 70 年代的国际银行信贷模式，就像是收到了信封里的一张信用卡——在授信额度的量级上多了三个或四个零。而一个不幸的事实是，军事需要甚至当地项目推进过程中的小规模贪腐，为获取贷款提供了额外动机。

危机发生后，我从墨西哥官员那儿听说了一个让人悲哀的故事。大约在 1980 年或 1981 年年初，墨西哥的高级财经官员对该国债务增加的速度深感忧虑。他们鼓足勇气找到洛佩斯·波蒂略总统，敦促后者削减债务，并在此过程中放缓非常危险的经济增长步子。总统说他会考虑。

之后总统征求了几位朋友的意见，最重要的是，这些人咨询了一些银行，问其是否也担心墨西哥债务。银行表示不担心。于是，总统告诉他的财经官员，他不接受他们的建议。

仅在 1981 年，墨西哥就陆陆续续增加了 150 亿美元的债务，未偿还余额几乎上升了35%。贷款息差实际上下降了，证明了银行家们的漠不关心。随着危机的临近，曾经发出警告的官员们被解雇了。这就是对过早拉响警报的回报。

对大多数拉美国家而言，1979年的第二次石油危机而不是此前的第一次石油危机，引发了将其变得异常脆弱的新一轮借贷浪潮。此后不久，美联储出台了新的货币政策，真实利率为负的日子结束了。讽刺的是，一个在第一次石油冲击后发现新石油资源、变身产油国的国家①，居然率先爆发了危机。墨西哥是做过头了。面对失控的信贷扩张、加速的通货膨胀以及不断上升的进口在全球油价跌落峰值后开始超过石油收入，1982年2月还急于放贷的银行家们，到6月就后悔了。

尽管实际数字滞后了6个月或更久，但危机的到来却不难察觉。三年的时间里，发展中国家获得的银行贷款增加了50%，到1982年年底，总额超过了3620亿美元，其中1/3由美国的银行发放。墨西哥对外国银行的未偿债务在600亿美元左右，约占其年国民生产总值的40%。9家美国货币中心银行，单是发放给墨西哥的贷款，平均约占其资本总额的45%。而发放给所有拉丁美洲国家的贷款，则接近它们资本总额的两倍。

贯穿1982年上半年的问题，并非墨西哥是否正面临危机，而是如何应对危机。一个民粹主义的政府，一再拒绝放缓其经济增长；银行信贷的唾手可得，意味着该政府也看不到放缓增长的必要性。个人和滥用的政策同时被批评的洛佩斯·波蒂略，正处于其

① 此处指墨西哥。

六年任期的最后一年，显然不愿认错。1982 年 2 月，市场以抛售比索的方式明确敲响了警钟。这引发了一次贬值和一个有限的紧缩方案。虽然哪一项行动都不真的令人信服，但小型危机有其积极方面。由席尔瓦·埃尔索格任财政部长、米格尔·曼塞拉任墨西哥银行行长的新财经班子搭建起来，他们是绝对一流的。两人多年前就开始在中央银行任职。米格尔·德拉马德里也是如此，两人和他联系密切，而按墨西哥的惯例，他已经被执政的革命制度党指定为下一任总统。

席尔瓦·埃尔索格和曼塞拉开始访问华盛顿，大约每月一次，向国际货币基金组织、世界银行、财政部和我汇报不断恶化的形势（在席尔瓦·埃尔索格的记忆里，对美联储的拜访始终与柠檬酥皮派联系在一起，那是美联储自助餐厅周五菜单上的例行甜品，也是我的最爱）。可以想到，我们的建议无非是向基金组织申请贷款、采用务实有效的计划改革国内经济，以及在此基础上减少墨西哥资本外逃到安全港美国及其他地方所导致的失血。他们的答案，就像我之后在请求处理我们的预算赤字时美国财政部长们的回答一样简单：他们的总统不会同意。墨西哥第一次根据基金组织严格且不受欢迎的方案接受监管时，刚好是六年前洛佩斯·波蒂略就职的时候。他不会在任期快要结束时重复这段经历。任何可能性都不得不等待新总统，而新总统要到 7 月才能被选出来，并且 5 个月后才真正正式就职。

这样就是争取时间的问题了。为了在心理上把控整个局面，我们怀着极大的不安，同意向墨西哥银行发放一到两次隔夜互换贷款，以支持其美元储备的月末数字。我们会在每月储备增加的前一天把钱转过去，第二天再把它收回来。我们的不安并非出于对财务损失的担心，而是因为"粉饰存款"对债权银行和墨西哥人自己掩盖了墨西哥所面临的整体压力。在财政部的默许下，我为这些行动向公开市场委员会作了辩护，前提是席尔瓦·埃尔索格愿意以个人名义向我们保证，一旦新总统能自主落实基金组织的救助计划，墨西哥就向后者提出申请。在 9 月 1 日之前那是办不到的，那一天，洛佩斯·波蒂略才将以离任总统的身份发表传统的告别演说。这是一段漫长的过渡期——太漫长了。

随着新的银行贷款的最终枯竭，美联储同意，在 7 月墨西哥大选后，启动美国和墨西哥之间长期存在的、数量为 7 亿美元的互换安排。

那是一笔真正的贷款，而不是那种隔夜粉饰操作，其目的是在墨西哥官员与基金组织开始平静讨论时，帮助墨西哥渡过夏季这个难关。我们明白，只有到了 9 月或之后，附带一份严格的新方案的基金贷款公告才可能发布。在这个设计最周详的计划中有一个小小的难题：信心没有了。原本预计能支撑一至两个月的资金，被从墨西哥的外汇储备中吸走了，秋风扫落叶般大规模飞向了海外。

危机

8 月 9 日那一周刚开始危机就来敲门了，当时我正在怀俄明州的一个渔场，那天上午捉什么都极其困难。下午，大陆伊利诺斯银行的主席来拜访。他坐飞机过来告诉我，他的银行面临很大的麻烦，不得不请求美联储支持。第二天，我的办公室给我打来电话，说墨西哥就快没钱了，所以我是没捉到一条鱼便赶回了华盛顿。星期五，席尔瓦·埃尔索格和他不知疲倦的债务处理同事安赫尔·古里亚[①]在我的办公室梳理了形势并提出了应对措施（席尔瓦·埃尔索格有个众所周知的昵称“Chucho”[②]，他后来对着一屋子忧心忡忡的银行家们表示，他们大可对墨西哥债务放心，毕竟，有耶稣和天使在照管）。

如果无论如何都不可能再获得新的银行贷款，墨西哥显然将无法清偿任何到期债务。放贷银行需要尽快被告知这一情况。同时，如果墨西哥让人相信其已备好明确的方案且愿意向国际货币基金组织求助，那么就有可能从美国和其他国家央行获得短期应急贷款。动用官方资金向私人银行偿付借款，或者说白了，帮他们摆脱困境，没有任何意义。相反，官方资金需要作为短期过桥贷款，国际货币基金组织的中期贷款和新的银行贷款一安排出来，就得马上归还。

美国财政部官员后来受到不少批评，因为未能在债务危机爆发前认识到它的程度和影响。但是他们当时近乎无能为力，而且毫无疑问，当危机有可能转为现实时，他们尽了全部力量。按照唐·里甘的指示，他的副手蒂姆·麦克纳马在 8 月 14 日那个至关重要的周末，为寻找和协调美国政府资源工作得十分辛苦。

要获得同等规模的农业贷款相对容易。其时致力于帮助农产

---

① 安赫尔·古里亚：曾于 1994—1997 年担任墨西哥外交部部长，1998—2000 年成为墨西哥财政部长，2006 年 6 月 1 日担任 OECD 秘书长至今。

② 在墨西哥，该词是对耶稣的别称。

品出口的 PL–480 计划，为之提供了现成的工具，就像这些计划早前几次发挥的作用一样。一个更为重大的突破，是获准提前支付墨西哥后续向战略石油储备出售汽油的 10 亿美元。这涉及很多技术性问题，以及一个隐含的高得离谱的利率，反映了满足预算局和能源部官员们扬基佬交易本能的需求，他们对处于危险关头的更重大问题没有任何感觉，而且对随后可能招致的政治批评也缺乏起码的敏感。可以充分理解，那些必须支付利息的墨西哥石油官员们非常恼怒。将近一天的时间里，整个一揽子计划似乎要谈不下去了，直到美国谈判代表把实际利率削减了一半。

财政部愿意和美联储一起增加对墨西哥的贷款安排。我还邀请了我的一些外国同行，设计了一个国际性的央行贷款一揽子计划。该计划金额最终达到了 18.5 亿美元，实际上比我们原定的 15 亿美元目标还高了一点儿，其中一半来自美国。英格兰银行的戈登·理查森[①] 和瑞士国家银行的弗里茨·洛伊特维勒本能地理解危险所在，后者还恰巧是中央银行家们所偏爱的会议场所——巴塞尔国际清算银行主席。他们出于经验和善意立即参与进来，协助我们寻求欧洲主要中央银行参与过桥贷款。日本银行行长前川春雄（“迈克”），长期以来一直是国际清算银行以及其他中央银行会议的积极、可靠的参与者，他迅速获得了日本政府对参与行动的批准，日本的规模仅次于美国。到了 8 月 14 日，整个计划全部就

① 戈登·理查森：1973—1983 年任英格兰银行（英国央行）行长，1976 年加入英国枢密院，1979 年获颁地方军勋章，1983 年获终身男爵身份和嘉德勋章。此后，曾就职于摩根士丹利咨询委员会，担任过朝圣者信托主席。他也曾是三十人团体成员，后来成为其名誉主席。

绪，原则上已经准备宣布，尽管还有许多难题尚待解决。最紧迫的是对各中央银行过桥融资令人满意的担保，这样，如果国际货币基金组织的贷款落空了，它们也能有一定的追索权。

总之，这是国际金融合作的著名范例。对于后续所有的巩固措施来说，这些协议确实是建立在财经官员们，也许更为实际的是在中央银行官员们相互信任的基础上。借助经验、职位和训练这些优势，他们能够在深入了解和坦诚的基础上相互交往，这几乎是独一无二的。显然，我们无须花费大量时间向彼此解释这个紧急状况的本质。我们各自国家银行体系所受到的威胁，可能在程度上有所不同，但银行间的联系如此密切，没有一个重要国家会认为与己无关。不仅如此，甚至是那些感觉远离金融危机的国家，也能意识到墨西哥的困境及其发展乃至整个拉美地区的危机。幸运的是，新上任的墨西哥财经官员也多为我们中的一些人所熟知，并有着与我们相同的顾虑。

有了短期过桥贷款和原则上达成协议的其他贷款，我们决定邀请世界各地的几百家主要商业银行的行长，参加 8 月 20 日在纽约联储召开的一个会议。会议的安排、时间和语言，都很重要。我在纽约联储同墨西哥的官员们待了一个晚上，在场的还有托尼·所罗门（他离开财政部后，我说服他担任纽约联储主席）、蒂姆·麦克纳马和美联储的两个重要人物：特德·杜鲁门和萨姆·克罗斯，他们两人注定要多年专注于拉丁美洲债务问题。甚至在晚餐时，我们都不得不应付更多关于墨西哥对外金融崩溃的坏消息以及一些新的意外，比如，发现发放给墨西哥的多笔贷款是用同一船石油重复担保，以及至少有一笔银行承兑的授信额度可能不符合美联储的规定。

我们决定由所罗门在会议上介绍席尔瓦·埃尔索格，以这种方式表明我们的官方关切和想法。其他一些国家有级别较低的官方观察员参会。我们还决定，银行应当被要求同意“暂停偿付”（standstill）——一个比“延缓偿付”（moratorium）或“违约”（default）少一些恐慌感和攻击性的词，后两种做法从技术上将触发迫使银行取消抵押赎回权的法律行为。

一切都进展得很迅速，总体而言也是顺利的。纽约的会议上我不在场，席尔瓦·埃尔索格和古里亚显然对业已形成的僵局做出了清晰的解释，并用他们的理解打动了银行。他们强调其目的是寻求基金组织贷款，尽可能打消人们对墨西哥意图的疑虑。有所触动的银行家们几乎没提什么问题，也没有人特别反对对其债权“暂停偿付”的请求。席尔瓦·埃尔索格立刻机敏地将此对媒体解释为默许。没有银行质疑这种解释，而接下来的会议则计划商定一个共识方案。当然，银行实际上也没什么其他可行的选择。不过，就是在那时，明确了通过与一个银行委员会的自愿谈判达成协议，随着危机的扩大，这种模式也被其他国家逐一采纳。

我是说一切都进展得合理顺畅，但在接下来的几天和几周里，解决困难过程中的复杂和挫折——法律的、银行业的、人际的，却一言难尽。我个人很幸运，能够有所倚重，纽约有所罗门和克罗斯，华盛顿有迈克尔·布拉德菲尔德，我招揽他为美联储总顾问，以及特德·杜鲁门[①]，作为国际研究的头儿，他比其他人更擅长

① 即下文中的埃德温·杜鲁门，“特德”系“埃德温”的昵称。

综合考虑各种因素。后来，接替了所罗门纽约联储职务的杰拉尔德·科里根也投身于这个工作，他至今还在处理这个问题，他早前曾是我在华盛顿的助手，还担任过明尼阿波利斯联储主席。私人银行家中，花旗银行的威廉·罗兹[①]在当时及后来的时间里，在组织和协调私人商业银行方面发挥了巨大作用，他西班牙语流利，曾在拉丁美洲工作。在漫长而又处处碰壁的几年里，他总能巧妙地说服银行和借款人接受——协商的金融安排而不是强迫出现违约才符合他们的利益。

我已经谈及财政部在美国国内发挥的作用，以及我中央银行的同事们在国外发挥的作用，这些作用很大程度上得到了戈登·理查森（现在是勋爵）和国际清算银行的协调。官方介入在当时和以后都是至关重要的。它完全符合经济学初级教材阐述的中央银行的一项主要功能：充当国家银行系统的“最后贷款人”。这一论点指的是，当贷款意愿缺乏预示着一场金融恐慌时，中央银行能够填补这个真空，在必要时为此创造货币。事实上，那就是我们在国际范围内共同做的事，这也使得事情复杂了许多。但最后贷款人面临的核心问题是相同的，无论是国内解决还是国际解决，答案永远要求判断力。

① 威廉·罗兹：1957 年起，担任了花旗的多个高管职位，最终成为花旗集团、花旗银行董事长。1984 年担任花旗银行重组委员会主席。

19世纪英国财经作家沃尔特·白芝浩[①]写下的耳熟能详的教科书名言：自由地放贷（他说，以高利率）以恢复流动性，但如果问题关乎清偿能力，千万别这么做。说白了就是，如果银行只是现金短缺，它需要的全部借给它；但如果它是基础不牢（资不抵债），那就一个子儿也不借。

之后几年中在评估债务危机时，关于拉美国家面对的是流动性问题还是偿付能力问题有很多的讨论，这标志着对此的两种截然不同的反应。当然，国家偿付能力这个概念是非常微妙的。沃尔特·里斯顿在其如日中天之时曾说过，一个国家是不会破产的。这话与实际经验不符，因为多年来已出现了多起官方违约。但确实没错，国家没有有效的资产负债表，而且除了最极端的情况，重要的是一个政府偿付的意愿，而不在于它的偿付能力。但即使抛开政治考虑，破产与缺乏流动性之间的差别，在教科书中要比现实世界中更容易分得清。做了一段时间的中央银行行长之后，我无法确定我是否曾见过一个纯粹的流动性问题。通常，重大的流动性问题因某种偿付能力问题引起，否则就不会缺少有意愿的放贷人。说白了，如果你的信用无懈可击，你几乎总能筹集到资金并顺利运营。

既然如此，我们对墨西哥的未来及其偿付意愿还是有信心的，

---

① 沃尔特·白芝浩（1826—1877）：英国记者、商人、散文家，1860年起担任其岳父詹姆斯·威尔逊创办的《经济学人》杂志主编直到辞世。其代表作为1873年的《朗伯德街：对于货币市场的描述》（*Lombard Street: A Description of the Money Market*，朗伯德街系伦敦金融中心），本段名言即出自该书，被称为“白芝浩原则”，2007年全球金融危机之后，更为频繁地受到各国央行官员引用，确实配得起“教科书”一词。

但我必须承认9月初的多伦多国际货币基金组织会议前夜，这种信心多少有些动摇。洛佩斯·波蒂略为了挽回他已狼藉的声名，并没有体面地同意对一份基金组织协议的需要，而是在他的最后报告中——总结其总统生涯的演讲，攻击性地发泄了其民粹主义的本性。墨西哥的银行由于涉嫌煽动并助长资金外逃，将被国有化。外汇管制也将被实施。这些对米格尔·曼塞拉来说都太难了，于是他辞职了。在多伦多参加基金组织会议并对这个演讲毫无预警的席尔瓦·埃尔索格，也在考虑是否应该辞职。可以理解的是，墨西哥的银行在海外分行的美元存款挤兑加剧了。墨西哥的银行一度在工作日结束时不能满足储户对美元的需求，这导致复杂的自动国际清算机器到了崩溃边缘，威胁着整个体系的信心。

在贷款协议还没有一点儿眉目时，我的那些中央银行行长同行们就让我判断，可以用多少商定的过桥融资来帮助墨西哥的银行维持美元流动性。我被堵在多伦多一家酒店的房间里，同意发放足够的资金以便结清支付体系。接下来，只有在墨西哥的银行的美元储户——大部分是其他银行而非个人——同意维持原有的基本存储关系不变，并且不取出他们的资金破坏该体系的情况下，资金才会一点一滴地补充进墨西哥的银行。墨西哥的银行同其储户之间说服工作的紧张程度只能凭想象了，但压力最终减退。而几个星期后，即将上任的总统米格尔·德拉马德里的顾问班子，在一位名叫卡洛斯·萨利纳斯·德戈塔的人带领下，可以开始与国际货币基金组织谈判了。当时我们怎么也不会想到，时年35岁在计划和预算部供职的技术专家萨利纳斯先生，六年之后会成长为接任德拉马德里的下一届总统。

1979年，雅克·德拉罗西埃成为国际货币基金组织的总裁，其任命无疑得益于他曾担任法国国库主任，尤其是1975年就修正基金组织协定与埃德温·约谈判时留下的良好印象。我当时完全不认识他，他年轻一些，我任美国财政部副部长时，他的官阶也低一级。我们在处理债务危机时走到了一起。我很快发现，他不仅有胆识、有头脑，而且这些品质在应对当时的国际金融问题时发挥了重要作用。在处理当时乃至席卷拉美及其他地区危机的那些机构中，基金组织处于正中心。德拉罗西埃在债务国和银行之间扮演的角色，很像一个置身于国际大舞台的破产法官。但这是一个没有明确章法或实践可循的领域，所以他不得不摸索着制定新规则。他做这些工作时，展现了非凡的技巧和坚忍的毅力。

为墨西哥制订的调整计划的许多内容，尽管可能在细节上有困难之处，但几乎都是国际货币基金组织的标准药方：大幅削减预算赤字、加税并削减补贴、限制工资、极力减少货币供应量。所不同的是存在共识，即如果没有足够融资弥补不可避免的经常项目赤字直到墨西哥重新站稳脚跟，没有一项措施能发挥作用。调整计划所需融资，超出了基金组织自身或其他官方放款人能够或愿意提供的数量。出于自身利益考虑，商业银行将不得不提供其余资金。如果商业银行不这么做，那么它们现有贷款的利息将希望渺茫，更不用说偿还贷款本金了。

道理并不难懂，问题是要去说服各个银行意识到共同利益而不选择退出这个新的一揽子贷款计划。如果以为它们可以搭便车——也就是说，赚取其贷款的正常利息，而且甚至从基金组织及一些更大的、承担更多风险的银行预付给墨西哥的基金中获得部分贷款偿还，那么许多较小的银行可能因此而退出一揽子计划。退一步讲，一家银行可能只是觉得自己的敞口太小，相比提供任何新资金，它会宁愿承担损失并从不明智的冒险中退出，转投其他国际金融领域。而向墨西哥发放了巨额贷款的大银行，则会倾向于提供贷款，以避免因墨西哥违约而损失惨重，而不只是帮助其竞争者摆脱困境。

在化解潜在僵局时，德拉罗西埃做了不少开创性的工作，有些为应对债务危机确定了基本融资框架。他坚持要求，如果商业银行不首先承诺所需银行融资的一个“保底数”（critical mass），即预期商业银行贷款总额（第一个“墨西哥计划”中约为 50 亿美元）的 90%，就不批准基金组织对墨西哥的任何计划或贷款。这一要求的结果是促成放贷银行间高度的团结。他们就新贷款如何在彼此间公平分配进行了长时间的谈判，而他们间的这些谈判，常常看上去与他们同墨西哥人之间的一样艰难。德拉罗西埃或者我（有时两人同时）时不时与一些放贷银行见面，保证问题会公开、沟通是顺畅的、对协议达成的重要性是有共识的。整件事耗时数月，但最终，在德拉马德里于 1983 年年初就职后，一切都有了进展。

上面讲这么多是值得的，因为第一个墨西哥计划为之后的许多类似事件确定了一种模式；一个又一个的拉丁美洲债务国（以及其他非洲和亚洲的）发现贷款市场关闭了，而且它们不得不一次又一次地向国际货币基金组织求助。极少的拉丁美洲国家——乌拉圭和哥伦比亚是主要的例外——在没有一个正式的基金组织计划的情况下勉强撑过去。甚至银行当时的模式都是相似的。

所有这些都远远超出了一个中央银行的正常义务和权限。最初的墨西哥危机爆发后，我忧心忡忡，唯恐政府不能理解和支持已采取和将需要采取的动议。我和蒂姆·麦克纳马拼凑了一份备忘录，强调指出其他国家肯定会步墨西哥危机的后尘。当时的白宫办公厅主任詹姆斯·贝克把政府所有部门的相关官员召集到了一起，现场实际上没有太多讨论，从外交政策、经济层面以及金融因素看，促进协调挽救危机的努力看来已经足够清楚了。

后果

在接下来的几年里，为债务国启动的所有单项计划中，阿根廷 1984 年的一个计划因其对其他计划的影响，最使我感兴趣。由于煽动性的军事独裁政府交替，阿根廷几十年的经济政策是一片混乱。所幸，该国资源蕴藉、农业丰饶，且不乏受过教育的聪慧人士。“二战”前夕，它曾经是世界上最富裕的国家之一，人均收入和资源都与加拿大很接近，但所有这些都被贝隆政权挥霍殆尽。由于没有连贯、持续的经济政策，阿根廷沦落为一个发展中国家，高通货膨胀率反复出现，生产率水平也极为低下。20 世纪 80 年代初，困扰军政府的痛苦分裂、政治动荡以及收复马尔维纳斯群岛（福克兰群岛）的失败，使局面变得更加艰难。之后，1983 年的民主选举带来了新的契机。劳尔·阿方辛成为总统，他是老的城市激进党成员，该党有着模糊的左翼倾向。经济上，他的政府有一阵不稳固，因其经济部部长对国际货币基金组织和那些商业银行表现出来的“反动”国外影响，采取了一种强硬姿态。

1984年，一个能干且富有想象力的新经济官员队伍走马上任。他们认同在国外资金援助下实施紧缩计划的必要性，这意味着必须求助于基金组织。他们为该计划设计了一个吸引眼球的新核心内容，兼具象征性和实质性。他们将用一种全新的货币——奥斯特[①]来代替通胀过度的比索。虽然这种改变涉及许多复杂的技术问题，但计划的其他部分，尽管在范围和意图上显得激进，还是不乏先例的。

尽管都是常规内容，整件事却印上了“阿根廷制造”的标志，而我是那种遇到可以将效果和影响最大化的机会时，就会敦促国际货币基金组织迅速行动的人。德拉罗西埃有办法快速促成此事。最初的反应十分可喜。我接受了11月访问阿根廷的邀请，部分出于好奇，但也希望能够提供精神支持。经过40年的极端动荡，在阿根廷，没人会对任何事抱有信心，但即使是对商界、银行界和劳工组织的简短拜访（还有一天下午与来公园放松、毫无戒心的阿根廷人的闲聊），也感到一种希望也许还有自豪感回归的真实感觉。

胡安·苏鲁耶，一位巴斯克血统的经济学教授，作为经济部部长是该计划的主要设计者。他的举止和做派都与一位魅力非凡的政治家截然不同：含蓄内敛，简朴的生活作风一如其政策，但是智力超群，并锲而不舍地追求自己的计划。我认为阿方辛总统对计划的内容是信赖的，但面对持续的军方干涉，又面临在阿根廷

---

① 奥斯特（Austral），1985年6月14日起在阿根廷流通，1992年1月1日该国货币名称再次改为比索。

培育民主制度和习惯的艰巨挑战，他当然更是一位十足的政治家。可能是因为中期国会选举未能实现他曾期望的激进党取得绝对多数的结果，他对采取下一个必要措施以巩固奥斯特的稳定犹豫了太久，导致这项经济计划失去了势头。最后，必要的预算紧缩难住了他。他面临税收过程中的极低效率，以及长期大额补贴中内生的政治绑架。生活在一个被保护的环境中的行业领袖们，对引入更多竞争的开放经济没什么热情。将膨胀臃肿的国有企业私有化或者至少提高其效率的希望，由于官僚阶层的既得利益而破灭了，最著名的例子是阿根廷国家石油公司（YPF），一家垄断的国有石油公司。

一两年之后，这个起初大有希望的计划全线溃退。一个实现飞跃性进步的绝佳机会已经失去，落入了完全老一套的拉丁美洲模式之中。其他试图仿效苏鲁耶做法的国家，通常更侧重表面功夫，而并不触及硬预算约束和信贷核心问题，也没能取得快速成功。

几年后，拉丁美洲在许多方面取得的进步要明显得多。20 世纪 80 年代中期看上去不可能的事，在政治上变得可接受，在方向上也几乎无可置疑。到 90 年代初，阿根廷和墨西哥在私有化方面进展顺利。进口壁垒减少。阿根廷重新将其货币钉住美元，墨西哥也差不多稳定了其比索。智利在经济自由化方面走得更远，而委内瑞拉的情况也差不多。那些负责经济事务的人，得到了国内和国际商界近乎一致的公正赞扬。同时，他们强调其成功是建立在早期的努力基础上的，尽管有过错误的开端，但那些努力仍提供了必要的政治教育和制度建设。

整个债务危机过程中，一个有趣的方面是持续趋向更多民主、更多的政治和经济开放的潮流，以及趋向与工业化国家，尤其是与美国建立更好关系的潮流。由于实际工资和生活水平在 20 世纪 80 年代的危机中跌至谷底，这种潮流自然成为那些关心政治改革以及人权问题的人的一种担忧。那些担忧促成了无数多边债务减免谈判。这些来自学界、国会以及后来的华尔街本身的建议，尽管细节上各不相同，却有着共同的基本要素。普林斯顿的彼德·凯内姆第一个发表了明确的观点。这些建议提出了一些概念上简单却难以实施的交易方式：放贷人将通过减少其贷款的本金或利息（或者二者都减少）做出重大让步，同时还需要工业国家为剩余债务提供某种官方担保，债务减免只适用于那些同意制定稳定和调整计划并实施这些计划的国家。

在哪些国家有资格获得减免、哪些没有的问题上，所有那些建议似乎都会引起近乎无法克服的困难。举个例子，韩国和印度尼西亚这样有效管理大额债务负担的国家，是否有资格减计其债务？工业化国家的立法机关将同意那些“事实上将部分地帮私人放款人脱困的”必要担保——这种想法像是不靠谱的。那些必需的谈判的极端复杂性令人生畏，而且最终会带来失败、极度失望，以及负面政治反响的高风险。

至少我是这么看的，无论当时还是现在。我们不能令时光倒流，但事实是，在大多数面临经济困境的国家里，新拉丁美洲的政治领导证明了，能够应付在经济逆境中培育民主的挑战。我们根据其自身特殊情况分别处理每个国家的问题，而且我愿意相信，这种作为我们债务战略特征的个案解决方式，实际上有助于促进政治上的现实主义态度和自力更生精神。

那些借款国自身从未寻求组织一个债务国卡特尔——在减免债务的要求未获满足时，威胁通过集体违约来击垮金融机构。诚然，以其他国家为要挟获得谈判对手让步，是极其敏感的，但拉美国家一贯反对把它们自己结成一个有力的谈判集团的观点。我认为，它们是放眼未来，从各自利益角度尽可能与其债权人合作。毫无疑问，许多拉美国家之间长期的相互猜疑和对立，也妨碍了它们的协调立场。而且，由于幸运或是其他原因，似乎总有一个重要国家表现得不错，并认为加入其他国家与其债权人强烈对抗会损失很多。

几个特例证实了这一规则。在新的左翼总统阿兰·加西亚的领导下，秘鲁于1985年采取了一种对抗性举措。他立刻单方面宣布，用于支付贷款利息的资金将不超过秘鲁出口收入的10%（而且甚至这个水平也很少达到）。在不长的时间里，这一措施颇有争议地帮助了秘鲁和加西亚。他无疑希望这将成为其他债务国的榜样。但加西亚的政治观点以及据称专横的个人作风，限制了他对其他拉美国家领导人的号召力。商业银行和债权国政府，都不想因为要求违约的法律救济而将问题激化，那会给每一方都带来没完没了的麻烦。但在加西亚任期结束之前很久，秘鲁的经济就陷入了崩溃，成了没人想仿效的例子。1990年7月继任的阿尔韦托·藤森则持完全不同的意识形态和政治信仰，国内国外都制定了更为传统的政策。

巴西人也曾有过一位特别好斗的财政部长——迪尔森·福纳若，他的谈判方式就是威胁不付利息。1987年的一段时间里，他真的就暂停了利息支付，却只发现，相比他在前面拒绝支付利息而节省下的资金，更多的巴西资本正从后门流出这个国家。他这种方式的难点在于，对国外债权人权利的缺乏尊重，也会让巴西本国的富人感到脊背发凉，而巴西有不少富人。他们开始担心，下一个出现在没收名单上的会不会是自己的金融资产。那种特殊的尝试很快就结束了，但巴西却在墨西哥、巴西、阿根廷这几个拉美的主要债务国（曾被伦敦《经济学人》杂志称作 MBA 国家[①]，调侃那些曾经轻率地贷款给这些国家的年轻银行官员们）中垫了底。

拉丁美洲国家，无论大小，几乎无一例外地对国际货币基金组织有种天生的强烈反感。作为指定的世界性货币合作机构，国际货币基金组织在制定和监督稳定计划方面具有道德权威和经验。但也许无可避免地，它也表现出一个严格的军纪官形象，强迫其成员做出牺牲并实施紧缩措施。我想我们都应该受到批评，因为没能更早地把世界银行和地区性发展银行积极纳入这一过程，这些机构即以恢复增长和发展的需要为最终目标。

在我看来，部分困难在于机构人员的角力。调整工作是国际货币基金组织的官方地盘，而其官员不愿意冒着自身宏观经济调整和紧缩的信息被模糊的风险，去邀请世界银行官员加入他们的行动或做出独立分析。另外，那些机构之外的很多人，如我们，怀疑基金组织的人员是否在一个过于狭窄的参照系内工作。基金组织的调整模式是明确的：贬值以使出口有竞争力、控制货币供

① 墨西哥、巴西、阿根廷三国国名英文首字母组合也恰好是 MBA（Mexico、Brazil、Argentina）。

应量以应对通货膨胀、使国家预算摆脱赤字以为私人投资腾出空间、限制工资以加速转向稳定——就是这些。这些要求与非常具体的“绩效评价标准”挂钩，这样每个季度的贷款拨付都将取决于基金组织客户是否满足其调整目标。在借款国看来，这种方式看上去自然是冒犯的，甚至有点儿武断，它们觉得自己具体的政治和经济形势的特殊性没有被充分了解。我们中一些经历过努力实现自愿接受的货币和预算目标的人，会对它们的顾虑表示同情。但无论冒犯与否，基金组织的人会提醒我们这些不坚定的理想主义者，留心他们辛苦得来的经验：严格的定期监督是必不可少的，以免纵容一两个季度的“失误”在一年左右的时间里积淀下来，从而变成一种无效政策。我得承认他们是有道理的。而且最终绝大多数借款国也同意这一点，因为无论如何，它们都没有其他途径获得其需要的那种支持。基金组织不但提供了精神支持，也提供了硬通货，这两者是通过其本身放贷和其对银行行为的影响来实现的。

大银行的银行家们通常很快就意识到，如果想留住贷款的价值，他们最好抱团。基金组织采取的方法使这一点变得十分清楚：有着大笔贷款等着收回（或损失）的债权银行，在投入足够新资金以帮助其用款客户度过艰难的调整期前，稳定计划不会被批准，基金组织也不会提供贷款。

所有这些导致了一个问题，即银行是否被要求违反那个“不要赔了夫人又折兵”的古老警示。然而，我很清楚，事实上任何情况下，银行收到的利息比他们提供的新贷款要多。如果他们真的想保守，他们就该提供新贷款，坐收利息，并将其中一部分留作储备。这样，从哪个角度看，他们也比压根儿收不到利息要强。一些外国银行做了类似的事，甚至比这走得更远。也许我们应该坚持让美国的银行也这么做。

我要代表美联储说的是，如果新贷款是基金组织批准的调整计划的一部分，并因此合理改善了未偿还贷款的前景，那些新贷款不该被批评为鲁莽。这就像银行要经常做出的困难判断——是否向一个麻烦缠身的公司或个人提供新贷款，以帮助其渡过难关。但在国际主权贷款中一个重要区别在于，国际破产法院没有最终追索权，以处理不同债权人的索赔。德拉罗西埃还没走得这么远！

许多计划根据那些协议得以推进，也有许多新贷款获得了批准。但到了 20 世纪 80 年代中期，从借款者角度看，根本问题显然未得到解决，而放款人则感到了某种疲惫。有一种政治倾向认为，借款人的负担要比放款人的要大，毕竟后者首先轻率地拿他们的钱去冒险了。银行可能会在谈判桌前大吵大闹，但它们最终从利息中收回的现金比贷出去的要多。多数美国银行在提取风险准备金方面动作缓慢，因为那会直接损及利润，所以它们似乎在逃避轻率放贷的正常后果。即便如此，在合作新贷款计划时，尤其是一些美国银行看起来是在寻找限制其敞口的办法，个体银行间或各国银行间的摩擦加剧了。更有甚者，几家更激进的银行试图采取一种审慎（或者并没有说得这么审慎）的敲诈方式，威胁从一个或另一个新的一揽子贷款计划中撤出，除非与借款国有关的某种具体抱怨或目标得以解决。

这些都令人丧气。当时的形势，在逻辑上似乎要求银行在建立其风险准备时，至少在利率方面自愿做出一些重大让步。但作为管理者，我们觉得，我们实际上不能在不损害其放款意愿的情况下，通过强制实行低于市场的利率或是大额准备金，而把损失强加给银行。随着时间的流逝，银行的确缩小了息差，但我当时和现在都认为，如果银行更早一些自愿做出更大让步，整个计划会更为成功。相反，冒着影响借款人合作的风险，在重组贷款上，银行试图挤出最后的 0.125% 息差，或将贷款期限缩短一两年，这样谈判似乎总是变成了一场棒球游戏。最后，无论是雅克·德拉罗西埃还是我，或者我们俩一起，不得不与银行家坐到一块儿，劝他们同意。

詹姆斯·贝克在 1985 年年初与唐纳德·里甘调换了职位，将白宫办公厅主任的职务给了里甘，自己代替里甘出任里根政府的第二任财政部长。上任之后，他向我提出了上述所有那些问题。在其家族历史上，他曾是得克萨斯州一家大银行的董事，但我猜测是他的政治本能而非银行业血液使他说出了这句话："你知道，这看起来不对。银行这时候必须承担一些损失。"但在他考虑这个问题时，他也和我一样，找不到一个办法，一方面促使银行承担有限的损失，同时又期望银行提供新资金以支持其借款国恢复健康。由于我前面提及的原因，由国会一些人提出的诸多更宏大的方案，他也没有看到什么希望。但疲劳感和受挫感，以及增长和发展正在萎靡这个更重要的事实，是回避不了的。如果我们不喜欢这些更宏大的计划，那我们便是一无所长，什么也赢不了。于是我们一起集思广益。

我的出发点是，我们所有的分析都建议，基于世界经济增长、开放市场以及控制通货膨胀和利率的合理假设，在不超出银行和官方机构能力的情况下，应提供足够的私人及公共融资用于支持拉丁美洲增长的恢复。在美联储之外，这种推论似乎得到国际货币基金组织和世界银行以及一些私人分析家的广泛认可。然而，对这种情形真会实现的信心在逐渐减弱。银行厌倦了在缺少法律责任的条件下展期债务并重新安排偿付的无休止谈判。从长远看，它们的借款人至少是日益灰心，获得足够新贷款支持经济增长的希望越来越渺茫。

这就是新任财政部长1985年10月在首尔国际货币基金组织会议上演讲的背景，演讲勾勒出一个新的"持续增长计划"，即所谓的贝克计划。演讲稿是在飞往韩国的航班上起草的，但思路的转变则更为曲折。其目的在于突出并强调确保足够融资以支持拉美复兴与增长的必要性。

在华盛顿，我们已经与世界银行和泛美开发银行测算出了融资数额。根据他们擅长的对改革计划的经济评估，它们愿意更积极地提供长期发展贷款。商业银行则被要求提供比短期融资期限更长一点儿的资金，当然，条件是基金组织批准了适合的计划。基金组织本身则被鼓励在制订计划过程中，与世界银行更密切地合作。

贝克计划受到了包括商业银行在内的各方的热烈欢迎。但当它超越道义支持兑现实际承诺时，商业银行就不那么热衷了。财政部和美联储与它们一起，探讨了各种提供适当担保的方式，但这些讨论更多的是以宽泛的意向书收场，没什么实质性成果。

1986年，墨西哥政府和其银行家们之间进行了多次重要谈判，内容是提供一些新贷款，并就 1982 年危机之后发放的贷款重新协商。这些谈判的过程全面展示了各种持续的困难。整个计划涉及春天以来最艰难的谈判，我曾被临时通知，让我本人去拜会德拉马德里总统，旨在帮助阻止一次全面崩溃。席尔瓦·埃尔索格的突然辞职，凸显了墨西哥政府内部的混乱和争执。他的继任者是古斯塔夫·佩特里西奥利，即现任驻美大使。在基金组织－世界银行会议期间，银行融资还未确定。我最后决定，和世界银行新任行长巴伯·唐纳伯以及国际货币基金组织的德拉罗西埃一起，约上 12 家世界最大银行的董事长，去他们那里听听银行的说法。

事情很快就清楚了，原来他们内部有争议。其中一两个人有着另类的提议，迟至当天还在拒绝墨西哥可以接受的一揽子计划。当一揽子贷款计划的数量和形式迫于最后期限的压力解决后，剩下的唯一问题，就是银行对新贷款收取的利率了。我们回到正在召开基金组织会议的酒店，在其中一个房间里商量这个问题可否解决。困难的几个月都过去了，这个问题在我看来已经不是什么大问题了。在其房中等候的佩特里西奥利，要求息差是对伦敦同业拆借利率上浮 0.75%，而银行则要求 0.875%，一个 0.125% 的差距。按美元计，60 亿美元的贷款每年的利息大约差 1000 万美元，而且那 1000 万美元将分摊到数百家银行。

银行的董事长们就坐在那里，就那么长时间地坐着，但他们就是不同意。最后，对明显的折中妥协方式，实际上只有一个反对意见。为了避免成为一个太明显的先例，这个一揽子贷款计划可以分开执行，根据具体贷款的条件，其中部分息差是 0.75%，剩下的为 0.875%。墨西哥和银行的技术专家被安排制定具体细节。

但气氛被搅得太差，以至下级官员无法就哪部分贷款适用哪种利率达成协议。各方最终都不太高兴地接受了所有贷款 0.8125% 的息差。据我所知，这是一个以往的贷款协议中从未有过的价格精准程度，也理所当然地成为某种笑柄。但无论是否被嘲笑，它成了未来重组协议的一个几乎是不可动摇的先例。当然，正是每一个协议都会成为先例这一预期，导致了谈判桌上的相持不下。

1987 年春天，贝克计划已陷入困境，各方对它的热情也杳杳无踪。当年少气盛的花旗银行新董事长约翰·里德[①]决定掌握主动并将自己从旧体制中解脱出来时，标志性的最后一击发生了。用银行业的技术术语讲，针对花旗银行的第三世界债务，他一下子“拨备了”或者说储备了 30 亿美元，占那些债务总额的 20%。这意味着对该银行盈亏线的巨大“冲击”，此举让美国银行业以史无前例的损失结束了这一年。按照里德向我及后来向他那些不太高兴的银行同僚们的解释，他的理由是证明银行能够承担潜在的损失，消除萦绕在市场上的顾虑，并为以后几年的高利润扫除障碍。这种方式让人们难免产生一种印象，即表明他在美国银行业的领导地位。

---

① 约翰·里德：具备科技背景的美国金融家，1965 年加入花旗银行，1984 年担任花旗公司、花旗银行董事长兼 CEO，1998 年任合并后的花旗集团联席 CEO，2000 年 2 月辞职。在花旗工作期间，他成功研发了自动提款机系统（ATM），使花旗成为世界上第一家大规模使用计算机、传呼机的银行，并率先启动了信用卡，大大扩展了花旗的业务范围。2003 年 9 月至 2005 年，在理查德·格拉索高薪丑闻后，以 1 美元年薪担任纽约证交所过渡期主席并短期兼任 CEO，为纽交所转型成上市公司制定了全新的治理规则。2010—2014 年任麻省理工学院校董会主席。

在银行分析师和投资者的圈子中，这一举动以实事求是的态度得到了广泛赞扬。无疑，我的大多数管理者同行也是这么想的。股票市场将其视为利好，推高了花旗银行的股价。其他银行感到不得不仿效里德的创举。正如里德自信满满的推测，我无法批评一个看起来如此审慎的举措。但对我来说更为重要的是，拉美贷款在二级市场上的命运，那些贷款在这个市场上被以低于面值的价格买卖，而且价格在往下走。推究其原因，却是合情合理。如果在大银行的带领下，银行自己都认为 1 美元的贷款只值 75 美分，那么，如何指望它们再发放新贷款呢？如果银行停止放贷，它们的债务人将不能继续支付利息，而且，鉴于后者的信用已经受损，它们也没什么动力去付利息了。这些贷款的价值还会进一步下降。很快，银行不但实现不了创纪录的利润，还需要更多的坏账准备并冲销坏账。

几个月后，我离开了美联储。但此后一两年，发放给拉美的新贷款几近枯竭，我并不感到惊讶。有一段时期出现了大量实验性做法，包括债转股、退出债券[①]以及其他的工具——有些情况下涉及自愿注销至少部分债务。然后，1989 年年初，在新政府的旗帜下，财政部长尼古拉斯 · 布雷迪[②]宣布，在 1982年墨西哥危机中开始采用，并在贝克计划中得到发展的措施结束了。当然，布雷迪没有说得那么直白。他说的是：是强调债务削减的时候了。也

① 退出债券，亦称有权不接受债务重整的债券。

② 尼古拉斯 · 布雷迪：1988 年 9 月至 1993 年 1 月任美国财政部长，“熔断机制之父”，令其名声大噪的正是下文提到的 1989 年 3 月的“布雷迪计划”，主要做法即由发展中国家将现有债务转换为其新发行的美元债券，或称“布雷迪债券”。

就是说，商业银行应该开始免除本金或利息，而不是提供新贷款了。协议仍将是逐个谈判，而基金组织对调整计划的批准，仍将是减计资产合法化的关键。但那些官方协议不再基于经由银行同意的融资计划。此外，布雷迪计划，加强并扩大了已由日本大藏相宫泽喜一和其他人提出的想法。

实质上，那就是真正地接受现实。我个人对政府积极支持豁免私人银行而非官方放贷人提供的债务心存疑虑，部分是因为我担心，那些仍有足够手段偿债的国家，将会要求同等对待。然而，布雷迪当时的直觉是，在融资谈判中，官员不须再扮演银行的婆婆了，事实也证明了这一点。

到了 1992 年年初，布雷迪计划的方案，已经与两个拉美大国及菲律宾协商过了。当新动议宣布时，墨西哥仍在贝克计划的谈判之中，于是它根据布雷迪计划的那些要点，很快做出了修改。毫无疑问，谈判的债务和利率削减数额，要比其他方式大得多。只有几家银行，十分有趣的是花旗银行也在其中，总体上倾向于发放新贷款而不是减计旧的。墨西哥的债务总额没有上升，反而有所下降。这在当时具有重要的政治意义，但这个差异是不是墨西哥方案取得经济成功的关键，却是有疑问的。在委内瑞拉，只要石油价格没有明显下降，削减债务的经济动机就一直不够强烈。

对这两个国家来说更为重要的是，两国为恢复对其经济管理、经济稳定和发展前景的信心，都经过了相当漫长的努力。它们能够再度利用对任何国家来讲都是最重要的资本来源：本国居民的储蓄。那些资本开始从纽约、迈阿密、苏黎世或者其他境外地区，大量流回国内。墨西哥甚至开始采取规模很小但意义重大的举措：

从国际债券市场借贷。即便是债务危机最严重的年份，墨西哥也从未在该市场拖欠一次偿付。

20 世纪 90 年代初，多数银行对除短期贸易贷款之外的所有拉美国家贷款，提取了 50%~100% 准备金，远远超过了花旗银行 1987 年的惊人之举。80 年代无数的宝贵谈判时间，事实上成功地消除了一场国际银行业危机隐患。花旗银行的比尔 · 罗德斯在这些谈判中发挥了不可或缺的作用。如果银行在 90 年代初面临强大压力——而且它们确实如此——那么原因是 80 年代的国内贷款过度，而不是拉美债务压力。

我认为，雅克 · 德拉罗西埃和他基金组织的同事，世界银行的汤姆 · 克劳森[①]、巴伯 · 科纳布尔和厄尼 · 斯特恩，以及重返政府部门担任美联储顾问、承担了与拉美国家间不可或缺的联络工作的埃德温 · 约所花费的那数千小时时间，给拉丁美洲带来了新的进步意识和希望。我知道，一些才华横溢、思想开明的拉美新领袖已被推到了前台。墨西哥耀眼的年轻二人组合——总统卡洛斯 · 萨利纳斯和他的财政部长佩德罗 · 阿斯佩，与中央银行的米格尔 · 曼塞拉和财政部里精力充沛的安赫尔 · 古里亚组成财经团队。曼塞拉坚定而富于理智，而古里亚到现在为止一定是处理国际债务问题最长时间纪录的保持者。作为一群经济官员，他们在理解力、持续性以及胆识等方面，足以匹敌世界上任何人。阿根廷的多明戈 · 卡

① 汤姆 · 克劳森（1923—2013）：1981 年 7 月至 1986 年 7 月担任世界银行行长。离开世界银行后，重返美洲银行担任行长兼首席执行官，直至 1990 年退任美洲银行执行委员会主席，在该行期间，他帮助美洲银行发展为美国最大的商业银行。

瓦洛[①]，委内瑞拉的佩德罗·蒂诺科，以及智利的安德烈斯·比安基虽然稍后登场，但也留下了显著的个人印记。这一名单还可以长很多。

经济危机和债务危机会一再上演，焦点后来转向了东欧、俄罗斯和新的独联体国家。似曾相识的战旗冉冉升起；还不还债再度成为硝烟弥漫的论战话题。处于新计划初期的波兰，优先考虑减轻债务，并得到持有其大部分债务的官方债权人的同意。但当时的国际信贷市场却将它拒之门外。而相对来说债务更多的匈牙利，决定侧重于持续性、还债和进入信贷市场，而且确实持续从国外筹得了新资金。

哪种方式更有前途呢？尽管特定环境的重要细节存在差异，我的立场是明确的。没有能力还债可以理解，如果正在为经济改革做出合理努力，必要的债务延期或重组要求，通常会得到理解和满足。但在我看来，坚持将取消债务作为一种倚重的援助形式，或者拒绝偿付，极有可能是帮倒忙。

在原苏联版图内，债务偿付中断很常见，对处于经济混乱中的新国家来说通常是这样。但就其经济潜力而言，1992 年估计为 600 亿至 800 亿美元的那些债务，还是可以应付的。按人均计算，

---

① 多明戈·卡瓦洛：1991 年 2 月至 1996 年 7 月 26 日担任阿根廷经济部部长，因其任职期间实施的兑换计划备受赞誉，该计划在 1991—2001 年期间美元与比索的汇率固定为 1 ∶ 1，使阿根廷的通货膨胀率从 1990 年的 1300% 以上降至 1992 年的不到 20%，并且在 20 世纪 90 年代之后的几年里几乎为零。但是，在他的理念下，阿根廷也遭遇了史上最严重的危机，当时他实施了著名的“围栏”措施，限制储户从其银行账户中取走自己的全部资金，但允许他们用来从事银行交易，由此导致了 2001 年 12 月 21 日的阿根廷骚乱及总统费尔南多·德拉鲁阿当日的辞职。2015 年他被判处贪污罪，但他随后上诉，目前仍在等待确定的判决。

这些债务只占拉美国家债务负担规模的 1/5，或者不到 1/5，而且那些新的共和国人力、物力丰富。

它们成功的关键将是释放那些资源，恢复某种意义的稳定，并提高效率和生产率。无疑，这一过程中，最起码需要官方和私人的新贷款、国外的新投资甚至是纯粹的援助提供动力。在那几个方面，我想它们的领导人从拉美经验中所学到的，应该与他们从工业国家学到的一样多，或者更多[①]。

行天丰雄

债务危机是一个将要伴随我们多年的全球性问题的第一阶段。它的复杂在于它与很多重要问题紧密关联：发展战略、国际金融市场的作用、国际金融机构的角色以及银行的行为和监管。我们学到的主要教训是，我们当下生活在一个经济上相互依赖的全球化世界中。过往经历提醒我们，发达国家和发展中国家、债权人和债务人，以及世界各地的市场，是如何联系在一起的。在摸索一个可行方案的过程中，我们取得了一些成功，但不是最后的成功。

甄选解决方案的大部分工作，发生在 20 世纪 80 年代后五年中，我至少参与了部分方案。前五年，保罗·沃尔克已经介绍过，是一段非常时期，日复一日地严峻考验财政机关能否维护国际银行和金融系统的活力。1985 年，由于形势开始再度恶化，这场关

① 三位第三世界债务问题专家在一次研讨会上的发言要点见附录。——英文原注

键的金融灭火行动明显力度不够。许多债务国赖以为生的主要商品价格开始下跌，而主要国家——美国、日本和德国——这些第三世界的产品市场，其经济增长率也在下降。债权银行很不情愿继续向拉丁美洲贷款，以帮助他们的第三世界客户渡过难关。特别是美国大的区域性银行，已经因其石油和农业客户的经济崩溃甚至破产遭受了损失，不得不尽可能多地救助这些客户。欧洲，尤其是德国和瑞士的银行，对拉丁美洲也变得谨慎起来。私人银行对 15 个主要债务国的贷款余额，1985 年下降了 40 亿美元，1986 年则又下降了 18 亿美元。

这进一步打击了债务国。1984—1986 年，重债务发展中国家的经常项目赤字从 310 亿美元上升到 490 亿美元。它们的偿债比率在这三年里从 24% 升至 27%，这意味着，它们每年大概有 1/4 的出口收入被用以保证支付其债权人的年度利息，这些债权人主要来自工业国家。它们的欠债总额与年度出口收入比值，从 165% 提高到 204%，或者说直逼公认的一国危险水平。为了向债权人履约，它们实际支付的资金比其得到的急需用于发展的资金还要多。债务国 1984 年的资本净流出为 100 亿美元，1986 年则翻了一番还多，高达 240 亿美元。

这就是美国财政部长于 1985 年 10 月宣布贝克计划的背景。对债务人而言，这是一种增长导向的改良主义方案，但它也要求商业银行三年内增加 200 亿美元的新贷款；同期，世界银行这样的国际金融机构将贷款规模提高了 50%。不幸的是，这并没有实现我们许多人希望的结果。私人银行直接拒绝对这些国家继续放贷。债权国政府无所作为，这是贝克计划的严重缺陷。所有这些结果，造成了借贷双方心态极其严重的恶化。

1987 年 7 月，激进的秘鲁新任总统阿兰 · 加西亚表示，秘鲁将把债务偿付开支限制在出口收入的 10% 以内，并呼吁其他债务国也加入，但他没有得到响应。墨西哥形势再度恶化，1986 年联邦预算赤字几乎占到了国民生产总值的 13%。政府对濒危国企的补贴不断飙升，由于 1986 年夏季 13 个州的州长选举，紧缩政策也被摒弃。财政部长赫苏斯 · 席尔瓦 · 埃尔索格被撤换。其继任者古斯塔夫 · 佩特里西奥利强调考虑国内因素，并通过挑衅式地提醒债权人“死人还不了债”小小警告了我们一下。经过多番努力，墨西哥最终在 1986 年 7 月接受了一项经济改革方案，国际货币基金组织则同意提供 15 亿美元的贷款。10 月，来自美国、日本和欧洲的放款银行，同意向墨西哥提供 60 亿美元的新贷款，避免了另一次危机。

但事情还没完。1987 年 2 月，巴西突然宣布，因为其贸易顺差在萎缩、外汇储备在减少，它将暂停支付其 900 亿美元未偿债务的利息。但最大的意外是花旗银行的约翰 · 里德宣布，将拿出 30 亿美元作为拉丁美洲贷款的损失准备金。银行与债务国之间的新关系出现了：这是银行第一次不再看好其债务人的未来，并从发放贷款维持客户稳定发展，转变为保护银行自身的财务安全。显然，需要新办法了。

美国参议院的比尔 · 布拉德利[①] 已经提出了一项债务计划，要

---

① 比尔 · 布拉德利：美国大学联盟锦标赛（NCAA）美联社年度最佳球员，NBA 全明星，1977 年职业篮球运动员生涯结束后，于 1978 年以 35 岁的年龄成为美国历史上最年轻的参议员，之后的参议员选举中接连获胜，直至 1995 年宣布不再参选。

点是利率削减 3%，且每年免除 3% 的债务余额。其他专家，包括哈佛大学的杰弗里·萨克斯[①]和众议院银行委员会的代表查尔斯·舒默，提出的观点涵盖了一些免除债务的内容。美国财政部当时十分反对免除债务。银行冲销了它们的损失，财政部就担心潜在的税收损失。但是就法律层面而言，它害怕免除墨西哥债务将鼓励其他债务人不偿还债务，从而导致严重的道德风险。那么，政府怎么能不支持困难重重的农民和按揭贷款人的请求呢？实际上，道德败坏并没有蔓延。国内借款人显然不会将自己的地位和外国借款人等同，银行股东则默许银行的政策。

为了在提供新型方案时避开危险路径，财政部长贝克在 1987 年的威尼斯峰会上提出了一种新方法。他建议银行和债务人在个案基础上合作，并从囊括了不同方法的菜单中做出选择：债转股、投资类票据、退出债券、新贷款、资本化利息以及很多其他涉及金融创新的工具。这些方法中有一些取得了成果，尤其是 1988 年著名的墨西哥交易，当时墨西哥将部分旧债务打折拍卖，换成新的墨西哥政府债券，后者由美国财政部无息债券全额担保。但总体而言，这个菜单方式仅仅提供了有限的新资源，债务国没有获

---

① 杰弗里·萨克斯：著名的全球发展问题专家，哥伦比亚大学经济学教授，哈佛大学国际研究中心主任，前联合国秘书长安南的高级顾问，“休克疗法”之父。其受聘玻利维亚政府经济顾问期间，针对该国经济危机问题，提出了一整套经济纲领和经济政策，主要内容是经济自由化、经济私有化、经济稳定化。由于这套举措具有较强的冲击力，在短期内可能使社会的经济生活产生巨大的震荡，甚至导致出现“休克”状态，从此“休克疗法”这一医学名词被引入经济领域，用来称谓一整套激进的反经济危机措施和毕其功于一役的经济转型方式。

得大规模新资金。很多银行仍然不情愿因免除部分债务而产生大量账面损失，只要能获得利息，他们宁愿将这些债务保留在账上。

1986 年秋，日本的银行开始发挥显著的作用。在对拉丁美洲的银行总敞口中，美国的银行占 37%，日本的银行 15%，英国 14%，法国 10%，德国 9%，加拿大 8%，瑞士 3%。日本的银行作为一个整体，已经成为十分重要的参与者。在它们发放给拉美国家的 370 亿美元贷款余额中，给了墨西哥 110 亿美元，巴西 90 亿美元，阿根廷 50 亿美元，巴拿马 40 亿美元。而当其他大多数国家的银行在收紧时，只有日本的银行增加了在拉美的放贷。日本的银行的敞口从 1984 年的 290 亿美元，上升到 1986 年的 370 亿美元。它们这么做的部分原因是，日本的大量贸易顺差以公司客户不断增加存款的形式，为银行提供了流动性，同时帮助银行转型为国际竞技场上的积极竞争者。日元对美元的升值，也放大了日本银行界放贷的美元数额。

1987 年 5 月，美国主要银行的高管层来到东京，包括花旗银行的约翰 · 里德，大通的威拉德 · 布彻，摩根的刘易斯 · 普雷斯顿[①]和美洲银行的汤姆 · 克劳森。他们见了我们的大藏相和中央银行行长，并敦促日本的银行更加积极地合作。这些美国大银行陷入了其拉美债务的两难境地。一方面，它们不得不遭受某种程度上由过度放贷导致的损失，这意味着它们无法继续向拉美发放新的贷款；另一方面，它们又不能抛弃拉美，那里是它们重要的市场。

① 刘易斯 · 普雷斯顿：1980—1989 年任 J.P. 摩根董事长兼首席执行官，使摩根公司成为整个拉美债务危机中唯一一个保持 AAA 信用等级的美国大型贷款机构，1991 年 9 月 1 日出任世界银行行长，直至 1995 年 5 月 4 日去世。

因此，说服日本的银行与它们合作并共同承担债务国负担，对美国的银行来说至关重要。

大藏省提出，保持生产性资本流向拉美是当务之急。要实现这一点，我们认为鼓励银行与债务国、国际贷款机构及它们本国政府合作非常关键。日本政府开始通过大藏省寻求解决债务问题的新方法，最终提出了所谓的“宫泽计划”，以我们大藏相的名字命名。计划的主旨是，引入或加强国际金融机构和债权国政府的参与，而债务国则被要求执行实质性调整方案。国际和国内机构将提供融资，以使债务国的保证更有分量。银行将被要求在“向债务国提供新贷款或通过降低利率来削减债务”之间做出选择。我们在 1988 年 7 月的多伦多峰会和同年 9 月柏林的国际货币基金组织会议上提出了该计划。让我们极度失望的是，七国集团其他成员强烈反对，尤其是美国、英国和德国，它们的理由是，多边或国内公共机构的过多介入，将导致风险从私人部门转移到公共部门，这是很危险的。加拿大保持开放立场，法国则提出了自己的主张，即创设新的特别提款权并对债务国优先分配。经过非正式讨论，这些援助第三世界债务国的提议，显然没一个行得通。我和七国集团的其他代表们深度参与了这些讨论，政治家们对私人银行近乎刻薄的强烈反感，实在令我吃惊。我清楚地记得其中的一次会议上，一位财政部长说道：“既然整件事都是银行的杰作，我们何不让它们自食恶果？”我想这是政治家们那段时间的普遍心理。

到了 1988 年冬天，形势丝毫没有改善，此时，即便是美国财政部也意识到，需要新的大胆举措。它提出一个新想法，对传统思维有重大突破。不仅直截了当，而且几乎全部着眼于债务削减。根据美国财政部的计划，银行将免除部分债务，但不会提供任何形式的新资金。那取决于债务国，它们可以重返国际资本市场，或者，也是最重要的，通过调整它们的国内规划、法律和规章制度，将其居民持有的外逃巨额资金吸引回国。这一计划貌似非常合理，却很不现实。

因此，我们开始研究不同的建议，美国的、日本的，还有其他国家的。我们这些官员，特别是来自七国集团国家的，大约花了一个月时间完善它们，并与国际金融机构和私人银行进行了大量磋商。我们提出了一项在 1989 年 4 月七国集团会议获得官方同意的计划。其被称为“新债务战略”，糅合了日本计划的要点。它是一项四个主要参与者之间的合作计划：债务国、银行、债权国政府和国际金融机构。首先，债务国必须就一项中期调整计划与国际货币基金组织协商，以控制通货膨胀、削减财政赤字、私有化国有企业及调回外逃资本。基金组织将监督计划执行，作为回报，国际金融机构，包括基金组织和世界银行，将提供新贷款，在债务国设立一项作为担保的基金。实际上，正如保罗·沃尔克所言，基金组织同时扮演了破产法官和贷款机构的角色，而它担保新贷款的确切事实，将给其他新的放贷人带来信心。银行面临三种选择：债务免除、偿债削减或发放新贷款。债权国政府也被希望向债务国提供融资，主要通过其类似进出口银行的公共机构。债权国政府还被要求清理会计程序和税务法规中的障碍，从而便利银行注销债务。

截至本文写作的当下，墨西哥、菲律宾、哥斯达黎加、委内瑞拉、摩洛哥和乌拉圭，已经同意了基金组织的中期调整计划。经过四方参与者长期的艰苦谈判，最有意义的成果当数 1990 年 2 月与墨西哥达成的交易。这次交易最有趣的部分与银行有关。一旦被给予处理其第三世界债务的选择方式，有 50% 的银行选择通过降低利率以削减债务，40% 同意免除部分债务，仅有 10% 选择提供新贷款。

回顾这次债务重谈过程，债务国和债权国双方显然都必须承担重要责任。毋庸置疑，债务国最初的发展战略，不是计划有问题就是执行出了状况。大部分所借入的款项，并没有用于提升其出口竞争力。说白了，它们投资的项目并没有产生足够的外汇收益，实际上，大部分都亏钱。就债权国而言，出于种种原因，许多银行都过分热衷自身的短期商业利益，从而忽略了中长期内其借款人有效掌控并利用这些资金的资历和能力。放贷行为无疑也受到其政府的鼓励，尤其是在石油危机之后，但是其中一些放贷政策仅指望增加利润。贷款大部分以美元形式发放，使得借款人完全受制于放款国家的货币政策，美元利率达到历史最高时，债务危机爆发，这并非巧合。正如我们从保罗·沃尔克那儿听到的，在与记忆中最严重的国内通货膨胀斗争时，对外贷款的质量并非他考虑的首要因素。我们也可以指责我们的管理机构，在允许欧洲市场无限制扩张时过于仁慈了。直到 1980 年，欧洲市场的扩张还备受警惕，但面对第二次石油冲击，我们却非常宽容地听凭其发展，近乎放任自流。正是这一市场催生了所有那些银团贷款，一个推动银行贷款急剧扩张的手法。

后来梳理债务问题的时候，我们也开始意识到一种普遍道德风险的威胁——“债务疲劳”，借贷双方均受此折磨。借款人自问，自己为什么要牺牲经济增长，而只是去满足放贷人的贪婪？放贷人则因为不得不在债务人信用逐年恶化的同时继续对后者贷款而心生懊恼。我们所有人之所以开始同意某种债务削减不仅不可避免甚至可取和必要，这种债务疲劳是原因之一。

但是有三种途径去减少债务存量，而且我相信只有三种。第一种，当然是偿还债务。这是最典型实际上也是很正常的途径，但在这里不可行。第二种，是将债务转成某种无须偿还的投资。对此有很多设想，比如将债务转换成私营公司的股权。这个方式重要性显著，因为它能削减债务，却并不危及新资金流入实施债股转换国家的可能性，但它需要辅以审慎的货币政策。

第三种方法是免除债务。这是一个简单而重要的减债想法，却也造成了一个两难困境。债务国需要新资本，但给转身又去借债的债务国免除债务，这存在着内在冲突。免除债务意味着旧贷款糟糕到不得不取消。如果事实如此，如何令放贷人相信新贷款是没问题的？只有当放款人相信，他们的新贷款和剩余的旧贷款，质量将同时好于注销的旧贷款时，这一问题才能解决。对借款人来说，最传统的信用提升方式，是通过良好的经济表现，展示进行国内调整努力的坚定承诺。我认为，信贷市场会欣赏这种展示，并感觉放贷给这样的借款人将有更好的偿付机会。

同时，这些国家也明显需要为经济重建和发展持续注入资本。它们如何获得资金呢？首先，通过多出口少进口积累贸易顺差。其次，可以吸引海外投资者的直接投资。再次，也可以从银行获得新贷款。最后，它们还可以通过重获因其不负责任的政策而外逃的本国居民资本，来得到投资基金。实际上，债务国需要同时使用四种方法。

但是，复杂的金融技术永远无法单独解决债务问题。保罗·沃尔克强调，最终答案来自债务国本身，但我必须补充一点：所有四方——债务国、债权国政府、债权银行以及国际金融机构应当共担成本和风险。政府过去乃至现在仍然极不情愿将私人风险转给公共放贷人。我当然理解这种考虑，但我们不得不面对现实。1984 年，公共机构放贷在第三世界债务总额中占 38%，私人放贷者则为 62%。1990 年，两者所占份额变化为各一半。无论你是否乐意，风险早已从私人部门持续转向公共放贷人，一味反对这种趋势并不能真正解决问题。

整个合作过程，致力于在不造成一国破产或世界金融体系瘫痪的情况下，实现平稳减少拉美国家债务的共同目标，这个过程肯定会继续。像墨西哥、智利和委内瑞拉这几个国家，的确付出了艰苦努力，也取得了实质性进步，但其他国家的表现并不乐观，这种几家欢喜几家愁的状况还会持续一段时间。这一问题也不会止步于拉美地区，当类似问题在其他地区尤其是东欧出现时，我们学到的所有经验教训将适用且同样重要。

第八章

制服超级美元：广场协议

保罗·沃尔克[1]

概述

1984年和1985年年初，里根政府在经济上的成就感是显而易见的。衰退过去了很长时间，经济早已是增长势头，一个盛大的竞选胜利等着去庆祝。外汇市场上，美元处于云端的汇率水平招致了出口商的不满，我们的一些贸易伙伴也感到不安。但对狂热者而言，在美元汇价被视为市场认可的标志的情况下，所有那些说法看上去都是吹毛求疵：对里根的忠实支持者来说，经济上认可的重要性至少不亚于选举结果。

讽刺的是，美国正日益依赖国外资本补充其可怜的储蓄。这个历史上最富有、最强大的国家，也正在变成世界最大的债务国。鉴于我们的预算赤字太大，而国内储蓄太少，我们能够很好地利用国外资本。但我们不喜欢硬币的另一面：贸易和经常账户逆差达到并突破了此前无法想象的每年合计1000亿美元的水平。

---

① 关于本章和下一章内容的更详细记录，可参见中信出版社出版的《管理美元》。

无论政府是否愿意承认，美元汇率已经明显太高，以致成了大麻烦。无论是经济上还是政治上，这看上去的确都不可持续。日元和德国马克相对美元的汇率在1984年年底已回落到1973年甚至更低的水平，他们的汽车、机械产品、电子产品，可以轻而易举地找到美国大市场。强大的保护主义压力正在国会中出现。

詹姆斯·贝克和理查德·达曼的新财政部团队，显然对那些压力和问题很敏感，另外可能也对他们新团队如何在世界舞台上亮相感兴趣。一入职，他们就很快加入了五国集团中其他国家发起并开始的遏制美元升值行动。汇率开始如过山车般大幅下滑。当美元在夏末出现一阵子反弹时，财政部新团队通过后来被熟知的广场协议，促成了一次联合、猛烈和公开的行动，以进一步降低美元汇率，协议因于1985年9月在纽约广场饭店签署而得名。除了其他内容，这个协议引人关注之处在于日本的合作——大幅提高日元价格，这在几年前是被强烈抵制的。

这一事件代表了十多年前汇率浮动以来，泛大西洋和泛太平洋范围内最积极进取也最坚定的引导汇率努力。某种角度上讲，它是1978年11月紧急美元防御一揽子计划的翻版。那也是一个美国提出的合作干预动议，突然改变此前对美元的态度和外汇市场管理模式。两次行动都需要其他主要金融强国的积极配合，两次行动都有意识地配合以国内政策。每次行动都以其各自方式反映了政策的要求：维护美国的领导地位和控制权，以应付曾造成很多政治麻烦的大量的、紧迫的经济问题。在1978年，是对政策信心的普遍丧失；在1985年，是贸易政策在国会和全国失控于保护主义力量的威胁。

但是，除了第一次行动目的是支持美元、第二次是压制美元这个明显的不同之外，这两次行动在一个重要方面存在差异。广场协议提出了一个重大问题，即美国的态度发生了怎样深远的变化；广场协议是否会是迈向“更趋管理”的汇率制度的第一步；以及，为了支持这一努力，在经济政策的系统协调上，世界各国政府是否准备好持续地投入真正的努力。这是我们在本书余下章节探讨的主要问题。我担心，答案不是肯定的，或者说，起码现在还不是。

政府和市场

自从浮动汇率出现之后，外汇市场成为反映政府经济政策主要有时是即时的传动带。20 世纪 70 年代初以来，在各类国际市场快速扩张的一段时间里，外汇市场呈指数级扩张。在制定政策时，绝不能完全忽视其波动性，但它也是一个非常善变的主儿。

早在 20 世纪 70 年代初便开始出现私人投资者利用外汇市场的不稳定博取收益的情况。当时，所有大的国际商业银行经营外汇交易的部门的主要目的还只是服务客户。鉴于平价调整很长时间才发生一次，在布雷顿森林体系不到 1% 的边际空间内，没有太多资金参与买卖。但当汇率自由浮动后，银行交易员很快发现，自己十分擅长从汇率波动中赚钱。他们可以进行短期趋势操作，因为他们能看到趋势的发展，并且比其他任何人的反应都要快。

到了 20 世纪 80 年代初，这些后台服务部门已成为银行重要的利润中心——根据银行规模大小，每年利润有 5000 万美元、1

亿美元甚至 2 亿美元不等。不时也会有一些亏损，但对活跃的交易银行来说，更值得关注的是来自外汇交易利润的量级和持续性。肯定有人损失，但不是外汇交易商，因此，金融界是浮动汇率重要的支持者，这是不言自明的。

这些外汇市场庞大，每天交易数千亿美元。这种市场实质上是由数百名通过开放电话联系的交易员组成。他们面前是汇率报价屏，旁边是一两个显示最新消息和计算机测算的汇率关系分析屏幕。交易员通过努力领先于他们发现的趋势，来赚取他们的大部分利润。他们所谓的趋势，指的不是一年，不是一个月，而可能只是一两天，甚至几分钟。

因为大多数的老板们要求交易员在一天结束时平盘，并坚持对全天的交易头寸设限，以控制银行风险，交易员们不得不动作迅速才能赚到大钱。所以他们对基本趋势关注得很少，他们不想充当深思熟虑的经济学家，事实上他们不想和经济学家们有什么交往。

交易员感兴趣的是市场当下的风向，或者说是他们认为的激发其他银行交易员和他们的客户买卖货币的因素。假设他们认为利率重要（事实上他们的确经常这样认为）。由于交易员通过他们的屏幕跟踪商业新闻，他们可以抓取到服务于大银行和经纪公司的经济学家们的预测，比如说，就业人数预期下降 10 万，是政府将在早上第一时间发布的数字。如果工作岗位实际下降了 15 万，市场计算认为美联储很有可能降息、一些客户和其他交易员将卖出美元。于是一些交易员会抢着先行卖出，美元价格开始下跌。如果这看上去像一个趋势，那么其他人也会跟随，汇率波动将远不是任何特别经济新闻的重要程度所能决定的。

汇率的变化影响进出口价格，而价格的变化过程最终将影响到进出口量。一般来讲，一种货币价值下跌，将通过使进口品更昂贵而减少贸易赤字，而价值上升则产生相反的效果。但是市场目前的真实资金流动，不是由贸易中的货币交易主导，而是由追逐高投资收益的大规模资本流动主导，汇率因此对那些资本流动的反应更剧烈。那些资本流动，可能受到相对高利率这样的直接因素或一国不可预测的政治因素影响。

从意在使贸易及其他国际收支项目趋于平衡的政策制定者角度，交易员们试图搭上某趋势时所产生的预期和“随大溜”效应，将导致货币出现远超贸易模式下合理差额所对应的宽幅震荡。随着浮动汇率的继续，假以时日，对什么是合适且可持续的汇率水平，市场似乎没有了概念。正如经济学家们说的那样，不存在一种“锚”来约束交易员们的预期，并在汇率失控前引导他们逆势操作。所有那些都会产生影响，因为一国汇率是其经济中最重要的一个价格。它会影响各领域的价格、进出口乃至经济活动的好坏。因此，对任何政府来说，忽视汇率的大幅度波动是很难的，但里根政府有几年就是忽视的。

广场协议代表官方恢复对汇率变化至少是部分控制的一次尝试。美国最初的动议者是财政部而非美联储。在此类问题上，政府的这两个部门有着独立的法律授权且可能相当不同的看法。但如果要对汇率实施管理，不同的观点就需要调和。就像三腿跑步赛中的伙伴，虽然笨拙，但还是做得到的。

作为行政执行部门，财政部认为自身对被称作**国际货币政策**

的一些事务负有主要责任。我曾经是负责货币事务的副部长，除了经济分析、为政府及其机构进行融资等国内职责以外，这个职务是同其他国家的双边金融关系，或通过如国际货币基金组织等国际组织的多边金融关系的中心。从这个角度，我密切关注汇率问题和国际货币改革。

美联储有意被设计为独立于行政执行部门，直接向国会汇报，宪法授予其权力为“铸造钱币，厘定本币和外币的价值”。美联储完全对货币政策负责，没有任何目标。一些人可能喜欢把其描述为国内货币政策，但美联储厘定美国货币和信用时的作为，不可避免地影响到汇率，甚至是世界货币供应量。国内和国际是一张无缝的网，因此有一个机构重叠。

操作上，广场协议主要是关于官方对货币市场干预，那是一个机构重叠问题尤其突出且往往加剧的领域。我说的干预的意思，是政府在市场上用美元买卖外国货币，以努力影响或稳定美元汇率。一个协调的干预政策，必须合理地与其他政策形成整体，特别是与国内货币政策，而货币政策主要通过利率发挥作用，这属于美联储的单独职权范围。的确，我认为所有的权力部门最终都会承认，货币政策是比干预手段力度更大的汇率影响因素，货币政策将告诉你最终的均衡力量在哪里。

为了根据我自己的经验说清楚干预政策实际上怎么决定的，有必要暂时调整一下叙述内容。一代人的时间之后，在 20 世纪 60 年代初，美国再次干预外汇市场的想法出现了，当时我正在财政部任职。后来作为副部长，我是财政部里最直接关注汇率政策的人。再后来，我担任纽约联储主席，纽约联储实际上通过在市场上买卖外币来实施干预。最后，我来到华盛顿的美联储总部，那里制定会对汇率产生影响的货币政策。我在华盛顿的主要工作之一是担任美联储内部机构权力上平行于财政部的联邦公开市场委员会主席，指挥由纽约联储执行的干预行动。

从法律的角度，美联储干预外汇市场的权力，是完全独立于财政部的权力的，但说得委婉一点，实际上并不是太明确。具体地讲，根据1913年的《美联储法》条文：美联储可在国内或国外的公开市场上买卖银行承兑票据、汇票和“电汇”，美联储因此已经积累了自己的干预经验并建立了整个互换网络。当时，货币是通过电传进行国际交易的，一笔电汇通常意味着一笔外汇交易。

对财政部的明确授权（但其目标也有一点儿模糊），稍后来自1933年的紧急法案，当时美国已放弃金本位一段时间。不过，当财政部在20世纪60年代初开始干预活动时，其干预的自有资源被解释为限于外汇平准基金中的资本（外汇平准基金成立于1934年，资金来源是政府所持黄金因价格上升带来的收益）。为确保足够的干预能力，道格拉斯·狄龙和鲍勃·鲁萨希望美联储加入，这一想法被向相关国会委员会做了解释，并得到后者的理解。拥有所需设施和市场关系的纽约联储，利用其距华尔街不远的交易室，为财政部和美联储同时担任中间商。这种基本的法律和机构安排持续了30年。

财政部可以而且也确实引用20世纪30年代紧急法案的条文，当时国会授权总统处理黄金事务并通过总统授予财政部长，这意味着国际货币政策是财政部长的责任。那些条文及后来的做法，连同政治责任感，给了财政部在汇率和干预政策方面一定的地位。

财政部当然可以通知作为其经纪机构的纽约联储，使用财政资金买卖美元或德国马克或日元，以影响美元和其他国家货币之间的关系。它无权做的是指示美联储花美联储自己的钱并承担相应风险。

显然，这两个机构如果在市场上进行交叉操作肯定看上去令人奇怪，更重要的是这将损害政策目标的连贯性。因此发给纽约交易柜台的指令需要不断协调。当然，美联储极不情愿用自有账户进行有悖于财政部明确意愿的干预。那样不但会引发公开争论和对政治权力的挑战，而且分歧的真实存在，将破坏操作的有效性，操作的成功与否，取决于影响货币持有者预期的效果。公开市场委员会的成员，通常希望确定自己在授权操作时得到了政府的支持，对他们来说，这些授权给他们带来的问题和风险超出了其对国内货币政策的常规责任。

在我的经验里，如果有着市场经验、现金以及利率这个王牌的终极责任的美联储强烈反对，财政部同样也不愿进行干预。最终结果是一种互相否决，事实上是把最后决定权给了最不愿意进行干预的机构。历史上看，这个机构通常是财政部。

不同的政府对干预行动也是摇摆不定。第一届里根政府当然是不积极的。纽约联储里的代理人传统上都倾向于积极参与。他们经常感受到和外国中央银行间合作的直接压力。他们当然也发现自己在必须展开市场博弈的战壕中身处外围。而在备战过程中，他们想要保持自己的专长和工具。美联储主席往往比大多数公开市场委员会成员更热衷干预，因为他对国际问题的关注较为密切。但无论如何，他必须说服他的同事，通常也包括财政部长。

我必须承认，所有这些经常导致相当无效的走走停停式操作。两边的人员都怀疑他们老板的意见没有被足够重视，操作过程中，过多的时间用在了调和操作判断分歧上。官僚问题不仅限于美国政府，其他任何行动权分散的国家都易于出现这种情况。但这属于我们的制衡体制经常对良好效果产生反作用的领域的一部分。在宽泛的指导框架内，实际进行干预操作的人需要足够的授权和灵活性，以便在市场环境发生变化时做出反应，而不是在华盛顿的特别会议之后行动。

广场协议确定了汇率政策并通过干预支持这一政策。显然，没有财政部的支持和其当时的领导作用，广场协议不可能达成。但这样一份协议一旦达成，如果其与货币政策相悖也不可能成功。最终比技术权威实施干预更重要的是，国内利率的变化，通常会对人们是否买卖其本币或外币产生更强的影响。由于其对货币市场利率和信心的影响，财政政策也会很重要，20 世纪 80 年代的美国就是这种情况。但财政政策是众所周知的不灵活，作为一个操作手段，政府可使用的政策工具中，货币政策更可能作为周、月和季度选项。

1982 年至 1983 年上半年的一项国际研究中反复提及上述问题。唐·里甘时期的财政部对美元采取的不干预政策以及所进行的干预，在国际上引发了极大的争议。毫不意外的是，法国最为恼火。对法郎投机的时间内，外汇市场的不稳定使其很气愤。1982 年 6 月，法国总统密特朗在凡尔赛宫主持了经济峰会，并笼络其他六国达成了协议，共同研究干预手段的使用，以及这些干预过去是否真的有效果。让美国去反对一项研究是不可能的，它甚至同意由法国财政部受人敬重的高级官员——菲利普·杰根森主持这次研究。行天丰雄代表日本也参与其中。美联储负责国际事务的成员在埃德温·杜鲁门领导下，承担为工作组组织材料和展开高级计量经济分析等服务性工作，这些工作在跟踪国际债务形势变化中也有很巨大帮助。特德·杜鲁门多年来一直是那些默默无闻的公务员中的一分子，他们将经验、高度的专业水平和无止境的奉献精神，带到政策官员的报告和建议过程中，从而为政策做出了关键的贡献。

杰根森的报告[①]大篇幅地讲述了经济学家对“冲销”干预和“非冲销”干预做出的区分。非冲销干预指一国中央银行在买卖一种外币时，允许央行资产产生的变化去改变货币供应量和利率。就像教科书中讲的，如果美联储创造美元购买马克，同所有公开市场购买一样，那些美元增加银行准备金，最终是数倍于准备金增加额的货币流通量；在其他条件不变的情况下，利率将趋于下降。这是在正统的金本位制度下一国中央银行买入黄金时推想发生的结果；它促使货币政策发生变化。相反，如果外币的最初买入被中央银行通过卖出其他资产所冲抵，比如国债，那样货币储备和货币政策将保持不变，这种干预就是“冲销”。

这里不回顾经济学家们关于如何判断干预是否是“冲销”的所有技术性讨论。但我可以证明一个重要的事实：中央银行家们在进行他们的运作时通常不那么考虑。几乎每个中央银行都有其各自的货币政策目标，而且不是根据外汇干预的数量来确定的。如果那种干预扩大或缩小了基础货币，那么本能的做法就是通过

① 即 1983 年发表的《杰根森报告》，至今仍被认为是“外汇干预”定义的权威出处，它同时也指出了外汇干预预期传导途径的重要性。关于其结论则争议较多。

国内货币手段来冲抵。换句话说，他们在能力范围之内自动冲销干预。美联储就是这种模式。现实中，那些货币市场发达、足以实现大规模冲销操作的国家，其中央银行也是这么做的。

这并不是说外汇市场情况不会或不应该影响货币政策的决定，它们会影响。一个典型例子是1978年11月美联储的紧缩，当时它也是卖出所持外币以支持美元。但在中央银行家们的概念里，宽松或紧缩的决定是一个单独的事项：它将是基于更广泛的经济因素做出的，不是机械地基于一个干预效应。

撰写《杰根森报告》的专家们（包括美联储的专家），没发现多少关于冲销干预有效性的统计证据。由于缺少这种证据，在他们于1983年4月29日提交的报告中，对干预没有显示出很高热情。很多欧洲国家的政策官员（在美联储的支持下）确信，这样的结论并不完全是否定性的。但报告正确地强调了与货币政策保持一致的必要性（这在概念上同非冲销干预相近），也强调了协调国际行动的必要性，以发出适当强烈的政策意向信号。因为这个报告是七个峰会国家委托的，因此，七国财政部长在工作人员在场的情况下碰头讨论，这明显不同于五国集团那种没有工作人员参与、非常不正式的安排。一个正式公报随后发布，这里值得提及，因为它总结了这个主题上的集体智慧："在目前情况下，干预的作用只能是有限的。干预对应对混乱的市场情况和减轻短期波动会有作用。干预偶尔也可能反映了对外汇市场的态度。只有在配合和支持其他政策时，干预才能正常地发挥作用"。这里的其他政策主要指货币政策。在美国财政部发了几次牢骚之后，公报给出结论，七国"……保持我们的独立操作自由，在同意干预行动是有益处的情况下，愿意进行协调干预”。

虽然这一切听上去合理、坦诚，但里甘部长随后马上出席了一个新闻发布会，他表示，在效果上，他无法想象干预行为事实上会有帮助的情况。他的话在我看来是与公报精神完全不符的。但是我猜想它有一个效果，即表明美国的不干预政策不会改变。在外汇市场上，美元继续其事实上始于 1981 年的上升趋势。

经济复苏到了顶点，美元汇率高到足以导致进口激增，贸易逆差在 1984 年第一次突破 1000 亿美元。但美元还在上涨，尤其是对欧洲货币。由于疲弱的增长和前述的“欧洲硬化症”，这些货币陷入心理性困境。“欧洲硬化症”这个欧洲人自己发明的缩写词，反映了一个太多的规定和政府管制、太少的创新精神和企业进取心的心理。有一个跨大西洋的高度预警：在欧洲是因为日益销蚀的自信心，在美国是因为贸易状况急剧恶化以及经济似乎正在失去某些扩张能力。到 1984 年盛夏，德国马克对美元汇率同 1978 年的水平相比贬值近 50%，日元大约贬值 1/3。在一两年的时间里，我们的贸易和经常项目逆差将接近 1500 亿美元，但美国仍然没有动作。它在 9 月初同意只进行名义上的（和无效的）干预行动。

没有通知我们或其他国家，德国人突然单方面行动。在其行长飞赴国际货币基金组织年会时，德国联邦银行以一种极具进攻性的方式，进入市场买入大量的马克（当时估计约 13 亿美元）。其干预改变了一段时间的市场趋势，一些马克投机者暂时损失离场。但很快，美元又开始了持续[①]升值。

① 原文作“relentless”，也可理解为“无情”。

美联储很多人的观点早就概括在萨姆·克罗斯于 1984 年年初在特德·杜鲁门帮助下起草的文件中，萨姆当时负责纽约联储外汇市场操作，包括外汇交易柜台的工作。萨姆在战后大部分时间里是财政部里最称职的公职人员，后来调到美联储，1991 年年底从美联储退休。和我一样，萨姆对上述两个系统的问题都了解。美联储全体成员力促我将这份文件送给里甘部长，在此值得引用部分内容：

> 我越来越担心美元持续不断的升值，以及美元升值将给国内、国际经济带来的可能后果。你知道，我通常不喜欢过多地干预外汇市场。在大多数情况下，除非有其他的、更重大政策调整的支持，否则干预行动很可能无效。然而，在当前的经济情况下，尤其是根据最近的市场波动和市场形势恶化，我相信我们应该考虑新的对策，特别是，我们应该进行干预……

接着，在描述了我们贸易伙伴的担忧之后，谈到了一个萦绕我心中多年的问题：

> 我们已经达到了一个相当不确定的均衡状态，出现了巨额预算赤字、大幅经常项目逆差，两者都大部分依赖于海外借款。如果对美元的信心消失的话，这三项因素中的两项，即预算赤字和大幅的经常项目赤字，是不容易改变的；但第三项因素，即外资流入，会很快改变。这种对美元信心的丧失，可能会是由对美国再度通胀的担心引起，或者由变化无

常的投资者的偏好改变引起。

我引述这份当时的材料，不是因为我把它交给了财政部，而是因为我没有给。它的确是我个人各种担忧的真实反映，而且这些担忧在其后的一两年中不断出现，但把我已经口头和私下里催促财政部的事情，再放到书面文件记录里，我看不到有多少帮助。

文件中关于我们依赖外资的担忧，明确反映在我当时的公开言论中。美国的预算赤字超过国民生产总值的 5%，我们不得不向其他国家出售证券以弥补这个赤字。美国人根本没有足够的储蓄购买所有的国债，也没有储蓄购买新住房和自己投资。美国因此被迫变成了依赖外国放款人的国家，而为了能够借到钱，我们不得不作为他们存钱的地方以维持他们的信心。

日本人看上去特别想借钱给我们。1985 年之前，日元对美元贬值[①]没有达到德国马克（对美元贬值）那种程度的一个原因，是美国财政部通过长期债券从日本，特别是从日本保险公司和养老基金，抽走了数百亿美元。显然，他们感觉东京没有同样吸引人的投资选择。我们依赖这些资金，但中间也有讽刺的事儿，为美国市场生产所有那些出口产品的日本工人，老年时将靠 30 年期美国国债利息供养。

到 1984 年秋，当经济不太活跃时，美国利率下降，接着贴现率在 11 月和 2 月被接连下调。但这些看上去都没什么影响，美元还在升值。最后的上升推力发生在 1985 年年初，与英镑遭受的一次冲击时间一致。英镑对美元汇率，就差几个便士就达到前所

① 原文为升值，应为笔误。

未有且让很多英国人感到羞辱的 1 : 1 的水平[①]。(导致这种情况的部分直接原因，是撒切尔首相的新闻发言人所做的极不妥的评论，暗示撒切尔政府并不非常关注英镑价值。颇有几位美国前财政部长的风范！)。在恐慌的市场环境下，在五国集团财政部长会议于华盛顿召开前，撒切尔夫人马上给里根总统打电话，敦促美国干预以支持英镑，同时建议更大力度、更大范围地干预。尽管美国政府心有不甘，它还得实施干预，因为这是一个无法拒绝的请求。玛格丽特·撒切尔夫人是美国在这个世界上的大部分行动中最坚定的盟友，她本人同总统关系密切，并和我们中的不少人有很好交往。五国集团公报获得了财政部长们的同意，并使用了早期同意干预的会议中关键性的温和言辞："当有所帮助时。"欧洲国家的财政部长们回国后认定干预实际上是有作用的，于是开始了大规模地干预。到 3 月初，仅德国联邦银行一家就卖出了 48 亿美元，而美国只参加了一次。美国投入干预的资金数量为 6.6 亿美元，数量远小于欧洲成员，但已经不只是象征性的了。而且，当年头两个月即投入约 100 亿美元的资金大力干预，可能对美元最终恰在 2 月底左右从高点下滑发挥了作用。一旦下跌开始，速度就加快了。

新人新措施

这些变化发生在 1985 年第二届里根政府开始时财政部最高层人事变动的当口。詹姆斯·贝克此前是一位高效且受尊重的总统办

① 1985 年 2 月，英镑对美元跌至 1 : 1.05。

公厅主任，但可能发现财政部长位置对其个人主动性以及曝光率有更多的机会，并被这个预期所吸引。他和唐纳德·里甘换了位子，唐纳德可能是受白宫权力和与其爱尔兰精神伴侣——总统的融洽关系所吸引。贝克的白宫助手理查德·达曼成为财政部副部长，并实际上接管了原本由负责货币事务的副部长贝里尔·斯普林克尔承担的国际方面的职责。斯普林克尔一直反对外汇市场干预，对其他积极的国际协调也大多缺乏热情。他转去经济顾问委员会当主席，同时离开了直接决策的链条。

就这样，财政部现在成了一个务实的政治团队。贝克和达曼从一开始就明显比他们的前任们更关注美元问题。尽管在国内、国际金融领域没有特殊的背景，但他们很睿智，对主要问题有很好的判断。最重要的是，他们是华盛顿的老手，具有敏锐的政治直觉和本能。其当时担心的一个问题是，保护主义施压对国会乃至整个美国的影响力。他们不必成为经济学博士就可以将那些压力与美元的强势联系起来，在新位置上，确实能够对强势美元做点儿事情。

他们有一阵儿似乎也对长期国际货币改革的观点产生了兴趣，那是财政部长可能产生持久影响的领域。里根总统在 1985 年 1 月底的国情咨文中隐约提及国际货币研讨会，很可能就是贝克所为。在这个问题上，新的财政部团队不会对其不熟悉的中央银行行长吐露心声，但私下里让我和其他一些人知道，他们正在仔细研究汇率目标区的问题，具体的就不明确了。

汇率目标区的想法至少可以追溯到 20 世纪 70 年代末期，而且版本众多。实质上就是各国政府同意汇率应该限制于某个区间范围内，可能是一个相当宽的范围。之后那些范围将被通过干预（如果需要，通过货币政策或其他措施）维护和加强。预期的维护力度取决于会采取哪一种特殊建议。无论是精确的术语抑或说明，目标就是在自由浮动和窄幅固定汇率之间找到一些妥协。就像行天丰雄指出的那样，在八年前的一次演讲中，我提出过这一想法的温和版本。到 80 年代中期，鲍勃·鲁萨、聚集在弗雷德·伯格斯滕于华盛顿新成立的国际经济研究所周围的一群活跃的经济学家，以及其他人，开始积极宣传这个概念。达曼是一位特别积极的读者和听众。

华盛顿实力派人物乔治·舒尔茨于 1985 年 4 月 11 日在普林斯顿大学一个关于国际经济政策的演讲，标志着政府思维发生了新变化。其演讲引人关注有几个原因。作为里根政府的国务卿，舒尔茨此前一直谨慎地避免公开讨论十几年前他担任财政部长的领域。舒尔茨一直是浮动汇率的积极支持者，作为坚定的货币主义者，他倾向于视市场为经济问题的解决手段，这些都不是秘密。但是这个特殊的演讲调子不同——巧合或者是别的原因，是和我一直想说的有很多共同之处的调子。他强调削减预算赤字的重要性，将其作为重新实现国际均衡计划的必要组成部分。他对强美元表示了极大的担忧。最重要的是，相对其以往的观点，他表达了一种很强烈的感觉，即应该为此做点事情。尽管他没有直接呼吁干预，但其演讲对我而言是政府态度和看法发生了建设性变化的标志。

同时，通过商业委员会、圆桌会议以及其所有其他相关机构，产业界也忙着把自己组织起来，让学界和政界的注意力集中到贸易问题和汇率上。

所有这些力量汇聚于9月的广场协议中。我没有一开始就参与行动。夏天的某段时间，就召开一个合适的会议并发表公报强调经济政策的协调措施，财政部官员临时同五国集团的同行进行讨论。我在8月才加入这个讨论，那时想法已更具有操作性了。这个讨论的一项诱发因素，是美元在春天和初夏急剧下跌20%之后的反弹。作为一个市场判断，我当时深信美元的基本方向是走弱。当然，美国经济增长看上去正在失去动力，如果货币政策有什么调整，那很可能就是更宽松、降低利率。但美元反弹了，弱美元的预期对其他人来说就不明朗了。

贝克向我解释了他召开一次五国集团会议去协调干预以降低美元价值的想法。他同时表示，他知道如果货币政策是紧缩的，那么整个计划效果就会打折扣，他不想出现这种结果。我回复他说（所有的美联储主席都会这样说），我无法就长期的货币政策对任何人做出承诺。不过，我个人相信，在接下来几周或几个月内，没有什么严重的风险需要去紧缩货币政策，这与他可能对美元采取的任何政策无关。我指出，经济正在降速，通胀也降到了几年来的最低水平。他看上去很满意。我们讨论了他联合干预的计划，他说他可以继续推进了。

我曾问他，将如何使所有这些计划通过白宫的里甘和斯普林克尔，并最终得到总统的同意。他相当得体地告诉我说，那是他的问题，不是我的。我后来被告知，直到广场会议召开的前一两天，他才通知白宫，他是利用与总统的密切关系直接告知后者，而且是用极其笼统的语言。我猜测唐·里甘当时的精力在别的地方，不过始终不清楚的是，他是否和斯普林克尔一样强烈地反对干预。

在我们开始计划广场行动的细节时，我相当坦率地表达了克罗斯–杜鲁门备忘录中已出现的担忧。我已经经历过将近 20 年的美元贬值，看到当其失控时给我们带来的困难，有经济的，也有我们的影响力方面的。以前，财政部不止一次陷入想以推动美元贬值作为解决我们问题的万灵丹的市场陷阱。把美元从 1985 年的极值降下来的做法讲得通，但我并不想以如此突然和令人不安的下跌来结束，因为担心通胀再现，更高的利率会跟上来。我认为这些都是好的、传统的中央银行观点，但我们眼前的具体例子是年初玛格丽特·撒切尔和英国遇到的情况。

细节上，我们的讨论集中在我们应该给予纽约联储干预的指导原则，以及美元的抛售如何在参加国之间分配。鉴于我坚信美元将继续自行贬值，我不想某天醒来发现我们把美元推下了深渊。在美元下跌的时间里，干预不是再向下硬推，而应集中对抗美元在某些特殊时间里升值的趋势，有效消除向上的拐点。经过慎重的讨论之后，我们也同意应该瞄准一段时间内 10% 或 12% 的贬值目标，然后再就整个事情做重新考虑。我们还详细讨论了美国和其他国家各自为干预承担资金数量的问题。我对此没有多少兴趣。我知道很难提前预料那些需要，在瞬息万变的外汇市场，就更难确定在哪种情况下应该投入多少资金。所有那些都被总结在一页纸上，用于同五国集团其他成员讨论。除我和贝克的初次谈话以外，没有关于货币政策的讨论。

实际上，会议是在某个周日于纽约广场饭店召开前几天才通知安排的。会议地点的选择本身就很有意思。我曾建议，在纽约最合适的会址应选纽约联储的华尔街堡垒建筑，它可以提供相关设施和安全保障。但显然，在美联储的地盘召开一个友好、平和的会议，并伴以一份深思熟虑的宣言，这没在贝克的概念里出现过。财政部人员与五国集团的同行提前完成了大量的基础性工作，以便纳入一个建议各国协调基本经济政策的长公报。公报实质上没有什么新意，重点是建议干预行动与经济基本面协调。

在会议过程中，最令我吃惊的事情，是时任日本大藏相，后来担任首相的竹下登[①]主动同意日元升值[②]10%以上。他比我们期望的要慷慨、干脆得多。行天丰雄解释说，日本对美国日益增长的保护主义压力感到紧张，准备接受日元的大幅升值，希望那些压力能因此转移。我确信竹下登的态度也让其他人感到吃惊，它是会议成功的很重要因素。欧洲人主要关注的不是他们的货币对美元的汇率，他们同意他们的货币一定程度地低估了[③]，他们关心的是其货币对日元的汇率。日元升值幅度越大，他们对自己的竞争地位就越放心。

广场会议实质上没有讨论货币政策。货币政策缺席，同中央银行行长们在财政部长面前参与此类讨论时自然沉默的态度一致，如果他们是真想在国际会议上讨论这些问题的话。在中央银行行长们看来，这样的讨论中，他们有意无意地面临着陷入被迫做出

① 竹下登（1924—2000）：有日本政坛“阿信”的称号。于1987年成立竹下派，并于当年出任日本首相，此前三度担任大藏相，1988年还兼任大藏相。1989年因政治丑闻下台。

② 原文为贬值，经与两位作者核实，应为升值。

③ 原文为高估，经与两位作者核实，应为低估。

政治承诺的危险。在冗长的公报中，除了引述每个国家愿意提及的本国政策之外，很少谈到更常规的经济政策。财政部长们处境类似。从个人角度，他们对主要的政策工具几乎没有控制权。从政治角度，除通常认为的紧急情况外，各国都不愿涉足税改和支出模式这些困难领域，即使有助于解决如世界主要货币间明显严重失调这样的问题。就我所知，没有哪国的预算、贸易和结构政策因广场会议而改变。

但强调现行政策与下跌的美元相协调是有作用的。“对美国和其他国家保护主义迫在眉睫的担忧”，是一个熟悉的题目，但特别恰当。

公报里的具体操作部分写得简单：“财政部长们和央行行长们同意，汇率应在调节外部失衡方面发挥作用。为做到这一点，汇率应更好地反映基本经济状况，而不是像现在这样。他们认为，必须采取和加强一致的政策行动，以改善基本经济状况。”接下来是整个行动的目标：“主要的非美元货币对美元进一步有序升值是受欢迎的。他们准备好随时更紧密地合作以支持对美元升值，当这样做有帮助时。”

这一结语，与五国集团在1月会议上同意《杰根森报告》的公报语言接近。但那次公报的发表与这次不同，这次特邀了新闻媒体在广场饭店、电视摄像准备就绪。调整汇率的要求很清楚。“当……有助于……时”的措辞，非常恰当地意指第二天。

事实上，美元在没有任何直接干预的情况下急剧下跌，其含义已足够清楚。接下来的几周里有一些大规模的干预，目的是确保趋势继续，到10月底，在美国只进行了30多亿美元的干预后，美元已对日元下跌超过 12%，对欧洲货币下跌近 9%。后来美元在没有更多干预的情况下继续下跌，到 1986 年 1 月，其比一年前的最高点平均下跌了整整 25%。

在一个相对短的时间里，美元或其他任何重要货币的价值上升 50% 和下跌 25%，会对汇率体系的功能产生重大疑问。按照教科书讲授的理性经济决策，当汇率仅在 12 个月的时间内就出现 30% 甚至更大幅度的调整，汇率的真正含义是什么？那对一个选择在哪里进行明智投资以获得长期收益的商人能传达什么样的信号呢？由亚当·斯密最早描述的经济生活的宏伟计划中，就像个人一样，国家应该专注于他们的优势领域，如果汇率变动如此之快，如何确定哪个国家生产哪种产品是最有效率的？对我来说，答案一定是：如此巨大的波动是体系处于紊乱之中的标志。广场协议注定只是应对诸多外汇市场紧急情况的又一个插曲，除非其预示着为实现更大的稳定而做出另一项更不懈的努力。

下一章将讨论这一问题，即卢浮宫协议。但首先，有些关于货币政策的未尽话题值得澄清一下。当日元升值趋势暂停且随后出现一点下跌时，日本银行没有经过任何事先讨论于 10 月底紧缩了货币。这个决定显然意在加强日元，可能日本官方认为他们是在回应美国财政部的压力。在我看来这个决策是错误的。我以为根本的问题是，日本经济扩张太慢，而不是太快。为了汇率上的极端短期利益而实施货币紧缩看上去是错误的，我没有隐瞒我的观点。庆幸的是，紧缩政策很快被扭转了过来，没有造成实质冲击。

如果长期的基本因素要求日本更快发展、更低的利率，那么按照传统的市场观念，广场协议的存在降低了美联储紧缩政策的可能性，而是指向降低贴现率和其他利率。还有一些理论认为，广场协议完全是财政部马基雅维利式计划的一部分，目的是通过让美联储降低利率以贬值美元从而间接控制货币政策。当然，从没有人对我谈起那些，对财政部长们来说，要求一个宽松的货币政策很难说是不正常的，从这个角度讲，广场协议中就没有新内容。但是其真正的作用实际上是减少了宽松货币政策的规模和可能性。

那年秋天，美联储内部出现了倾向于完全基于国内因素进行宽松的情绪。华盛顿的理事会反复收到一些地区联储降低贴现率的请求，理事会中的某些成员也持这种观点。但鉴于美元已经贬值得如此剧烈，我和我的大多数同事都不这样想了。如没有更确凿的证据表明经济扩张势头已经消失，面对美元快速下跌，宽松货币就太像把美联储的油浇在我想控制住的燃烧的火上。我们的那些顾虑，因缺少其他国家合作减息的意愿而被强化了，而他们当时的经济增长看上去更缓慢。

1986 年 1 月五国集团伦敦会议快召开时，有些关于协调降息以刺激世界经济的讨论。此前已经加息的日本表达了兴趣，并很快采取了相应的措施。时机对德国联邦银行或美联储还不成熟。当然，从美元还在持续下跌的外汇市场角度，降息并不紧迫。在这种情况下，对我而言首要的是经济疲态明显的日、德宽松，而不是美国。

广场协议的章节实质上到此就结束了，但显然货币政策和汇率政策方面还有未竟事务。

行天丰雄

观察 1985—1988 年的这段时期，有三个不同的角度，这是我们本章和下一章的内容，里根第二个任期大部分在这段时间。第一，从美国经济政策角度，里根经济学已经陷入僵局；第二，从认识到汇率政策在调整国际收支方面重要性提升的角度，尤其是通过几个主要国家的协调干预；第三，从国家间经济政策协调系统化的国际努力角度。我将依次从这三个角度进行分析。

里根经济学始于 1981 年，它有四个主要要素：削减联邦开支，削减个人所得税并伴以投资的税收优惠，放松商业活动管制，反通胀的货币政策。为这些经济政策提供理论基础的供给侧经济学，强调税后收益对收入和储蓄的重要性。因此，其鼓吹者支持降低个人收入所得税和公司税，以鼓励储蓄和投资从而刺激经济增长、增加就业机会。如果因此而出现预算赤字，供给侧拥护者认为经济增长将解决这个问题。事后分析，我们能看到两个误判。首先，减所得税没能增加储蓄，而是增加了消费。同时，事实证明削减联邦开支是不可能的，因为国防支出的增加和社会福利支出（主要是社会保障、医疗和其他由国会批准的中产阶级和老年人福利）的增加。到 1980 年时，私人部门的储蓄和投资同政府部门赤字还大体相当，两者抵销还能维持国际收支基本平衡。换句话说，美国人的净储蓄额尚足以在财务上支持其政府的过度开支，不需要从外国人那里借钱解决预算赤字。但 1980 年以后，私人部门的储蓄和投资间平衡恶化了，同时联邦赤字进一步扩大。这些变化相结合，导致了一个更高的利率、强美元和一个巨大的对外赤字。

对外赤字使美国从一个在1981年拥有1410亿美元国外净资产的债权国，转变成一个在1985年净负债1110亿美元的债务国。仅仅四年，一个2500亿美元的浮沉。

学术界很快开始预测，外国人尤其是日本人，将因为担心美国经济未来而停止通过购买美国债券的方式向美国借出资金，美国利率将被迫上升以继续吸引外国资本。国际经济研究所的斯蒂芬·马里斯预言，美元在某一时刻会以一个“硬着陆”的方式崩溃，并拖累美国经济，外国资本将停止流入。这一局面没有出现，因为大部分日本投资者对美国经济抱有长期信心，而美国国债因其收益和流动性仍然是他们最好的可选投资。但巨额贸易赤字是真实的，美国国会里的保护主义情绪上升。根据一项报告，仅仅在1985年就提出了400项保护美国产品的议案，其中包括由民主党领袖提出的著名的征收进口附加税议案。因为对美国的贸易顺差，日本首当其冲被批评。1985年9月，里根总统首次行使《贸易法》中的301条款[①]，根据他认为的日本对烟草进口实行限制的结论，授权美国政府部门对日本进行报复。日本这边，担忧日渐增加，政府想努力增加进口，通过任何可能的手段降低贸易顺差。首相中曾根提出了一个有意思的建议：每个日本人应该购买价值约100美元的进口商品。在电视台摄影记者陪同下，他访问了一家百货商店，买了两三条非常高档的领带。很遗憾，领带是法国生产的。

从汇率政策的角度，我相信，在经历了20世纪70年代的波

① 美国《贸易法》中有关对外国立法或行政上违反协定、损害美国利益的行为采取单边行动的立法授权条款。

动和卡特政府时期疲软美元的挫折之后，美国的很多人都欢迎强美元。这一观念被主导美国财政部的货币主义思维大大强化，其认为只有在市场不完善和不能正常发挥作用时，汇率才可能错位。根据该理论的主张，他们不参与市场，只有在市场极度失序的情况下才实施干预。对于日本在巨额贸易顺差情况下日元仍然疲软，美国人认为，真正的原因是日本金融市场仍存在许多尚待发现的不足和扭曲。

唐纳德·里甘作为财政部长来到日本，向大藏相竹下登建议成立一个“日元–美元委员会”检视这个问题。1984 年春天，该委员会提出了一份报告，建议采取各种措施开放日本金融市场，非常重要的是，其中包括快速发展欧洲日元市场。贝里尔·斯普林克尔，美国财政部副部长和一位坚定的货币主义者，带领美国团队，希望说服我们尽可能快地放开对金融市场的管制。我们希望一步一步地来，而他们的方法更像是一跃千里。他说，在他的家乡密苏里，他们习惯于“一下，就一下”切下牧羊犬的尾巴，那样就不会像一点儿一点儿切时那样伤着狗了。他坚持我们的“去管制”必须按照这个方式进行。金融去管制正按部就班地进行，欧洲日元市场发展得很快。不幸的是，对货币主义理论来说，日元仍旧不够强势。

这是一段国际资本流动剧增、外汇市场对利率非常敏感的时期，可能比对经济基本面更敏感。比如，美国预算赤字可能增加的消息应该是不利的经济新闻，却推动美元上涨。为什么？因为市场将其视为利率将保持稳定以维持庞大赤字融资的标志。那在我看来是真正的市场扭曲：过分强调利率而不是经济基本面。因为这些持续的高利率及其他因素，美元强势并最终损害了美国产业的国际竞争力。这进一步扩大了赤字并刺激了保护主义。因此汇率平衡对外收支的重要性被逐渐接受，这导致财政部长詹姆斯·贝克在第二届里根政府任期内出台了纠正汇率的政策。这当然完全不同于货币主义的思路。

第三个要素，政策协调，这不是一个新概念。但此前于20世纪70年代末的协调努力，多少是作为反危机的临时应对措施。火车头战略于1979年失败后，特别是在80年代初期，主要经济体间政策出现了严重的错调。美国是一方，日本、德国是另一方，实行低协调的宏观经济政策。美国尽管是巨额逆差，却继续宽松的财政政策，而日本、德国，尽管是巨额顺差，却坚持紧缩的财政政策。很明显，这不仅给美国带来问题，也给整个全球经济带来了问题。世界越来越感觉到，需要以一个系统的方式恢复政策协调。贝克和他的财政部副部长理查德·达曼，在规划和推动这一思路上发挥了积极作用，他们建议将七国集团作为论坛，利用经济指标跟踪政策协调的有效性。

那段时间里，主要是美国财政部的坚定和持续努力推动着政策协调，但是努力的目标随后发生了变化。在广场饭店时，焦点几乎完全在汇率政策上。但在发现一个弱美元和一个新的汇率安排没有产生他们希望的国际收支迅速调整后，他们在1986年5月的东京峰会和随后的1987年2月卢浮宫会议上，将焦点转向了宏观经济政策。但即使是那些宏观经济政策的改变，也未能给国际收支带来充分和足够迅速的调整，所以目标再次转变，从1988年开始，转向微观经济政策和诸如日本的市场和分配制度、美国出口竞争力的欠缺及拘泥于短期商业操作模式等结构性改革。大多数日本人认为，预算赤字是美国外部失衡的一个最重要的原因。这就意味着，日本方面很难积极主动地采取扩张性预算政策，尤其是当这意味着要牺牲我们自己的预算改革时，政治家、大藏省和很多保守的产业界领袖认为，日本财政赤字已经太大，不能这样做。

广场协议就是在这样的背景下起草的。动议来自美国财政部，时间是 1985 年 6 月，当时贝克因出席十国集团部长会议访问东京。在同竹下登的一次会谈中，他抛出包含汇率和宏观经济政策一揽子计划的建议。两人都是天生的政治家和超级交易撮合者，显然很快发现彼此共有的智慧。7 月在巴黎、8 月在夏威夷，双方的讨论继续，最后一次是在 9 月中旬五国集团于伦敦的一次代表会议上，在那里他们就这一揽子计划的框架达成广泛共识。计划集中于汇率，很少涉及宏观经济方面，因为没有国家愿意对己方的宏观经济政策发起一次大胆的改变。代表们对公报很难达成一致，特别是关于汇率的部分，许多地方都留有空白或者由部长们决定待选方案。

这次会议被安排在 9 月 22 日星期日于纽约的广场饭店召开，原本是想秘密进行，五国集团会议一直这样开。这对日本来说是个问题，因为内阁大臣必须获得内阁批准才能出国，国会召开期间甚至要取得国会批准。竹下登去见了中曾根康弘，两人想出了一个特别安排：首相在竹下登缺席时充当代理大藏相。竹下登于是在成田机场附近的一个球场安排打高尔夫球，他带着高尔夫球鞋和球杆离开家，行李箱放在汽车后备厢里。他到高尔夫球场打了九个洞，但随后没有打回这九个洞，而是奔赴机场坐泛美航班客机飞往纽约，以免被常坐日本航班的日本官员认出来。陪他前往的是负责国际事务的副相大场智满。我已在纽约，记得会议前我在日本协会给美国商界和银行家们做了一个午宴演讲，时间是 9 月 20 日星期五。在问答环节，有许多关于汇率的问题，当美国运通公司的琼·斯佩罗问我："你不认为应有一次五国集团会议对汇率做些什么吗？"我吓得魂都丢了。我不知道她的公司是否在那天买了日元，但就我而言，那是一个非常不安的状态。

后来突然决定要公开这次会议的消息。媒体在星期六上午 11:00 得知第二天有一场重要会议。五国集团代表于星期日上午 11:00 会集在广场饭店，贝克来得相当晚，因为他从芝加哥飞过来，飞机因大雾延误。五国集团的财政部长和中央银行行长出席了会议，每人都带的副职。日本方面出席会议的有竹下登、澄田智[①]——日本银行总裁，以及大场智满。我和美国财政部的戴维·马尔福德及其他人在隔壁房间。会议时间不是很长——大约 5 小时——结束时大概是下午 4:30。随后有一个新闻发布会和拍照环节。新闻发布会在一个非常狭小且拥挤的小房间举行，摄影灯光把房间烤得异常闷热。每个人都大汗淋漓，五国财政部部长和行长在台上挤成一团，就谁该站在前排的问题也有些混乱。贝克想把保罗·沃尔克从后排推到前排，而这位美联储主席却百般推辞，并尽力往后躲，但在众人的笑声中他还是被推到了台前。

会议有一个公告，现在是很有名了，尽管其对各国政府实行

① 澄田智（1916—2008）：1984—1989 年接替前川春雄成为日本银行第 25 任总裁，之前为该行副总裁。

的国内政策有长篇约定，但我得承认公报没有太多实质性内容。它对所有与会国家的财政或货币政策都没有实质性的新措施或承诺。最重要的一章是关于汇率，它包含几个重点。值得检视这些重点以及我们收到的背景资料里的其他内容，以展示此类会议如何运用语言的妙处，来表达最终实施的政策中的重大差异。

首先，公报提到：“主要的非美元货币对美元一定程度的进一步、有序升值是合适的。财政部长和中央银行行长们做好准备更密切合作以支持升值，当支持有帮助时。”在讨论过程中，有几处变动，其中一个是词组“一定程度的进一步有序升值”中的“一定程度”。竹下登建议删掉“一定程度”，因为他想让信息更明确。但建议没有被采纳，因为删除会使得表述太过直接。

“有序的”一词在第一稿中没有，在美联储主席的强烈坚持下被加了进去。在初稿中，对“合适的”一词有两种选择：“可取的”或“证明……为合理的”。竹下登建议公报采用“证明……为合理的”一词，因为他还是在选择尽可能使用能表达明确意图的语言，但大多数人赞成使用“合适的”一词。副职们不同意最后一个词组——“当支持有帮助时”——因此，他们把草案提交给部长们时，这个说法在括号里。日本大藏相再次想把这个说法删掉，但这个弱化条件性词组最终被保留了下来。

在会议上，五国集团代表分发了一份非正式报告，名为“关于干预讨论的几个要点”。报告指出：“美元从目前位置向下调整10%~12% 的幅度，在短期内是容易实现的。伴随这个调整，参与国家的干预责任将可以从干预义务中解脱出来。”公报里没有出现过这类数字，但这表明参与国对料想的美元贬值幅度有一个大体的概念。该报告还说，这次会议“不寻求美元急剧走低”，这与“有序贬值”的说法相呼应。该报告明确：“避免日元/欧洲货币间关系出现重大扭曲是有利的”。这就很清楚了，这个操作的全部目的是实现美元贬值，而不是汇率的全面调整。但它同时又提到，“基本的战略是阻止美元升值”，这意味着没有意向通过大规模干预强推美元下跌。更确切地说，计划实行一种棘轮干预，限制美元每次下跌的幅度。至于干预数量，该报告预计，6个周的时间内相当于180亿美元的量级可能是需要的。有意思的最后一点在最后一段里，该段题目是“对利率的影响”。标题下面的所有内容就是一个带括弧的短词组——“待议”。但会议上并没有过多讨论利率问题。

该份报告并没有致力于就其内容中的要点寻求明确的支持或共识。比如德国就坚拒将美元推低10%~12%的义务。对他们的立场，多数国家表示默认。日本是最愿意在非美元货币升值问题上合作的。大藏相竹下登明确表示，他可以接受日元升值10%~20%。对美国财政部来说，由于国内政治因素，态度仍然谨慎，以免给公众留下美国汇率政策已经改变的印象。在美国财政部准备的媒体材料中，有个问题是广场协议是否代表汇率干预政策的根本改变。里面给出的答复是：“它不代表美国干预政策的根本改变”，同时进一步指出它“仅是1983年威廉姆斯堡峰会上干预协议的继续”，后者当然是指很有限的干预，并明确了为对抗无序的市场状况而在外汇市场上采取协调行动的重要性。广场公报中没有关于干预的字眼，五国集团也没有公开表示其开始让美元走弱或推低美元。代替的字眼是，公报将这种操作视为“非美元货币的升值”，无疑就不用美元贬值表述。

事后来看，相当有趣的是，广场会议的大多数参会国家都错误地认为美元仍有可能坚挺，且美元有再度反弹的机会。他们因此对操作的成功不是很有信心。在我的印象里，美国财政部甚至想就计划失败进行对冲操作。很明显，随着形势的发展，与会者未能真正准确判断市场潜在的情绪。保罗·沃尔克是个例外。他已经担心美元在未来数月内因出现急剧下跌而失控的可能性，但在当时那不是主流观点。

在广场协议后的前七天里，从 9 月 23 日到 10 月 1 日，五国集团卖出了 27 亿美元，其中日本是 12.5 亿美元，干预力度最大。让人惊讶的是法国卖出了 6.35 亿美元。美国卖出 4.8 亿、德国 2.47 亿、英国 1.74 亿。在第一周结束时，相对美元，日元已升值了 11.8%，德国马克 7.8%、法国法郎 7.6%、英镑 2.9%。在到 10 月底的 6 周时间里，即与会国自己承诺干预的时间，十国集团干预共投入 102 亿美元，远远低于早前估计的 180 亿美元。美国投入了 32 亿美元、日本 30 亿美元；德国、法国、英国合计 20 亿美元；十国集团中的其他国家合计 20 亿美元。

广场协议操作为什么成功有很多解释，但最有说服力的就是美元已经高估了。事实上，美元处于跌势已有半年时间。美元对日元汇率在 2 月达到了最高点的 1 ∶ 263，广场协议前一天为 1 ∶ 238。因此美元已经下跌超过 10%，投机泡沫已经破裂。另一种观点是，利差从前五年的巨大差额已经在快速缩窄。美国长期真实利率在 1984 年中达到 10% 的最高点，此后稳步走低，到 1986 年年底时低至 3.5%。相比之下，日元长期真实利率 1985 年时徘徊在 5% 左右，甚至在 1986 年时有些上升。德国马克利率趋势类似。这意味着，美元与非美元货币之间的利差，在 1984 年下半年后非常快速地收窄，到 1986 年中时几乎是负的。因此很明显，如果官方开始干预，美元会快速走弱。广场会议通过一个非常强势的公告，明显推动了市场预期的改变。市场看到美国对其汇率政策的清晰变化，同时对五国集团共同努力的实际行动也是出乎意料的印象深刻。

并不是每个人都同意这一说法。那些一向反对干预外汇市场的人指出，该协议是不必要的，甚至是有害的，因为其引发美元在接下来的一个月里非常急剧的下跌。但事实上大多数观点是，美元仍然非常强，在任何时刻都可能反弹。广场协议所做的，就像 1978 年 10 月的美元防御措施效果一样，给出了致命一击。它同时也是一次非常成功的政治秀，并在五国集团的真实影响力上，给了市场非常深刻的印象。但这样做也终结了五国集团。直到当时，它还一直是个秘密组织。在非常紧密的官方圈子之外，没有人准确知道五国部长什么时间在哪里开会、讨论什么问题以及有什么共识。这是第一次提前公布五国集团会议，并在会后发布了公报。这当然直接引发了意大利和加拿大要求成员身份，后来其他国家同样要求。最后，五国集团（如果不能准确地说是被取代）同七国集团的财政部长会议和峰会重叠，其传统的私密和非正式交流作用被大大地削弱。

随着美元继续下跌，我们开始感觉到一个强烈的舆论反应，因为外部失衡不是好转而是更加恶化。在日本，这导致了一个困难的国内政治局势。在大约半年的时间里，到 1986 年 3 月，日本充斥着带有不满情绪的讨论，认为广场协议是个错误甚至是个失败，因为它开启了美元无休止、失控般的下跌，或者说是无法控制的日元升值。出口产业特别是中小规模企业，开始抱怨日元的快速升值，因为他们的生意越来越难做。这很快在执政的自由民主党内部转变成非常复杂的暗斗。首相中曾根康弘和大藏相竹下登被认为是广场协议的主要设计者，遭到来自其党内同事非常猛烈的抨击。宫泽喜一是对政府无力应付日元升值的批评者之一，于当年7月接任大藏相。中曾根康弘和竹下登写信给里根和贝克，请求他们帮助终止日元的进一步升值。但后者礼貌地拒绝了，并回复称国会里的保护主义太强，在外部平衡没有明显改善的情况下，政府不能再次改变汇率政策。

1986年5月的东京峰会上，日本就汇率问题同美国人进行了讨论，但无果而终。美元对日元汇率继续下跌，5月底到了171、6月是165、7月是154。在7月议会选举临近时国内政治批评还加剧了。就在此次峰会之后，我告诉首相中曾根康弘说，我认为外汇市场仍然不相信美元已经跌透，我们最好静观，让美元再跌一阵，然后对市场实施一次规模大的、意料外的干预。中曾根康弘听起来理解，对我说："我知道你们专家比我更懂得汇率。"但他补充道："在选举之前，你得让它回到170日元的水平。"于是我们干预，但收效不大。尽管贝克是想在某个时间帮日本一把，他曾告诉国会美元的下跌已经抵消了其以往对日元的升值，但美国当时开始出现打压美元的言论。不过贝克的国会证词至少对市场有短时影响。但与此同时，尽管强日元或圆强（Endaka，来自日语）日益困扰着政治家、官僚和大众媒体，产业界却迅速调整，并再次不关注日元汇率水平，而是关注判断汇率稳定和可预测性的尺度。

得知产业界和公众并不真正担心日元汇率，意见领袖群体却同他们在1971年时一样继续着小题大做，对我而言，这是相当沮丧的事。我对此感到非常压抑，因为这表明日本人对“圆强”的过敏反应在1971—1986年间就一直没改变。尽管有着对强日元的尖锐批评，但自由民主党在7月6日的选举中赢得了压倒性胜利。我想我判断的公众态度——对日元升值不太关心——是正确的，但争论仍然会存在。可能只是到了1986年年底，这种歇斯底里才开始减少，因为政府里越来越多的人开始意识到，强大的日元给日本经济带来的好处多于损失：更低的进口价格，更多的消费者满意度、海外投资机会，以及更强的商业合理化激励。这种转变在当年秋天相当明显地出现了，但对包括政治家和大众媒体在内的所有群体来说，认识到强货币的这些好处是个缓慢的过程。

第九章

经济管理的更多探索：卢浮宫协议

保罗·沃尔克

概述

1986年年初，前一年秋天在广场会议上为调整货币价值所做的有组织的努力已经告一段落。美元自一年前的峰值平均下跌了25%。通过干预外汇市场或其他方式促使贬值的国际协调努力已经结束。

还没有结束的是，主要工业大国实现政策上更好协调的努力。广场协议干预的结束，也并不意味着外汇市场上的美元已经企稳，尽管美元的变化已不那么剧烈了。

1986年，发达国家注意力集中在保持世界经济上行势头的要求上。过去几年中，美国经济强劲的增长驱动一直是主要的扩张力量，在1985年却逐渐消退。日本和德国的经济增长持续低迷，几乎整个欧洲的失业率都居高不下。尽管美元在下跌，但进入1986年后，美国庞大的贸易逆差和经常项目赤字仍在攀升。

对美国的政策制定者来说，形势的逻辑似乎很清楚：让我们的主要贸易伙伴实施更为扩张的政策，不仅有利于促进国际贸易格局和货币市场的平衡，也符合它们的自身利益。这种观点在一系列会议和各种论坛中一再强调——在五国集团，在国际货币基金组织临时委员会，在 5 月的东京峰会，在巴塞尔的中央银行行长会议，值得一提的还有当年年底的日美双边会议（随即被称为 G–2）。这些过程中交织着对国际货币改革问题的重新关注，美国财政部的贝克 – 达曼班子对此尤为重视。

尽管做出了种种努力，美国的财政政策依然没有任何动作，主要是各国中央银行间进行了有限的协调。这些协调也许在关键时刻帮助遏制了美元的进一步暴跌。这是个敏感问题，部分原因在于，让美国贸易伙伴担心也让美国本国央行不安的是，美国财政部长似乎时不时在引导美元的进一步贬值。这是否反映了对德国和日本不能或不愿采取更积极的扩张措施的沮丧，抑或是试图迫使德、日做出期待反应的激将法，我始终不得而知。无论如何，到 1986 年中期和 1987 年年初，这种做法的局限似乎越来越明显了。

各国对更稳定的外汇市场的共同诉求持续增加，这在 1987 年 2 月的五国集团财政部长巴黎卢浮宫会议上表现得一览无遗。当时达成的谅解，就商定却从未公开的美元与其他五国集团货币之间的汇率水平设定了相当精确的幅度。这些幅度将通过干预和其他可能的手段来“保卫”。这和经过长期的非官方讨论并被一些国家推动的目标区或参考范围理念一致。但在贝克接手财政部之前，里根政府以及 20 世纪 70 年代大部分时间里的美国政府，对这些观点都颇为反感。

这些商定的幅度需要调整，最先是涉及日元，而在 1987 年 10

月股市崩盘之后则涉及更多货币了。20 世纪 80 年代末，随着新一届美国政府和财政部的上台，由于中东战争的牵制和对衰退的担忧，对货币改革和协调管理汇率的热情似乎再度消失了。

20 世纪 80 年代末的最后几年里，有一件事情变得明朗清晰且不容忽视。日本俨然已成为国际货币事务舞台上的主角，20 年前，它刚刚作为新兴工业力量，首次被邀请加入经合组织（OECD）和十国集团。它的产业竞争力，以及那远超其本国大型产业投资项目所需的储蓄倾向，巩固了其在金融领域的关键地位。即使是在日元大幅升值的情况下，日本的产业实力和高储蓄率的结合，也造就了对美国和（相对较低程度上的）欧洲的大规模贸易顺差。与日本的经常项目盈余相映照的，是日本资金潮水般涌入世界资本市场。资本需求在美国尤其显著，多年的经济扩张后，美国的赤字仍然高达每年 2000 亿美元甚至更多。

20 世纪 80 年代临近结束时，日本的银行、保险公司、实业公司，已经成为我们的预算赤字、日益繁荣的商业地产市场甚至产业投资的主要融资渠道。美国 1987—1989 年获得的海外储蓄额一度超过美国本国个人储蓄总额。随着日本人对美国文化象征（从纽约的洛克菲勒中心到洛杉矶的电影制片厂）的接连收购，美国人内心深处感受到自身对外国资本的依赖，以及这种依赖在经济实力下降上的含义。在写作本书的时候，正有一个对最具美国精神的棒球大联盟特许经营权的竞标，后者就像太多美国企业一样处于财务困境。

随着 20 世纪的最后十年拉开序幕，尽管汇率波动依旧，却似乎已经结束了 20 世纪 80 年代中期的极端动荡局面。抛开日本的巨大顺差，贸易流似乎比此前多年更平衡了，还有一些令人鼓舞的迹象，拉丁美洲的许多国家正逐渐走出债务压力主导的失去的十年。但同样显著的是，世界经济的管理中面临着大量挑战和不确定性，在众所期待的世界新秩序建立之前亟须处理。

行天丰雄

1986 年 3 月在东京举行的经济峰会，标志着协调经济政策的努力取得了重大进展。七国财政部长集团正式成立了，整个协调过程的焦点，超越汇率和国际收支，转向实现国际范围内的普遍经济增长和充分就业，而这在传统上被认为是纯粹的国内政策目标。经济指标被纳入协调范畴并被各国接受，还有一些做法，尤其是美国这边，在这次政策协调中采用了一些自动机制——在目标设定后，一旦经济的实际表现与此严重偏离，政府必须为实现其经济增长、通货膨胀或者其他方面的具体目标而采取行动。

于是，我们的痛苦期开始了。在此期间，我们在协调相互之间的政策方面付出了大量努力，以便处置困扰我们的诸多问题。我们试图抑制美元贬值并稳定汇率，促使贸易顺差国家实施财政和货币政策，从而缓和它们国际收支失衡的顽疾，同时抵制贸易保护。我们也尝试建立一种更为制度化的机制，用来协调七国集团国家之间的政策。这涉及艰难的双边产业谈判和一些政治上的敌意，包括美国和日本之间、美国和德国之间，而且这些过程的政治性往往大于经济性。我们面临的一个最大问题，是政策实施和见到成效之间的时间差。这种滞后导致了政治上的难题，因为政治时钟的节奏一般要比经济时钟紧迫得多，而经济事件通常同时具有强烈的政治反响。国家间的提议、反提议乃至妥协的时间段是越不过去的。举例而言，在关于谁将采取何种政策的磋商中，美国建议日本和德国削减税收并降低利率，以刺激国内需求；日本和德国则要求美国将削减预算赤字作为减少贸易逆差的一个步骤。大多数情况下，妥协并不容易达成，而且即使官员们勉力完成，错综复杂的政治形势也常常会推迟或冲淡政策的实际执行。但经验仍有价值，后来的情况也证实了在经验的基础上努力的必要性。1988—1990 年国际不平衡状况的显著改善，就是我们致力于协调政策的一个成果。

但是，那些年的各种努力留下了很多教训。美国首倡协调制度化并调整汇率，是一个非常积极且可以说具有历史性意义的步骤。但同时，这一过程过分受到美国主导，倾向于达成政治交易而非实现经济上可行的结果。站在日本和德国的角度，整个过程都是令人沮丧的，因为我们认为，美国企图从日本和德国这两个贸易顺差国家获得政治让步，方式是用美元贬值和贸易保护作威胁，美国知道，这两种手段会对顺差国家经济造成实质损害。这和布雷顿森林体系下的经济形势形成了鲜明对比，那时有可信赖的美元和开放的市场维系着世界秩序。如今正相反，可信赖的美元和开放的市场变成了威胁的手段。结果，贸易顺差国家陷入了深深的怀疑：借着引入政策协调和汇率管理，美国试图强加给它们一个只会令美国自己受益的体系。因此，我们的反应是防御性的，对积极为全球经济利益做贡献也表现得缺乏主动性。换句话说，很可惜，三个主要国家之间严重缺乏相互信赖。

最紧迫的问题是拿美元怎么办。广场会议后的两年里，尽管美元的有效汇率就像广场协议预期的那样确实在下降，但这种持续的贬值似乎并没有矫正世界贸易的失衡。美国的贸易逆差和日本的贸易顺差一度都在持续扩大，而更糟糕的是日本的经济也开始滑坡。这种现象部分归因于正常的商业周期，但日元价值的暴涨也脱不了关系，它冲击了日本的出口产业。日本 1986 年后九个月的工业产出低于上一年水平，1987 年年初失业率超过了 3%，按日本的标准，这是个很高的水平。

1986 年，宫泽喜一被任命为大藏相。他曾经强烈批评前任竹下登和首相中曾根康弘治下的日元暴涨。这一批评使得他不得不做出点儿成绩，为他的政治生涯锦上添花。由于持续的贸易逆差和越发抬头的贸易保护主义压力，处境日益艰难的美国财政部试图口头打压美元。美联储则为此担忧，深恐更疲软的美元将加剧通货膨胀。所以，同时遭遇美联储批评和德日两国拒绝采取通货复胀刺激其经济的美国财政部，组织了直接的国际谈判。

宫泽偏爱自上而下的决策过程，而他的前任们则相反，依赖自下而上地形成共识，以获得他们下属的支持。当贝克为对话中曾根和宫泽而计划了一次日本秘密之行时，他们以为，可以在不让其他官员明白其葫芦里卖什么药的情况下达成交易。结果证明这是不现实的。贝克给美国驻东京大使迈克·曼斯菲尔德[1]打电话，

---

[1] 迈克·曼斯菲尔德：在位时间（1961—1977）最长的参议院多数党领袖，于 1977—1988 年任美国驻日大使，同样是史上任期最长的驻日大使。1989 年获“总统自由勋章”，部分原因是，他对尼克松的辞职功不可没。

确定8月末会面，但政府部门几天后便得知了这一消息，整个安排就泄露了，会面也跟着泡了汤。

之后我们安排两位财政部长于9月6日在旧金山会晤，而且为保密下足了功夫。我们并不确定是否能达成协议，还在担心，提前公开会议安排将只会加剧市场上的投机行为。我设法偷偷离开日本，并在巴黎和负责国际事务的财政部长助理戴维·马尔福德碰头。我们一起从巴黎搭乘协和式客机[①]飞往纽约，中间换乘了航班穿越欧洲大陆。我们两人都累了，幸运的是，飞机很空，我们得以在座位上躺着睡了一路。宫泽就没有那么走运了。他好不容易趁没人注意离开了日本，但六神无主的媒体记者们很快发现，他甩掉了他们，还飞到了旧金山，尽管他们并不知道他的具体位置。一名绝望的日本记者孤注一掷，给旧金山的所有大酒店送去一束花，并在卡片上注明致宫泽，但他的火力无一命中目标，这多亏了我们机智的旧金山总领事。他猜到可能会发生什么事，于是特意挑了一家非常舒适、小巧但并不是很出名的酒店——马杰斯蒂克。

会议是在费尔蒙酒店的顶层套房举行的，那儿的好处是有一部专用电梯。谈判桌上放着一个文件包，包括日本3万亿的财政刺激计划，其中涉及部分减税；美国同意停止美元贬值，并通过发行日元政府债券来支持该计划。宫泽急于和贝克建立紧密联系，我认为贝克本人也想发展稳固的双边关系，尤其是与宫泽。因

① 原文作“Concorde”，1963年英、法两国联合研制的中程超声速客机，由时任法国总统亲自命名。1965年开始制造，1967年出厂，1976年投入商业使用，1979年停产，2003年全部退役。

为娴熟的英语和渊博的经济学知识，宫泽是日本第一位无须翻译帮助就能与美国财政部长对话的大藏相。当宫泽使用臭名昭著的“巫术经济学”一词时，贝克看起来十分惊讶。

但是他们无法在旧金山会晤中达成共识，尽管他们试图在 11 月美国国会选举前敲定这个一揽子计划。他们也希望，如果双方能就汇率和宏观经济政策达成协议，就能针对一项协调全部七国经济政策的协议，对德国，最终是七国集团的其他成员施加强大压力。接下来的两个月被用来准备关于正式协议的公报，那真是一段很不愉快的时间。大藏省内部强烈反对推行任何重大财政措施，日本银行起初也不愿意降低利率。双方都在阻挠公报草案里的实质性建议，换句话说，宫泽在被中央银行和他自己的官僚队伍拖后腿。后来他逐渐在他们中间建立了威信，但这对他来说是一段无比煎熬的时光，无论政治上还是外交上，直到他能够向贝克和日本国内的支持者证明，他有能力驾驭他自己的领域且不负众望。在那年冬天卢浮宫会议结束后，他终于用一份一揽子经济刺激计划做到了这一点。

在旧金山提出的第一个一揽子计划，花了两个整月时间才形成协议。10 月 31 日，公报终于发布了。日本银行将贴现率从 3.5% 降到了 3%。一周前，日本政府提交了一份 3.6 万亿日元支出的补充预算，主要用于公共建设方面。这实际上是数字游戏，因为这里的很多钱是正在花的。政府也表示计划削减税收，却没做出任何明确的承诺。公报还声明，当前日元对美元的汇率走势是符合经济基本面的。这很重要，因为以前从没有发过这样的声明。反响毁誉参半，有人说唯一有价值的部分是日本银行降低贴现率。

虽然日美两国都没有明确承诺支持汇率，但市场反应不错，汇率在当年余下的时间里趋于稳定。

日本这一年里都在强烈反对财政扩张，因为其认为自从采取了 1978 年波恩峰会上同意的协调性扩张主义措施，日本的财政状况就不断恶化。到 1985 年，日本政府赤字几乎占了预算的 22%，未偿公共债务总额相当于国民生产总值的 42%。这些数字在七国集团国家中是最高的。尽管政府曾试图到 1984 年消除当期开支的赤字融资，但这一目标直到 1990 年才实现。

日本经济企划厅也提出了一个强烈反对扩张的理论观点。企划厅利用其世界交互模型计算出，如果美国每削减占其国民生产总值一个百分点的开支，其贸易收支的改善将占其国民生产总值 1/4~1/3 个百分点；而日本如果通过同样的方法扩张其国民生产总值一个百分点，只能帮助美国贸易赤字减少万分之二到万分之三。企划厅认为，日本的扩张对美国的赤字实际上没有任何作用，因此，合适的做法是美国削减其财政赤字以抑制扩张，而不是日本扩张。任何国家都不会欢迎财政紧缩政策，企划厅的观点，只是强化了我们的政治家和一些商界领袖对改善日本财政状况的强烈渴望。他们担心，拖延最终只会造成税收上涨，以及有待控制的通货膨胀水平的提高。中曾根是财政改革的有力后盾，当然，这场改革由大藏省主导。所以日本坚决反对财政扩张，而华盛顿自然对企划厅的论点不屑一顾。

不过，我认为，贝克和宫泽之间的十月协议确实对七国集团的其他成员国有所影响，它们最后同意 1987 年 2 月在巴黎卢浮宫的侧厅会晤，那儿当时是法国财政部的所在地，就在那座著名的艺术博物馆对面。财政部长的副手们周密地筹备会议，主要的议题是：为减少国际不平衡而有可能制定的新宏观经济政策；我们能在多大程度上接纳美国希望将协调我们的政策机制正规化以及七国对汇率应当采取的共同立场。

这次会议后的公报首次承认美国的对外收支失衡不能再继续下去了。基于这一共识，他们认可改变贸易顺差和贸易逆差国家储蓄与投资之间平衡状况的必要性——翻译过来就是，日本扩大政府开支，美国减少财政赤字。他们还同意建立一种新监督机制，意味着每个国家可以制订一项中长期规划，并利用经济指标来监测其进展是否正常。这些指标包括增长率、通货膨胀率、利率以及国际收支水平等。所有成员都同意，如果指标显示一国经济走向在偏离目标，它们将和七国集团的其他成员共同就本国的形势进行讨论。

德国承诺加大已经提出的 1988 年减税力度，但没有说明削减多少。日本银行再次降低贴现率，这次从 3% 降到 2.5%。但公报本身存在显而易见的冲突。一方面，它认可当时的汇率总体上符合经济基本面，但与此同时，七国意识到它们的外部收支严重失衡，并认为这种失衡是不可持续的。但如果收支状况不可持续，汇率不可能真的符合经济基本面。调和这些自相矛盾的表述的唯一途径，是让各国采取它们各自承诺的措施，这样各国经济基本面将和现行汇率体制保持一致。这不失为一种充满希望的解释。

回到汇率本身，七国试图设计一种如今称之为目标区的方案，尽管公报没有细说这一点。在副部长们起草的原始文本里，七国承诺“在 4 月初的下一次会议前努力将汇率维持在约定的范围内”。

但在卢浮宫会议上，七国将只同意“暂时努力将汇率维持在近期水平附近”。由于所有与会国都认为，公开的汇率承诺如果太具体，会很容易成为投机者的目标，所以上述承诺被打了折扣。即使谈判淡化了最初的承诺，但七国讨论了努力将汇率波动限定在近期水平的一定范围内确是事实。公报发布当天，美元对日元的汇率是 153.50，对德国马克则为 1.825。它们普遍接受的是尽量将汇率波动维持在 5% 的幅度内，即上下 2.5%。如果汇率波动超出这一幅度，各国应当进行联合市场干预；一旦市场汇率上涨或下跌了 5%，我们将就改变波动幅度的可能性进行磋商。为了保卫汇率，七国保证准备总计 120 亿美元的可用资金，直到春季的下一次会议召开。

尽管卢浮宫会议讨论了这些问题，但没有形成明确且坚定的协议，也没有文件标明数字在各国间分派的比例。汇率讨论在晚宴中进行，所有的与会人员都忙着切肉品酒，没有努力去形成正式协议，也没有努力从财政部长们那里取得对具体数字的坚定承诺。最后留下的是一份极其含糊、语焉不详的协议。德国人认为，他们没有做任何确定的承诺；而日本人虽然非常渴望停止日元升值，却极不情愿阻止日元贬值。即便如此，我认为，他们普遍同意实施干预，以尽可能稳定汇率并维护综合目标。

这些都有助于说明目标汇率为什么从未公布，甚至从未得到政府的官方确认，即便市场已经猜测得八九不离十。但市场迅速冲破了目标汇率，美元则继续下跌。美元对日元汇率 3 月底下跌到 145，1987 年 4 月底更是跌到了 138。卢浮宫协议没能像预期的那样遏制美元贬值，已令人相当失望，而它的一位主要缔造者——理查德·达曼又在4月离开了政府。保罗·沃尔克则在8月从美联储离职。

随着市场的进一步动荡，卢浮宫会议后的那段时间令人心灰意冷。在媒体看来，政策协调显然没有发挥效用。随着美国财政部长贝克一再催促德国实施宽松货币政策却遭到拒绝，两国在货币政策方面的分歧加深了。最终，市场反戈一击，华尔街和全世界的股价在10月19日“黑色星期一”暴跌。股市崩盘引发了诸多解释，但我认为其中的根本原因，是七个重要经济大国协调宏观经济政策的行动没能产生实际效果。当年8月，美国国会修正了《格拉姆–鲁德曼–霍林斯法案》，将平衡联邦预算的目标年从1991年推迟到了1993年。美国的预算赤字实际在下降，但它的改善速度是远低于市场期望的。美国、日本、德国的对外收支状况，则根本没有任何改善，美国1987年的外部赤字甚至还增加了。

“黑色星期一”后，七国集团各国再次试图挽救形势，但它们没敢召开会议，唯恐会议不能取得实质进展，市场会再度崩溃。我们于是决定在没有会议的情况下发表一份公报。由于发表的时间是12月23日，这份公报被称为“圣诞公报”。公报里面没有多少实质性内容，除了一句表述：美元的进一步贬值将产生不利后果。这是一句新套话，实际上是关注重点的转变：从广场会议上推低美元的最初目标转变，从卢浮宫会议中汇率与经济基本面相一致的声明转变。

这份公报标志着三年混乱期的终结，结局不那么令人满意，至少当时如此，因为我们在调整汇率和协调宏观经济政策上付出的所有努力，都没有取得明确的实质性成果。尽管汇率关系确实发生了重大变化，但大国之间的外部失衡并没有得到改善，尤其是日本的贸易顺差和美国的逆差，这个开启整场努力的双面政治催化剂。一个重要原因是“J”形曲线效应，它使得一国的贸易收支曲线在本国货币贬值后的最初一段时间里仍是趋势向下，状如字母“J”形，原因是，虽然一国对外贸易价格改变了，但进口量和出口量还没能对新的价格体系做出反应。换句话说，美元贬值最初是在增加美国的逆差而非减少。而且汇率是每月持续变化，就像 1986 年和 1987 年的情形，因为美元从不会稳定足够长的时间从而改善贸易账户，“J”形曲线的效应就一直累积。此外，美元有效汇率的实际变化可能并没有想象中那么大。广场会议后的两年时间里，美元对日元的名义汇率下跌了 41%。但根据美国在世界范围内的对外贸易流来衡量，美元的真实有效汇率只下降了 32%，约为名义变化的 3/4，因为许多发展中国家的货币只钉住美元。并且，在国内政策中，预算赤字的下降比预期要慢得多，家庭储蓄率实际上下降了，这意味着消费中包含了未加抑制的进口。

另一个解释是经济学家们说的滞后效应。20 世纪 80 年代初期，强势美元导致影响美国产业的进口模式发生重大改变，而这些变化即便是在美元开始走软之后也没能快速扭转过来。日本的情况可以说是一样的：80 年代上半叶，异常疲软的日元给日本产业导向带来一个重大影响，即转向增加出口，即便在日元开始升值后也没有改变。这种现象即滞后效应。尽管还没有足够的实证证据支持这种分析，但汇率变化与产业的相应反馈之间存在长时间的时滞还是有道理的。

政策协调经历了多个阶段。1986 年 5 月的东京峰会，就如何实施协调达成了一项基本协议；1987 年 2 月的卢浮宫会议，在更加制度化的框架方面取得了共识；继而，1987 年 5 月的威尼斯峰会，七国集团国家的政治首脑们同意了该框架。尽管在建立协调机制方面确有进步，但关于如何操作的争论却始终相持不下，争论的焦点总是集中在两个问题上：各国将在多大程度上自愿接受形同放弃它们经济决策自主权的监督，以及相互猜忌深重的顺差国与逆差国之间的极度不对等。但即便监督机制本身并没有充分发挥作用，我们确实也取得了一项重要成果。那就是七国集团各国政策制定者之间坦诚友好的非正式对话大大加强了，在这种对话中，来自对方的压力会明显影响各自的政策。

成功的政策协调有四个必备条件：第一，参与国之间相互依赖的密切关系；第二，对某些宏观经济政策的协调将产生议定结果形成共识；第三，必须建立起协调过程并加以维护；第四，参与国间必须有一个强烈认同，相比它们什么都不做，协调将为所有国家带来更大利益——换句话说，每个国家都应该同意，政策协调并非损人方能利己的零和游戏。我不得不承认，这四个条件，20 世纪 80 年代后期只满足了第一条，其他三个条件还有待实现。

卢浮宫协议后，日本对采取扩张性财政措施不再那么抵触，并开始意识到转变宏观经济政策的重要性。除了将贴现率定在 2.5% 的历史低位，日本政府还宣布了一个 6 万亿日元[①] 的一揽子财政刺激计划。由于经济扩张的同时也增加了税收收入，实际的刺激不是很大，却为日本经济注入了一针强心剂。1987 年，增长率

① 原文为 6 亿日元，经与作者核实，为 6 万亿日元。

冲到了4.9%，而1986年为2.6%。更重要的是，国内需求贡献了增长的6%，而对外收支实际上拖累了1%的增长。所以日本的增长模式，明显从出口拉动转变为内需拉动。

日本的决策过程，显然受到协调行动中日益增加的外部压力的很大影响。的确，日本人自己常常将这种压力作为采取措施的借口，我们对此甚至有个名词："外压"（gaiatsu）。日本的政治体系可以在外部政治压力下行动得更快，但不能因此解读为美国应该利用这种情况并集中力量最大限度地对日本施加这种压力。

结果证明，日本在"外压"下采取的大部分措施，无论是扩张性政策还是多个经济部门的解除管制，对我们都是有益的。在这个意义上，日本不能抱怨发生过的一切。但我不得不强调，这种决策模式，从根本上破坏了日美长期关系。在日本这一边，政策制定者，包括政客和官僚，掌握了滥用"外压"的恶习，他们借助海外压力，实施棘手却不可避免的改革，却没有同时付出艰巨且关键的努力，在全体国民中间形成积极心态，去接纳通常是一剂苦药的经济改革。美国这边，政策制定者开始相信，对付日本唯一的最佳途径就是施压，他们用美元贬值和贸易保护主义相威胁，却忽视了部分问题恰恰缘于美国没有在改善自身的财政超支方面尽到本分。频繁地求助外压，很不幸地伤害了两国的国民心理。结果，互信与合作意愿没能建立起来，挫折感和不信任的糟糕心绪却得以滋生。

我并不打算描绘一幅了无生气的政策协调图景，因为我可以做证，参与国的谈判者相信，能够在造福世界经济方面取得实效，并为此付出了真切而诚挚的努力。实际上，他们确实取得了不少成果。但只有美国和日本共同意识到各自国内政策的全球重要性并开始在国内做出努力时，才能确保政策协调持续有效。

保罗·沃尔克

致力于协调的进一步行动得以在 1986 年重启，无疑受到了看似成功的广场协议的鼓舞，后者在实现美元大幅贬值的同时，并未对利率产生负面影响，也未导致美元自由落体下跌的心理。但在美国人看来，仍然有很多事情要做。经历了前两年的强劲扩张之后，美国的复苏已经逐渐放缓。同时，日本经济，更为明显的是欧洲经济，也没有表现出多少活力，欧洲在好几年不温不火的增长后，平均失业率仍高达 10% 左右。如果美国巨额贸易逆差下降、美元币值稳定下来，那么对欧洲和日本来说，重要的将是扩张国内经济，而非依赖源自美国对其商品强烈需求的外部刺激。

作为协调行动的一部分，我在巴塞尔会议和其他场合，尽可能力劝日、德两国的中央银行带头放松银根。德国人尤其不乐意，一如欧洲人的普遍表现。在这种情形下，我认为美国根本不适宜单方行动。这是 1986 年 1 月下旬五国集团伦敦短会的背景。

回过头来看，这次极其短暂的会议之所以值得注意，并非因为其中大量讨论了货币政策，恰恰因为相关讨论极少。在一份由美国财政部提议，当时可能被我低估了重要性的公报中，一些关于货币政策的字句试图被包括进来，至少在我敏感的耳朵听来，它们在暗示货币政策应当或者将要被放松。这种措辞遭到我和联邦银行的卡尔·奥托·珀尔的反对，因为我们觉得它只会导致不必要的投机。我们最终还是采用支持扩张和稳定的另一种温和表述。

若非确实有重大事项宣布，我和珀尔作为五国集团发展过程中的老人，将强烈主张恢复不发表公报的做法。但无论中央银行家们持何种保留态度，由于广场协议的宣扬和表面的荣耀，每次五国集团会议后发表公报的做法已经成为惯例。在我看来，这种做法夺走了安排会议时的某种有益的灵活性，有时还会导致过高的期望。从中央银行独立性的角度看，一个明显的问题是，财政部长们聚到一起，出于满足其政治需求的目的，很可能利用这些场合说一些鼓舞人心的话，从而向其中央银行的同事施压，特别是他们无计可施的时候。不过，至少根据我的经验，财政部长们从未真的强迫中央银行做出后者认为不合适的决定或承诺。

中央银行行长们多拒绝在财政部长会议上做出有关货币政策的决议，这类会议的时间和场合由别人确定，且可能受到政治驱动。这种拒绝有时被解读为对协调经济政策的整体设想的抵制，这些政策由央行行长们自己或其他人制定。以我的经验，这种揣测是不合理的。我并不认为中央银行行长们自己能够一直实现某种理想的协调和辅助行动。即便是在汇率固定、相互依赖程度远高于欧洲、日本和美国三者之间的欧洲货币体系中，这种无力感也是存在的。欧洲乃至欧洲以外国家的一个明显困难是，财政政策的总体失调不能由货币政策加以纠正。在美国持续不合理的庞大双赤字情况下，这显然是 20 世纪 80 年代困难的主要根源之一。但我认为，可以证明，货币政策偶尔也能够实现一定程度的有效协调。1986 年年初就是一个明证。

1985年秋天适逢美元急剧贬值，我始终反对放松货币政策。美联储内部关于是否放松银根的论战，则在1986年年初渐渐平息，此时经济似乎有所好转，但随着里根政府对两名新成员的任命，美联储理事会的人员安排也发生了重大变化。虽然仅有一两家美联储银行仍在提出降低贴现率的请求，但也令我大为意外，且至今我也不能完全理解他们的动机。1986年2月24日理事会被迫举行了一次投票，以4∶3的多数通过了降低贴现率的决定。我当时完全不能接受美国单方面削减利率。如果美联储真准备降低利率，我的首选是日本和德国带头做出某种不让美元贬值的保证。当天重新审议了理事会的投票结果，理由是：如果能够在短时间内做到，那么协调一致的贴现率削减将更为可取。在此基础之上，我与德国联邦银行和日本银行的同行进一步磋商，并达成协议：德国联邦银行将在3月初的例行委员会议上采取行动，然后日本银行也紧跟着采取行动，日本已在1月降低了利率，最后则轮到美联储。

外汇市场不负所望，在美元没有贬值的情况下轻松应对了利率变化，政策协调的成果也仅仅因财政部的邀功而稍稍受挫。由于经济形势持续低迷，尤其是通货膨胀率随着石油价格的大幅下跌应声而降，美联储随后于春季、夏季连续两次削减了贴现率，其中第一次是与日本合作，第二次是单独实施。

但就美国而言，那些货币政策上的部分协调行动，并不能充分解决一直困扰我们所有人的问题。看来，美国国内经济的强劲扩张可以拉动世界经济的时代确实结束了。其他国家不再指望美国进口的扩张能够把我们的繁荣带往国外了。取而代之的是，日本和欧洲将不得不依赖国内扩张性力量。如果这个过程推行得有力，结果应当是美国更多地出口，我们的巨额贸易赤字降低以及美元压力的减轻。

还记得我曾不止一次带着证明这些观点的统计数字前往巴塞尔参加月度会议，我敦促中央银行的同行们采取更积极的行动。对我来说，这种时候既是机遇，又令人忧心忡忡。随着石油价格暴跌，我们的通货膨胀率也降到 1% 多一点的水平，这种情况有 20 年甚至 20 多年没出现过了。美元贬值对进口和国内物价的影响，似乎没有我预计的那么大。所有这些使得夏季放宽货币政策成为可能。但在其他国家没有采取更具扩张性行动的前提下，我担心世界经济增长势头会受阻，美国国际贸易和经常项目仍将保持巨额逆差，美元最终也会毫无益处地更加疲软。

这种分析的理论基础，很大程度上为我们的贸易伙伴所接受。就在这时，备受尊敬的日本银行退休总裁并在西方以其绰号“迈克”而广为人知的前川春雄撰写了一篇报告，呼吁日本经济政策重新定位，以内需驱动经济增长。前川的报告被广为传阅，它强调了满足日本大规模社会和基础建设需要的机会。他主张，巨额贸易顺差，表明大幅提高国内需求并减少进口的正式和非正式壁垒的合理性。他明确的结论在今天和五年前一样中肯。但有一点也是确定的：把那些观念转变为现实是一个缓慢和煎熬的过程。

20 世纪 80 年代中期，为实现预算约束和价格高度稳定，德、日两国付出了巨大努力，它们也无意为看似更加抽象的国际优势去牺牲这两项政策成就。它们对自身经济前景也比我们更为乐观。毋庸置疑，在它们看来，美国的要求，是向它们转移调整压力的手段，同时偏离了美国正视自身重大缺点的迫切需要，不过是对着别人吹毛求疵。

行天丰雄对这些观点的看法更为权威，而对于我们的伙伴国因美国无力解决自身预算赤字的沮丧，我只能报以同情。但在更普遍意义上，1986 年的不同观点是国际政策协调中重大问题的外在表现。不同国家由于不同文化、经历、治国方略和重点事务的影响，难免从不同视角看世界。对于这些始终出现在分析、判断中的分歧，并不存在令人信服的、客观的解决方法。甚至来自友邦的亲善人士也发现，调和他们的观点是困难的，而当行动的需求撞上国内政治要务，协调的障碍则近乎不可逾越。

我可以部分理解财政部贝克–达曼班子在卷入五国集团和首脑会议时的沮丧。截至 20 世纪 80 年代中期，没有一位财政部长能够驾驭诸多重要的经济政策工具，即便是像吉姆·贝克这样一位政治练达、亲近总统的人物也是如此。财政政策深陷关系重大（和无关痛痒）的国会政治泥潭。中央银行则独善其身。因为财政赤字如此庞大、市场如此变幻莫测，即便是债务管理这种十足的财政部领地，后者也几乎是无所作为。但根据传统，财政部长是美国在国际金融和经济政策领域的主要发言人。该平台为他在政府内部、国会，还有一些人可能看到的，对中央银行发挥影响力，提供了机会。这并非无稽之谈。比如，乔·福勒曾在 1968 年主张，美元的稳定要求提高税收，以便为越战筹钱；约翰·康纳利利用 1971 年的美元危机，使总统和国家支持其对一整套经济政策改头换面，其手法实在是让人惊叹；1978 年，迈克·布卢门撒尔及其副手托尼·所罗门，则得以通过紧缩银根，在最终阻止美元惊人暴跌的过程中与美联储并肩作战。

但如果没有国内危机意识，或没有就应做什么达成可靠的国际共识，这种影响力就很难获得。在 1985 年美元如此坚挺，美国产业开始忧虑其国际竞争力的情况下，这种强烈的紧迫感足以使得政府坚决反对干预的态度发生 180 度逆转。可即便那时，在政治性更强的棘手领域（最为显著的是财政政策）进展要莫测得多。

即使考虑到参与者的阅历与资历，五国集团议程本身的约束性也不是很强。各国代表们有备而来，以阐述本国的政策，描述本国的形势。分析中的差异甚至冲突根本不足为奇，对这些差异、冲突听之任之通常相对比较容易。在讨论指导方面，并不存在一个普遍接受的概念性框架。有效质疑不同推断和预测的方法也不存在，而且没有什么可以推动一项决议或结论的达成，当然，危机迫在眉睫时除外。几乎总有关于国际体系管理的操作问题需要解决：处理债务危机、国际货币基金组织配额、世界银行政策和很多其他问题。但它们通常在政治上并不敏感，也并非纯粹的经济政策问题。

为解决这些困难，我们尝试过邀请国际货币基金组织总裁，在五国集团（现在的七国集团）会议开始前提供其对世界经济形势的独立分析，侧重点为谈判桌前每个国家的政策影响。这帮助建立了讨论的共同框架，同时并非很偶然地，也有助于为整个五国集团流程提供一定程度的政治合法性，你可能记得五国集团并没有任何正式的国际协议打底。但即使有像雅克·德拉罗西埃那样受人敬重的强势总裁，问题依然存在。他虽然可以提供其专家级的预测和分析，但本质上是以个人身份出现，并没有仲裁分歧的权限。国际货币基金组织的总裁也不得不保持敏感，要避免表现得过于明显地支持或反对任何一个主要成员国，毕竟是后者掌控着机构的命运。实际上，总裁通常在他的陈述和一些初步讨论后，还没有做出任何政策决断前，便离开会场。

为更具体地说明这一过程，容我简要讲一下1986年发生的事。美国代表们坚称，根据已有数据和合理预测，世界经济在下滑。他们警告，已经低迷了数年的欧洲和日本经济，如果不增加刺激措施，世界经济将陷入衰退。基于贸易和预算双赤字，美国不可能实施财政刺激，而美联储已经在放松银根。尽管我们认为这种论断很有说服力，但欧洲人答复如下："你们错了。以前的数据可能不妙，但关于我们经济的最新报告可乐观多了。而且，我们不想冒任何通货膨胀的风险。你们被财政政策困住，我们可不想上那趟船。"如此便结束了对话，因为的确没法调和对立的观点。

对贝克和达曼这样精明、活跃的政治家而言，这一切可谓不小的挫折。他们的应对有两个方向。在趋向改革的更为理性的层面上，他们提出了一个理念，即利用各种既定的经济指标约束议程。总体思路是，主要国家与国际货币基金组织合作，制定一系列尽可能客观的绩效统计指标：实际增长、通货膨胀、经常账户、预算开支和赤字、货币供应量、汇率以及其他。其中一些指标（当然包括增长）的目的或目标，将为各个国家分别设定，之后则被评估，以确保这些目标间的一致性。这些目标的落实将一起受到监测。如果政策需要调整以确保每个国家实现目标，那就通过会议来协调。不能实现议定的增长或国际收支目标的国家，将被要求采取补救措施。

但是当然，实际过程永远不会如此简单。囿于修正，自然还有各国自身的解释，数据永远会迟到。主要贸易伙伴之间的一些关键国际收支数据，统计上甚至都不一致，为争论的扩大提供了丰富的素材。即使数据可靠且及时，五花八门的指标和目标往往会向政策发出相互冲突的信号。

困难并不都是技术性的。有一个观点遭到了强烈反对，即所谓的客观数据指标可以替代有根据的政策判断，或者战胜任何情况下的政治抵制。让国际货币基金组织介入议程可能有帮助，但几乎解决不了问题。要求总裁对争议做出裁断会显得过分，如果基金组织的发言与美国非常在意的观点相悖，美国一定会第一个反对。而除了真实的紧急情况外，基金组织的支持不可能解决不作为的死结，即国内政治约束。这方面我个人有过经历。在 20 世纪 70 年代的二十国委员会上，我设计了一个简单得多的指标，提议作为更有组织性和综合性改革讨论的一部分。因此，我能体会财政部努力的方向并对其受挫报以同情。但就我的理解，我对那些提议的可行性不抱信心，并很高兴没有被要求为其进行辩护。

这个指标体系的初期工作，由财政部副部长及其助手组成的小组封闭进行。据我所知，讨论过程中，美联储和其他中央银行官员都不曾深度介入。在美国的敦促下，1986 年 5 月，东京峰会的确有些大张旗鼓地认可了此概念，并授权财政部长们推动这些构想。一个长久的副产品是，将意大利和加拿大纳入排他的五国集团俱乐部，形成七国集团，但就我了解，更为充分地发展指标方案的努力基本被放弃了。

当时，我对看上去是财政部备选且更具操作性的谈判战术——贬值美元要关注得多。我对美元过度贬值的担忧已在本书中充分反映。在我看来，1986 年（即 1985 年的暴跌之后）的头等大事是促成欧洲和日本对经济的更多刺激，从而帮助加快缩小我们的贸易逆差，同时不会出现美元进一步下跌对信心、通胀及潜在经济增长本身可能带来的不安后果。1985 年贬值的潜在通货膨胀影响确实得到了控制，石油价格暴跌有助于抵消这些影响。另一个重要因素，似乎还是日本和其他出口国维持其美国市场份额的激进做法，即将其商品的美元价格上涨幅度控制到最低水平，甚至不惜牺牲它们的利润。

这些都多少为较宽松的美国货币政策创造了条件，但美元持续下跌时，我从未感到非常安心，即使它没有像 1985 年那样直接单边下跌，而是更不稳定地波动。正如行天丰雄所言，当财政部长貌似暗示，他至少对美元进一步贬值完全放心时，我会更加不安。作为一种刺激我们贸易伙伴采取更积极扩张政策的手段，贝克以其更为挑衅的姿态，近乎乐于预见美元下跌，意在威胁日本或欧洲的出口国。1986 年夏中，由于美元对日元处于历史低值，且对马克和我们大多数贸易伙伴货币也在朝此方向发展，合理预期是我们的贸易收支可能很快改善。在向国会或其他部门做证时，我更加直言不讳地表示：美元跌得够多了。根据我的判断，美元进一步大幅贬值引发的不确定性对谁都没好处。

尽管我的观点和财政部长的言论相左，有时面对同样的委员会，难免被注意到，但当时，这在我们之间实际上并不是一个很大的分歧。贝克会貌似正确地辩解，他只是在说，如果其他重要国家的扩张太过有限，不足以吸收美国增加的出口，那么美元可能得继续贬值，无论这多么令人反感。而我则感到鼓舞：财政部长确实开始关注过度贬值了。最起码，他想使得贬值的雄辩之辞温和一些。这种情况下，我对继续贬值的明确反对，可能对市场转向过分看跌美元起到了某种防范作用。

我当时不知道，贝克很快与日本大藏相宫泽喜一展开了一系列双边会谈，后者于1991年成为日本首相。我在此前的不同场合就发现与宫泽讨论很轻松，不仅由于他讲一口流利的英语，更重要的是，他个人对美国地位的影响力和内在逻辑的理解。说到底，这种立场与当时著名的前川报告完全一致。无论宫泽个人如何支持，财政刺激因为日本强烈的政治反对流产了。讽刺的是，这种反对貌似集中于宫泽自己的大藏省这一面向日本国内的强大政府部门内部。大藏省长期力争平衡日本预算，而且不愿见到得来不易的成果付之东流。不过，1986年10月底，宫泽与贝克得以宣布一份双方妥协方案：日本人将实施一项重大财政刺激计划，并进一步放松银根；而美国人将接受：日元与美元间的汇率“总体与当前潜在基本面一致”。

与日本的协议并没有明确美国任何实质性经济政策举措，甚或干预外汇市场的义务。日本的财政政策似乎也无意添加多少新做法。鉴于此，一些欧洲中央银行同行对两国集团（G–2）这一动议的意义极为关切，估计欧洲财政部长们也是如此。这令我十分吃惊。美国可能已经就稳定日元/美元汇率达成了明确谅解，却没有给予欧洲同等谅解，这种看法似乎使得欧洲产业不堪强大的竞争压力，如果其本国货币对美元和日元同时升值的话。还有一些更深层次的顾虑，比较隐晦但却明显的是，这份协议可能表明了一个总体趋势，即美国的注意力从欧洲转向太平洋。

所有这一切，无论是有意还是无意，似乎都有助于贝克在刺激欧洲更多扩张举措方面的兴趣，尤其是德国。我后来了解到，与德国当局对话于12月重启，讨论修改和加速德国税收改革方案的可能性，从而产生一些净财政刺激效果。就像日本的情况，之后将有机会确认汇率更为稳定的愿望和可行性。从我的角度看，这些都很正面。相比用贬值威胁作为激发期待的政策回应的武器，更稳定的汇率将变成恰当的行动回报。

那些实际政策和谈判关切可以融入到可能更具持久意义的尝试中。至少在财政部最高层，已经在不动声色地继续考虑目标区，或者"参考范围"——法国财政部内部准备的一份报告，已对其这样重新命名。对于所有鼓励德国采取扩张性手段和推动达成有关参考范围计划的协议，法国都有极大的兴趣，这使其成为基于广场协议经验的会议中（美国）的潜在坚定盟友。美元在1987年年初的急跌，似乎导致或强化了寻求另一次会议的决定。对德国采取重大财政举措意愿的疑虑，让贝克心中对是否真的举行已临时安排的五国集团会议，打上了大大的问号。但在我和我的团队的支持下，他最终决定举行，理由是不抓住这次机会，汇率市场和政策前景都将面临更大的风险。

1987年2月21—22日这个周末，我们齐聚位于卢浮宫的法国财政部办公室。实质性讨论因一个敏感的政治问题而被推迟了几小时。意大利财政部部长代表其政府坚持他应在一开始就出席会议。原定的安排是，他和加拿大财政部长将参加次日的五国集团会议，做出的任何决议都将以七国集团的名义宣布。那些安排遵循的是上一年峰会后达成的一个相当扭曲的折中方案，试图调和“现实存在的五国财政部长集团”与“七个国家参与峰会讨论的事实”。麻烦在于，意大利政府十分正确地意识到，实质性决定将首先在五国集团内做出，他们认为这在政治上不可接受。最后，意大利财政部长乔瓦尼·戈里亚[①]在请求被拒后返回了罗马。所以，当加拿大人次日参会时，第一次也是唯一一次以六国集团的名义发表了公报。这次尴尬的分裂，导致七国集团近年来变成重大讨论的主要论坛。

相比谁该参会的争议，卢浮宫决议实质内容的达成要容易得多。决议围绕建立参考范围的机制延伸，尽管未声明这一机制将通过联合干预来“捍卫”。行天丰雄描述了关于干预的谅解的细节和本质。他指出，集团的一些成员，德国人居于首位，反对对协定指导原则做任何生硬的解释，他无疑是对的。另外，对一种货币可以浮动的幅度没有严格限定。套用对目标区感兴趣的经济学家的行话，边界是“软的”。如果捍卫约定中心汇率上下 5% 边界的竭诚努力被证明不充分，那么参考范围将被重新检讨并可能被更改。可想而知，商定浮动范围面临的巨大压力将意味着重新评估货币政策，但对改变货币政策的必要性则并不存在承诺，不管是暗示的承诺还是其他形式的（在德国和美国，这类决定由独立

① 乔瓦尼·戈里亚（1943—1994）：1982—1987 年担任意大利财政部长。1987 年 7 月担任意大利第 47 任总理，当选时为“二战”后意大利最年轻的总理，1988 年 4 月因其预算法案未获议会通过而辞职。1989 年当选欧洲议会议员，1991 年辞职并担任意大利农业部长，直至 1992 年再度出任意大利财政部长，1993 年因腐败丑闻危及其所属党派而辞去财政部长一职，次年于审判期间因肺癌去世，后被宣告无罪。

委员会掌握，而不只是坐在卢浮宫谈判桌前的诸君）。讨论中明确的是，中心汇率和参考范围都不具体设定；谅解将在下一次会议中检讨。这成为最温和的汇率目标制形式——有限的、临时的、不公开确认的。关于这个问题，公报通篇就说了一句：六国同意“密切合作，促使汇率在附近水平保持稳定”。当然，这意味着准备干预。

几乎没有什么新的基本经济政策要宣布。货币将“大体处于与潜在经济基本面一致的范围内”，这一断言完全符合我宣扬了数月的精神，但它不得不更多地表现为一种信念声明，而不是某种可以被证实的东西。德国政府的确表示，它将“建议扩大议会已经通过的 1988 年减税规模”，但事实上，没有做出使得此方案通过议会的承诺。日本人则不能逾越他们早前已经表达的态度。

但对我而言，在实质性的政策调整方面，最令人沮丧的是美国人对协议的“贡献”：我们承诺，美国将把 1988 年的财政赤字降至国民生产总值（GNP）的 2.3%。当这一目标看起来远远不能实现时，我记得曾就这一承诺的恰当性和诚意询问过贝克。他的回答是，无论是否现实，他必须重申总统仅仅几周前关于预算的立场。回答够实在，但针对同样被自身政治问题困扰的其他国家，这很难作为采取极其苛刻姿态的坚实基础。最终，美国 1988 年的财政赤字是国民生产总值的 3.2%；德国人只实施了少量的财政刺激，其国民生产总值也仅增长了 1.6%；只有日本在春末实现了财政上的重大转变，如果不是依然有限的话。

我只能承认行天丰雄评价卢浮宫协议的贴切。对改善增长、稳定前景的适当经济政策的理论分析，本质上是美国式的，而且反映了我们的主要担忧。在我看来，这一分析当时和现在都是正确的。但同时，我们没有能力让我们的行动匹配自己的分析，而这也不是第一次。但我认为，为了协调去具体阐述并重申分析过程是有益的。人们只能希望，随着时间的推移，就这一点达成共识将提高达成真正的国际协议并为其赢得必要的政治支持的可能性。也许这是有希望的思路，当然这并不激进。可我担心，这只是 1987 年国际政策协调艺术的大致状态。在后来的岁月中，我没有看到其明显改善的迹象。实际上，我感到了某种倒退。

鉴于卢浮宫协议已确定，在随后几周需要进行大量干预，以维持约定的卢浮宫范围。虽然如此，但日元仍是持续升值，到议定的 4 月初下一次七国集团会议时，已经突破了卢浮宫协议商定的范围。这可不是个吉利的开头，但通过重设日元波动范围，这个变化就这么被接受了，同时泛泛地重申了卢浮宫协议的精神。

后来到了 4 月和 5 月，随着美国经济看起来更趋稳定，美元的进一步疲软有力地促成了小幅收紧美国货币政策的决定。相对于政策变化的力度，这个决定的方向意义更重大。让我在后来感到后悔的是我在当时反对提高贴现率的想法，我是考虑保留那个比较强硬的手段待以后使用，如果美元疲软持续的话。但加息压力消退了一阵儿，直到 8 月初我在第二届主席任期届满离开美联储后，贴现率才上升。回想起来，单考虑国内因素，理想时机显然是错过了。金融市场的信心——面对持续的经济扩张和财政赤字时，美联储将抵制任何通胀压力反扑——可能已经有所减弱。

有不少评论认为，贴现率的提高是造成两个月后股市快速崩盘的一个因素。这显然是误读。利率，尤其是夏季期间长期利率的急剧上升，无疑令人不安。但这都早于贴现率的变化，反映了对预算的失望以及对通胀可能再次加剧的担忧。在小步紧缩货币时，美联储希望明确地告知市场会坚决控制价格上涨的趋势。

要说到股市历史性暴跌可能追溯的政策因素，在我看来，更相关的因素是，寄望于经济和汇率政策协调的感觉没有了。就在“黑色星期一”前一天，媒体刊登了财政部长贝克本人几乎赤裸裸的威胁：如果德国政府不同意刺激自身乃至世界经济，美国不会阻止美元下跌。也许这激起了对经济政策更为严重的担忧。但我一直认为，股市早已因为很多基本面因素而不堪一击。

一个影响更为深远的问题是一些主流经济学家提出的，当时最著名的可能是马丁·费尔德斯坦——第一届里根政府后期一位极其直率的经济顾问委员会主席。从其哈佛大学经济学教授和著名的国家经济研究署主席身份的角度，费尔德斯坦一直是整个稳定汇率行动的批评者。在 1987 年和 1988 年，他反复表达他的看法：为实现国际贸易的合理平衡，美元继续大幅贬值是必要的。但更多时候，他是攻击寻求国际政策协调的整个理论基础。

无论协调在实现更快增长及更稳定方面的理论好处是什么，费尔德斯坦和其他人都质疑：在一个充满不确定的世界中，那些好处是否能在现实中实现？对各具体国家的经济活动预测同样也不会很可靠。关于这个世界实际运行方式的共识太少，无法为协调政策的决定提供坚实的基础（一个切题的恰当案例是我对经济学家的非正式调查，之前的章节提到过，就预算赤字削减情况下的美元可能走势问题，他们的选择是各一半）。而正如我们所看到的，及时、有效的行动同样不可避免地面临大量政治障碍。按照那种观点，对各国来说，更好的选择是，专注于看上去更紧要也是它们最熟悉的问题（即它们的自身需求）而允许汇率波动，因为它将解决失衡。实际上，这一论断认为，协调的努力可能过于轻易地将注意力和政治努力从国内需要解决的事务上转移。

我离开政府这些年的印象是，不管是否因为学术信念、预期受挫，还是仅仅由于关键人物的更替，美国在 1955 年到 1987 为改善协调而进行的雄心勃勃的努力已经消退，那些努力有着典型的时代特征。货币当局为应对股市崩盘造成的潜在衰退影响所采取的快速行动，一定程度上，无疑受益于国际磋商和协调，但尽管重要，这种行动也不过是有限和一次性的举措。

越过大西洋，我们看到，欧共体 12 个成员国最坚定的政策协调努力就在眼前，并似乎注定在未来几年吸纳更多国家。这些努力的重点是坚定承诺它们之间的固定汇率，并最终走向一种共同货币。

毫无疑问，我支持努力实现更大的稳定、更有效的协调。这些合作协调的结果，极有可能给美国及其他国家带来更多繁荣和稳定。但这一目标显然说来容易做来难。

我们生活在一个与布雷顿森林体系极为不同的世界中。行天丰雄已经从其特殊视角——一个战败国的年轻公民——回顾了一个占据主导地位但相当温和，同时将其稳定的货币和开放市场的福祉带给全世界的美国形象。生产率缓慢增长了二十年后，下跌的美元、汇率的大幅波动及明显复燃的保护主义压力，都不是今天美国角色的准确描述。其他国家，最显著的是日本，已经接近美国的人均财富水平，而一个联合的欧洲的经济总量将更庞大。

当今世界，权力和影响已不可逆转地更加分散了。同时，这是半个世纪前做梦都想不到的财富世界，也是一个人权、民主以及自由开放的市场比以往更广被尊重的世界。很大程度上，这些都是数十年前美国开明的经济、军事和政治政策的成果。尽管有这些好处，我们今天也是处于一个有效经济管理似乎比以往更加困难的世界。正是为了迎接这一挑战，对战后世界只能成为其记忆的新一代来说，现在必须转移注意力，寻找新的视角。

第十章

一个新的世界秩序，还是一个新的民族主义

保罗·沃尔克

自从行天丰雄和我结束了我们的普林斯顿研讨会后，有近一年的时间过去了。其间发生了很多事情，所有这些强化了贯穿我们生活的时运变迁的感觉。现在来回顾我们的思考并展望未来。

在前面的篇幅中，我们记录了“二战”以来在国际货币事务和我们更广泛的经济生活中反复出现的一些失败的开端、误解，以及一些真实的政治和经济压力。布雷顿森林体系的机制崩溃了；石油冲击动摇了我们对经济安全的认知；美国面临着历史上最严重的通胀；巨大的债务负担变成包括美国在内很多国家增长的拖累；汇率大幅波动。保护主义压力在缓和了数十年后，现在看上去正在增强。

但对于所有这些问题，今天最引人关注的是我们已经实现了什么。那些建立战后世界的人们的愿景大部分已经实现。冷战的突然结束是令人震撼的事实。对美国及其盟友来说，这当然是其坚定不移地维持军事防御的回报，本书对此不做讨论。但同样现实的是，没有战后经济秩序的成功，那些努力不可能持续并赢得胜利。从来没有那么多国家、那么多人——在北美、欧洲以及东亚——像过去的 45 年里那样，享受过如此规模的繁荣程度和个人自由提升。

支撑这一成就的是三位一体的基本理念，即政治民主、尊重人权和对基于私有产权的市场体制的依赖。这一理念几乎是无处不在。如今，这种高度发达的三位一体模式，若要在拉美、东欧，最重要的是在原苏联范围内复制其成功，有着大量新机遇。即便在中国和非洲，建设性变化和进步的迹象也很明显。

作为“二战”后及后来数十年主导世界的国家，美国是自由贸易秩序和国际投资自由化的推动力量。这一点，几乎被身为美国人的我当成一种信念（一种在这里有事实依据的信念）。在关键时刻，美国提供了官方支持的保证，这是我们很多协作成功的基础。对于我们这些在大萧条和“二战”之后才成年的人来说，所有这些都显得相对简单、直接。美国毕竟生产了世界上大部分的钢材和大部分的汽车，我们已经发明了电视和计算机，我们可能也发明了商学院，其在美国的发展无疑很成功，有着管理科学前沿的盛名。

我刚开始工作时，来自其他国家的生产率小组在美国随处可见。我记得是在 20 世纪 50 年代第一次见到日本人，后者那时正如潮水般涌进美国。尽管说不了几句英语，他们却决心学习美国的银行和金融制度。而我们现在知道，在如何改善并保持其产业的产品质量方面，日本人所受的启蒙恰恰源于美国教授。

现在的情况看上去截然不同。仅就统计角度而言，按照当前汇率测算，德国、日本及其他几个国家的人均收入比美国高。这些统计数据无疑有误导性，考虑到食品和住房方面相对低的花费，在所有大国队伍中，普通美国居民仍然享受着最高的生活标准。而且，其他较贫穷国家在“二战”重创后的恢复和增长，毕竟也是美国政策有心促成的目标。因此，这意味着政策的成功而非失败。

但很明显，美国似乎并没有竭尽所能地采取必要措施，来保持自己的经济实力。或许，对于起点远低于美国的其他国家，生产率增速高于美国在所难免，也是美国愿意看到的。但二十年里美国的生产率每年总体增长仅 1% 多一点，不及战后初期的一半，这无法令我们满意。美国的商学院因为重点教授越来越专业的金融操作技术，让人感觉美国这方面的教育蓬勃依旧，但制造业却不那么理想。我们曾经以为，其他国家对美国商品的需求是无止境的，唯一的限制在于它们的购买力。现在，我们怀疑自己是否能够在世界市场上竞争。在某一方面，局面几乎完全逆转：现在是美国在比照日本，好奇后者的管理技术、质量体系，以及在商业和政府决策过程中中长期视野的价值。在我们的金融体系被作为稳定和效率典范这一点上，我们的态度更谦卑了，也许理当如此。

美国贸易赤字的规模和持续时间，以及美国长期的低储蓄率，无疑表明某些地方出了问题。最近几年，为支持美国的投资和政府赤字，美国不得不从国外借款或者出售一些资产，总额接近美国国内所有个人储蓄总和。即使算上海外借款，美国在厂房和设备的投资也仅仅与日本，一个人口是美国一半的国家旗鼓相当。有一些有说服力的观点，比如美国仍有着技术上的领导地位，基础研究方面，我们也绝对领先。但根据研发支出相对我们总产出的比例，美国已远远落后于德国和日本（约 1/3），这同样是事实。

按照生产率和最近的增长趋势，二十年或三十年内，日本经济总量实际将超过美国。

我并不想夸大这一点，此类趋势也不会永远继续。有理由怀疑我们测算自身庞大服务业的正确性，而且，在一些制造行业，还出现了竞争力表现提升的好迹象。个人而言，我不同意“美国经济下滑不可避免”的说法，无论这种下滑是相对的还是绝对的。

还有一个小问题。就在这个世界涌现大量新机遇的当口，美国人的心态却趋向不满和保守。某种程度上，这可能是个必经阶段。长期萧条过程中缺少一个有代表性的强复苏，以及数年的过度举债之后明显且昂贵的金融紧缩，这两个因素给我们造成了心理上的不安。但挫折感和转向保护主义的诱惑持续了一段时间，而且看上去同美国过去相当长时间里的经济表现相关，这也是一个事实。

一组统计数据很能说明问题，即使对其中数据的准确性有所怀疑。单纯从数字看，美国普通产业工人今天的真实时薪、周薪要低于二十五年前的水平。资深经济学家会告诉我们，统计学家可能没有正确测算医疗改善、计算机效率或其他生活质量提升等要素——但他们也未测算上升的犯罪、更拥挤的城市和掺水的教育标准等问题的成本。综合考量所有因素，再怎么讲，也很难否定这一事实：在几乎一代人的时间内，普通美国人的进步极其有限。

我猜想，这在很大程度上解释了这个悖论，即作为一个国家，为什么在我们的国际责任越来越轻时，感觉到的负担却越来越重了。与战后大多数年份相比，近年来的国防开支在越来越大的国民生产总值中的比例大幅降低，但即使在苏联解体前，削减军事开支的压力却更大了。有一段时间，相对于美国的体量，美国提供的发展援助在国际组织中近乎垫底。美国今天提供的援助占国民生产总值的 0.2%（主要是给以色列和埃及），但与马歇尔计划高峰年份时提供的占国民生产总值 2% 的比例相比，我们的牢骚却更多了。

即使是现在，随着国防开支有望被审慎地削减到以往的水平以下，我们看上去在指望其他国家承担着帮助新兴民主国家发展的大部分担子。

关于我们的信誉，客观的观察家仍然承认，美国拥有所有先进国家中最开放的市场。但变化的方向却不那么让人放心：同十年或二十年前相比，是我们的壁垒一直在增加。根据目前的各种估计判断，美国接近 30% 的进口货物受制于某种数量限制。大部分其他国家，包括日本，一直在朝着更开放的市场发展。无疑，就算是没有了关税和配额壁垒，美国以及亚洲和欧洲的公司，要想打进日本制成品市场仍然是极其困难的。但如果日本社会和文化本质上仍坚持出口驱动和进口抑制，我认为不能以此就认为日本在增加不公平贸易举措。事实上，日本的制成品进口一直在大幅地增加。

尽管这里提及的美国问题更显著，但低增长和保护主义压力的问题不只限于美国。在近二十年的时间里，工业化国家的扩张缺少力度。失业和通胀是比其在 20 世纪五六十年代时更大的问题。在五年努力之后，被寄予厚望的进一步降低贸易壁垒的乌拉圭回合谈判目前仍不确定，这可能是某种情绪更不稳定的标志。

可以合理地提出这个问题，即所有这些是否与布雷顿森林货币体系的规则终结以及随后开始于 20 世纪 70 年代初的汇率波动有关，且因这些因素而恶化。在处理这个问题的过程中，我一直相信，美国在形成“国内”政策时，可以通过更多的关注汇率稳定的要求而做得更好。当然，在越南战争初期，当严重的通胀在 60 年代中期开始时，通过紧缩财政和货币政策，把更多注意力放在保卫美元上本可以帮助稳定经济。回头看也很清楚，在 20 世纪 70 年代初美元两次贬值前后，如果我们多做点捍卫境外美元的事情的话，可能已经很好地避免了通胀，而不是陷入如此的囹圄。70 年代后期，外汇市场上的危机最终促成了一场全面的反通胀战役。

但那时候已经晚了，我们经过漫长而艰难的岁月才找回再次控制通胀的感觉，至少是一定程度地控制了。价格稳定上的更大信心，使得美国货币当局幸运地获得了处理当前疲弱商业活动的必要灵活度。更大的教训是，信心宝贵，一旦失去便很难再获得。

强劲升值的美元在 20 世纪 80 年代前五年给出了一个非常不同的信号，但对此哪种应对措施是合理的则并不确定。像第八章中详细讨论的，美国通过更宽松的货币政策来缓解美元极度强势的努力，就其他目标而言有可能弄巧成拙，尤其是考虑到控制通胀的需要。在我看来，更应该发挥作用的是财政政策。短期内，我们确实不确定，紧缩财政是通过导致低利率从而降低美元价值，还是在管理美国经济政策的过程中提升信心而使美元进一步坚挺。但随着时间的推移，我相信，更低的利率本可以将美元降到更真实的价值，更小的预算赤字原本会减少我们对外国资本的依赖、改善国内投资环境，从而降低宽松货币政策的风险。但不幸的是，直到今天，财政纪律还是没有实现。

美国的经验有力地表明（很多其他国家的经验也证实），无论财政政策在经济上有什么优势，灵活使用财政政策均存在政治困难。这种困难非常明显地限制了国际经济政策合作的可能性，尽管有些情况下中央银行可以也应该发挥补充角色。

缺乏货币和财政政策的紧密协调，汇率的灵活性就成了一种必然。但现实中的浮动汇率，并未产生其忠实的支持者想象的那种外汇市场的稳定和有序状态。直到最近的几年，实际的趋势是趋向更大的波动性，而不是更小。美元对其他主要货币间的日内波幅为 1% 甚至更多都很平常。在几周或几月内，累积变化有时达到 10% 或更多。美元对日元或德国马克价值的周期变化范围为 50% 或更多。在世界大国的经济实质上趋向融合且成功控制通胀的情况下，这样的波动尤其令人失望。

目前还不清楚汇率的上下波动如何影响我们真正关心的事情：贸易和经济活动的增长、价格和生产率水平。总的来说，最专业的计量经济学家的统计数据和公式仍未能得出结论。对此我并不感到惊讶，在这么多事情同时发生的世界上，很难确定某一项因素的作用。但事情的逻辑启发了我，长时间之后，经济效率的成本一定是巨大的。

毕竟，开放经济秩序中的经济活动，更多基于“如果国际贸易和投资遵循比较优势模式，世界就会更好”的理念。比较优势是，在考虑了国家间不同的资源、劳动力供给和技术水平以及资本的可得性等因素，各国、地区应集中在其相对有效率的生产活动上。但当国家间的相对成本和价格受到 20%~50% 甚至更大的汇率波动影响时，企业很难有效测算、确定持续的竞争优势领域。没有确定或零成本的方式可以对冲所有的不确定性，唯一确定的受益者，是那些操纵交易并发明了眼花缭乱的新工具来减少风险或便于投机的人们。

但这些风险和成本，似乎正在促使更多发达国家经营性的产业投资转向为本地或区域性市场生产。换句话说，现实世界的决策经常是防御性的，旨在规避汇率不确定性和贸易保护主义压力，而不是效益最大化。这不可避免地导致开放市场的一些重要好处被削弱，后者维系着世界主要生产者间的激烈竞争。

毫无疑问，汇率大幅度波动独立于不同的经济表现，经济管理因而变得非常复杂，而经济管理又会极大地加剧汇率波动。小国可能最为脆弱，但大国也无法免于巨幅波动的冲击。一个相关的例子就是美国产业界在 20 世纪 80 年代中期因美元极端坚挺而遭受的经营管理之苦。而且，商人观念里与汇率大幅波动相联系的非理性和无助感，很容易转变成防范外来竞争的政治压力。

总之，在过去的二十年里，世界在拥有一个总体上未受控的浮动汇率体系的同时，也经历着更低增长、更高通胀和更强大的保护主义压力，这一点在我看来并不意外。其他因素当然也扮演了重要的角色，尤其是 20 世纪 70 年代的石油危机，以及世界范围内的低储蓄、弱财政约束趋势。但就目前的情况看，很难相信我们已经找到类似一套理想的国际货币安排这样的机制。

战后时期的美国经验证明了一个现在看起来被普遍接受的相关观点。在帮助应对以往通胀后果或严重国际失衡方面，尽管货币贬值（或升值）可能是合适甚至是必要的，但它不能代替更基本的政策去恢复竞争力、提高生产率和储蓄以及维持稳定。反复多次的贬值，实际上意味着放弃必要的政策决定，最后只会让维持增长和稳定的工作变得复杂。

本书中有诸多讽刺之事，其中一个是，自 1971 年美元反复贬值后，到对日元下跌 60% 及对德国马克下跌 53% 的价位时，美国的贸易和经常账户逆差却比 20 世纪 60 年代想象的要高很多。相反，在一些主要的工业化国家中，那些货币强势升值的国家，则储蓄率更高、生产率更有竞争力、产业更具优势，且最终拥有最庞大的贸易顺差。

考虑所有这些因素并向前看，一个合乎逻辑的选择似乎是恢复一种固定汇率制度，有一个国际组织（一个现代化的布雷顿森林体系）有力控制下的特定平价和游戏规则。实质上，这是二十国委员会在 20 世纪 70 年代初花了多年时间讨论的问题。我承认，这是对高度系统化的体系里思想传承和逻辑的一种怀旧心理。但即使有这种倾向，我也无法说服自己相信，在今天这个更加复杂的世界上，这样的安排有现实可能。

即便有着一个强大、自信、稳定、全球视野的国家为其提供储备货币，为其运行而奉献多年这样强大的优势，但布雷顿森林体系终究没有持续太长时间。的确，在 20 世纪 60 年代末和 70 年代初，美国原本可以做得更多，以保护和维持处于体系中心的美元的稳定性，而在我看来，就其自身利益而言，美国也应该这样做。但在更长期的历史框架中，考虑到经济力量在美国、日本和欧洲间更均衡的分配，一个高度结构化的体系的稳定性，过于依赖某单一国家的政策及其货币是不现实的。

对由一个善意且主导的国家力量维系的稳定的国家货币，一个理论上的替代选择是，建立强有力的世界中央银行，能够发行自己的货币，并执行公认的规则。国际货币基金组织可初步执行那些职能的一部分。但与真正的中央银行相比，基金组织的运行框架有太多制约，严重受制于其主要成员通过繁复程序达成共识的能力。经过艰苦谈判努力之后才诞生的特别提款权，其相对而言不被使用正说明困难之多。主权国家政府把如此多的权力委托给一个超国界的世界中央银行，或者，市场把后者的负债视为真正且方便实用的国际货币的观点，坦白说，在今天乃至在未来的时间里，都不具有现实的规划基础，尽管在理论研究上有吸引力。

在一组政治及经济上紧密联系的国家内倒是有可能尝试。与那些怀疑的专家看法不同，欧洲共同体已经成功地在区域内运行固定汇率制超过十年了。它这样做的同时，几乎完全取消了对资本流动的管制，且面对的是世界范围内的利率、汇率剧烈波动。在三年多的时间中，欧洲汇率机制成员国间的官方货币价值没有任何变化。

这个成功变为可能，事实上是因为区域内有一个主导的经济力量和一个占支配地位的货币：德国和德国马克。除了仅有的几个例外，共同体内部的国家实际上愿意把它们的货币钉住德国马克这棵大树。他们这样做，是确信固定的欧洲内部货币价值，是一个经济上统一的共同市场的关键补充，后者的运行依赖于成员国间庞大的贸易流。只要德国经济保持强大、其货币是稳定堡垒，其他欧洲汇率机制成员国国内货币政策面临的束缚，有着反通胀、应对不稳定的作用。

这个安排的主要困难同布雷顿森林体系的实践一样，就是严重依赖一国和一国的中央银行，即德国联邦银行的政策、环境及判断。就在我写这部分内容时，落后东德重建引发的德国价格、工资、预算和利率等内部压力正说明了这一点。当然，那是一种历史性的特例，而且欧共体的其他成员，似乎为承受畸高的德国利率对它们的货币政策带来的后果，至少做了充分的准备。但这种情况证明，为什么共同体的很多成员国感觉到，在长期的框架内，在影响利率、货币政策及引申开来的经济方向乃至作为整体的共同体兴衰等决策实务上，走向集体决策是必要且恰当的。

形势的发展逻辑，即期望固定汇率及对协调货币政策和适当政治权威的后续要求，促使欧共体接受 20 世纪末之前成立区域性中央银行和一个共同货币的概念。严苛的条件被设定了出来，如通胀水平、预算赤字和利率不能同时满足严格的标准，一国就不能采用共同货币。给予欧洲中央银行的基本授权被谨慎地表述为：促进价格稳定。而且，尽管新欧洲中央银行将利用共同体各成员国中央银行建立自己的管理机构、执行其政策决定，整个欧洲中央银行体系立意是明确独立于国家或政党政治影响。确实，假如欧洲中央银行能够按计划成立，在欧洲范围内，它可能优先于政治当局及相关决策关注的其他重点事务。那它本身将引发很多有意思的问题，主要是将各国的财政政策同一个单一的区域货币政策相协调，以及最终的公共责任和政治问责的恰当形式问题。

那些问题的全面解决得留待将来。经济上讲，确定无疑的是这个世界正逐渐进入区域化。这方面，欧共体是到目前为止做得最好的。它已经远远突破了对外共同关税的简单概念，成为一个处理竞争、金融监管、环境和更多领域问题的更广义的共同体。目前，统一货币的目标已经确定，一些成员国又明确希望一个更强大的政治联盟。

美国已经就自由贸易区同加拿大进行了谈判，也正在和墨西哥进行同样的谈判。这至少暗示，该区域可能扩展至拉丁美洲，那里有更多的区域性协议已经在实施。这些谈判已经促使一些亚洲国家思考，出于应对竞争考虑，它们也应考虑一个东亚贸易区，尽管它们对日本有着历史性的不信任。

这些新兴的经济和贸易区域，本不被美国战后的计划者们待见。后者视其为英国在两次世界大战间发展起来的“帝国优惠制”的范例，而双边贸易协议网络是德国和其他国家发展起来的。那些做法确实被视为歧视和贸易保护主义的，同时播下政治敌意和经济无效的种子。诚然，是在布雷顿森林体系和关贸总协定谈判之后不久，美国支持建立欧洲共同市场。但其被视为多边准则的一个可容忍的例外，其成立的理由，是欧洲和解及建立一个强大的西部欧洲这个压倒性的政治目的。

今天，借助学术界和务实政治家越来越多的思想支持，一个关于区域性贸易区的更普遍的经济理论正在发展。该理论认为，在一个处于贸易保护主义压力（眼下的乌拉圭回合谈判正处于危险当中）的世界上，区域性的自由贸易区是通向更自由贸易的唯一可选路径。因为自贸区将可以包括特别紧密的贸易伙伴，并自发努力稳定区域内汇率，避免自由浮动汇率带来的世界贸易巨幅动荡。就此而言，加拿大、墨西哥以及美国都不曾设想北美范围内的统一货币。但实际上这两个邻国同美国的贸易额占其贸易总额的比重都很大，已经考虑保持其货币同美元的稳定。如果北美自由贸易区本身被证明是持久的，那么看到两国最终再度将其货币钉住美元，正如墨西哥比索战后大部分时间钉住那样，我不会吃惊。

尽管区域性的贸易区有着所有这些优点，但这种发展趋势让我感到不安。就其特点来说，自由贸易区和共同市场是位“两面神”。和善自由的一面朝内，对着区内成员国。在区域内，壁垒被取消了。如果实际效用是阻止单边贸易保护主义措施，那将是一个显著的成绩。但阴暗面是对那些区域外国家的歧视。如果，问题就是这个“如果”，对其他国家的贸易、金融和货币壁垒不高，那威胁就不需要当真。但在欧洲和美国，有些人把这些贸易区视为保持甚至增加外来者壁垒的手段和正当理由。比如，一种看法认为，如果我们在美国对廉价墨西哥劳动力开放市场，那么我们应该限制亚洲人进入，或至少是不再推进多边自由化。一些亚洲国家对此的反应表明，这种潜在威胁看上去是真实的。作为自我保护的一项选择，对一个贸易区的自然反应是建立另一个贸易区。

一个现实问题是，过去被排斥在区域性安排以外的日本和一些小国，受到的潜在威胁好像最严重。今天，最大的风险也许在其他方面。如果对区域型贸易区的集中关注和区域内难以避免的内部紧张，减少了新兴东欧民主国家和原苏联的加盟共和国在发达工业世界中寻求市场的机会，说得温和一点，它将是不成功的。说到金融和技术援助，这些地区的重建和最终繁荣必须依靠进入欧洲、北美和日本的市场，这反过来将激励它们需要的新投资和新技术。

很显然，正在进行的关贸总协定谈判的成功与否，对维持和提高一个开放、繁荣的世界经济前景至关重要。这一点在每次国际会议、每次峰会和七国首脑会议以及国内外媒体的社论里都有提及。然而，这些言论和文字没有解决现存的争论问题，这些问题带来了巨大的政治负担，不管它们看起来相对那些没有直接参与的人来说是多么的微不足道。失败的风险会特别大，恰恰是因为失败正适逢这样的氛围，即疲弱的经济增长、不断增加的（区域性）自由贸易协定和更强烈的绕过现存国际贸易秩序的意愿这些因素相互交织。在这种环境里，失败将不只意味着维持现状，更可能的后果是贸易保护主义势力将占上风。

我们在本书中回顾的发展历程和所面对的困境，要求新的具有建设性的回应，这些回应至少可以被纳入一个恰当的议程中。

关贸总协定。关税和贸易总协定第 24 条规定，避免滥用共同市场和自由贸易区歧视区域外经济体，包括禁止对区域外经济体提高平均关税水平。但这里对非关税壁垒的约束没有其他约定里的有力。为了保持关贸总协定精神与欧洲和北美洲领导人表达的意图一致性，反对非关税壁垒的规则应明确、严格且具有强制性。理想的情况是，任何现存的区域性配额和其他非关税壁垒都应转为关税，并逐渐降低。

太平洋共同体。美国和东亚贸易区之间的共同繁荣多于潜在对抗将是跨越太平洋两岸的远景和理念。这个盆地区域环绕着日本、东南亚、中国香港、韩国、新加坡、中国台湾和澳大利亚、新西兰以及美洲国家。这一广大的区域占全世界贸易总量的比例已经超过 40%，经济增长速度最快，在 20 世纪 80 年代的 十年里，其以实际年均增长率约 8.5% 的幅度扩张。这里有世界上最开放的市场，同时也有贸易保护最严重的市场；这里不时出现且如今几乎是不断的双边贸易冲突、相互猜疑乃至一直误解的困扰。日、美之间指名道姓的争吵和指责是最明显的，但这不属于特例。

这个区域可能是太大、太多元，以至无法考虑一个全面的自由贸易协定。但是，为促进区域合作的政治框架思路已经形成。我们相互之间的贸易依赖，和不断增长的直接投资规模是人所共鉴的。确实，那些区域关切，为共同解决争端、抵制保护主义压力和对外国投资待遇达成共同谅解提供了机会。关注那些本质上超越国家政策的改善环境和经济发展的机会，能帮助把我们常常是情绪化的贸易冲突置于一个更广的视野里去解决。而且，中国迟早也能成为一个伙伴。

汇率和国际货币关系。在区域内，我们应像欧洲国家已经做的那样，以趋向稳定为目标，但不必以欧洲同样的方式。各区域有着不同的问题和传统，但欧洲、美洲和东亚均具备重要的特点，包括一个主导货币和强大的区域内贸易模式，那将有利于汇率稳定。区域性安排（可能在欧洲以外并不正式）将与完全清晰的国际体系差得很远，但它为更有效地减少区域内汇率波动提供了基础。最终，新的独联体国家也会考虑货币区的问题。

我预料的这种协调不需要专门的组织机构。实际上，在我的概念里，五国集团或七国集团的能力正体现在其非正式性和灵活性上。前面的篇幅写得很清楚，我不认为精心设计的统计指标方案有实用价值，也不认为一个专门的秘书处会有特别的用处。我也不希望削弱各国中央银行的独立性和权威性，从而殃及总体经济政策中最灵活工具的有效性。事实上，如果没有一些方法使得中央银行远离党派压力，让中央银行集中注意力于价格稳定，稳定汇率的诸多努力很可能失败。

在这个框架中，在我看来有可能形成一些合乎逻辑的大致判断，即什么汇率波动范围在区域内是合理且可接受的，什么范围不是。我正在考虑的范围，远远超出卢浮宫协议里规定的触发磋商的边界，即上下 5%。同时，与卢浮宫协议不同，各国政府应准备好，通过不只是外汇市场干预等手段，支持一个商定的大致浮动区间。短期内，他们得准备通过货币政策调整来支持协议，在中长期内，也得有改变财政政策基本取向的意愿。哪个国家应该采取行动、采取什么行动以及什么时间行动的判断，应该根据当时的经济形势决定，同时汲取国际机构的智慧。

整个想法要有任何意义的话，政府必须接受汇率面临的强大压力将是需要采取政策措施的一个主要指标。约定的汇率区间也得为大众所知。官方关于目标区域的表述将影响市场预期，有助于稳定交易活动。那确实是欧洲内部已有的经验，那里的汇率被固定在一个很窄的范围内。任何国家或地区，只有在执行货币政策和设计总体经济政策时真正考虑到目标区的问题，才能实现前述成果。

最后，为了分析完整的考虑，在此我要解释国际经济事务中非本书重点的其他事情的重要性。在金融领域，已经做的工作需要进一步扩大范围、加强力度，以便为金融机构建立更协调的资本和报告标准，为新兴民主国家提供过渡性技术和金融支持。

无论是在具体细节上还是在制度建设上，所有这些都不等于主张一个新的布雷顿森林体系。但同时，它相当简单直接且便于管理。加上关贸总协定谈判的圆满成功，我个人对利用这些准备工作抓住面前的大量机会很有信心。

存在的危险是，虽然苏联崩溃了、核威胁减少了（如果不是消除的话）、美国的军事力量看上去是安全的，但我们可能抓不住这些机会。我们美国变得专心于自己的事务了，全神贯注于国内压力和负担，包括犯罪和毒品、医疗支出和老化的基础设施、教育短板和反复的衰退。美国在欧洲的伙伴和日本也有它们各自的当务之急。

我的意思不是说可以忽视那些问题。它们显然需要关注而且应该得到关注。但在我看来，那种认为那些国内关切总会与我们的国际责任冲突，理应从一个合作的国际秩序中退出的看法，是完全错误的。相反，国际合作有很多的正向溢出效应。简单的事实是：随着冷战的结束，用于国土安全的支出锐减，减少的数量将数倍于援助东欧新兴民主国家和新的独联体国家建设性、平稳过渡的可能花费。这是一个无风险的判断，在一个合作的框架内，其他国家将承担比其过去数十年里更大份额的必要援助，特别是日本会感到其责任重大并按责任行事。

这不只关乎金融或财政预算，更重要的是有着开放贸易，更成功的金融和汇率稳定，在新旧经济体中有更多国际投资的世界，对美国意义重大。这对我们的经济福利和生活水平来说是重要的，对我们期望生活的世界格局来说是重要的。当然，因为其重要性，我们需要对美国国内的大事做出反应。但我们这样做的同时，也需要为政策提供一个民意支持的基础，这些政策能够具备外向视野；这些政策体现出，美国自己最终的成功将与其他国家的成功联系在一起。

毫无疑问，我们生活在一个权力更加分散的世界，一个日本和欧洲都将拥有更多话语权和话语权资源的世界。美国可以为坚持自己的主张而施予强力的时代也许过去了，但其领袖和榜样的作用仍将是决定性的。我认为，建议仍由美国担当一项特殊责任，并不完全是一种怀旧情结。这个责任，通常是安排会议日程、召集会议、提出行动动议，以及，如确实必要，甚至偶尔承担一个更大份额的必要资源。当萨达姆·侯赛因威胁中东时所发生的剧烈动荡，当所有人都指望美国作为那个地区更广泛和平的促进因素后所发生的事情，在我看来是从一个完全不同的领域给出的教训。

曾经存在过的一个“惬意的美式和平岁月”过去了，但没有任何理由认为美国已经被国际责任和不公平的外贸实践或国内问题耗尽、榨干。相反，美国仍是世界上最富有、最强大的国家。我们要做的是恢复那种力量和稳定上的自信感。那么，我的判断是，其他国家，老盟友和新兴民主国家、富裕国家和仍在为富裕而奋斗的国家，将依然欢迎来自美国的建设性领导。未能承担这个责任将危及我们面前所有的光明前景。但简单的事实是，在这个前所未有的机遇面前，我们完全有能力去应付这个挑战。

行天丰雄

自布雷顿森林体系崩溃之日起，国际货币体系的话题就一直流行，但我们得区别任何一种体系中的两个有内在联系的因素：一个是货币，特别是储备货币发挥的作用；另一个是不同货币之间的汇率安排。

经典的金本位制度下，黄金是唯一的储备货币，它同所有货币都有一个固定兑换比率。在布雷顿森林体系下，黄金和美元都是储备货币，它们之间的比价定为 35 美元 / 盎司黄金，美国政府保证黄金和美元之间的可兑换。换句话说，美国政府使美元实际上等于黄金。美元和其他货币之间的汇率是一种可调节的钉住，其他国家只有在其国际收支根本失衡且经国际货币基金组织同意后，才能改变其货币对美元的汇率。在浮动汇率制中，我们有多种储备货币：美元、日元和德国马克（如果创立一种单一的欧洲货币，马克将被取代）。我们考虑一种不同体系的原因是，我们抱怨现行体系，且怀念金本位制和布雷顿森林体系在其鼎盛岁月的成功。保罗·沃尔克已经指出，要求一个国家担负维持和运作一个体系的所有责任是奢求，但那正是英国在 19 世纪末维持金本位制和美国 1945—1965 年运行布雷顿森林体系做的事情。那时，这两个国家在经济、军事和政治上拥有主导力量，如同世界霸主，且它们都有强大的外部经常项目头寸，提供融资支持相应体系走过正常的商业和贸易起伏周期。这种融资并不需要仅仅以经常项目顺差为基础，它们经常出现贸易逆差，但其海外投资利润和其他国际收益远超这个逆差。两国也都维持过恰当的国内政策，没有出现通胀或通缩的大幅波动。当这些条件消失时，这种制度就崩溃了。

我们的经历极其清楚地表明，目前的体系，或者无体系，准确地说并不是哪一个人选择的结果。在布雷顿森林体系维持不下去时，它是必然的结果。目前的无体系状态的问题是缺乏汇率的稳定性和可预测性，这可能会伤及贸易和投资的稳定增长。对此是否真是一个理论上的有效相关性进行技术性分析，会很有趣，但现实世界以往的经历像是实际上确认了这种相关性。只考虑1960—1973 年的布雷顿森林体系阶段和 1973—1987 年的无体系阶段：布雷顿森林体系期间，经济合作与发展组织国家的年均国民生产总值增长率是 4.8%，在第二阶段，它降低到 2.6%；年通胀率从 4.3% 加速到 6.8%；那些国家的出口量在“布雷顿森林”期间年增长 8.8%，但在第二阶段只有 4.2%，同时年进口量增长率从 9.3% 下降到 3.7%。在目前无体系情况下，世界经济的表现无疑是更差了，每个国家的外部账户都是波动加剧，而且保护主义的威胁肯定是增加了。

我们当前这个无体系的糟糕表现是不是要求一个新体系？体系本身不是终极目标。其持续性真正取决于各国能否利用体系以最大化它们的国家福利，促进增长、价格稳定和就业等。各国需要被说服，在考虑它们的经济和政治的成本收益之后，体系带来的额外利益给了它们一个留在体系内的激励。

实际上，我们已经在一个多种货币储备的体系中。美元、德国马克和日元代表了当今世界三个最大经济体的国家。美国、德国和日本也互不相同，因为它们各自保持自主的财政和货币政策，且经济足够强大以让其货币汇率浮动。其他实力较弱的国家，为保持汇率稳定而放弃了对国内政策的一些控制，欧洲货币体系内的所有非德国家的确就是这样。

创建一个以美国、德国、日本为基础的体系的问题是，它们中没有一个具有英、美在过去曾拥有的显著的支配实力。另一个问题是，这三种主要货币的相对国际地位并没有反映它们的经济基本面。比如，美元的地位可能因为一些非经济因素而过重了，诸如美国的安全角色，其庞大而开放的市场的经济作用以及美元在国际银行体系中的历史地位。当每种货币的国际储备份额同其各自代表的经济体指标对比时，这种差异甚至更为明显。以 1989 年的数据为例，美元占世界储备的 60%，德国马克占 19%，日元占 9%。但 1988 年美国国民生产总值为 4.9 万亿美元，出口 3220 亿美元，相比之下，日本的国民生产总值是 2.9 万亿美元，出口 2650 亿美元，德国的国民生产总值是 1.2 万亿美元，出口 3230 亿美元。货币储备地位和各国经济基本面之间的差异，是在这些货币间建立一个稳定关系并奠定一个新货币体系基础的不利因素之一。

我已经说过，我得承认除了接受眼下的多货币体系之外，似乎别无他选。用黄金、一个新发行的特别提款权，或任何其他新创造的资产取代现行体系，看上去是完全不现实的，且可能是灾难性的，因为产生的新一轮通胀将吞噬整个世界经济。黄金价格将不得不大幅度提高以保证足够的储备取代美元、德国马克和日元。另一个选择是，我们将不得不创造巨量的特别提款权，那是政治上不可接受的，经济上同样也是不现实的。

那意味着，这三个主要货币国首先需要努力实现尽可能大的外部账户差额，不论是像美国那样处于逆差还是像日本那样处于顺差。期望三国都是零差额当然是不现实的，但它们减少那些不平衡的持续努力将稳定这个体系。它们还必须持续努力以保持其资本、金融市场的开放，效率和信誉，这将意味着日本、德国需要比美国付出更多的努力。有了这些努力，这些货币的国际作用和其发行国经济基本面之间，可以实现更好的平衡。让我明确一下，我不建议三个货币区或集团。相反，我认为，分散货币集团的制度化没有全球价值，尽管欧洲和北美有朝向区域化的趋势。我不反对更紧密的区域合作，只要那些区域仍然对区域外经济体保持无歧视的开放。但如果前述那两个区域设法更固化为货币或经济集团的话，亚太地区将不可避免地感受到一种更大的压力，甚至是威胁，这可能将导致其区域联系的加强。我不想看到那种情况发生，因为亚太地区最重要的活力源泉，是其多样性和其对世界其他地区的开放性。

在今天的政治气候下，制定出维护三个主要货币间稳定汇率关系的安排，甚至更困难，而且似乎是不可能的。尽管目标区、参考范围和诸多技术性想法将被永远讨论，所有这些本质上是相同的，因为当真实汇率达到边界时，某些机制在那个边界预先设定了防御措施。因此实际上只有两种汇率安排：固定汇率和浮动汇率。要在三种货币间建立一种固定安排，许多问题不得不解决，没一个是容易的。

有可能在这三个货币之间发现一个均衡汇率而非奢谈取得一致意见吗？——这个汇率不仅要满足它们三个各自的国家利益，

而且也得是为国际上所接纳的，这样才能够持续。

这些汇率也能够足够灵活，以对外部冲击和可能只影响（三国中的）一国的经济基本面变化（如吸纳东德对马克的影响）做出调整吗？当此类事情发生时，经常是必须调整汇率。布雷顿森林体系的教训之一是，一个新的体系将必须包括平稳、快速调整的机制。

为了坚守三国商定的平价，它们能够放弃其货币政策上的自主权，并同意在不得不干预时投入无限量的干预资金吗？比如，当美国出现对外逆差且美元在市场上下跌时，日本和德国责无旁贷地买入美元以坚守三个货币之间的平价。有可能为结算账户商定一个交易资产的方法，从而使义务干预成为可能吗？除非美国同意以外币、特别提款权或其他非美元资产向日本、德国支付以结算其逆差，否则后两者当然不会仅通过累积不断贬值的美元而进行无限量的干预。

巨额的资本流动影响汇率，尤其在今天的去管制和全球化的市场，有可能控制它们吗？这提出了一个关联度更高且特殊的问题。尽管汇率无疑是比咖啡豆或羊毛价格更为重要的经济指标，但在今天的世界市场上，货币就像一件商品一样被交易。其结果是，这存在着几乎是持续性的“超调”风险。在市场内部，交易者更喜欢波动，因为他们能比从稳定的市场赚更多的钱。相反，商人更偏好稳定，因为有利于他们提前做计划。

这些极其重要但通常又非常具有技术性的问题，在我们认真思考三个货币之间的固定汇率安排之前，必须被解决。因此我的结论是，在当前的“三币”体系下，我们只能继续浮动汇率。但必须以某种方式对其管理，因为我们面临的核心问题是汇率会浮动却难以稳定。因而我认为，建立美国、日本和欧洲（如果欧洲同意，可能是德国作为欧洲的代表）的三驾马车模式将是有帮助的。中央银行在这个三驾马车里当然得有代表，因为我们处理的正是货币事务，财政部长也必须参与，因为他们代表当选政府。财政部长能够探讨一些政治动态，而不会有太多别的事情；中央银行行长专于市场讨论，其他的则不多。我们各方还需要派出第三位代表，可以从更客观甚至理论角度观察形势，他可能是一位学者。当然，如果国际机构，特别是国际货币基金组织，能够作为真正中立的裁判，它们的参与也会很有帮助。这个组织应定期开会，紧急情况一出现也要开会。

这个三驾马车应就主要形势情况，努力为其货币间合理且可持续的汇率达成协议。根据我个人在七国集团会议的经验，我的感觉是，只要我们讨论汇率，如果代表们不理会限定的国家利益给予他们的政治束缚，他们就能够用常识就任何时间内货币的合理价值进行愉快的讨论（比如，写作本书时的市场汇率大约 125 日元和 1.5 马克兑 1 美元，将在这个组织中取得广泛共识）。如果他们承认市场汇率同经济基本面不符时，他们可以一致同意采取纠正态势的措施。除了监督汇率，三驾马车将就宏观和微观经济政策进行定期的相互压力测试，以实现更好的国际平衡和可持续的无通胀增长。

关于会议的召集和程序，我有一个大胆的、明显有别于当下模式的建议。我相信，如果三驾马车的讨论内容被原原本本地公之于众，那么其决策将获得更多合法性和力度。虽然我同意保罗·沃尔克说的“非正式和保密性保证了讨论的坦诚”，但所有那些五国集团和七国集团会议最让人有挫败感的是，尽管我们讨论、讨论、讨论，但当决定要执行时，国内对我们在小的、封闭的论坛中达成的基本协议没有广泛支持。一个可以激发并动员公众支持的方式，是让公众了解，代表们就影响其经济的决定讨论了什么。尽管代表们不是在聚光灯下完全开放的论坛开会，但他们知道自己的言论将被记录在案。经过学习过程中难免的失败开头和误解之后，我希望并相信，随着公众和政治家们逐渐知道他们的代表在这些论坛上的态度，其他代表就各国政策问题的探讨，一个针对决定的更广泛的支持基础将发展起来。

在这样的公开论坛上，代表们无疑会承担不同的压力。诚然，他们可能会显得更具民族主义，并且在本国观众面前表现出对自己国家的忠诚。但当他们意识到其观众不只是自己国家的人而是全世界时，那就会有完全不同的表现。他们知道他们言论的力度和有效性将由一个全球性的陪审团来评判。他们也会清楚，纯粹自私和狭隘的言论不仅会招致国际嘲笑，而且还有势必损及其国家利益的报复行为。

他们关注的焦点也许会随着会议而改变。在一种情况下，主要关切可能是全球通胀；在另一种情况下，也许是恶化中的国际失衡或全球资本短缺。所有的会议上，每个代表也将着重阐述本国为改善局势的对策，或者通过调整汇率，或者是通过改变国内政策。一个对所有讨论都非常关键的条件：当每个代表向其他代表说明自己的情况时，他必须解释，从全球角度看，为什么其国家政策也是有益处的。如果每个人都这样做，那么判断谁对谁错就变得非常容易，这样会给所有参会国带来有益的压力。

最后但同样重要的是，各国政府还得承诺，对这个三驾马车提出的任何审慎决定给予最大可能的尊重。这将是另一项困难事务，因为各国有不同的宪法规定。在日本的议会民主制下，政府代表议会中的执政党。这样的话，政府决定的内容有更好的机会被议会批准。换句话说，政府在国际论坛上的承诺分量更重。在像美国这样的总统制国家中，国会的独立权力更大，总统领导的行政部门的承诺，面临着被立法机构否决的危险。鉴于三驾马车的对话将是政府间的，不同的宪法结构将产生一个根本问题。比如，我个人的经历里，无论是七国首脑会议还是日、美官员双边会议，听到美国代表说“尽管政府赞成削减预算赤字的手段，但控制赤字事实上由国会决定，而政府不能控制国会”时，我就烦透了。当你的对手告诉你说，他不知道他的承诺是否依然有效时，你会觉得相当无望。但我们还得在真实世界里活下去。我们需要得到保证的是，政府给出确定公开的承诺，并将付出真诚的努力去执行会议决定。

我的提议无疑有很多的理想主义色彩，但并没有非常革命性的内容，因为我接受现有体系的基本结构和功能，并希望基于广泛共识使之更平稳、更有效率。要找到一批异常理性、中立、公平客观的代表并不容易，但如果我们朝着那个方向努力，并学会如何通过努力平衡国家利益和全球适应性来开展我们的讨论，我们将取得进步。

最后，无论如何，我期待着能够在一个理想社会里运行完美的事情。我设想一种情形：这三个国家同意取消其货币使用上的所有限制，保证将没有外汇和资本管制。然后同意使所有这三种货币在彼此国家成为共用法定货币。三国将不必放弃它们的货币自主权，不进行干预以支持它们的货币，也根本不承诺任何固定汇率。只要它们认为有帮助，它们当然可以商定在外汇市场或其宏观经济政策上采取一致行动。但从根本上说，它们将把所有这些留给市场，后者将很快决定这三种货币各自的层级、作用和价值。在这样安排下，我相信这三种主要货币间的汇率将趋于更加稳定，因为市场将对每一个基本经济变化做出更迅速、更平稳的反应。目前，我承认这是幻想，我也不是在郑重地提建议。但希望有一天我们的合作意识和国际善意可以使得一个体系成为可能，这将有助于拉近我们的距离，不只作为经济参与者，最重要的是作为人，这是令人鼓舞的。

第十一章

走进不确定的时代

行天丰雄

1990年以来的二十多年里，世界经济经历了后“二战”时代最重要的结构变化。

显然，世界经济总是在交织着无数意外事件的网络中运行。这一时期遭遇的一切，都是那些或近或远的过去所发生的事件日积月累而成。引人注目的是，一个历史转型期，向来以某种同步发生的至关重要的因果关系链为标志。

世界新秩序自“二战”结束后建立以来，维持了半个世纪。世界经济得到了扩张，文明也有了进步。尽管国家和区域间出现了各种冲突和紧张局面，但不能否认，在这半个世纪里，我们可能享受了整个人类历史上最好的和平与繁荣时期。

这一时期的突出表现为，世界经济领域内新的事件接踵而至，随着彼此间的相互作用，逐渐形成了三条主要的明线。首先，增长模式改变；其次，金融和信息的全球化；最后，重心的转移。这三条线索，就像一部交响乐里的通奏低音，从20世纪80年代开始，便在世界经济中持续共鸣，并由于2007年的全球金融危机而浮出水面。世界经济史上，资产泡沫的破灭不仅发生过多次，更曾袭击过很多地区，2007 年危机无疑只是其中之一。然而，本次危机的不同之处在于，当时，世界经济正在经历上述三个趋势带来的历史性结构调整。结果，2007 年危机的后遗症仍然挥之不去。甚至在 2016 年，我们也能看到世界范围内大量问题的存在，诸如经济停滞、财政崩溃、货币冲突、金融不稳定、收入不平衡和社会动荡等。

极有可能的是，到 21 世纪中叶，世界经济必须在探索如何处理这三类结构性变化的过程中艰难发展。当下，世界能否创造出一种新秩序并再度稳定增长，抑或我们将不得不面对混乱和不确定，都不得而知。

增长模式转变

“二战”给世界经济造成了严重破坏，十分自然地，受损最小的美国在战后恢复中发挥了领导作用。美国有两个任务：第一个是提供对外援助、进出口和对外投资；另一个是建立新的世界经济秩序，即所谓的布雷顿森林体系。

布雷顿森林体系的维持有赖三个国际机构。第一个是国际货币基金组织（IMF）。根据《国际货币基金协定》，以黄金保证美元价值的黄金 – 美元本位取代了金本位，并成为国际货币体系的基础。成员国将其货币汇率钉住美元，并保证其对外经常性交易的自由化。作为回报，基金组织时刻准备提供短期融资。第二个是世界银行。世界银行通过发行成员国政府担保的债券，让私人资本在国际市场流动。世界银行用这些资金向成员国政府发放长期基础设施贷款。初期，这些贷款被用于战后重建，后来转变为扩大产能。20 世纪 60 年代之前，用款国家主要是西欧和日本，其后转向新兴国家。80 年代以来，世界银行的活动，携手区域性开发银行，如亚洲开发银行，一起为经济力量转向新兴国家做出了至关重要的贡献。第三个是关税与贸易总协定。它通过一系列贸易谈判，在贸易自由化方面发挥了核心作用。布雷顿森林体系对世界经济发展的贡献无可替代。同样现实的是，正因为我们拥有美国作为稳固的超级力量，这一切才变得可能。

美国的增长和贸易赤字

"二战"结束时，美国在全球国内生产总值中的比重占到了 40%。对美国经济最大的挑战是，如何保证需求项目足以弥补军事开支的损失，并维持国家经济增长。美国转而取得了骄人的成绩。首先，美国为世界经济复苏创造了巨大的国际需求。布雷顿森林机构，即国际货币基金组织和世界银行，在这方面发挥了出色作用。其次，美国能够产生强大的家庭消费需求。使其成为可能的，是三个积极因素的结合，即美国人对更多更好消费的强烈欲望，美国公司满足这些欲望的动态战略，以及支持性的货币政策。货币政策尤为重要。整个战后时期，美国的货币政策倾向于宽容对待刺激经济增长的主张。不仅如此，华盛顿采取了各种刺激家庭消费的措施，包括政府部门提供的住房信贷，以及汽车贷款、信用卡等。结果，美国家庭不仅收入得到了提高，而且通过不动产和股票等增加的资产价值，提高了借贷能力，从而拥有了强大的购买力，增加了支出。

然而，好日子不会一直持续。美国的消费品制造商失去了国际竞争力。繁荣的经济带来了自满情绪，包括金融在内的服务业的发展，最重要的是，导致了低成本国家的快速追赶。最初是日本和德国，后来是中国、韩国，这种追赶是一个致命打击。美国的消费品制造商，再也不能满足国内的需求，于是开始依赖进口。美国的贸易平衡状况在 20 世纪 90 年代快速恶化，正缘于耐用消费品进口的急剧上升。早在 60 年代，美国的贸易账户就出现了赤字，原因包括高估的美元、美国市场准入的自由化、贸易伙伴对进口的限制等等。某种意义上，美国当时的赤字，是美国为世界经济恢复所做贡献的证明。然而，随着赤字常态化，美国变成了净债务国，且这一处境进一步恶化，世界的顾虑也开始增加。人们担心：有利形势不可持续，美元信心危在旦夕，美元将贬值，长期利率将飞涨，美国经济将崩溃。

不过，担忧没有变成现实，原因有两个：一方面，尽管美元债务变得庞大，美元发行者美国，作为最强大的经济体，其地位根本没有受到影响，也没有其他货币来替代美元；另一方面，美国的贸易赤字，与其他无关，恰恰意味着出口国的额外需求。包括中国和日本在内的很多国家，之所以能靠出口带动增长，都得感谢美国的赤字。这些顺差国家将积累的美元用于美元资产的投资，比如美国国债。换句话说，美元再度回流到美国，并帮助拉低了长期利率。结果，美国家庭得以继续借到便宜的资金，并花费更多的钱。

无论是依赖向美国出口而经济增长的国家，还是拥有庞大赤字的美国，都没有遇到什么麻烦，甚至还享受着这种奇怪的双赢关系。尽管对美元的未来警告不断，如此古怪的局面，居然持续了数十年。这段历史确实很有趣。说到底，没有人真的相信，那样的局面是不可持续的。因此，同样也没有人真心想要力挽狂澜。

不可持续的全球失衡

2007 年的危机，几乎彻底改变了形势。首先，美国家庭不能再借钱消费。资产价格也因房产泡沫破灭而下跌。于是，凭借资产市场价格将持续上升的预期而不断借钱花的美国家庭，遭遇了一个美妙周期的终结。恶化的就业市场增加了压力，美国家庭消费跌入结构性停滞。其次，美国对外赤字的累积，意味着出口国家顺差的累积，即全球失衡的加剧。鉴于美国财政部 10 万亿未偿付债券中的一半由海外持有，外国投资者对美元和美国国债的信任，成为美国面临的严峻问题。2007 年危机导致美国财政状况和美联储资产负债表显著恶化，凸显了全球经济失衡的严重性。

顺差国也无法独善其身。2007 年危机使需求崩溃，暴露了出口拉动增长模式的脆弱性。外汇储备的积累增加了国内的通胀压力，导致汇率政策很难实施，丧失了国内货币和结构性政策的灵活性。

总之，骇人听闻的观点已经出现：奇怪却良性的循环，即由债务增加支撑的美国家庭的强劲消费，增加的进口和恶化的经常账户，顺差国的出口拉动型增长及其外汇储备对美国国债的投资，美国的低利率，强劲的消费，最终都变得不可持续。被这个世界享受了太久的轻松增长路径，最终进入了死胡同。

金融和信息的全球化

20 世纪末期，改变世界的头等大事是全球化。1989 年苏联解体，世界变成了一个由政治民主和市场经济主导的所在。最重要的是，世界实际上成了一个单一市场。在这个单一市场里，所有经济活动的要素，即商品、服务、人员、货币、信息和技术，都能够自由流动。尤为突出的是，金融和信息在全球经济中发挥了巨大作用。

历史上，金融的作用在于支持实体经济活动，诸如生产、消费、贸易和投资。随着经济的增长，金融的规模也在增加。然而，20 世纪末期发生了一次逆转。换句话说，是实体经济同金融之间重要性的位次倒了过来。

促成这一历史性反转的因素表现在两个方面。一是膨胀的全球流动性，二是金融工程。我前面提到，战后世界经济的增长，本质上得益于宽松的货币政策，及其导致的美国经常项目赤字。也就是说，世界的增长基于扩大的全球失衡。扩大的失衡，要求更大的流动性来提供融资支持，而更大的流动性又产生了对更高收益的更多需求。

金融工程的发展，因计算机和通信工具的革命性进步而成为可能。计算机处理能力以天文速度增长。包括卫星在内的通信技术进步，也令人激动万分。于是，信息的收集、处理和传输进入了新阶段。信息革命给人类活动的方方面面带来了强大冲击，又以金融领域最为显著，因为金融也是一个数字上的世界。

金融工程完全运用了信息技术，并创制了一系列金融新产品，比如衍生品和证券化工具。新产品的外延确实惊人。如今，全球国内生产总值总量是 73 万亿美元，贸易总额是 37 万亿美元，而未结清的金融资产高达 300 万亿美元。换言之，世界经济迅速进入了一种金融资本主义时代。

毫无疑问，金融业的发展极大地促进了收入和就业增加。同时也应该承认，新产品的多样化起到了稳定市场和分散风险的作用。

然而，金融的主导地位给世界经济带来了两个重大挑战。其中一个是对市场机制的过度自信和风险意识的丧失。人们开始相信，开放和高效的市场总能修正人类错误，因此，重要的是，别去干预市场。另外，金融工程的发展，助长了错误观念的形成，以为玄妙的金融术能够控制一切风险。这些发展导致了疯狂的金融投机，以及金融变成一种赌博的事实。无疑，2007 年危机恰恰发端于此。

金融规制

另一个挑战是金融监管和规制的加强。金融自 20 世纪 80 年代以来的改变确实是戏剧性的。新产品、新市场和新参与者层出不穷，金融的世界彻底被改变了。然而，新的金融世界的监督和管理，所需要的规则、制度和机构方面的准备，却惊人地滞后。虽然巴塞尔委员会在 80 年代末采用了资本要求，世界的主要趋势仍然朝着金融自由化发展，《格拉斯 – 斯蒂格尔法案》在 1999 年的废止就是一个例子。

当然，管理当局的疏忽是必要改革延缓的主要原因。不能忽视的是，根本问题在于，当下金融不再被视为公共产品，它就是纯粹的商业活动。金融公共性的丧失，并不仅仅对经济领域的行为准则问题有着重大影响。今天的世界是一个单一的金融市场，被一个巨大且复杂的交易网络覆盖。纽约次级债券市场的沦陷，瞬间就波及了世界其他地区，并导致信用紧缩和全球范围内需求的崩溃。地产泡沫的破灭，在我们的经济史上不是什么新鲜事，时至今日，却演变成新时代的一场危机，皆因其活跃的舞台不同了。

所以接下来，处理新危机的方式自然也应该是新的。这不仅仅是经济周期中的存货周期问题。我们需要介入诸如金融在经济社会中的作用、金融机构的风险抵抗力、市场机制规则这些领域。美国在 2010 年通过了《多德 – 弗兰克法案》,《巴塞尔协议Ⅱ》和《巴塞尔协议Ⅲ》也已经实施。此外，在 21 世纪的第二个十年，我们也看到，可能给金融世界带来另一场革命的金融科技（Fintech）正在迅速兴起。

力量转移　中国崛起

20 世纪 90 年代以来，与全球化、让世界大感压力一起的另一个现象，是力量从发达国家向新兴国家尤其是向中国转移。这一转移，从生产、投资、贸易和消费这类领域开始。由于工资增长，发达国家在劳动密集型消费品领域失去了竞争力。它们于是投资到新兴经济体并转移生产，进口产品。这一过程改善了新兴经济体的收入水平，提高了消费。中国已经实现了其中的很多方面，目前是世界第二大单一经济体。下一阶段是软经济力量，如科技、管理和金融的转移。在发展的早期阶段，新兴国家不是“偷拳”就是购买发达国家的这类软实力。逐渐地，它们也有了发展自身软实力的能力。变迁的最后阶段，转移将发生在霸权的核心领域，即军事、外交和文化。

根本上来说，这样的转移，是经济发展史上不可避免的过程。然而，其之所以在 1/4 个世纪里成为全球关注的焦点，美国和中国都脱不了干系。我之前提到，美国太过依赖家庭消费和金融服务业。结果，随着经常账户赤字攀升，美国变成世界最大的净债务国，对美国的信心被逐渐侵蚀。但我不得不赶紧补充的是，关于美元崩溃的惊悚预言从来没有实现过。2007 年危机是金融危机，并非美元危机。相反，某种程度上，正是 2007 年危机，让世界意识到了美元作为国际流动性中心的关键作用。然而，2007 年危机也确实暴露了美国经济的脆弱性，并对美元作为全球关键货币的信誉有所破坏。去美元化进程正在放慢速度。

美国的退步，并不仅限于经济领域。在中东地区的过度扩张给美国带来了巨额军事和经济成本，降低了美国作为全球领袖的声望。美国开始承认，自己无法再继续扮演世界警察的角色了。

另一方面，中国在邓小平的领导下实现了历史性逆转。他接手了毛泽东时代的“大跃进”和“文革”造成的混乱经济。邓小平改革开放政策的核心是观念的改变。随之而来的是，大众的物质需求得到了解放。邓小平是当之无愧的政治天才。他成功化解了改革开放过程中的一些不满情绪。中国后来的发展，就是邓小平政策辉煌的成就史。在精英领导的带领下，又有着对美好生活强烈渴望的驱动，13 亿人正奋力将这个国家推向前所未有的强大。在新中国成立后的 60 多年时间里，中国令自身一跃成为世界第二大单一经济体。

美国和中国之间的动态力量平衡，在发达经济体与发展中经济体间的总体关系里也有表现。欧洲在 1999 年实现了单一货币：欧元。然而，经济一体化和政治非一体化间的内在冲突，却不可避免地暴露出来。2010 年春，外围成员财政崩溃，严重破坏了欧盟的国际地位。日本的影响力也因自身的长期停滞而削弱。新兴经济体中，亚洲、拉美、中亚和中东的几个国家，继中国之后，其经济也实现了惊人增长，因而成为 2007 年危机后的主要增长引擎。

新世界秩序和中国的挑战

后“二战”时代，世界接受了美国作为霸权领袖。的确，美苏之间那时存在冷战。但是苏联从未公开表示，其国家目标是取代美国而跃升全球霸权领袖。所有人都知道，苏联永远都不会这样做，也不会实现地位转换。后来，日本和德国成了经济强国，欧盟更是在 20 世纪 90 年代扩大并加强了一体化，但它们也都从未被视为美国的挑战者。

国家若要扮演世界霸权领袖的角色，需要在六个领域具备领先优势，即经济、军事、外交、科技、文化和价值观。在 20 世纪，没有哪个国家敢于同美国一较高下。

我们所处的 21 世纪则不同。中国有清晰的国家目标去挑战美国的单一霸权，并在倾全国之力来实现这一目标。中国逻辑的显著特征是，其坚信美国衰退和中国崛起是历史必然，所以时运站在中国这一边。中国可以耐心地等待熟透的苹果掉下来。

中国在国际货币体系问题上的立场，明显反映了中国的务实。对中国而言，目标是消除美国的单一霸权，而国际货币体系则是霸权的一部分。中国正逐步加大对“美元中心”货币体系的抨击，并强调，看到作为全球公共品的国际流动性供应，居然受到关键货币国家国内政策因素随心所欲的操纵，是不可接受的。我们应该致力于创设国际性的关键货币，比如特别提款权（SDR），就是这样一种能够由国际性的公正判断来控制，而且也能够对所有国家实施约束的关键货币。

这不是一个新鲜的观点，但想法也很正常。然而，问题的关键是，这正是使用主权国家货币作为国际本位货币的体系中，被结构性植入的矛盾。这个世界已经被这个矛盾折磨了 50 年，但仍然找不到解决之道。中国完全了解局势，并承认事实上的美元本位制在可预见的未来将持续存在。中国无意用人民币取代美元的世界关键货币身份，中国非常清楚作为关键货币国家的负担。

中国在国际货币体系方面的政策有三个关键点。第一，预期现有体系将至少持续几十年。中国将充分利用这个体系，努力维持由投资和消费引导的合理高增长。人民币汇率将控制在稳定水平。庞大的外汇储备将积极用于由经济和地缘政治因素引导的对外贷款和投资。中国并不期望美元崩溃。美元资产并非中国的风险，而是战略财富。第二，人民币的逐渐国际化。一种方法是，创造环境让国外的市场参与者发现使用人民币的需求和好处。这种举措已经在周边区域的交易中展开。另一种方法是，提升人民币作为国际货币的实用性和吸引力。这将通过汇率灵活性、资本交易自由化和可自由兑换等手段实现。但这个过程需要谨慎地稳步展开，且得花上十年的时间。第三，人民币主要市场的建立。不消说，一种货币要发挥国际货币作用，必须以一个接受它的自由、高效的广阔市场为前提。对于某种意欲成为全球关键货币的货币而言，该货币的主要市场应该是全球金融中心。美国于 19 世纪末在经济实力上超越英国，但美元是在“二战”后才取代英镑成为全球关键货币的，原因是，为代替伦敦金融城成为世界金融中心，华尔街花了很长时间。中国的愿望是，让上海成为人民币国际中心，而香港则成为“欧洲人民币”中心市场。

我认为，中国在国际货币体系上的理解和政策都非常现实，且诸事皆在按照中国的路线图推进。美国对中国的汇率政策一直颇有微词，但美国不得不承认，自己并没有太多谈判筹码。20 世纪 80 年代，美国为减少日本的贸易顺差，使用了包括日元升值、市场开放、扩张性宏观政策和结构性改革等王牌施压日本。由于日本经济依赖对美国的出口，日本在美国的压力面前无能为力，但仍然不愿意对美国的投资和出口开放本国市场。对美国，日本无王牌可打。而当下的环境里，中国的处境相比 80 年代的日本要强势得多。

然而，中国经济目前确实面临不少严峻的挑战：由危险的债务累积支撑的过度投资和过剩产能，对缺乏效率且无利可图的国有企业改革的延迟，地方政府脆弱的财政状况，不断扩大的社会差距以及腐败滋生等。

不确定的时代

在可预见的未来，中国不可能取代美国成为世界的单一霸权领袖。自 2020 年起，人口的数量下降和老龄化，能源、水、原材料、食品和环保等因素的制约，将给中国的经济增长带来现实的约束。包括法治在内的社会政治改革的方向和速度还不明朗。我前面提及对世界领导者所要求的六种实力，迄今为止，中国还不拥有能俘获世界信任和尊重的领导者特质。

换句话说，在相当长的时间内，世界将不是处于一个轮流领导的体系，而是一个不确定的体系。对这样一个体系的必要治理，必须能够应付其内在风险和不确定性。G20 的建立，以及联合国和国际货币基金组织的改革，就是在正确方向上的初步尝试。关键点是，在美国和中国的引导下的主要国家必须明白，国际合作是实现其各自国家目标的先决条件。我们需要建立具备有效的相互监督和约束责任的政策协调机制。当然，说起来容易，做起来难。但如果我们能够开始朝这一目标行动，我相信我们将为自己找到一个新世界。

我担心，美国和中国之间的角力不会很快结束。我们要面对历史性文明冲突，这一风险确实存在。一言以蔽之，21 世纪是一个动荡的世纪。

附录一

一个新的布雷顿森林体系？

——在华盛顿特区布雷顿森林委员会[1]年度大会上的讲话

保罗·沃尔克

2014 年 5 月 12 日

几周前，迪克·德布斯说服了本不情愿的我，再度参加一次公

① 布雷顿森林委员会：1983 年成立于华盛顿特区的美国组织，依据为时任美国财政部长亨利·福勒与美国财政部副部长查尔斯·沃克分别代表共和党和民主党所达成的协议。该委员会最初的宗旨是提升世界银行、国际货币基金组织、关贸总协定、其他主要发展银行及其行动在推动经济增长、减少贫困与促进金融稳定方面的意识。其成员均为各界名流，由各国金融家、经济学家、政治家、商界领袖和学术精英组成，美国前总统吉米·卡特与乔治·赫伯特·沃克·布什（老布什）为其名誉联合主席，保罗·沃尔克亦为其成员。

开会议。而刚一答应，躲不掉的问题来了："保罗，我们需要你发言的题目。"

那么，在关于市场、形形色色的金融改革甚至"沃尔克规则"[①]本身的所有话题中，我能谈些什么新鲜的或让人兴奋的东西呢？

"布雷顿森林"这个词组，似乎仍会勾起某种怀旧情结，对一个更为有序、建立在规则基础上的金融稳定、各国间紧密合作的世界的追忆。在大萧条和"二战"这两次灾难过后，至少还有对新的国际货币基金组织，以及相关的世界银行、关贸总协定和经济合作与发展组织的希望。

这里没有人真的参与过布雷顿森林会议，但那是五十多年前，我作为一名低级别官员进入财政部时所处的时代。无论理念上还是实践中，"布雷顿森林"的原则当时都完全主导了财政部的思维和政策。贸易的恢复、金融市场的开放以及对经常账户管制的取消，带来了20世纪五六十年代的持续增长和稳定。

即便在那时，压力和紧张也是常有的事，但对新体系强烈的责任感占了上风：国际货币基金组织潜在的资金实力提升了，互

---

① 保罗·沃尔克在担任奥巴马政府经济复兴委员会主席时提出，于2010年1月由总统奥巴马公布，并被纳入同年7月通过的《多德–弗兰克华尔街改革与消费者保护法案》（中国通称《多德–弗兰克法案》）第619节，是对美国1999年《金融服务现代化法》所确立的允许商业银行混业经营这一原则的重要修正，旨在限制商业银行从事对其客户不利的自营交易、综合交易等投机性投资活动，强调风险隔离、审慎监督。但出于种种原因，相关规定的实施一直被推迟。2018年5月，美国监管机构开始着手修改该规则，普遍认为其相关条件会被放松。

换协议的网络建立了，财政部甚至借入了一些外币资金！今天的“量化宽松”在20世纪60年代初期已有先例，只是规模较小。60年代初，随着短期利率上升，“扭曲操作”被用来保持长期利率的低水平，至少部分起到保护美元的作用。更为突出的是，美国还对资本输出采取了很多管制措施。

美国物价稳定，而且贸易及顺差可观，使用可兑换成黄金的美元作为体系中心，也就很少受到质疑。

当我1969年回到财政部，并刚好置身处理货币事务的第一线时，这些基本条件已经发生了变化。考虑欠佳的越南战争及其财政和政治后果，动摇了金融基础。一种悄然发生的思想转变也越发重要起来。罗伯特·特里芬指出了基于某种单一货币建立货币体系并提供国际流动性的终极两难，颇令人信服。特别提款权的设计就是对这类批评的回应，但特别提款权有限的数量及承诺并不足以抑制担忧情绪的蔓延。

更广泛地说，一种“固定但可调整”体制的原理遭到了质疑。后来，这些疑虑被一个更为庞大的理论框架强化了。“有效市场”和“理性预期”的原理似乎在暗示，一个金融体系稳定、有效的机制，无论是国内的还是国际的，都不会依赖，实际上通常应该独立于官方规则和安排。

无论理论怎样变化，到20世纪70年代初，重新调整（在我看来是大规模地重新调整）美元与其他主要货币间汇率关系的需要日益明显，而那个时候，美元与日元之间的汇率关系首当其冲。暂停美元与黄金的可兑换，不可避免地成为引导调整的过渡性手段，尽管这在当时是有争议的。

重建布雷顿森林体系的种种努力，不管是史密森会议上三心二意的推动，还是二十国委员会在之后谈判中全心全意的追求，最终都失败了。实际结果是一种浮动汇率体制，而对很多人而言，这一体制是意识形态的胜利。不知何故，从理论和便利角度出发的政治观点认为，各国金融和经济政策间的差异，竞争力和通胀率的变化，都可以而且将被汇率的有序波动顺利消解。国内政策服从外部影响的必要性，也能够大大降低，从而实现对本国经济主权的维护。

对管制、官方干预货币市场甚至国家储备积累的任何需要，都将大幅减少，乃至消失。实际上，即便不采取某个通用的浮动方法，这种“体系”（或者像许多人那样谓之“无体系”）也能有效运行。事实上，由于国际货币基金组织本身很少在该“体系”的管理中发挥作用，一种混合体系，包含了大量浮动、一些固定、一些“悉听尊便”，发展了起来。偶尔为促成汇率协调管理付出的努力——显著表现为 20 世纪 80 年代广为人知的广场协议和卢浮宫协议，其实是对各国主张的回应，而基金组织本质上就是一个旁观者。

我想，我们现在可以认同，摒弃一个在规则基础上协调管理的货币体系，并没有带来很大成功。至少在现实中，国际金融危机似乎还是那么频繁，而且在妨碍经济稳定和增长方面更具有破坏性。

尤其是美国，在 20 世纪 70 年代遭遇了不如意的十年通胀，并以滞涨告终。尾随而至的是 80 年代拉美债务的重大危机。这十年在后期发生了一次紧张的银行业危机，接着是一次新的墨西哥危机，然后就是非常严重和极具破坏性的亚洲危机。不到十年，亚洲金融危机的破坏力和影响程度，又被2007—2009年的金融危机和严重衰退盖过了。画面并不好看。至少，我们已经被提醒，自由开放的资本市场，尽管可能是快速增长所需要的，却也容易引发危机。这类市场越是复杂，越是相互关联，越是不受政府规制，其共同风险就越大。

多年来，其好处表现在新兴经济体的巨大增长和减少贫困上。与之形成对比的，是因工业化国家增长和生产率放缓导致的担忧。

我们都能列举一长串金融危机元凶的名单：过度的杠杆，被畸形的补偿扭曲的激励机制，制度性监管的缺陷，纯粹的贪婪，对房价上涨毫无根据的信心，等等。我要说的是一个似乎被忽略的问题。在市场和机构的一切不当行为中，所有的监管疏漏，首先是关于国内经济政策潜在失灵的合法性问题，缺少一个运行良好的国际货币体系便是一个诱因（或起因）吗？具体地说，是国际监管、融资纪律和汇率管理的缺位，使得甚至是鼓励国际收支以及国内经济不可持续的失衡持续了太久吗？

比如，许多人就将矛头直指21世纪初几个世界最大经济体——美国一方同作为另一方的中国和日本——之间巨大的国际收支失衡。这些失衡被轻易通过融资解决。结果，美国得以保持低利率的高度流动性，尽管国内储蓄事实上消失了。次级抵押贷款现象就是一个衍生品。同时，中国过高的储蓄和投资水平，支持了出口，却没有致力于促进经济平衡，包括维持中国经济未来几年增长所需的国内消费。

有效的调整机制在哪里？冒着最终崩溃的危险，美元作为储备货币的“嚣张的特权”，也是造成“拖拉”的“致命诱惑”——一个及时调整政策的障碍吗？

欧元区（相当于一个完全的固定汇率体制）当下的艰辛带来了一些耐人寻味的教训。一种允许资金在成员国间自由流动的单一货币，不能替代一个缺位的统一银行体系，也无法激励有节制的国内经济政策加以配合。

或者，思考一下（当时）两个最大经济体，美国和日本之间汇率浮动的另一种极端情况。在竞争状态和价格水平几无变化的八年时间里，美元对日元汇率达到了125，跌到了80，又回到100这一接近平均值的水平，讽刺的是，却发生在波动了50%之后。

这些都是一个请求的长篇导言，请求关注一种国际货币和金融体系的发展需要，它值得我们花时间。

无疑，那些必要的零散调整，正在表现为大力规范商业银行资本金要求，以及首次采用流动性标准。商业银行系统之外对官方监督和管制的需求被广为接受，尽管距离具体操作的形成和规范还有很多工作要做。针对具有系统性影响的濒危金融机构处理问题，正在努力探索一种共同方案，难以想象一个仅限于国内解决的方案也能取得任何成效。

在危机期间的2008年和2009年，对于强有力的财政和货币政策的必要性，二十国集团内部在理念上达成了共识。于是，市场上出现了有一定协调性的官方干预，且声势浩大。中央银行间的合作为应对外汇市场压力发挥了作用。正如我们看到的，核心国家的中央银行官员仍在提供庞大的流动性。但这些措施其实算不上结构性改革。

眼下，尽管美联储打算实施的政策调整只是小规模的，新兴小经济体却已提出了市场敏感性的新问题。虽然那些国家部分官员的顾虑和抱怨似乎夸张了点儿，短期资本流向的波动，即便仅是由于对政策的理解出现了细微变化，也确实会导致重大问题。而且，工业化国家形势和政策的重要变化，无疑会不可避免地引起世界范围的反响。

那么，假使你同意我的顾虑，你就会自然而然地发问：这个分析将引向何方。更合理地协调自由开放的市场与独立的国内政策，在此过程中维护符合共同利益的市场和经济稳定，能够做到这一点的方法（或者可能是各种方法的组合）是什么样子的？

这个问题，我今天无法给出肯定和实用的答案。我真正了解的是，政府目前没有必要的分析和周密的方法，可以用来赢得关注和支持。

二十国集团建立在总统和首相的高规格基础上，已成为一项政治成就。国际货币基金组织治理结构的调整被一致通过，在实现其治理结构和决策的政策合法性方面，同样是意义重大。但这些还不够，没有就所需的货币改革及相应的操作方案达成重大共识，这些都是微不足道的。

我们离那个共识还很远。但目前可行的是，为那些方案奠定理论基础，比如能够识别和限制旷日持久且最终无法持续的各国国际收支失衡的方案。我们应该能够在一个广阔范围内，以一种防止与有序调整相背离的极端变化的方式，管理主要货币间的汇率。我们能够也应该考虑采取方式方法，鼓励甚至支持所需的国际收支平衡。

我也不会反对重新评估一种单一国家货币作为主导国际储备和贸易的工具使用的问题。比如，我们是想鼓励，还是阻止像区域贸易和货币区这样重要的发展？

一个新的布雷顿森林会议？我们差得太远了。但肯定的是，无论我们承认与否，一系列事件已然提出了一些被忽略了数十年的基本问题。

我们可能逃过了 20 世纪 30 年代大危机的重演。尽管世界局部地区有着诸多政治混乱，侥幸的是，我们仍然逃过了，勉强逃过了一次有损主要经济体和必要合作的金融崩溃。但显然，那还不够。

发生的一切强化了我们通常的断言：一个强大、创新和稳定的金融体系，对贸易的开放及所有国家的繁荣至关重要。参与这样一个真正国际化的有益体系，就意味着一定的责任。

很久以前，沃尔特·白芝浩①从经验中简单总结了一个教训："金钱不会自我管理。"当时，他通过《经济学人》的平台向英格兰银行喊话。今天，是我们之间的相互依存，要求一定程度的合作和协调，而绝大多数情况下，它们在国际层面始终缺席。

在迎接这一挑战时，我们能不恢复我曾于五十年前了解的，体现在布雷顿森林体系规划、协商和管理过程中的精神和信念吗？我们今天的主办方——布雷顿森林委员会点起了蜡烛，但我们还有很长的路要走。

---

① 参见第七章注释。

附录二

债务危机评述

在本书作者主持的普林斯顿研讨会上，将 20 世纪 80 年代大量时间致力于遏制债务危机的三位专家讨论了他们各自的经验。以下是他们发言的精彩段落。

威廉姆 · R. 候德兹

（花旗银行国际部高级主管）

以处理债务危机的商业银行家的眼光，平心而论，我认为我们的目标有两个：首先，最重要的是阻止国际金融体系和银行体系崩溃；其次是帮助债务国最终重返私人资本市场，为持续增长融资。

如果说贪婪常常使人反目，那么恐惧则常常让人聚拢在一起，1982年的墨西哥显然是一个例证。其在相互竞争的商业银行、银行监管机构、国际金融机构、债权国和许多债务国之间，迅速建立了一种不寻常的国际合作安排。以20世纪70年代的早期重组经验（比如，尼加拉瓜、牙买加和土耳其）为基础，这些商业银行自发组织了各种指导委员会，或者按照我们的叫法，即顾问委员会，其成员身份以敞口规模和区域代表性为基础。这些委员会在组织上与各个债务国步调一致，这一点很重要，需要谨记：它们的组建并非单靠银行，而是应债务国自身要求。

这种合作安排初期的一个重要因素，是像美联储的保罗·沃尔克和国际货币基金组织的雅克·德拉罗西埃这些人的领导。意识到每个重组中的国家都有着自己具体而独特的现实，一种个案分析的统筹方法诞生了。

危机的第一阶段，商业银行抛出了必要的短期紧急融资一揽子计划。相应地，债务国则开始调整其经济政策，应对（已经晚了）国际经济中已经持续数年的变化。

第二阶段，看上去超越了债务国眼前的需要，用一揽子更长期限的安排争取时间。于是，一项基金组织监督一国经济表现的协议出现了，监督期限较通常的基金组织备用贷款或中期贷款安排要长得多，这些信息将提供给那些商业银行。这允许银行就重组协议进行谈判，以延期还债。1984年还启动了一个更市场化的尝试，我们商讨了一个银行可以实施债务转成股权的条款（著名的债股互换，债转股）。这标志着债务削减概念的开始。

第三阶段，旨在将焦点从短期调整转移到更为持久的增长上来。它反映了一种在我看来是墨西哥的赫苏斯·席尔瓦·埃尔索格首先提出的思想：发展中国家摆脱危机的唯一途径是在危机中实现增长。这和财政部长詹姆斯·贝克的决定是一致的，即美国财政部应该比他的前任唐·里甘时期更加积极地参与债务管理。贝克计划内容的要点，是对债务国实施增长导向的结构性经济改革的强调。作为对债务国经济调整的回应，商业银行被要求继续提供一个审慎数量的新贷款。尽管贝克计划常因没有筹集足够的新资金而遭到抨击，但据国际经济学会的威廉·克莱恩估测，该计划实施的三年里，银行发放的新贷款超过了 130 亿美元，尽管有价值 200 亿美元的马克没有到位。我想，这在反映商业银行某些情况下不愿意放贷的同时，也反映出一些国家无力兑现结构调整的承诺。

下一次事件发生在 1989 年 3 月，当时财政部长布雷迪提议商业银行主动进行债务削减。我要强调商业银行，是因为他的提议中只字未提政府或国际机构削减官方债务。商业银行这次的债务削减，成为取代新贷款的债务战略核心。七国集团随后在数个场合会晤以制定指导原则，基金组织和世界银行也首次同意，为经济计划可行的国家提供资金，支持债务削减方案。

所有这些都为 1990 年 2 月签署的墨西哥债务一揽子计划做了准备。该计划囊括了早前的大部分债务削减手段，诸如债转股、降低利率和本金减让债券，同时融合了很多新融资手段，包括债券、贸易融资和转贷安排。采用了两种新做法：为减债债券（debt-reduction）和价值回收（value recovery）提供权益担保。这两个做法以后也被用于其他国家的一揽子计划，比如委内瑞拉和乌拉圭。

容我总结一下 1982 年之后个人认为至关重要的几点：

第一，监管者和国际金融机构人士常常批评银行过度放贷，说我们在 20 世纪 70 年代的两次回流行动中表现糟糕。但五国集团和政府部门又在哪里？它们不愿承担一点儿领导责任，于是商业银行接过了担子。如果当初工业大国决定参与领导回流行动及其他工作，并且更加积极地与国际金融机构合作以实现这个目标，那结果会是什么样子？我想银行已经尽力了，尽管有时表现得不够好，但也没有其他人挺身而出。

第二，危机初期做出的一个关键决定，即所谓的逐案或曰逐国解决法，一个现在还在沿用的决定。所谓的全球措施作为替代方式，有一个缺陷：不能适应每个单一国家变化的需求。这也是它们没得到债务国支持的原因。每个国家的情况是不同的，措施也需要量体裁衣。缺乏这样的措施，国家重返自由资本市场之路可能陷入阻滞。

第三，总体而言，顾问委员会制度在同时服务于债权银行和债务国本身的利益方面，发挥了良好的作用。顾问委员会已经成为债务国政府的一种非正式渠道，如果没有顾问委员会，债务国会发现，任何时候想要和世界各地上千个银行磋商即便不是不可能，也是困难的。

第四，尽管商业银行家被诟病为帮助不大，我认为他们总体上满足了重组国家对新贷款或债务削减的融资需求，而且无疑为那些制定了可行的经济改革方案的国家做了这些工作。债务危机一开始就存在的一个主要概念性错误是，认为债务国面临短期的流动性压力，因而所需要的只是 18~24 个月的稳定计划。这种想法导致那些计划最多持续两年至两年半。债务国常常忽略了需要同时实施包括私有化在内的基本经济结构改革，以便为投资和增长铺路。如果国家基本结构不改变，经济不开放、不进行私有化，一次次的稳定行动将会接连以失败告终，但许多人不理解这一要义。

安赫尔·古里亚[①]

（墨西哥财政部国际金融事务副部长）

对债务国而言，整个问题是关于资金净转移和流向的：多少资金流入这个国家，又流出了多少。这就是债务危机的实质与核心：净转移，或者我们喜欢称之为“鞍点”。这么说吧：在容许一国经济仍以政治上可接受的最低水平增长的前提下，你能允许从该国流向世界其他地区的最大净转移量是多少？整场债务危机就是关于持续获得投资、持续实现增长的能力。我们的难题是，1982年正向流入债务国的资金流中断后，凸显出债务负担过重。然而，在没有这些我们已经习惯的资金流入的情况下，我们不得不继续支付债务利息。于是一个极大规模的逆向转移产生了，由于相当大比重的本国储蓄并未投资国内，而是逃往海外。这种情况不可持续。

形成这些巨额债务的原因很多。一开始，债款只是少量作为又一种经济政策工具使用，主要是补充国内储蓄。但墨西哥当时

① 目前担任经济合作与发展组织秘书长。

的经济受到了很大的外部冲击。贸易条件急剧恶化。相对进口，墨西哥的石油出口价值打了折扣。墨西哥用更多举债来填补窟窿。世界范围内的实际利率和名义利率同时在上涨。还在依赖廉价贷款继续流入以促进增长的发展中国家，开始面临额外负担。起初它们选择继续贷款来缓解压力。但由于高昂的利率，问题愈演愈烈。因为原以为国家永不会破产（根据当时一个非常著名的理论），银行给这些债务国发放了大量贷款，当这些银行突然打退堂鼓停止放贷时，问题终于爆发。债务国意识到，它们必须在没有任何新资金的情况下继续还债。这引发了逆向净转移现象。它意味着那些国家实际上不得不从自己口袋里掏钱偿还银行，却得不到任何新贷款。

这种情况发生时，你必须动用大量已然稀缺的国内储蓄，而不是拿外部储蓄补充国内储蓄。一旦你使用大量储蓄还债而非投资，资本形成和相应的增长将突然停止。墨西哥必须每年创造 100 万份新工作，如果我们不投资、不增长，就办不到。增长是经济政策的终极目标，还得是价格保持稳定增长。离开增长，不单单我们的经济计划，整个政治形势也会岌岌可危。

就这样，债务问题被突然推到台前。我们过度举债了，是的。为什么？因为我们不够审慎。因为我们以为事情将永远保持原样。墨西哥这样的石油出口国以为，石油会保持在 36 美元 / 桶一段时间，然后再涨至 50 美元 / 桶。我们错了。我们以为真实利率会永远是负值或者至少永远保持不变。我们错了。现实恰恰相反。油价跌了，就像大部分商品价格一样。利率走高了，我们束手无策。我们被困住了。新贷款一中断，逆向转移开始了，资本逃出大部分国家，债务危机开始了。

一开始使用的是“得过且过”战略。银行和多边金融机构借给高负债国家已欠债务的一部分，这样后者可以继续全额偿付。但那远远不够。净转移的问题从未真正解决。最初的目标是维持银行运营。它们借给我们一点点资金，我们必须费力挤压国际收支，以产生其余资金来还债。债务国因此被迫从贸易和经常项目上获取大量盈余，这些加上借给我们的微薄“新资金”，方够付清利息账单。债务国这么巨大的牺牲——保住银行啊！

问题是，一段时间之后，即使少得可怜的“新钱”，能借给我们的也已不再是银行，而是政府了。银行不作为了。这个战略，就是我们后来说的贝克计划，实施两三年后，政府也开始察觉自己也不待见它。为了还钱给银行，公共资金开始注入债务国。这种做法在政治上不是很讨喜，而且鉴于债务国不会实现增长，从公共政策的角度看，它也不是很有效率。的确，经过几年的“得过且过”，借上些钱确保我们勉强糊口，到头来，我们压根儿就没增长，因为大量资金在流向国外，回到手里的只是我们支付利息的一小部分。1987 年，银行更强大了，人们开始说：“也许是债务太多了。也许按现有战略推进，即便很慢，我们也实在无能为力，因为它永远起不了作用。如果我们继续走老路，这些发展中国家永远不会真的恢复增长，这是经济政策的终极目标；也永远不会对世界贸易做出贡献。增长永远不会发生，因为净转移规模太大了。我们给它们的这点儿钱，不够补偿它们从自己的口袋里和储蓄里拿出来的钱。也许债务是太多了。”

在人们开始这么想的时候，花旗银行将其发放给欠发达国家的贷款组合减计了 25%，欠发达国家债务的二级市场价格折扣越来越大。墨西哥开始寻求为本国债务打折的方式。1987 年年底，在 J.P. 摩根公司的帮助及美国财政部的同情下，墨西哥出价，以新发行的 20 年期由美国财政部“零息债券”担保本金的债券，交换打折的旧债。这意味着，我们将用 70 美分或 80 美分质量更高且部分担保的债券，来交换 1 美元的旧债。这是第一次为一个债务大国精心组织市场化的、自愿的债务削减交易，结果成为一个真正的分水岭。

减轻债务的重要性证明有巨大的推动作用，尤其是在墨西哥。为什么？因为我们墨西哥人准备按经济政策做正确的事，但感觉债务是太重了。我们和商业银行债权人谈妥了某种债务削减。经过与罗德斯先生及其银行委员会的漫长谈判，我们达成了削减墨西哥 35% 的商业银行债务或降低 35% 的利率的方案，两种方式在现金流方面多少是相当的。外国人和墨西哥人对墨西哥经济的信心随之倍增。我们从私营部门开始听到这样的话：“这才是我们真正需要的。我们准备好去牺牲，我们准备好去干活儿，但债务太多了，净转移更是难以承受。我们必须有更多的国内储蓄投资于墨西哥。这就是你们政府真正该去做的，剩下的我们准备好了自己去担当。”

政府决定在一个债务谈判中达成一项合理的协议，它的确做到了。我们同意去和国际货币基金组织协商一项四年期的稳定计划，以换取约 40 亿美元的贷款。我们去和世界银行就价值 20 亿美元的贷款进行谈判，以延长我们的债务偿还期限，并开始 4~5 年的经济结构改革。我们赢得了泛美开发银行每年 10 亿美元的承诺，以及官方出口信贷机构通过巴黎俱乐部对部分债务的适度重组，更为重要的是，巴黎俱乐部保证会继续为墨西哥进口融资。那么，最后，当然也同样重要的是，我们去和商业银行敲定了协议，因为它们持有 80% 的墨西哥外债。

所有这些事情花了一年多的时间，但完成之后，气氛发生了戏剧性的逆转。我们实际上已经与商业银行和所有官方机构重新谈判了债务的消息一经发布，突然之间，市场将其资金引回到投资上。甚至银行家们也开始为墨西哥提供新贷款。而且打那以后，墨西哥已经能够在自由信贷市场上发行 10 亿美元以上的新债券。我们的教训是，糟糕的债务谈判也许是不能持续的，但只要经济政策有好的配套措施，哪怕是一个“马马虎虎”的债务谈判，也是可以持续下去的。没有什么可以替代好的经济政策。如果你在经济政策上犯了错误，那么减轻多少债务都不够。但如果债务没有减负，你就无法开启“良性循环”。

问题是减轻旧债与新贷流入之间存在矛盾，正是这一矛盾酿成了债务困境。当豁免与放贷抵触时，银行停止了放贷。现在政府面临同样的矛盾。它们表现为，对一些发展中国家有减债和继续放贷同步的可能性，而另一些国家则找不出两全之道。但今天看来，这两者绝对必要。正如商业银行已经看到的，债务减让是可能的。在具备良好经济政策证据的一些情况下，继续放贷也是可能的，官方出口信贷机构也必须这么做。然而很多时候，解决之道并非更多举债。考虑到有些国家即使按优惠利率也无法偿债，债务豁免应当辅以援助，而非贷款。

债务过重在许多发展中国家仍然是非常重要的问题。有几个国家一定程度上解决了，但此类国家屈指可数，而在更多国家，它依然是悬而未决的最大问题，不仅在经济政策方面，而且在其本国居民和世界上其他国家看来，情况也是如此。

曼纽尔·桂田

（国际货币基金组织中央银行部副主任）

我想强调的主题核心，围绕道德风险问题展开。严格遵守债务偿还政策的国家，不会特别受鼓舞去维护这种政策，这不该意外，因为其他国家由于能获得债务削减而无须偿还全部外债的示范在前。这种国际债务危机背景下的大多数难题，是不得不应对这些道德风险的危害。

债权国和债务国在国际货币基金组织均有代表权，因此，外债问题不能完全从债务国一方或债权国一方来看，必须努力关注双方共识并在此基础上有所建树。这就好比在刀锋上行走，但同时也是刺激的挑战。一旦提出如下问题，债务困境的复杂性便会浮出水面：为何不将外债困难留给市场力量解决？知名的经济学家们支持这么做，比如米尔顿·弗里德曼，他说过："解决债务问题，就是要求那些放贷的人去收回贷款。如果他们能收回，很好。如果他们收不回，那是他们自己的问题。"

为什么没有采纳市场解决观点呢？原因是债务危机传达了系统性风险迫在眉睫的信息。发展中国家在 1981 年积累了大量外债负担，接着是 1982 年资本流动的突然中断，造成了对国际金融体系不可修补损害的威胁。危机的对策，是为债务问题设计一种基于债权国和债务国、私人和官方组织以及国内和国际机构共同努力的综合性解决战略，而不是单单取决于市场力量的作用结果。从这个角度，我认为这一债务战略已然非常成功。它的根本目标，是消除债务危机引起的系统性风险，最终成效显著。

还有什么没有解决呢？比起系统性风险，如今我们的问题，是许多仍然面临严重偿债困难的国家存在一种相对普遍的弊端。这些国家的偿债问题，没有而且也不能仅仅通过全球战略得到解决。也许这是许多债务国无法进入国际资本市场，以及更为普遍的，资本流动恢复缓慢背后的重要原因。这种体验必然导致了债务战略的多个阶段：从紧缩性调整到增长性调整，然后再到债务削减性调整。在缺乏资本流动的情况下，这些适应性调整是必要的，而缺资本使得单个国家债务问题的解决尤为艰巨。

国际货币基金组织方案的基础是债务国的调整努力。但这并不能充分保证债务问题的解决。因此，基金组织的政策采用了一项重大创新：作为全球战略的前提，债权人被要求承诺大量（“一个临界规模”）资金支持。这种做法相当于把条件性原则延伸到了债权人，所以从这个角度看，这一战略对借贷双方都很公平。

在较短的时间内，债务作为一种系统性风险不复存在。但它作为对单个国家的一种限制并没有消失，而且债务国的增长进程并没有快如预期。于是战略重点转向了效率和结构改革。最后，它还考虑了自愿削减债务的一揽子计划，从而帮助债务国走上健康的增长轨道。因此，在问题甫一出现，债务战略就以自身的适应性调整做出了回应，因而得以容纳对各种目标的追求（比如结构改革、增长)。然而,适应性调整要求各方的共同努力,也无法取悦所有各方。一方面,严格地将调整与融资(即对"一个临界规模"协商一致的贷款要求)相联系,要求债权人做出前所未有的承诺。另一方面,相对松散的联系,不能确保调整努力得到充分支持,还会导致欠债这一阴霾。二者都不可能受到普遍的欢迎。

现在让我形象地描绘一些国际货币基金组织在整合债务人—债权人一揽子计划时面临的一些实际困难。很多人觉得,基金组织在这一战略中的中心地位相当于乐队指挥。但他有时感觉,似乎每一位乐师都在照着不同的乐谱演奏。而这是可以理解的,至少事后看来如此。债务国倾向于把注意力集中于获得融资以支持其调整努力。它们的主要问题是:如果没有融资保证,我们怎么调整?反过来,债权人关注的焦点是债务国采取的调整行动,这是其继续金融援助的关键依据。它们的问题是:如果调整得不到保证,我们怎么给融资?基金组织,通过其金融安排,提供了一种将借贷双方的努力结合在一起的工具,同时也受到了来自双方的持续压力。债务国将国际货币基金组织视为确保金融支持的媒介。债权人则将之视为确保协调的手段。无论多么有争议,这种情况下,基金组织只能采取一种立场,那就是忽略冲突,从双方有利的角度,关注共同点。实际上,基金组织认为,过多的融资、过少的调整,最终并不能帮助债务国,而过少的融资、过多的调整,最终也不会对债权人有利。问题就是调整和融资之间的一个平衡。但实现的最佳方式是什么?

在这种背景下,市场解决方案明显有了吸引力。这是因为,通常看来,市场决定的结果是由远离政治干预、非人为的客观力量促成的。但是，在相互冲突的环境里，市场力量的运行需要有法律和制度性框架（比如破产程序），这些尽管在国家范围内已经具备，但在国际范围内还有待发展。由于它们的缺位，市场解决方案就没那么吸引人了。相反，必须通过凝聚解决方案的共识来寻求平衡，这些解决方案涉及政府、国际机构协调行动和私人资本流动，这也是一项公认的极其复杂的工作。有些人会认为，应当由债务人承担调整责任；另一些人则会认为，没有金融支持的调整即使不是无效的，也是不现实的。

这两种观点都暗藏着道德风险。举债和放贷的决定同时存在风险。一个设计的平衡里，如果债务人感觉其风险非常小，他们将来就难有动力追求决策效率或者避免无效行为成本。这一观点支持考虑债务削减时极度谨慎的要求。如果，正相反，设计的平衡使得债权人成为感觉风险低得不合理的一方，放贷决策就会失去效率激励。这一观点倾向于强调债权人支持调整的责任。平衡显然是需要的，因为完全消除债务人一方的道德风险，如果这么做可行，只会造成债权人一方的道德风险，反之亦然。

这一关乎成败的问题，此刻已经超出了债务的范围。它必须处理私人风险和公共风险两者间的分配。风险分配的过程在国际债务危机时的显著特征是，私人商业银行贷款优先于主权政府的贷款。由此导致的政府偿债能力与银行资产质量的相互依赖，会模糊私人风险和公共风险的差异。道德风险在这种模糊背后若隐若现，因为原则上与私密的特定债权人—债务人交易相关的费用，在把政府拉进来后（比如说，通过公共担保的延伸），一般会变成由纳税人买单。所以，坚决将私人风险从公共风险中分离，或者更宽泛地说，政府角色的透明化，这对道德风险的防范至关重要。

当然，解决债务问题的健全之策存在于基本面中，也就是在债权国和债务国都采取适当的政策。这是基金组织的基本职责范围，其负有监督其成员国政策的使命。的确，聚焦基本面，有助于确保今天的解决措施不会成为明天的问题。国际债务危机通过这一系列事件提供了良好的例证。20 世纪 70 年代见证了一种可能被称为反国际经济依存的现象，表现形式是保护主义和通过汇率灵活性走向国家经济孤立的趋势。一个反击因素是经由商业银行的国际资金回流。从这个角度看，资本流动有助于维护相互依赖性。同时，许多国家，尤其包括那些大国的国内政策，放任 70 年代后期通货膨胀在世界经济中蔓延以及实际负利率的出现。解决通货膨胀问题需要的措施，从各个方面看都是必要的。它们也属于有助于抑制借 – 贷冲动的因素。借 – 贷行为，实际上将解决 70 年代早、中期问题的方案的一个要素，转变为一个折磨 80 年代的问题。但是，在这个唯一的封闭经济即世界经济中，这样的联系不足为奇。

词汇表

盎格鲁—美洲贷款（ANGLO-AMERICAN LOAN）

盎格鲁—美洲贷款是战时租借法案后的一个后续安排。由美国于1946年7月15日借予英国，以鼓励重建、加快英国回归可兑换。贷款额37.5亿美元——当时是一笔巨款，远大于借予其他国家的重建贷款额度。但这笔钱很快耗尽，因为英国投资者将其英镑换成美元，并将储蓄转出这个经济已被战争耗光的国家。

第八条款（ARTICLE 8）

这是国际货币基金组织最初协定中的条款要求，基金组织成员取消对经常性国际交易支付的所有外汇限制，没有基金组织同意，禁止歧视性的差别汇率或多重汇率。最重要的是，其要求维持的货币可兑换，除了资本管制的情况下。该协定于1944年7月22日达成。

资产清算（ASSET SETTLEMENT）

这个概念是作为减少或摆脱使用储备货币——特别是美元的一个手段而产生的。作为以一国货币积累债务模式的替代，一个储备货币发行国将被希望尽快兑换其他国家增加的该货币余额（顺差）。为了能这样做，储备货币国将使用其持有的储备资产，诸如黄金和特别提款权，或提取此前同主要工业国家中央银行商定的信用额度。

资产清算将要求储备货币国——特别是美国——在非储备货币国要求时，或多或少随时支付其国际收支逆差。这样，就避免了因偶尔的大规模兑换和通过让其他国家持有其美元而不是用黄金或其他资产清算以帮助解决美国赤字的（欧洲人看到的，其中法国的戴高乐总统最直言不讳）特权而带来的不稳定。

贝克计划（BAKER PLAN）

由美国财政部长詹姆斯 · A. 贝克三世以“持续增长计划”的名义正式提出，贝克计划于 1985 年 10 月成为美国针对第三世界债务国的官方战略。它强调通过三个要素的结合，让债务国回到“持续增长轨道”：由困境中国家提出并经国际货币基金组织同意的改革计划；商业银行新的资金承诺；以及经由世界银行增加的债务国政府基金。贝克计划代表美国对拉美国家政策从强调紧缩到强调发展的一个转变。

国际收支（BALANCE OF PAYMENT）

衡量一国由贸易、援助、投资和其他国际交易产生的资金国际流动的手段。原则上，流入和流出是相等的。只有在财政部或中央银行通过买卖官方储备资产或通过官方借贷以冲抵流动，那种（相等的）情况才能实现。当一国不得不卖出或借入资产时，该国处于逆差。当流入超出流出时，该国处于顺差。（另见经常项目）

班柯（BANCOR）

1942—1943 年凯恩斯计划的一部分，班柯被设想作为国际货币单位，在一个国际清算联盟中，国家储备将以其标价。凯恩斯主张清算联盟，作为国际货币基金组织的替代，由其持有所有国家储备。在他的计划里，资产清算包括在各国账户间转移班柯资产。该计划原本接近于创立一个有能力控制全球储备水平、进而控制可用资金数量的国际中央银行。

国际清算银行（BANK FOR INTERNATIONAL SETTLEMENTS, BIS）

BIS 是设在瑞士巴塞尔的一个金融机构，是中央银行基金的保管人，在特殊情况下，当西方工业化国家面临流动性短缺时，可以向这些中央银行提供借款。其建立是为处理“一战”后的德国赔款问题，它在战后时期[1]主要功能是作为一个中央银行家的国际讨论论坛。在 20 世纪 80 年代初的债务危机期间，它向拉美和东欧债务国提供了短期紧急贷款。美国不是它的成员[2]，但和它积极合作。

善意忽略（BENIGN NEGLECT）

“善意忽略”常被用来描绘人们感觉中的美国（有时是其他国家）的态度：把国内目标置于实现国际收支平衡或一个强美元的需要之上，通常也被引作对美国政策的批评。一些美国经济学家提倡这样一种态度。

布莱辛信件（祝福信）（BLESSING LETTER）

1967 年由联邦银行行长卡尔·布莱辛写发给美国联邦储备委员会主席的信，承诺联邦德国[3]将不会把美元换成黄金。

布雷迪计划（BRADY PLAN）

是继 20 世纪 80 年代初最早的紧急方案和 1985 年贝克计划后，美国对拉美债务战略的最后阶段。由美国财政部长尼古拉斯·F. 布雷迪于 1989 年 3 月 10 日提出，计划呼吁新的重点是债务削减而不是提供新资金。计划提议授权使用国际货币基金组织和世界银行的基金以支持债务削减方案。

布雷顿森林 / 布雷顿森林体系（BRETTON WOODS）

新罕布什尔饭店所在地。1944 年夏天，来自美国、英国及其即将胜利的战时盟国财经官员，在这里就战后货币体系的规则取得一致意见，货币体系体现为国际货币基金组织和国际复兴开发银行。与会国同意，相对已设定的本币对美元汇率，上下浮动的最大范围限制在一个百分点。

美元保持 35 美元 / 盎司黄金的比率。各国只有在通知了基金组织董事们其国际收支处于“根本性失衡”状态之后，才能获准改变这些平价。

---

① 指“二战”后。

② 美国已于 1994 年年末成为 BIS 成员。

③ 词汇表和随后的国际货币关系年表中多处出现德国、联邦德国，均根据原文直译。均指两德合并前的联邦德国。

基金组织可以按与借款国在基金组织份额有关的数额向后者贷出基金。各国在基金组织的份额，一部分以黄金、一部分以其本国货币向基金组织缴存。这就像运营一个信贷联盟一样，为其成员国提供了一个循环基金基础。成员国同时需要采取消除持续性顺差的措施，同时设立“稀缺货币条款”，以制裁那些拒绝这样做的国家，但该条款从未实施过。极力反对对贸易和经常项目交易的管制。

这个“平价”但汇率却可变的体系，旨在巩固一个开放贸易体系。通过这个体系以及关贸总协定的协助下的多轮谈判，世界贸易中的关税和其他壁垒减少了。布雷顿森林体系第二个机构是国际复兴开发银行，也被称作世界银行，其最初关注战后重建，但很快把资源集中于第三世界国家。资金来源有成员国缴纳的资本金，还有由成员国间接担保从市场借入的资金。基金组织和世界银行的总部位于华盛顿特区，关贸总协定的秘书处设在瑞士的日内瓦。

中心汇率（CENTRAL RATES）

1971 年 12 月 17—18 日的史密森协议中，大部分十国集团国家使用了“中心汇率”这个词，以描绘其新汇率替代了此前的平价。根据国际货币基金组织规则，中心汇率不是官方平价，但就中心汇率谈判的国家承诺，维持即期汇率在（中心汇率）上下各最大 2.25% 的范围之内。

二十国委员会（COMMITTEE OF TWENTY, C–20）

美国于 1972 年发起二十国委员会。其任务是为一个新的货币体系打下基础，以应对黄金窗口关闭和 1971 年史密森协议之后的不确定性。它由十国集团里主要国家代表和其他国家的区域组织的代表组成。二十国委员会财政部长共开了 6 次会，并在 1974 年年初提出了国际货币制度改革纲要，主张加强合作以及基于一个特别提款权本位而不是一个黄金或美元本位的一个“更灵活的平价体系”。这份从未实施的改革纲要，只是因成员国分歧、通胀不确定和第一次石油危机而失败的更综合计划的一个影子。这个组织作为国际货币基金组织的临时性委员会保留了下来，成为财政部长们的一个 20 人指导委员会，每年开两次会。

限制条款（CONDITIONALITY）

限制条款指，由官方国际和政府机构——特别是国际货币基金组织——向债务国提供的贷款，只有满足债权方提出的具体实施条件才可发放，通常要求债务国实施紧缩政策。

爬行钉住（CRAWLING PEGS）

爬行钉住，也被称作滑动平价，是 20 世纪 60 年代后期为使固定平价制度更灵活而提出的诸多计划的一个。该计划提倡平价频繁小幅调整，以体现其自动调整的程度。

经常账户（CURRENT ACCOUNT）

国际收支中贸易、服务、利息、股息和其他“经常”项目的流动。

资本项目包括投资和其他长期项目。两者共同影响一国国际收支。

债转股（DEBT–EQUITY SWAP）

一种减少发展中国家债务的方法。在债转股中，贷款被换成当地货币，然后用于债务国的股权投资。货币兑换通常由债务国中央银行处理，贷款转换时，一般在面值基础上打一个比较大的折扣。

保卫美元计划（DOLLAR–DEFENSE PROGRAM）

一个被用于各种计划里的名字，开始于艾森豪威尔政府后期，意在减少国际收支逆差、稳定美元。

美元荒（DOLLAR SHORTAGE）

开始于战后初期的流行理论：美国将长期处于贸易顺差状态，其他国家将失去支持其进口和经济重建的美元。美元荒被看作美国长期高储蓄以及不断提高的生产率的结果。20 世纪 50 年代经济学家关于美元荒的文章证明了当时主流的看法：美国将保持世界上最高的生产效率，且保持一个净出口国地位。

欧洲货币（EUROCURRENCIES）

指存在母国之外银行并贷给商业和政府使用的各种货币，主要指美元。传说在 20 世纪 50 年代冷战严峻时期，莫斯科人民银行（Moscow Narodny）伦敦分行通过正常业务经营积累了大批美元，因担心被美国政府没收，不想把这些钱存在美国。因为其他原因，包括管制较松，西方银行马上仿效。利息平衡税和美国对外国银行放贷实行其他管制后，欧洲美元业务比通过华尔街放款更有吸引力，贷出海外美元存款的业务得以全面发展。美国的银行在伦敦增加办公室，准备接受它们和其他国际银行收到的来自阿拉伯产油国因1973—1981年油价飞涨产生的数十亿美元的存款。这些被称为石油美元的资金，以千万、亿级贷款的形式回流到金融状况遭受油价上涨打击的第三世界国家。当这些资金以债券形式贷放出去时，它们被称作欧洲债券。

欧洲货币单位（EUROPEAN CURRENCY UNIT, ECU）

ECU是欧洲货币体系使用的一种记账货币单位，它是欧共体国家按其经济权重组成的一篮子货币。在新国家加入时，权重会偶尔调整，但德国马克从开始就是主导货币，权重约为30%。1991年12月，欧共体十二国同意欧洲货币单位作为20世纪末欧洲货币的模板，由一个中央银行管理。

欧洲货币体系（EUROPEAN MONETARY SYSTEM, EMS）

欧洲货币体系成立于1979年，是在欧共体货币间实现汇率稳定的一个手段，而在全世界实现这个目标被证明不可能。在EMS汇率体制下，现在通常被称作汇率机制（ERM），每个参与国都根据欧洲货币单位确定一个中心汇率。参与国通过市场干预，避免汇率波动幅度超出或低于平价的2.25%。对较弱的欧洲货币，这些波动幅度可以临时最大不超过上下6%。体系内建立了大量的信贷便利以处理国际收支逆差。

汇率机制（EXCHANGE RATE MECHANISM, ERM）

见“欧洲货币体系”。

联邦基金利率（FEDERAL FUNDS RATE）

需要储备的银行向为其提供贷款的其他银行支付的隔夜贷款利率。储备超过法定要求的银行，按天向储备不足的其他成员银行提供这些多余储备。联邦基金利率的变化反映银行储备的总供应情况，后者又由美联储决定。该利率本身决定着银行资金的批发成本。

借款总安排（GENERAL ARRANGEMENTS TO BORROW，GAB）

GAB 设立于 1962 年，为方便其十个成员国［美国、德国、英国、法国、意大利、日本、加拿大、荷兰、比利时和瑞典（瑞士是准会员）］为国际收支紧急融资。其被设计为国际货币基金组织可用资源之外的补充，特别是当英国面临严重的国际收支失衡可能时。GAB 由其成员国提供 60 亿美元资本金，因使用这些资源的权利仅限于其全是发达国家的成员国，所以遭到发展中国家的批评。

黄金—美元本位（GOLD–DOLLAR STANDARD）

黄金—美元本位是布雷顿森林体系的一个说明。根据该本位，大多数国家接受把其货币兑换成美元而美元再按 35 美元 / 盎司黄金的价格换成黄金的义务。黄金—美元本位实际上允许美国用美元处理其国际收支逆差，但同时也给了它在外国中央银行要求时即把那些美元兑成黄金的责任。

黄金总库（GOLD POOL）

黄金总库是 1961 年比利时、法国、意大利、荷兰、瑞士、联邦德国和英国在巴塞尔召开的国际清算银行会议上达成的一项君子协定。其目的是稳定私人市场上的黄金价格。这些成员国同意提供维持 35 美元 / 盎司黄金平价所需的一半黄金或货币，美国将提供另一半。1968 年被迫采纳双轨黄金市场，黄金总库终结。

五国集团（GROUP OF FIVE, G–5）

由美国、日本、德国、法国和英国财政部长组成，五国集团是 20 世纪 70 年代到 80 年代末，主要经济大国进行国际经济合作的主要场所。

该集团起源于财政部长（美、英、法、德）的图书馆集团，后者是美国财政部长乔治·舒尔茨于 1973 年在白宫图书馆召集的，就正在崩溃的布雷顿森林体系进行非正式讨论。日本于下一年成了该集团的第五名成员。

七国集团（GROUP OF SEVEN, G–7）

七国集团是由五国集团成员再加上意大利和加拿大的财政部长组成的。它在 1986 年东京首脑峰会上正式成立。1987 年卢浮宫协议之后，七国集团逐渐重要，最终在制定国际合作政策时取代了五国集团。

十国集团（GROUP OF TEN, G–10）

十国集团产生于借款总安排，由后者的原始成员组成。在 20 世纪 60 年代和 70 年代，它是讨论国际货币事务的一个重要论坛。自 1970 年中期，其很多责任转移到五国集团和七国集团上。

利息平衡税（INTEREST EQUALIZATION TAX）

这个税种最早由美国政府于 1964 年对借予外国借款人的中长期私人贷款征收。征收授权被延期数次，直到 1974 年才真正终止。该税的目的是缩小或消除美国同世界利率水平之间的差距，从而阻止严重的资本外流，后者在当时对美元造成了压力。阻止从纽约市场进行国际借贷，这是欧洲货币市场和欧洲债券市场成长的一个主要因素。

临时委员会（INTERIM COMMITTEE）

国际货币基金组织的临时委员会，是成员国财政部长们的组织，定期碰面以观察讨论基金组织政策的重要问题。日常管理由基金组织执董负责。该委员会成立于 1974 年，接续了二十国委员会。之所以起这个名字，是其最初只被打算保留到世界货币体系改革完，后来被作为了一个永久性委员会。

干预（INTERVENTION）

干预是指由官方政府机构（通常是中央银行）买卖外汇以影响汇率。

通常的操作是，用硬通货从市场上买进疲弱货币以稳定较弱的货币，但偶尔会实施反向操作，目的是推低一种硬通货。有两种干预。第一种被称为冲销式干预，即中央银行用买卖本国资产的方法冲抵本国货币买卖，从而保持稳定的货币供应量。第二种被称为非冲销式干预，即中央银行将允许自己买卖货币影响货币供应量。实际上，有着深度货币市场的大国的所有干预都是冲销式的。

"J" 形曲线（J–CURVE）

"J" 形曲线解释了为什么一国贸易差额在一次贬值之后马上恶化但随之改善。它是那段时间里一国贸易差额变化路径的理论形状（大致相当于字母“J”的形状），反映了进口量因价格上升而下降和出口量因价格下降而增加之前，进口价格的上升。其成因是这样一个事实：价格需要两到三个季度（6~9 个月）的时间才能对销售量产生影响，有先期订单因素、谈判因素，还有其他的时滞。

最后贷款人（LENDER OF LAST RESORT）

一个市场上的最后贷款人，承担在金融危机期间提供流动性（信用）的责任。有中央银行之前，紧急信贷经常由私人大银行提供，后者不像中央银行，不能为整个系统创造货币和流动性。在现代国民经济中，最后贷款人的功能由政府的中央银行实现。国际上，其传统上被模糊地视为超级大国的责任（如果有超级大国的话），近年来则是国际货币基金组织通过向其他国家提供官方信贷或保持其货币市场开放来避免危机。经济学家普遍认可一个最后贷款人在任何市场的金融危机中的不可或缺性。

火车头战略（LOCOMOTIVE STRATEGY）

火车头战略是针对 1973—1974 年第一次石油冲击后疲弱的世界经济增长（即滞涨）的应对策略，1977 年伦敦首脑峰会和 1978 年波恩首脑峰会后，主要经济大国跟随实施。德国和日本，通胀稳定、增长速度低，通过刺激其经济增长，为世界经济充当“火车头”；理论上说，它们的繁荣将通过国际贸易和投资的增加向世界扩展。

货币供应量（MONEY SUPPLY）

一个经济体中的货币数量，由中央银行根据其对诸如经济增长和通胀等经济变量的影响来控制。一些总计指标，标注为 M1、M2 等，被用于定义从现金和支票账户到低流动性存款比如存单这样宽的范围。

道德风险（MORAL HAZARD）

因为采取旨在降低风险行为负面后果的措施导致这种行为更可能发生而引发的两难。比如，允许一国打折清偿坏账，会形成一种激励，该国将以债权人为代价通过进一步降低价值的行动方式，更多地降低其债务负担。

尼克松冲击/震荡（NIXON SHOCKS）

1971年夏天有两次尼克松冲击（日本称为“Nixon Shokku”）。7月15日，尼克松总统向世界宣布，他将访问中华人民共和国，扭转了美国自1949年后实施了近20年的孤立中国政策。8月15日，尼克松中止了美元对黄金的可兑换，征收10%的进口附加税，为当年12月的史密森会议做准备。这些政策上的剧烈逆转特别冲击了日本，两次都是直接影响。

客观指标（OBJECTIVE INDICATORS）

用于决定经济政策调整需要的具体经济指标。这类指标的一种形式在美国20世纪70年代初的改革建议里显得突出；另一种形式在1986年5月东京首脑峰会上获得同意。美国财政部长詹姆斯·贝克的最初建议里要求，如果这些客观性指标显示一个失衡，这些国家要适当地调整其政策。真正采用的体系，包括如经济增长率、汇率、利率和财政赤字这些指标，对各国行为几乎没有影响力。

冲抵/弥补（OFFSETS）

20世纪60年代，多种方式被用于掩饰美国的国际收支逆差。美国官方海外开支，如在德国驻军费用，增加了外国的美元储备，而对美国是借记经常项目。购买美国军用物资、外国支付的基地建设费和重回美国的基金的一些投资，“弥补”了美国国际收支的损失。只要外国政府购买证券的到期时间在一年以上，即被视为长期资本流动，而不是美元储备，国际收支数字不会受到负面影响。弥补融资的一个重要来源，是德国对美、英在当地驻军以对抗苏联进攻花费的贡献。

改革纲要（OUTLINE FOR REFORM）

改革纲要是二十国委员会的最后工作文件，部分建立在美国财政部1972年的一个建议基础上。该委员会力图通过使汇率体系更灵活、对冲击免疫以改革平价（固定汇率）体系。

平价（PARITIES）

“平价”一词用于维持布雷顿森林体系下的固定汇率责任，直到1971年。除美国之外，平价通常按美元设定。

循环回流（RECYCLING）

1973—1974 年第一次石油冲击后，石油生产国的外汇储备明显增加。回流问题是如何将这些储备转换成满足石油消费国融资需要的形式。

尽管发达国家讨论过一个公共机构在循环回流中发挥作用的可能性，最终回流是通过私人部门的活动进行的，尤其是通过辛迪加欧洲货币贷款向发展中国家回流。

参考范围（REFERENCE RANGES）

一个用于暗示货币目标区（见后面的词条）的一个更灵活形式的词。该范围无须公开，各国也没有太多责任去干预市场以维持它们。

储备资产、储备货币（RESERVE ASSETS，RESERVE CURRENCY）

一种储备资产或货币，是由一国中央银行持有、支持其对外支付能力并维持本国货币价值的资产或货币。在 20 世纪 50 年代和 60 年代期间，美元和黄金是发挥这种作用的主要资产，尽管英镑和自国际货币基金组织提款的权利很重要。在 70 年代和 80 年代，有一个使用德国马克、日元和有限度的特别提款权的趋势。虽然许多中央银行把黄金放在它们的金库里，但很少使用，美元仍是主要的储备货币。

储备指标（RESERVE INDICATORS）

储备指标是美国谈判人员在 1972 年二十国委员会上建议的客观性指标的一个内容。这个建议里，储备变动标志着根本性失衡，需要相对自动地实施调整政策。

特别提款权（SPECIAL DRAWING RIGHT, SDR）

SDR，由一篮子主要货币定值，由国际货币基金组织于 1970 年创立，意在处理特里芬难题（见后面词条）。它是为了作为补充性储备资产和国际流动性的来源，从而减轻美元的压力。在各国的外汇储备中，它没有发挥作为美元主要替代物的作用，尽管其有时被用于提供必要的流动性，特别是被发展中国家使用。

英镑区（STERLING AREA）

第二次世界大战刚结束，很多英国前殖民地，例如澳大利亚和印度，使用英镑作为它们的主要储备货币。作为美元在世界其他地区首要地位的结果，英镑区的范围逐渐缩小，但它仍是英国在 20 世纪 60 年代不愿使英镑贬值的一个因素。英镑贬值后，英镑在各国储备中的比例急剧下降。

根据协议且由于英国经济的疲弱，到 70 年代，英镑很大程度上逐步退出储备货币行列。

替代账户（SUBSTITUTION ACCOUNT）

一个允许各国将外国货币储备转换成特别提款权的提议。支持者希望，这种替代既能稳定汇率，又能强化多边控制的特别提款权的作用。

货币互换协议（SWAP AGREEMENT）

在一个官方的货币互换协议里，一国中央银行同意，提供一定数量本国货币给另一国中央银行，以换取同等数量的后一国货币。有代表性的是，强货币将被提取用于干预市场，以支持弱货币。当弱货币脱离压力且其储备重建后，资金归还，这样互换就结束了。协议通常包括补偿任何货币价值变动的保证。

目标区（TARGET ZONES）

目标区是一个稳定浮动汇率的计划。各国确定区域范围，货币在区域内的波动将被视为可接受的，如果汇率波动超出那些限制，各国当局将在市场上干预或采取如提高利率等其他措施以稳定货币。

特里芬难题（TRIFFIN DILEMMA）

20 世纪 60 年代初期，特里芬，一个出生于比利时的经济学家、耶鲁大学的教授，发现了布雷顿森林体系的固定汇率体制因美元的角色而存在的一个致命性矛盾：美国持续的国际收支逆差是为世界流动性提供美元所必要的，但这些逆差将破坏对美元的信心。创立特别提款权是规避这个难题的一个尝试。

双轨黄金市场（TWO–TIER GOLD MARKET）

为对 1968 年的一个货币换黄金大潮做出反应，黄金总库被解散，且主要经济大国停止为私人买家把货币换成黄金。在发展起来的双轨制里，私人买卖双方在没有官方干预的市场中操作，而理论上，官方黄金持有者相互之间可以按官方价格，或平价，买卖黄金。私人黄金价格上升，官方则几乎没有买卖。

第三工作小组（WORKING PARTY THREE, WP3）

经济合作和发展组织中几个工作组之一（虽然是唯一保密的），是经济政策委员会的附属委员会。在 20 世纪 60 年代，它定期监督成员国的经济政策，使其与维持固定汇率制度的需要保持一致。第三工作小组今天作为财经官员之间的一个工作沟通渠道。

1944—1989 年国际货币关系年表

1944 年

7 月 22 日：在盟国决定战后货币体系的一个会议后，在新罕布什尔州的布雷顿森林，国际货币基金组织和国际复兴开发银行的协议条款正式通过。45 个国家参与。

1945 年

5 月 8 日：欧洲战场战争结束。

9 月 1 日：美国停止租借援助。

9 月 2 日：日本正式投降。

12 月 27 日：国际货币基金组织协议条款生效；基金组织和世界银行在华盛顿特区开门办公。除了一个过渡期，协定宣布歧视性货币行为和汇兑限制为非法。协定条款要求汇率被固定。美国表态将根据外国政府的要求，继续其战前按 35 美元 / 盎司黄金价格将黄金兑换成美元的政策，但没有将这项义务写进协定条款。

1946 年

7 月 15 日：盎格鲁——美洲贷款协定被批准，给英国提供了 37.5 亿美元的贷款，条件是英镑可以兑换成其他货币。

1947 年

3 月 12 日：杜鲁门总统向国会要求 4 亿美元特别援助提供给希腊和土耳其，此前为其他国家要求了 3.5 亿美元。在英国告诉美国其不能继续负担传统的势力范围后，美国就此承担起西方领导者身份。

6 月 5 日：国务卿乔治 · 马歇尔在哈佛大学一个毕业演说中提出欧洲复兴计划（马歇尔计划）。

7 月 15 日：英国恢复英镑可兑换。在不到一个月的时间里，33.5 亿美元，或几乎是美国给予的全部贷款，逃离这个国家。可兑换于 8 月 20 日被中止。

1948 年

6 月 28 日：杜鲁门总统签署了一项拨款法案，欧洲复兴计划初始资金 40 亿美元、其他外国援助 20 亿美元，大多用于盟军占领部队在欧洲控制区域内的管理和救助。希腊和土耳其的军事援助计划获得 2.25 亿美元，中国 4 亿美元。

1949 年

9 月 18—29 日：欧洲国家的汇率对美元贬值，贬值幅度从英镑的 30.5% 到比利时法郎的 12.3%。很多非欧洲国家也贬值。

1950 年

9 月 19 日：建立欧洲支付联盟（EPU）的协议签署，时间溯至 7 月 1 日，允许欧洲复兴计划援助的接受国，通过多边清算制度、使用其本国货币在它们之间清算，不使用稀缺的美元。

1952 年

8 月 13 日：日本加入国际货币基金组织。

1956 年

10 月 17 日：国际货币基金组织向法国发放了 2.63 亿美元的备用贷款。

10 月 29 日：以色列入侵埃及。两天后，法国、英国共同行动，也入侵并占领苏伊士运河，此前苏伊士运河已被甘摩尔 · 阿布代尔 · 纳塞尔总统国有化。艾森豪威尔总统打电话给安东尼 · 艾登——他在第二次世界大战期间的同行、现在的英国首相——警告他说英国将收不到一点儿来自美国的资金援助，除非英国撤军。哈罗德 · 麦克米兰，财政大臣，警告艾登，英国没有金融资源，撑不下去了。

11 月 7 日：英、法宣布苏伊士撤军。

12 月 22 日：英国从国际货币基金组织借款 5.61 亿美元，并得到了 7.39 亿美元的备用贷款。

1957 年

3 月 25 日：法国、联邦德国、比利时、荷兰、卢森堡和意大利就罗马条约达成协议，建立了欧洲经济共同体，这个劳动力可自由流动的商品及服务共同市场，在十多年内逐步形成。英国拒绝参加在意大利麦西纳召开的成立会议，旁观会议召开。

1958 年

12 月 27 日：10 个欧洲国家（比利时、英国、丹麦、法国、联邦德国、意大利、卢森堡、荷兰、挪威和瑞典）恢复非居民的货币可兑换，解散欧洲支付联盟。其他 5 个欧洲国家（奥地利、芬兰、希腊、爱尔兰和葡萄牙）随后也这样做。

1959 年

9 月 9 日：国际货币基金组织实施第一次普遍增资。份额增加 50%，国际货币基金组织的可贷资金扩大到 140 亿美元。

1960 年

10 月：第一次黄金危机。伦敦交易所的金价冲破 35 美元附近的窄幅波动范围，并在 10 月 20 日触及 40 美元，随后回落。这引发了一波对美元的投机。为稳定价格，主要国家政府卖出了大量黄金。

10 月 31 日：总统候选人约翰 · F. 肯尼迪宣布："如果当选总统，我不会在目前水平贬值美元。"

11 月：8 个国家（比利时、英国、法国、意大利、荷兰、瑞士、德国和美国）开始在伦敦市场卖出黄金。一年后，它们建立了伦敦黄金总库稳定金价。

11 月 16 日：艾森豪威尔总统发布制定措施的指令，通过削减美国海外支出 10 亿美元、减少海外军属以及将美国对外援助同美国国内采购相联系等措施，以减少美国国际收支逆差。

1961 年

2 月 6 日：肯尼迪政府的一份国际收支报告，表达了提高国际机构促进国际储备增长的能力的兴趣，但没有涉及汇率、对外投资或海外军事承诺这些主要政策的改变。

2 月 15 日：9 个西欧国家接受了国际货币基金组织第八条款的义务，使得所有主要货币可兑换。

3 月 6—7 日：联邦德国和荷兰将其货币升值 5%。

3 月：美国开始在外汇市场实施干预以稳定美元。

9 月 30 日：经济合作与发展组织——马歇尔计划协调组织的接替者——在巴黎正式成立。

1962 年

1 月 5 日：部分因为担心美国可能需要从国际货币基金组织借款，后者的资金由十国通过借款总安排给予了补充。这些主要金融大国变成了货币改革讨论的主要论坛，即十国集团。参与国及其各自信贷承诺：美国，20 亿美元；联邦德国，10 亿美元；英国，10 亿美元；法国，5.5 亿美元；意大利，5.5 亿美元；日本，2.5 亿美元；加拿大，2 亿美元；荷兰，2 亿美元；比利时，1.5 亿美元；以及瑞典 1 亿美元。借款总安排在 10 月 24 日生效。

2 月 13 日：通过建立一个互换网络，即与其他中央银行之间的短期协议——该协议提供为应对货币压力几乎可以马上提取的短期信贷额度，美联储接受外币操作程序。

1963 年

7 月 15 日：宣布对美国资本流出的行政性限制。

7 月 16 日：投票以 4：3 的微弱多数通过，美联储将贴现率从 3% 提高到 3.5% 以阻止美元外流。

7 月 18 日：肯尼迪政府提议利息平衡税（1964 年 9 月 2 日通过），对美国资本市场上 3 年期以上证券的外国借款人，实际增加 1% 的利率。

这些措施在 1965 年扩大到银行贷款，在 1967 年被加强，当时税率提高 1.5%。最终于 1974 年 1 月 29 日被取消。

1963 年 10 月至 1964 年 6 月：十国集团的财政部长和中央银行行长，对国际货币体系及其未来流动性需求进行了 9 个月的研究。罗伯特·鲁萨，美国财政部负责货币事务的副部长，被任命为该组织主席。

1964 年

6 月 30 日：普林斯顿弗里茨·马克卢普带领下的 32 名经济学家国际研究组（时称 Bellagio 小组）完成了其报告——国际货币协定：选择的问题。倡导更灵活的汇率和储备创造改革，同时警告由一个突发的、大规模的货币储备兑换黄金要求而引起的不稳定。

10 月 16 日：英国工党政府的当选引起金融领域广泛的不安。英镑出现挤兑。

10 月 17 日，新的工党政府决定抵制英镑贬值。

10 月 26 日，政府对进口制成品征收 15% 的附加税。

11 月 20 日，英国自借款总安排借款 10 亿美元，该工具第一次使用。

11 月 23 日，英格兰银行将银行利率从 5% 提高到 7%。

11 月 25 日，英国从主要金融大国和国际清算银行获得 30 亿美元的信贷。投机退去。

1965 年

1 月 4 日：法国，已经在一个月之内将 3500 万美元兑换成黄金，宣布今后法兰西银行将把该国国际收支盈余积累的全部新美元余额都兑换成黄金。

2 月 4 日：戴高乐总统批评美国在现行货币体系下被允许用本国货币结算对外账户的“过度特权”，表现出了赞成重回完全金本位。

2 月 10 日：约翰逊政府宣布，通过对银行境外放款和公司海外投资实施限制等进一步的措施，以抑制资本外流。它还要求美国的银行和公司

“主动”限制对海外提供借款。

7 月 10 日：财政部长亨利·福勒在弗吉尼亚温泉的一次演说中，提议召开一次国际货币会议，改革一些安排以增加国际流动性。其他主要金融大国不赞成这一建议，但谈判却在十国集团的论坛中开始了。

12 月 6 日：联邦储备委员会，对因未公布的越战开支增长导致的经济过热做出反应，不顾约翰逊总统反对，紧缩货币政策且把贴现率从 4% 提高到 4.5%。

1966 年

1 月 20 日：宣称其复兴被海员罢工“吹离了航线”的英国政府，宣布了一个极端的紧缩计划。

9 月 13 日：美联储和其他国家中央银行提高了它们对英格兰银行的信贷额度。

1967 年

1 月 10 日：约翰逊总统终于要求征收一个 6% 的临时所得税，以帮助支付越南战争费用。

3 月：在联邦银行总裁卡尔·布利辛给美联储主席的一封信里，德国正式同意不从美国购买黄金。该信于 5 月 2 日公开。

8 月 3 日：最终屈服于越南战争开支引发通胀的担心，约翰逊总统要求将所得附加税提高到 10%。

11 月 14 日：英国政府宣布 10 月贸易逆差 1.07 亿英镑（约合 3 亿美元），是有记录的最大月度数据。

11 月 18 日：英镑对美元贬值 14.3%。约翰逊总统宣布 35 美元 / 盎司黄金将不会改变。市场传言 7 家中央银行还在提供黄金的伦敦黄金总库将要瓦解。私人黄金抢购潮出现。法国随后脱离黄金总库。

11 月 26 日：黄金总库中积极成员国的中央银行行长在法兰克福开会，同意黄金总库继续销售黄金并支持现行汇率模式。

1968 年

1 月 1 日：约翰逊政府宣布了一项重要的新国际收支计划，包括对公司使用在美国筹措的美元去支持在发达国家直接投资进行强行管制。

3 月 15 日：美联储理事谢尔曼 · 梅塞尔私下里提出，欧洲应被施压允许美元相对其货币贬值，如果他们拒绝，美国应停止卖出黄金并结束对汇率的支持。建议未获通过，梅塞尔留下了备忘录，当时美联储授权增加 28 亿美元的互换信贷，且借入 85 亿美元的外币来捍卫美元。

3 月 16—17 日：黄金总库剩下的 7 个成员国（美国、意大利、联邦德国、英国、荷兰、比利时和瑞士）同意停止在私人市场上出售黄金，这导致双轨黄金市场出现，自由市场价格可以高过政府间价格。美国重申，它时刻准备着按 35 美元 / 盎司的价格，用黄金从其他国家政府买入美元，但大多数政府限制了它们的兑换，因为它们担心这种要求将导致可兑换的终结。

6 月 18 日：5 月学生运动之后，法国国际收支恶化，法国向美国和三个欧洲国家出售了 4 亿美元的黄金。

6 月 28 日：美国实施 10% 的所得附加税，对个人追溯到 4 月 1 日。

11 月 20—22 日：在波恩举行的一次紧张、高度公开的会议上，财政部长们，包括美国财政部长亨利 · 福勒，尝试法国、德国间汇率形成一个多边协商的变动。会议失败，戴高乐拒绝贬值，称其为“最荒谬的模式”，约翰逊总统支持戴高乐，德国人拒绝升值。

12 月 17 日：待任财政部长戴维 · M. 肯尼迪，在尼克松就职前的一份声明里，拒绝保证新任政府将放弃贬值的可能性。他说他想“对所有选择保持开放心态”。这影响了欧洲黄金市场。

1969 年

1 月 16 日：即将卸任的民主党总统的经济报告出现了美国官方第一次对浮动汇率可能性的讨论。

4 月 29 日：联邦德国财政部长弗朗兹 · 约瑟夫 · 施特劳斯公开建议，作为多边货币安排的一部分，德国可能升值马克。在接下来的两天里，联邦银行为稳定汇率买进了 40 亿美元。

4 月 9 日：德国内阁“永远”拒绝使马克升值。

5 月 12 日：德国采用新的资金流入管制，削减政府开支和收入，征收相当于出口税和进口补贴的“边境费”，并对外国存款实行一个 100% 的临时准备金要求。

7 月 28 日：国际货币基金组织协议第一次修正案生效，创设特别提款权。

8 月 8 日：没有预警也没有投机压力，法国法郎贬值 11.1%。

9 月 29 日：德国允许德国马克浮动。

10 月 24 日：德国选举之后，马克升值 9.3%，放松投机资金流入。联邦德国储备下降超过 50 亿美元，包括向美国出售的 5 亿美元黄金。

1970 年

8 月 15 日：尼克松总统签署了一个延长国防生产法案的命令，且该法令顺带越过反对者，给了他对工资、价格和租金实施控制的授权。

9 月 13 日：国际货币基金组织发表一份报告——《汇率在调节国际收支中的作用》——认为平价体系仍然是最好的制度，并承诺研究采用灵活性的方法。

1971 年

2 月 11 日：约翰 · B. 康纳利，得克萨斯州前民主党州长，宣誓出任尼克松政府财政部长（他于 1970 年 12 月 14 日被任命）。

4 月 26 日：联邦德国经济部部长席勒在欧共体财政部长汉堡会议上提议欧洲货币联合浮动。

5 月 5 日：联邦银行在第一小时内买进 10 亿美元，并暂停外汇市场上的官方操作。

5 月 8—9 日：欧共体财政部长在布鲁塞尔开会，再次拒绝联邦德国经济部部长卡尔 · 席勒联合浮动的提议。

5 月 9 日：奥地利先令升值 5%，瑞士法郎升值 7.1%。

5 月 10 日：联邦德国和荷兰让其货币浮动。

5 月 28 日：在慕尼黑举行的国际银行家会议上，康纳利指出，美国海外军事净开支远大于潜在的美国国际收支逆差，他宣布：“美国经济不再主导自由世界。友谊或需要或能力等的考虑，不再是让美国承担如此巨大比重共同负担的理由……我们不想贬值。我们不想改变黄金价格。”

6 月 4 日：日本宣布了一个“八点”计划，以降低其国际收支顺差，包括提高进口自由化、对不发达国家优惠关税、加快削减关税、促进对内对外资本投资、降低非关税壁垒、增加对外经济援助、检讨出口税激励以及实施“秩序化的市场”。该计划最终导致汽车主动配额和更灵活的财政、货币政策。

6 月 26 日：尼克松总统派康纳利参加一个新闻发布会宣布总统的“四不”政策：不减税、不增加联邦开支、不实行工资—价格管制以及不成立工资和价格审查委员会。

7 月底至 8 月初：尼克松和康纳利两人以及其他高级政府官员多次举行会议，设计暂停黄金可兑换的可能性。尼克松决定到 9 月国会复会再行动。

8 月 6 日：财政部宣布美国最近遭受了一个 10 亿多美元的储备下降。众议院国际汇兑和支付附属委员会，由议员亨利·罗伊斯领导，发布了其“逃不掉的结局”——美元必须贬值或黄金销售必须中止。

8 月 9—13 日：在这一周，37 亿美元经过兑换流入外国中央银行。保罗·沃尔克力促时间提前以保证有序公告的主动权。美联储费力地利用货币互换网络，为 4 家中央银行的部分美元收益提供贬值保护。挤兑美元兑换黄金正引起恐慌加剧。星期四，8 月 12 日，英格兰银行要求为其 30 亿美元的储备提供若干贬值保护。美联储使用了 22 亿美元的货币互换额度，包括为英格兰银行准备的 7.5 亿美元。

8 月 13—15 日：尼克松总统在戴维营召开了一个经济高官及白宫官员的秘密会议。康纳利勾勒了一个方案。美联储主席阿瑟·伯恩斯反对浮动美元和暂停可兑换。他建议派沃尔克就汇率调整同其他国家举行谈判。关于国际货币体系的长期改革没有讨论。

8 月 15 日：在他所称的新经济政策里，总统使用此前由国会给予的授权，冻结工资和物价。他要求国会削减开支，包括对外援助，并批准由政府部门提出的一个 10% 进口税。方案的核心是中止美元向黄金的兑换。康纳利邀请国际货币基金组织总裁皮埃尔–保罗·施魏策尔在其办公室收看总统电视讲话。8 月 15 日公告前，没有同基金组织进行过讨论。

8 月 16 日：除法国外，欧洲各国政府（宣布）关闭它们的外汇市场一周，事实上允许汇率浮动。日本没有暂停外汇交易，日本银行继续按日元的汇率买进美元，直到 8 月 28 日日元被允许向上浮动。美元贬值以前，日本公司和银行向日本银行抛出它们持有的大量美元。日本银行接了 45 亿美元，数量等于 1971 年前日本的所有储备库存。

8 月 19 日：法国在双轨基础上重开其外汇市场，浮动汇率用于资本交易、固定汇率用于贸易。所有其他欧洲货币是没有双轨制的浮动。各国央行分别干预以控制浮动幅度，尽管所有欧洲货币不同程度地上涨。

9 月 3—4 日：沃尔克在巴黎告诉十国集团代表，与毫不作为相比，美国寻求经常项目在 1972 年有 130 亿美元的转变。

9 月 15 日：十国集团财政部长在伦敦开会，但会议没有解决争议。

美联储主席伯恩斯当时邀请杰利·泽尔斯特拉，国际清算银行长兼荷兰中央银行行长，尝试一个秘密调解任务。康纳利拒绝同泽尔斯特拉合作。

11 月 30 日—12 月 1 日：在一个由康纳利主持的十国集团罗马会议上，沃尔克说，作为对提前做出——贸易让步、分担防务费用进度和美元对经济合作和发展组织国家货币平均贬值 11%——这些决定的回报，美国将取消附加税。美国暗示它可能让美元对黄金贬值 10%，这有助于重启谈判。

12 月 13—14 日：法、美两国在尼克松总统和蓬皮杜总统于亚速尔的一个会议上达成一项协议。法国同意法郎对美元升值 8.6%，美国同意把美元–黄金价格从 35 美元 / 盎司提高到 38 美元 / 盎司，蓬皮杜含蓄地同意不再坚持美元尽早恢复（对黄金）可兑换。

12 月 17—18 日：在华盛顿史密森学会的会议上，日本同意日元对美元升值 16.9%，联邦德国 13.6%，英国、法国各 8.6%，意大利 7.48%，荷兰 11.57%，瑞典 7.49%。布雷顿森林协议允许的货币浮动范围从 2% 扩大到 4.5%。加拿大，如它曾经威胁的，没有钉住汇率而是浮动。美国取消了进口附加税和投资税抵扣。不是最初要求的 11%，华盛顿实现了对所有经济合作和发展组织国家货币平均贬值约 8%。可兑换没有恢复，38 美元被确认为新价格，很多评论家认为，美国不会按此价格出售黄金。

1972 年

3 月 7 日：欧洲经济共同体国家决定缩小它们货币相互间的浮动范围到 2.25%，以形成欧共体的“蛇”。

3 月 15 日：康纳利在对外关系委员会的一次演说中，呼吁成立二十国委员会。他在演讲中否认他是“精心建设的国际金融领域的一个暴徒”。

3 月 16 日：乔治·舒尔茨接替约翰·康纳利出任财政部长。

6 月 23 日：在 6 天内损失 25 亿美元储备之后，英国脱离欧共体的蛇形机制，单独浮动。

6 月 26 日：在关闭其外汇市场后，欧共体国家的财政部长们决定维持蛇形浮动机制但允许意大利干预。丹麦撤出了蛇形机制。

6 月 28 日—7 月 14 日：欧洲各国中央银行和日本银行买进 60 亿美元以维持史密森汇率。

6 月 29 日：联邦德国政府，不顾经济部部长卡尔·席勒的反对，禁止德国债券出售给外国人以缓解马克升值压力。

7 月 2 日：席勒辞职，后由赫尔穆特·施密特接任。

7 月 19 日：1971 年 8 月 15 日以来，美联储第一次在外汇市场上进行操作。

9 月 26 日：财政部长舒尔茨在国际货币基金组织年会上提出了一个美国对国际货币改革建议的大纲，即沃尔克计划。这形成了二十国委员会讨论的基础。它是一个使平价体系更灵活的尝试，并提倡一个对称性的调整体系。

11 月 27 日：在一个华盛顿会议上，二十国委员会开始对新货币体系进行研究。

1973 年

1 月 1 日：英国、丹麦和爱尔兰成为欧共体的正式成员。

2 月 11 日：尼克松政府终止强制性的价格——工资管制，开始了一个更主动的反通货膨胀方法。

2 月 6 日：联邦德国财政部长施密特排除德国马克升值的可能性，指责美元疲弱要对危机负责。在 2 月 5—9 日的这一周，联邦银行买进 50 多亿美元试图稳定汇率。

2 月 7 日：副部长沃尔克开始了一个 5 天 31000 英里的旅程，到主要国家首都谈判美元第二次贬值。

2 月 12 日：美国宣布美元贬值 10%。黄金价格上涨。日元浮动并很快上涨。

3 月 1 日：欧洲国家的中央银行购买 36 亿美元并关闭外汇市场两周。

3 月 11 日：欧共体部长们宣布 6 国货币的一个联合浮动，英国、意大利和爱尔兰单独浮动。德国马克对其他欧洲货币升值 3%。

3 月 16 日：十国集团财政部长同意汇率浮动。中央银行之间的互换协议规模扩大。瑞典和挪威将其货币与欧共体的蛇形浮动建立联系。

3 月 19 日：外汇市场重开，美元稳定。

3 月 25 日：一个二十国委员会的部长会议之后，法国、德国和英国财政部长应财政部长舒尔茨的邀请在白宫图书馆开会。他们随之被称为图书馆集团，后来是五国集团（增加了日本之后）。

10 月 6 日：阿拉伯国家对以色列发起赎罪日战争（斋月战争）。

10 月 16 日：石油输出国组织将原油价格提高 70%，从 3.01 美元 / 桶提到 5.12 美元 / 桶。

10 月 20 日：石油输出国组织对美国实施石油禁运，后来对荷兰也实施了石油禁运。石油公司控制油轮以确保稳定供应。

11 月 12 日：中央银行行长们在巴塞尔开会，结束了黄金市场双轨制。

12 月 23 日：油价再次上涨，几乎四倍于 10 月初的水平——11.65 美元桶。这迫使汇率继续浮动。

1974 年

1 月 29 日：美国结束资本管制。美元开始下跌。

1 月 30 日：联邦德国放松对资本流入管制。

2 月 11 日：华盛顿能源会议试图成立一个西方石油消费国阵线以对抗石油输出国组织。法国拒绝参加新的国际能源机构，该机构从西方石油公司收集石油市场数据。

3 月：美联储紧缩货币政策。

5 月 14 日：美联储、瑞士中央银行和联邦银行的代表同意干预市场支持美元。

6 月 14 日：二十国委员会完成"改革的最终纲要"，主要内容是：（1）在可调整的平价基础上的对称的调整程序规则；（2）官方管制在处理资本流动时的合作；（3）处理国际收支失衡时有限的黄金可兑换；（4）重点于特别提款权的全球流动性的国际管理；（5）调整、可兑换和全球流动性之间的协调；（6）推动资源净流向欠发达国家。这个复杂的协议被石油危机和后续的世界经济不稳定淹没，从来没有实施过。

10 月 3 日：国际货币基金组织新的临时委员会，成员基于二十国委员会，举行第一次会议。主题是石油美元回流。法国和比利时（不成功地）呼吁稳定的汇率。

1975 年

11 月 15 日：第一次经济峰会，在巴黎西南部的朗布依埃城堡举行。这次会议同意法、美提前达成的修改国际货币基金组织第四条款使浮动汇率合法化的谅解。按照新的条款内容，以正在兴起的欧洲货币蛇形机制为模式，从浮动到更固定体系的可能安排范围内，基金组织成员有义务施行有助于货币稳定的经济政策。

五国，加上意大利，同时同意干预市场，以熨平不是由基本经济因素引起的汇率不稳定波动。为此建立了一个详细的磋商制度，据此中央银行每天沟通，财政部长则每季度开一次会。

1976 年

1 月 8 日：国际货币基金组织临时委员会，在牙买加的金斯顿开会，完成了一项临时货币改革方案，同意增加工业国家和石油输出国组织国家在基金组织的份额、同意一个使浮动汇率合法化的新汇率体系。基金组织有 1/3 的黄金于几年时间内在私人市场出售，1/6 按成员国实缴资本中的黄金比例返还各成员。另外 1/6 将划入一个信托基金——一个为欠发达国家（LDCs）设立的中期贷款安排。这样操作的原因是黄金已上涨到以前固定价格时的 5 倍，在方便地兑现这些浮盈，帮助欠发达国家的同时，一些国家看到它们自己那些吊人胃口的资本利得。

6 月 27—28 日：波多黎各首脑峰会。福特总统强调需要谨慎的财政和货币政策以抑制通胀复活。峰会同意美国和德国正在实施的紧缩政策，扭转了前一年实施的刺激做法。在一个选举年，福特把这一做法作为其政府经济政策的一个背书。

10 月 4—8 日：在马尼拉的国际货币基金组织年会上，总裁 H. 约翰尼斯 · 威特埃文呼吁各国对高油价导致的国际收支问题实施更大的调整，而不是依赖融资规避调整压力。

1977 年

1 月 25 日：卡特总统派副总统蒙代尔访问盟国首都，目的是告诉更强经济体，在他看来加快增长和减少其国际收支顺差是他们的国际责任。在波恩，总理施密特贬损了一通这个建议，然后拒绝了。（七国集团国家的增长率从 1976 年上半年的年均 5.9% 下降到下半年的 3.4%，远超过期望对抗第一次石油价格冲击引发的全球通胀影响所需要的速度。三边委员会、布鲁金斯学会和其他机构中的自由派成员，呼吁德国和日本充当“火车头”的角色以帮助刺激世界经济。）

2 月 2 日：新上任的卡特政府宣布了一个 300 亿美元的国内刺激计划，同时呼吁德国和日本跟进。

5 月 7—8 日：伦敦经济峰会。德国和日本确认，它们将允许其货币向上浮动，如果那证明对减少其贸易顺差是必要的。德国成功地在最后的公报中加入这一表述："通货膨胀不减少失业。相反，它是造成失业的主要原因之一。"峰会国家承诺将经济增长作为目标，但公报中没有具体数字。

5 月 25 日：美国财政部长 W. 迈克尔·布卢门撒尔，在一系列被普遍解读为力图打压美元的言论中第一个断言，德国和日本已同意不再为其货币升值而对抗市场压力。

11 月 28 日：首相福田改组日本内阁，吸收了几个扩张主义者，并安排牛场信彦——担任了特别设置的对外经济事务大臣职务——寻求与美国达成谅解，后者希望更多的国内刺激措施。

1978 年

1 月 4 日：美国财政部和美联储发表了一个联合声明——将动用 47 亿美元的财政部外汇平准基金和 202 亿美元的中央银行互换信贷以支持美元。联邦银行也公告了一个平准基金的信贷额度。

1 月 13 日：牛场信彦，日本对外经济事务大臣，和罗伯特·施特劳斯，美国特别贸易谈判代表，就日本 1978 年经济增长 7% 的目标达成一项正式协议。作为回报，美国原则上保证减少石油进口、控制通货膨胀。

4 月 7—8 日：鉴于欧洲理事会原则上同意旨在加速欧洲复兴的"协调行动"的一揽子计划，欧洲共同体政府首脑召开了其常规首脑峰会。这使得德国的更快增长又加入了欧洲的压力。本次会议上，法国和德国也就新的欧洲货币体系提出了他们的建议。

4 月 11 日：卡特总统宣布了一项反通胀计划，意味着来自美国的世界经济动力将减少，同时暗示需要更多来自德国和日本的刺激因素。

6 月 22 日：卡特总统告诉部分国会议员，如果参议院继续拖延他的立法提议，他行政上准备好征收石油进口附加税。卡特派参议院多数党领袖罗伯特·伯德去波恩，向德国政府保证总统将仍有能力推行其能源计划。

7 月 16—17 日：波恩峰会。德国方面同意"向立法机构建议规模达到国民生产总值 1% 的追加的和数量上足够的措施，以实现需求极其强劲和高速度增长”。法国同意将其1978年预算赤字比此前规划提高100亿法郎。美国承诺，“各种措施年底都将生效，那将导致1985年的石油进口每天可以减少大约250万桶”，并且“到1980年年底在美国支付的石油价格将提高到世界水平”。

（部分作为峰会承诺的结果，七国集团国家的政策在1978年是扩张的。这与下一年发生的第二次石油冲击冲突。1978年后，全球通胀率蹿升，并在1980年达到15.7%的年度峰值，从未有过的严峻衰退随之而来。在德国和日本，波恩峰会上的宏观协调逐渐被看作一个高成本的错误，尽管在1979年第二次石油冲击时，两国都没有实行特殊刺激赤字政策。）

9月3日：日本实施了一项追加公共工程计划（到当年年底，日本的经济增长率低于福田的7%目标1个百分点，虽然国内需求表现不俗）。

10月15日：美国国会通过了卡特能源计划的一个弱化版本。审议事项没有包括解除价格管制，卡特因此被迫诉诸行政行动。解除管制的生效日期被一直拖到1980年总统选举之后。（在1973年至1978年间，欧共体国家把石油输出国组织价格提高转移给了消费者，这引发了能源节约并减少了近10%的石油进口量。同一时期，尽管价格上升了，美国石油进口量增加了近1/3。）

11月1日：美国实行急剧收紧货币政策，且合并推出一揽子计划支持美元。在10月按贸易加权下跌6.5%后，美元在头几天对德国马克反弹7%、对日元反弹6%。

12月17日：由于伊朗革命每天减少石油供应量多达500万桶，石油输出国组织国家开始将油价提高14.5%。

1979年

3月13日：欧洲货币体系和欧洲货币单位正式启动。

3月27日：石油输出国组织把基础油价提高了9%，达14.54美元/桶，同时允许成员国根据他们认为的市场承受力再加价。

6月28—29日：东京峰会。因为第二次石油冲击已将日本的巨额对外盈余变成了赤字，日本逃开了批评。没有重大的货币协议产生。就各国到1985年的石油进口数字目标达成了协议。

8月6日：保罗·沃尔克宣誓就任美国联邦储备委员会理事会主席。

10月6日：在一份少有的“星期六声明”里，沃尔克主席宣布，在控制美国信用总量的过程中，美联储今后将把报告货币供应总规模而不是利率作为目标。

1980年

1月21日：因苏联入侵阿富汗引起的东西方冲突担忧，把纽约黄金价格推到了一个记录高位——875美元/盎司，收盘价是830美元/盎司；伦敦最高价是852美元/盎司，收盘价是850美元/盎司。

3月14日：卡特宣布了一个严厉的反通胀计划，包括预算削减和控制消费者信贷。公众踊跃地配合削减开支。衰退就来了。

6月21—23日：威尼斯峰会。七国从增长战略转向，它们的首要任务变成对抗通胀，同时节约使用石油。赫尔穆特·施密特表达对国际银行借贷趋势进行关注，并称赞银行存款的“安全网”观念，但没有采取任何行动。

7月2日：美联储正式结束信贷管制计划，其已于5月底前逐步停止。但中央银行通过限制货币供应量，继续对经济实施其反通胀压力，到年底，商业借贷利率超过20%。

9月28日：为了帮助应对第二次石油冲击的调整进行融资，国际货币基金组织临时委员会同意，允许成员国在三年内每年提取高至其份额两倍的资金，累积总额是其份额的6倍。

1981年

1月：贝里尔·斯普林克尔，新任里根政府财政部副部长，通过报纸报道透露，美国今后将对美元汇率采取不干涉政策，同时，除非在特殊的环境下，也不再干预世界货币市场。同时，美元在6个月的时间里，已经从其此前疲弱的水平反弹了20%，原因是美国高利率的吸引。

1月28日：美国取消石油价格管制。

3月30日：罗纳德·里根总统遇刺，受重伤。财政部指示美联储在外汇市场进行干预。

4 月 17 日：财政部长唐纳德·里甘正式宣布，美国将不再对外汇市场进行干预，除非在紧急状态下，如总统遇刺。在接下来的几个月里，该政策被德国、英国、日本和国际清算银行的官员批评。

7 月 20—22 日：渥太华峰会。加拿大总统皮尔·特鲁多、意大利总理乔瓦尼·斯巴多利尼、法国总统弗朗索瓦·密特朗和联邦德国总理赫尔穆特·施密特均尖锐批评美国的高利率。施密特称他们给德国带来了“自耶稣诞生以来最高的实际利率”。只有英国首相玛格利特·撒切尔为里根政策辩护。财政部长里甘宣称峰会要求美国“在方向上不变”。

1982 年

1 月：美国预算预计出现创纪录的赤字。利率和美元汇率急剧迅速上升。杰弗里·豪，英国财政大臣，主张“向美国明确表明我们对其预期预算赤字水平及后者对全球利率影响的担忧”。

4 月 24—25 日：凡尔赛峰会预备会议。副部长斯普林克尔和法国财政部司长康德苏[①]有一次激烈争论。斯普林克尔呼吁，主要经济体间的政策协调一致，是避免主要货币间不稳定关系的唯一途径。他认为，通过严控货币增长，干预解除了各国控制其国内通胀的压力。斯普林克尔和康德苏同意，对过去稳定汇率的干预效果进行一次联合研究。按照美国的促进贸易伙伴间政策趋同的做法，五国集团财政部长同意定期与国际货币基金组织总裁会晤，以实施对这些国家经济政策的“多边监督”。

6 月 4—6 日：凡尔赛峰会努力达成一个协议，接纳了美国要求的欧洲控制其同苏联及东欧的商业往来；和欧洲，尤其是法国要求的美国在外汇市场上配合稳定美元汇率。会议委托法国负责国际事务的财政部副司长菲利普·杰根森主持的一组官员完成一份货币干预效果的报告。首脑峰会同意预备会上达成的“多边监督”机制。欧洲国家同意限制其对社会主义国家的信贷。

① 后担任国际货币基金组织总裁。

对公报的解读当时就是矛盾的。法国总统弗朗索瓦·密特朗，高度评价协议是开启了“国际货币体系改革”。财政部长里甘暗示说密特朗“没有看那些小字”，并将美国的立场表述为“完全没变化”。德国财政部部长曼弗雷德·莱恩斯泰恩回到波恩后说，“我们将和往常一样继续同东欧国家及苏联合作”。

6 月 18 日：里根政府谴责欧洲国家没有履行其限制东西方贸易的承诺之余，威胁对向将苏联天然气输送到西欧的大型东西管道项目提供物资的美国公司海外机构实施制裁。欧洲国家被激怒了，包括英国首相撒切尔。

7 月 19 日：美联储投票放松其紧缩的货币政策，利率开始了持续近一年的下降。贴现率从 12% 降到 11.5%。

8 月 12 日：墨西哥财政部长，赫苏斯·席尔瓦·埃尔索格，通知财政部长里甘、美联储主席沃尔克和 IMF 执行总裁雅克·德拉罗西埃——墨西哥在债务到期日 即 8 月 15 日不能还款。

8 月 15 日：美国给墨西哥提供了总计 20 亿美元的粮食贷款，以及未来购买石油的预付款。IMF、国际清算银行和一些商业银行发起了一个追加融资的救助计划。

8 月 23 日：商业银行顾问委员会同意给予墨西哥一个 90 天的本金偿还延期。

9 月 7 日：墨西哥在纽约的银行分行发生严重挤兑，迫使美联储从国际清算银行的垫款中提出 7000 万美元给墨西哥。

11 月 10 日：在一份为获得国际货币基金组织 13 亿美元的协议里，墨西哥政府同意削减其赤字，从估计占 1981 年国内生产总值的 16.5% 降为 1983 年的 8.5%；通货膨胀降低约一半到 1983 年的 55%；减少国外借款，从 1981 年的 200 亿美元减少到 1983 年的 50 亿美元；同时减少国内补贴和工资增长。

11 月 16 日：在一个同主要债权银行召开的会议上，国际货币基金组织总裁雅克·德拉罗西埃告诉他们，基金组织给墨西哥的贷款，将依靠这些债权银行于 12 月 15 日前新贷出 50 亿美元。当晚，沃尔克表示放松对新贷款的管制。

12 月 1 日：日本允许日本的机构投资者投资海外。

（墨西哥）总统米格尔·德拉马德里就职。新政府承诺遵守国际货币基金组织的条件，并开始就新贷款的条件和 200 亿美元旧贷款偿还的重新安排同商业银行谈判。同这些银行的协议在 12 月 8 日达成。

12 月 23 日：德拉罗西埃宣布一个“临界规模”的必需新资金已经筹集好，其中包括来自 5 个主要工业国家出口机构 20 亿美元的追加贷款。

1983 年

4 月 18 日：在给里根总统的一份备忘录中，戴维·斯托克曼，管理和预算办公室主任警告，在现行政策下，美国面临每年 2000 亿美元的财政赤字，“一眼望不到边”。

4 月 27 日：沃尔克主席表示支持干预汇率，“当汇率看上去明显有问题时”。

4 月 29 日：外汇市场干预工作组报告，即《杰根森报告》出版，发现干预对货币价值影响有限。报告发现，冲销干预有短期效果；长期影响需要国内政策的调整。

5 月 28—30 日：威廉姆斯伯格峰会。美国预算赤字和高利率遭到其他国家领导人尖锐批评。里根总统争辩，没有证据表明高利率和高估的美元是由预算赤字引起。会后的公告里注意了经济复苏的信号，但政府首脑并没有采取行动，以免再显示出将凡尔赛峰会变成灾难的破坏性分歧。研究了《杰根森报告》后，七国同意“在必要的时候对外汇市场干预”。

8 月 23 日：在 200 亿美元外债的重组协议签署的前 3 天，墨西哥向国际清算银行偿还了 18.5 亿美元。

12 月：墨西哥对商业银行的所有欠款都还清了，这样可以获得一个 38 亿美元的新贷款协议（在 1982—1983 年，通过国际货币基金组织缔结了涉及 24 个国家的 30 项协议。同期，18 个国家就重新安排政府间债务签署了 22 项协议，主要通过政府官员所谓的巴黎俱乐部完成，俱乐部通过秘密会议对逾期的政府贷款确定展期方式）。

1984 年

5 月 30 日：玻利维亚暂停偿还外债。厄瓜多尔于 6 月 4 日暂停。

6 月 7—9 日：第二次伦敦峰会。最后公告重申，“迄今为止……审慎的货币和财政政策”不会改变。里根总统，正忙于选战，他拒绝同意最后公告里提及美国预算赤字。与法国希望对债务国实行一个更宽容政策的愿望相反，最后公告同意国际货币基金组织对债务国严格的“个案”做法，即没有普遍性减免，且“基金组织认可”的紧缩政策是金融援助的代价。

6 月 21 日：11 个主要拉美债务国家在哥伦比亚开会，但没有对债权人采取联合行动。

1985 年

1 月 17 日：对英镑的一次冲击导致五国集团在华盛顿的一次紧急会议，会议同意美元“严重高估”，同意据此“一致行动”。

2 月 5 日：沃尔克主席向国会表达了担忧：世界最大和最富裕的经济体也许很快变成世界最大的债务国（1986 年的确这样发生了）。

2 月 26 日：在联邦银行带领十国集团实施估计 100 亿美元的联合干预后，美元最高冲至 263.65 日元兑 1 美元和 3.469 德国马克兑 1 美元，随之开始下跌。

3 月 5 日：戴维 · 马尔福德，负责国际事务的财政部副部长，在众议院国际经济政策附属委员会上宣布，2 月的干预“完全无效”。

3 月 7 日：在众议院预算委员会，沃尔克呼吁美元贬值，但警告经济“硬着陆”的可能，其间可能需要提高利率以避免美元跌得太低。

3 月 19 日：欧共体同意参加新一轮的关于适用关贸总协定对服务和农业规则的贸易谈判，但拒绝确定日期。雅克 · 阿塔利，准备波恩峰会的法国代表告诉他的同事们说，除非美国如法国政府所愿同意召开一个国际货币会议，否则法国永远不会同意关贸总协定回合的日期。

4 月 11 日：国务卿乔治 · 舒尔茨，在普林斯顿大学的一次演讲中，提出一个再平衡世界经济的计划，包括：美国削减预算赤字、欧洲采取促进创新和投资的措施、日本采取允许更多进口和开放其资本市场的行动。

4 月 12 日：美国政策出现灵活性信号，财政部长贝克在巴黎告诉欧共体的部长们，美国考虑主持召开一个主要工业国家参加的国际货币改革高级别会议。撒切尔视赋予更多期望的货币改革计划为“统统废话”。

5 月 2—4 日：第二次波恩峰会以两个未解决的问题开始：新一轮关贸总协定的开始日期，以及用于探寻货币改革的方法。密特朗没有就一个货币会议或是贸易和货币谈判之间的联系的问题进行施压。没有货币协议，也没有确定关贸总协定下一轮谈判时间。

在最后的公告里，里根说“预算赤字的一个大幅削减”是美国的目标，尽管他拒绝在第二次伦敦峰会里涉及这个问题。日本首相中曾根康弘承诺取消金融市场管制并鼓励增加进口。

9 月 22 日：应财政部长贝克的邀请，五国集团财政部长在纽约的广场饭店开会。经过此前三个月的秘密谈判后，五国集团（会后）发表了第一个公开声明，宣布美元太强且不再反映“基本经济状况”，同时呼吁其他货币对美元“有序升值”。美国同意加入联合干预外汇市场行动。

9 月 23 日：在一天之内，美元下跌超过 4%，为汇率浮动以来的最大单日跌幅。

10 月 9—11 日：国际货币基金组织和世界银行首尔年会。财政部长贝克为主要债务国提出了一个新战略，在三年内，将“增长导向调整”同世界银行追加信贷和商业银行 200 亿美元贷款相结合。基金组织的改革方案继续作为贷款的一个条件。尽管欧洲国家和日本支持贝克计划，但逐渐为人所知，它们和商业银行限制了本可以使计划可行的资金。

1986 年

2 月 24 日：正就一致降息同德国、日本谈判的沃尔克主席，被谋求（尽快）减息的美联储理事会多数否决。重新审议后，理事会成员改投赞成票，他实施了协调降息政策。

3 月 18 日：广场协议以来，日本银行第一次买进美元。美国财政部宣布它不会在干预中同日本合作。德国否认存在与日本的秘密协议以制止美元下跌。

4月17日：在经济合作和发展组织财政部长年会上，贝克宣布美国1000亿美元的贸易赤字在政治上不可持续，并威胁使美元进一步贬值，除非美国的贸易伙伴相对美国加快其增长速度。

5月4—6日：第二次东京峰会。德国和日本同意使用国际经济政策协调指标，尽管还有怀疑。贝克提出的方法，包括根据“客观”指标——国民生产总值增长率、通货膨胀、利率、失业、预算赤字、贸易和经常项目余额、货币增长、储备和汇率——对每个峰会成员经济的预测和目标进行联合检讨。根据这些指标测算的经济情况比预期趋势发生严重偏离时，财政部长们将努力就其经济形成矫正性调整共识，而非仅仅在外汇市场上干预去调整货币价值。

首脑峰会做了第一个农业方面的重要声明。七国同意重新定位其政策、限制预算费用、恢复市场秩序并减少农业上的国际紧张关系。

由于来自意大利和加拿大的压力，五国集团扩大为七国集团——只要会议议题关乎“国际货币体系的管理或改善以及相关经济政策手段”。

5月13日：贝克向参议院金融委员会做证说，美元已经完全抵销了其此前对日元的升值，表明不需要进一步贬值。

9月30日：贝克号召银行给出一个“基于市场选择的菜单”，从而以较低的名义价值和较低的信用风险将现有债权交换成新资产。这包括债转债券、债转股、回购、退出债券等。该动议集中于15个高债务国的债务问题（贝克15国）。

（在1987年至1988年间，智利提出了其债转股计划，玻利维亚以平均11美分/美元的价格[①]回购了3.35亿美元的商业债务；1988年3月，在一个由美国国债担保的债务计划里——即由摩根银行设计的摩根协议——墨西哥以平均30%的折扣清偿了36.7亿美元的长期债务。发展中国家的外债转换在1987年合计87亿美元，1988年是224亿美元。）

① 均系账面资产价格。

12 月 30 日：日本宣布其 1987 财年预算，因大企业和保守势力施压降低中央政府预算赤字，新预算回到紧缩。美国将此视为违背了财政部部长贝克和日本大藏相宫泽喜一之间早前协议的精神。当美元再次面临压力时，美国没有阻止其下跌。

1987 年

2 月 21—22 日：七国集团财政部长巴黎卢浮宫会议。他们宣布美元已下跌得足够多、同意合作稳定美元。作为支持，每个财政部长承诺了具体政策。美国承诺将通过削减公共开支，把政府赤字从 1987 年占国民生产总值的 3.9% 降低到 1988 年的 2.3%。德国提出减税并承诺保持低利率。日本承诺刺激国内需求的措施及改革税收。法国承诺削减政府赤字、减税、产业私有化以及金融市场自由化。加拿大承诺税收和管理改革以及私有化。意大利拒绝参与，表示东京谅解在卢浮宫协议被违背，因为它被排除在五国部长的讨论之外。

“客观性指标”数目减少为增长、通货膨胀、汇率、货币供应、贸易余额、经常项目余额和预算情况。

4 月 30 日：美、日同意协调利率政策。德国跟进。

9 月 4 日：美联储将贴现率从 5.5% 提高到 6%，金融市场将其视为新的联邦储备委员会主席，阿兰 · 格林斯潘，将像其前任一样对通胀强硬。

10 月 19 日：“黑色星期一”。华尔街道 · 琼斯工业平均指数下跌了 508 点；世界股票市场跟跌。美联储宣布其将保证金融系统的流动性；其他国家中央银行发出类似信号。

11 月 5 日：法国、德国、日本降低市场利率。

12 月 22 日：七国集团宣称美元价值进一步改变将产生反作用。

1988 年

6 月 21 日：两个基于商品价格的指标在多伦多首脑峰会创设：一个基于石油，一个基于非石油。经日本力促，它们以特别提款权标价。

11 月 16 日：在伦敦政治经济学院，日本负责国际事务的大藏省副相行天丰雄指出，日元和欧洲货币必须在国际体系发挥更大的作用以减少不稳定。他宣称日本愿意进一步开放金融市场。

1989 年

3 月 10 日：美国财政部长尼古拉斯 · F. 布雷迪提出债务战略的一个新动议，集中于减少债务存量而不是提供新资金。他在后来周知的布雷迪计划里建议使用国际货币基金组织的基金减债，这是官方债务战略的第三阶段。

5 月 24—26 日：墨西哥、菲律宾和哥斯达黎加，根据布雷迪计划同国际货币基金组织签署了第一个协议，随后又同其商业银行债权人签订了债务削减协议。

附　表

美国贸易收支情况
布雷顿森林时期

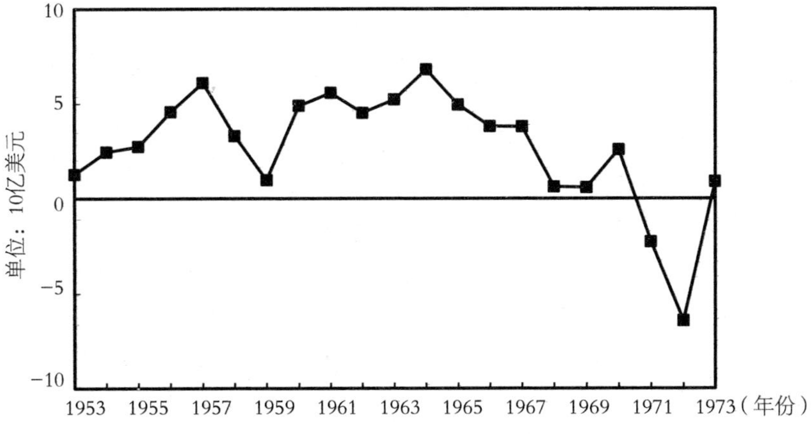

各国历年贸易收支情况（离岸价） 单位：10亿美元

年份	美国	英国	法国	德国	日本
1952	NA	−0.781	NA	NA	NA
1953	1.29	−0.683	NA	NA	NA
1954	2.46	−0.571	NA	NA	NA
1955	2.74	−0.876	NA	NA	NA
1956	4.57	0.148	NA	1.4	−0.12
1957	6.1	−0.081	NA	1.81	−0.39
1958	3.31	0.09	NA	1.84	0.38
1959	0.99	−0.325	NA	1.89	0.36
1960	4.89	−1.142	NA	2.11	0.27
1961	5.57	−0.427	NA	2.53	−0.56
1962	4.52	−0.285	NA	1.71	0.4
1963	5.22	−0.197	NA	2.41	−0.16
1964	6.8	−1.411	NA	2.48	0.37
1965	4.95	−0.615	NA	1.38	1.9
1966	3.82	−0.16	NA	3.07	2.27
1967	3.8	−1.566	0.2	5.16	1.16
1968	0.64	−1.637	−0.083	5.66	2.53
1969	0.6	−0.422	−0.932	5.13	3.69
1970	2.59	−0.005	0.258	5.69	3.96
1971	−2.27	0.533	0.858	6.67	7.76
1972	−6.42	−1.854	1.059	8.41	8.94
1973	0.91	−6.253	0.435	15.84	3.64

资料来源：IFS（International Financial Statistics，即国际金融统计，IMF）磁带，#7D7AC

* NA 表示无相关数据。

美国国际收支情况

以官方结算数据为基础

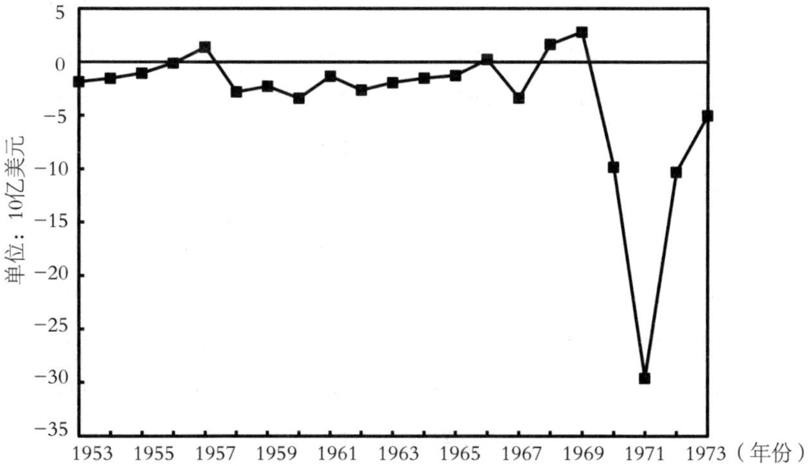

各国历年国际收支情况

以官方结算数据为基础　　单位：10 亿美元

年份	美国	英国	法国	德国	日本
1953	−1.86	−0.047	NA	NA	NA
1954	−1.54	−0.048	NA	NA	NA
1955	−1.05	−0.437	NA	NA	NA
1956	−0.1	0.176	NA	1.02	0.06
1957	1.41	0.58	NA	0.67	−0.56
1958	−2.81	0.602	NA	0.59	0.47
1959	−2.29	−0.375	NA	0.02	0.45
1960	−3.4	−0.442	NA	2.25	0.5
1961	−1.35	0.109	NA	0.14	−0.3
1962	−2.65	0.249	NA	−0.23	0.35
1963	−1.94	−0.372	NA	0.72	0.04
1964	−1.53	−1.84	NA	0.22	−0.04
1965	−1.29	−0.391	NA	−0.49	0.13
1966	0.24	−1.524	NA	0.61	−0.03
1967	−3.38	−0.909	0.274	0	−0.09
1968	1.67	−2.991	−3.632	1.81	0.88
1969	2.81	0.854	−1.038	−2.74	0.75
1970	−9.83	3.037	1.979	6.28	1.19
1971	−29.59	6.193	3.524	5.04	10.46
1972	−10.29	−3.516	1.751	4.88	2.99
1973	−5.02	−1.978	−1.686	9.47	−6.21

资料来源：IFS 磁带，#7D8D

美国黄金储备变动情况

布雷顿森林时期

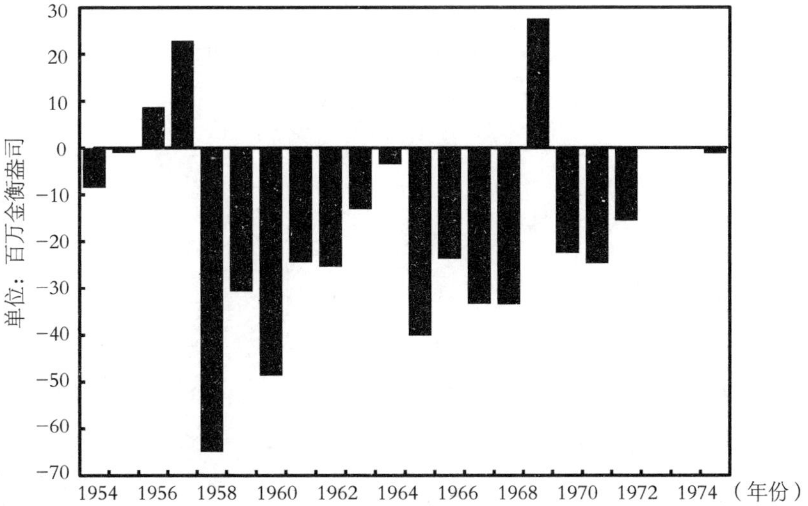

各国黄金储备变动情况 单位：百万金衡盎司

年份	美国	英国	法国	德国	日本
1954	−8.51	7.83	2.6	8.58	0.08
1955	−1.15	−15.02	6.68	8.39	0.04
1956	8.72	−6.82	−0.51	16.43	0.02
1957	22.83	−6.24	−9.8	29.93	0.01
1958	−65	35.79	4.83	2.79	0.87
1959	−30.72	−8.38	15.43	−0.06	5.44
1960	−48.65	8.2	10.03	9.54	0.08
1961	−24.49	−15.27	13.71	19.78	1.14
1962	−25.43	8.98	13.31	0.45	0.05
1963	−13.17	−2.75	16.8	4.7	0.02
1964	−3.57	−9.94	15.83	11.55	0.43
1965	−40.17	3.65	27.92	4.63	0.68
1966	−23.72	−9.23	15.2	−3.38	0.04
1967	−33.43	−18.61	−0.12	−1.83	0.26
1968	−33.51	5.23	−38.77	8.9	0.49
1969	27.63	−0.03	−9.43	−13.13	1.64
1970	−22.49	−3.54	−0.43	−2.86	3.41
1971	−24.74	−16.34	−0.25	2.77	4.2
1972	−15.63	−1.1	0.03	0.89	1.67
1973	0	−0.08	0.22	0.25	0.02
1974	0	0.03	0.02	0	0
1975	−1.26	0	0	0	0

资料来源：IFS 磁带，#1AD

官方黄金储备情况

布雷顿森林时期

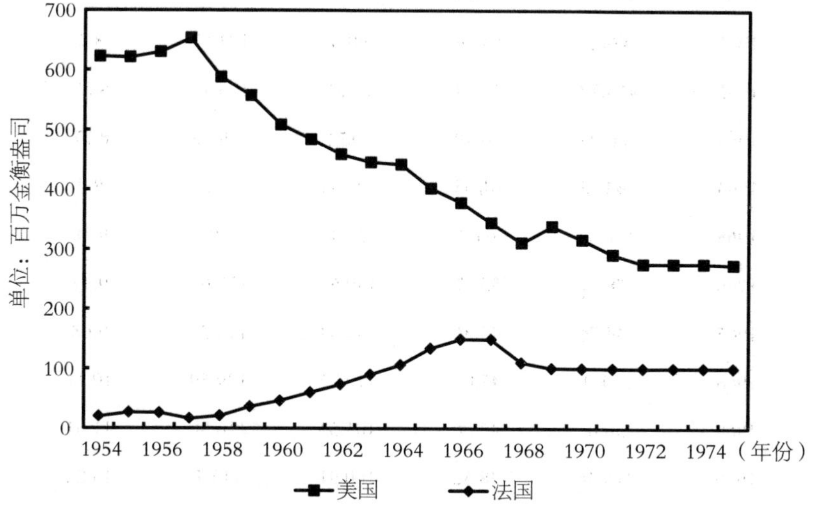

各国官方黄金储备情况 单位：百万金衡盎司

年份	美国	英国	法国	德国	日本
1954	622.66	72.5	20.23	17.87	0.6
1955	621.21	57.48	26.91	26.26	0.64
1956	630.23	50.66	26.4	42.69	0.66
1957	653.06	44.42	16.6	72.62	0.67
1958	588.06	80.21	21.43	75.41	1.54
1959	557.34	71.83	36.86	75.35	6.98
1960	508.69	80.03	46.89	84.89	7.06
1961	484.2	64.76	60.6	104.67	8.2
1962	458.77	73.74	73.91	105.12	8.25
1963	445.6	70.99	90.71	109.82	8.27
1964	442.03	61.05	106.54	121.37	8.7
1965	401.86	64.7	134.46	126	9.38
1966	378.14	55.47	149.66	122.62	9.42
1967	344.71	36.86	149.54	120.79	9.68
1968	311.2	42.09	110.77	129.69	10.17
1969	338.83	42.06	101.34	116.56	11.81
1970	316.34	38.52	100.91	113.7	15.22
1971	291.6	22.18	100.66	116.47	19.42
1972	275.97	21.08	100.69	117.36	21.09
1973	275.97	21	100.91	117.61	21.11
1974	275.97	21.03	100.93	117.61	21.11
1975	274.1	21.03	100.93	117.61	21.11

资料来源：IFS 磁带，#1AD

美国外汇资产与负债情况
布雷顿森林时期

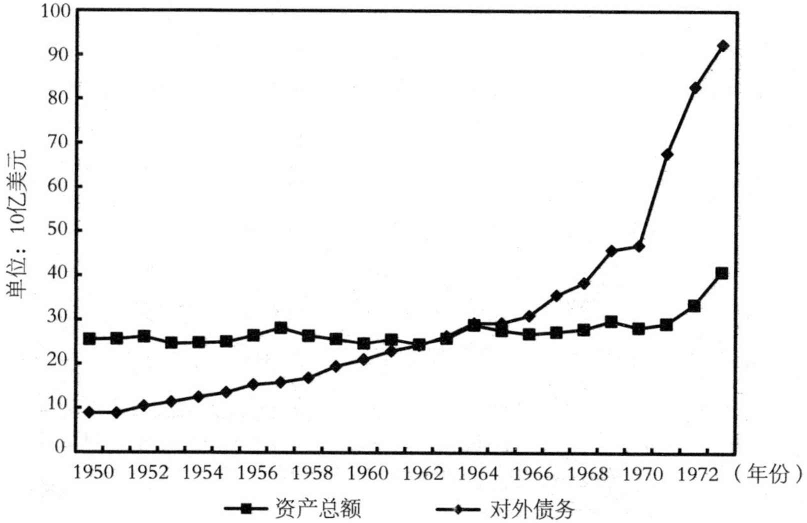

美国历年外汇资产与负债情况 单位：10 亿美元

年份	外汇储备（不包括黄金）	黄金	对外债权	资产总额	对外债务	差额
1950	1.4455	22.82	1.29	25.5555	8.89	16.6655
1951	1.4256	22.873	1.37	25.6686	8.85	16.8186
1952	1.4619	23.252	1.49	26.2039	10.43	15.7739
1953	1.3671	22.091	1.22	24.6781	11.36	13.3181
1954	1.1852	21.793	1.83	24.8082	12.45	12.3582
1955	1.0442	21.753	2.22	25.0172	13.52	11.4972
1956	1.6076	22.058	2.79	26.4556	15.29	11.1656
1957	1.975	22.857	3.37	28.202	15.82	12.382
1958	1.9577	20.582	3.9	26.4397	16.84	9.5997
1959	1.9975	19.507	4.16	25.6645	19.43	6.2345
1960	1.5548	17.804	5.31	24.6688	21.03	3.6388
1961	1.8059	16.947	6.85	25.6029	22.93	2.6729
1962	1.1634	16.057	7.32	24.5404	24.26	0.2804
1963	1.247	15.596	9	25.843	26.4	−0.557
1964	1.2014	15.471	12.24	28.9124	29.35	−0.4376
1965	1.385	14.065	12.25	27.7	29.36	−1.86
1966	1.6467	13.235	12.03	26.9117	31.02	−4.1083
1967	2.7652	12.065	12.53	27.3602	35.66	−8.2998
1968	4.8179	10.892	12.28	27.9899	38.47	−10.4801
1969	5.1046	11.859	12.93	29.8936	45.9	−16.0064
1970	3.4149	11.072	13.87	28.3569	46.95	−18.5931
1971	2.1086	10.206	16.94	29.2546	67.8	−38.5454
1972	2.6633	10.487	20.43	33.5803	82.87	−49.2897
1973	2.726	11.652	26.58	40.958	92.47	−51.512

资料来源：IFS 磁带，#D1L、D1AN、D5 和 D6

伦敦月度黄金价格走势
布雷顿森林时期

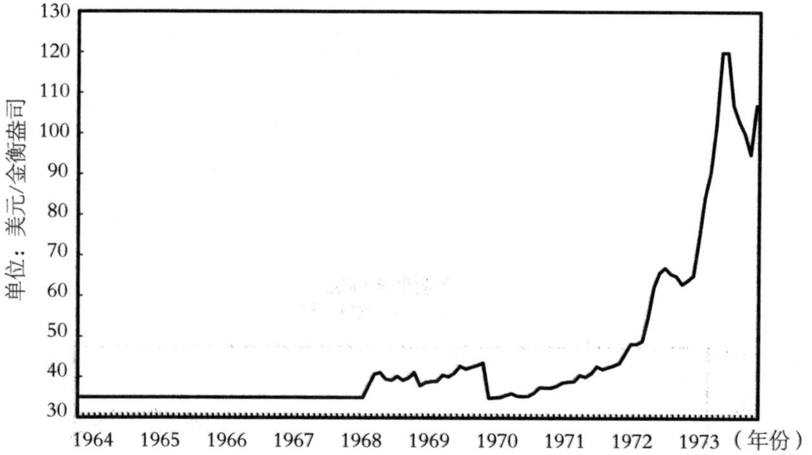

伦敦历年月度黄金价格汇总表 单位：美元 / 金衡盎司

	1964	1965	1966	1967	1968	1969	1970	1971	1972	1973
1 月	35	35	35	35	35	37.9	34.9	37.9	45.8	65.1
2 月	35	35	35	35	35	38.7	35	38.7	48.3	74.2
3 月	35	35	35	35	35	38.9	35.1	38.9	48.3	84.4
4 月	35	35	35	35	37.9	39	35.6	39	49	90.5
5 月	35	35	35	35	40.7	40.5	36	40.5	54.6	102
6 月	35	35	35	35	41.1	40.1	35.4	40.1	62.1	120
7 月	35	35	35	35	39.5	41	35.3	41	65.7	120
8 月	35	35	35	35	39.2	42.7	35.4	42.7	67	107
9 月	35	35	35	35	40.2	42	36.2	42	65.5	103
10 月	35	35	35	35	39.2	42.5	37.5	42.5	64.9	100
11 月	35	35	35	35	39.8	42.9	37.4	42.9	62.9	94.9
12 月	35	35	35	35	41.1	43.5	37.4	43.5	63.9	107

资料来源：IFS 磁带，#7Z6KR

注：采当月最后交易日价格

贸易收支情况

后布雷顿森林时期

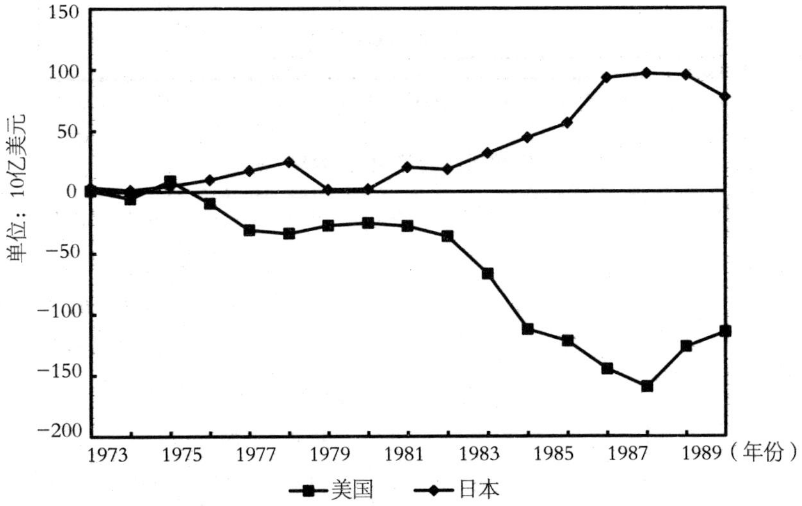

各国历年贸易收支情况（离岸价）　　单位：10亿美元

年份	美国	英国	法国	德国	日本
1973	0.91	−6.253	0.435	15.84	3.64
1974	−5.51	−12.239	−4.795	21.9	1.35
1975	8.9	−7.272	1.129	16.91	4.94
1976	−9.47	−7.07	−4.993	16.02	9.8
1977	−31.11	−4.006	−3.289	19.47	17.16
1978	−33.94	−3.064	0.101	24.14	24.3
1979	−27.54	−7.087	−3.22	16.44	1.74
1980	−25.5	3.343	−13.419	8.86	2.13
1981	−27.99	7.155	−9.79	16.18	19.96
1982	−36.44	3.71	−15.785	24.73	18.08
1983	−67.08	−1.676	−8.754	21.41	31.46
1984	−112.51	−6.109	−4.651	22.29	44.26
1985	−122.16	−2.653	−5.276	28.51	55.99
1986	−145.05	−12.801	−2.081	55.73	92.82
1987	−159.49	−17.926	−8.667	69.88	96.42
1988	−126.97	−36.976	−8.089	79.41	95
1989	−114.87	−37.958	−10.349	76.71	76.85

资料来源：IFS磁带，#7D7AC

国际收支情况

后布雷顿森林时期

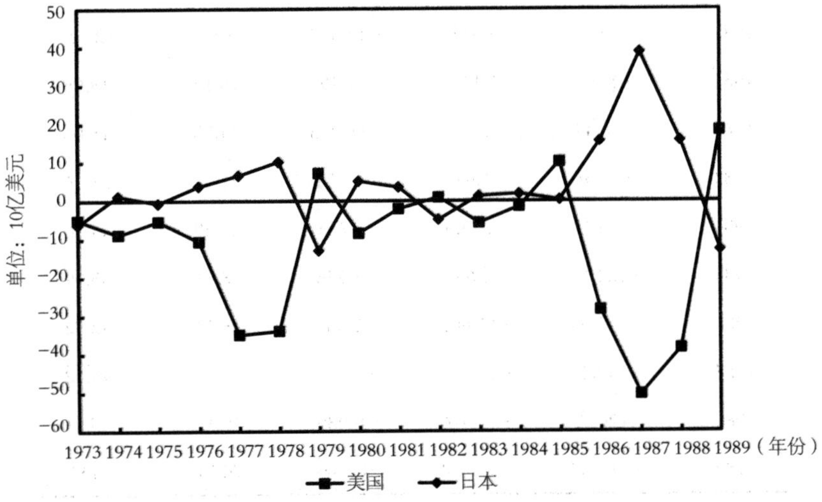

各国历年国际收支情况 单位：10亿美元

年份	美国	英国	法国	德国	日本
1973	−5.02	−1.978	−1.686	9.47	−6.21
1974	−8.78	−6.782	−0.333	−0.51	1.26
1975	−5.31	−2.092	3.474	−1.33	−0.66
1976	−10.54	−4.144	−3.026	3.71	3.8
1977	−34.85	12.159	0.793	3.24	6.61
1978	−33.85	−2.279	3.143	10.24	10.17
1979	7.19	−18.03	3.916	−2.25	−12.88
1980	−8.41	0.416	11.083	−17.37	5.11
1981	−2.09	0.163	−8.163	0.02	3.57
1982	0.91	4.738	−5.552	2.33	−4.87
1983	−5.7	−2.262	4.648	−3.46	1.27
1984	−1.44	−12.929	0.16	−2.92	1.83
1985	10.17	−2.443	5.361	4.3	0.29
1986	−28.35	7.49	5.103	5.45	15.54
1987	−50.3	−3.363	−4.1	26.07	38.72
1988	−38.4	−4.232	−2.612	−22.39	15.76
1989	18.33	−14.595	−2.347	−10.49	−12.77

资料来源：IFS磁带，#7D8D

德国马克—美元月度平均汇率走势

后布雷顿森林时期

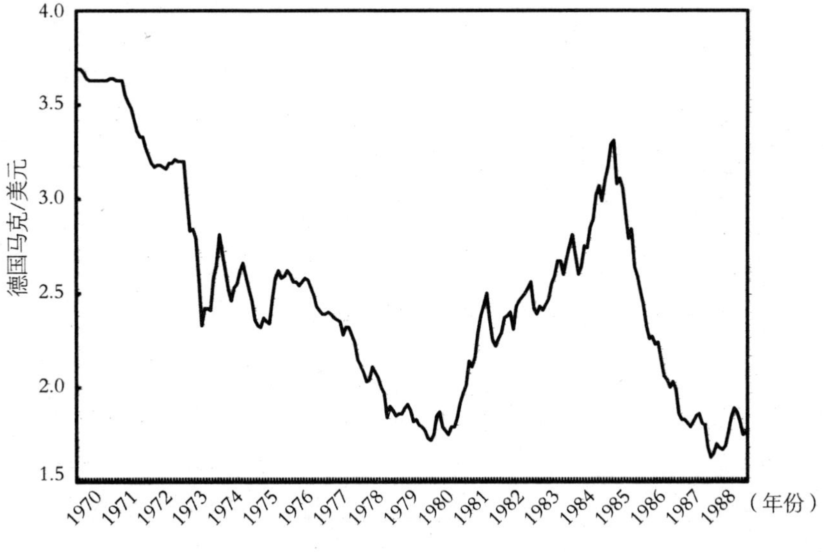

德国马克—美元历年月度平均汇率汇总表

单位：德国马克 / 美元

	1970	1971	1972	1973	1974	1975	1976	1977	1978	1979	1980	1981	1982	1983	1984	1985	1986	1987	1988
1 月	3.69	3.64	3.23	3.20	2.81	2.36	2.60	2.39	2.12	1.85	1.72	2.01	2.29	2.39	2.81	3.17	2.44	1.86	1.65
2 月	3.69	3.63	3.19	3.01	2.71	2.33	2.56	2.4	2.08	1.86	1.75	2.14	2.37	2.43	2.70	3.29	2.33	1.83	1.70
3 月	3.67	3.63	3.17	2.83	2.62	2.32	2.56	2.39	2.03	1.86	1.85	2.11	2.38	2.41	2.6	3.31	2.26	1.83	1.68
4 月	3.64	3.63	3.18	2.84	2.52	2.37	2.54	2.37	2.04	1.89	1.87	2.16	2.40	2.44	2.64	3.08	2.27	1.81	1.67
5 月	3.63	3.55	3.18	2.79	2.46	2.35	2.56	2.36	2.11	1.91	1.79	2.29	2.31	2.47	2.75	3.11	2.23	1.79	1.69
6 月	3.63	3.51	3.17	2.58	2.53	2.34	2.58	2.35	2.08	1.88	1.77	2.38	2.43	2.55	2.74	3.06	2.24	1.82	1.76
7 月	3.63	3.48	3.16	2.33	2.55	2.47	2.57	2.28	2.05	1.82	1.75	2.44	2.46	2.59	2.85	2.92	2.15	1.85	1.84
8 月	3.63	3.42	3.19	2.42	2.62	2.58	2.53	2.32	2.00	1.83	1.79	2.50	2.48	2.67	2.89	2.79	2.06	1.86	1.89
9 月	3.63	3.36	3.19	2.42	2.66	2.62	2.49	2.32	1.97	1.80	1.79	2.36	2.50	2.67	3.02	2.84	2.04	1.81	1.87
10 月	3.63	3.33	3.21	2.41	2.59	2.58	2.43	2.28	1.84	1.79	1.84	2.25	2.53	2.60	3.07	2.64	2.00	1.80	1.82
11 月	3.63	3.33	3.20	2.58	2.52	2.59	2.41	2.24	1.90	1.77	1.92	2.22	2.56	2.68	2.99	2.59	2.03	1.68	1.75
12 月	3.64	3.27	3.20	2.65	2.46	2.62	2.39	2.15	1.88	1.73	1.97	2.26	2.42	2.75	3.10	2.51	1.99	1.63	1.76

资料来源：IFS 磁带，#AF

日元—美元月度平均汇率走势

后布雷顿森林时期

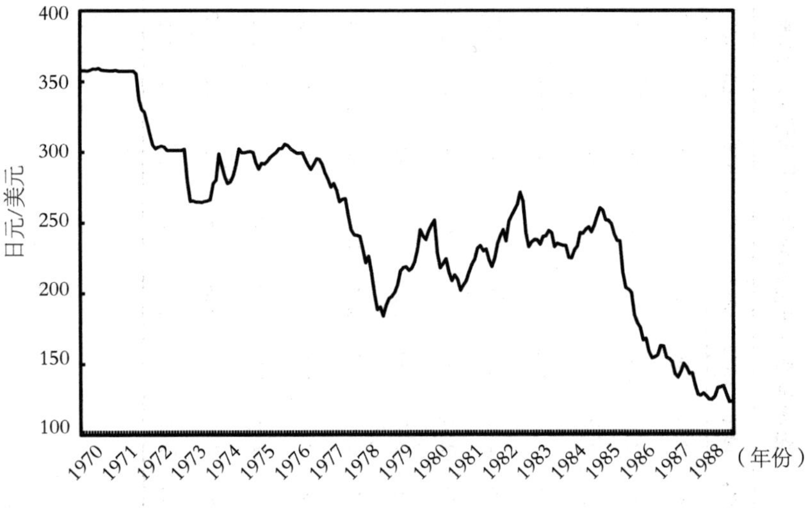

日元—美元历年月度平均汇率汇总表

单位：日元 / 美元

	1970	1971	1972	1973	1974	1975	1976	1977	1978	1979	1980	1981	1982	1983	1984	1985	1986	1987	1988
1 月	357.7	358.0	312.2	302.0	298.6	299.6	304.7	291.1	241.1	197.7	238.0	202.0	224.6	232.9	233.9	254.2	200.1	154.5	127.6
2 月	357.7	357.4	305.0	279.1	291.2	292.2	301.9	285.1	240.3	200.6	244.1	205.9	235.2	236.2	233.7	260.2	184.6	153.5	129.2
3 月	357.5	357.4	302.4	265.3	282.6	288	300.6	280.6	231.5	206.1	248.6	208.8	240.7	238.0	225.4	258.6	178.9	151.5	127.3
4 月	358.0	357.4	303.6	265.5	277.8	292.1	299.1	275.1	221.7	215.8	251.7	215.1	244.9	237.7	225.0	251.7	175.6	143.0	124.9
5 月	358.9	357.4	304.4	264.7	278.9	291.5	299.1	277.6	226.4	218.2	228.4	220.7	236.9	234.7	230.7	251.5	166.8	140.5	124.8
6 月	358.8	357.4	303.7	264.7	283.1	293.6	299.4	273.0	214.3	218.9	218.1	224.2	251.0	240.2	233.2	249.0	168.0	144.5	127.1
7 月	359.3	357.4	301.1	264.4	290.9	296.2	294.8	264.8	199.9	216.4	221.0	232.0	255.1	240.5	242.8	241.8	158.6	150.2	133.1
8 月	358.2	355.5	301.1	265.1	302.2	297.9	290.7	266.6	188.5	217.9	224.5	233.7	258.8	244.3	242.3	237.2	154.0	147.6	133.6
9 月	357.9	337.4	301.1	265.5	299.6	299.7	287.7	267.0	190.2	222.3	214.9	230.0	262.7	242.8	245.2	237.0	154.7	143.0	134.4
10 月	357.7	330.4	301.1	266.3	299.5	302.4	290.9	255.1	184.0	230.4	209.1	231.4	271.4	233.0	246.8	214.7	156.0	143.5	129.0
11 月	357.6	328.4	301.1	277.8	300.1	302.5	295.1	244.8	191.3	244.9	213.0	223.7	265.1	235.3	243.3	203.7	162.6	135.3	123.2
12 月	357.6	320.3	301.2	280.0	300.4	305.7	294.7	241.3	196.2	240.6	209.8	218.9	242.5	234.4	248.0	202.8	162.3	128.6	123.6

资料来源：IFS 磁带，#AF

美国消费品年通胀率

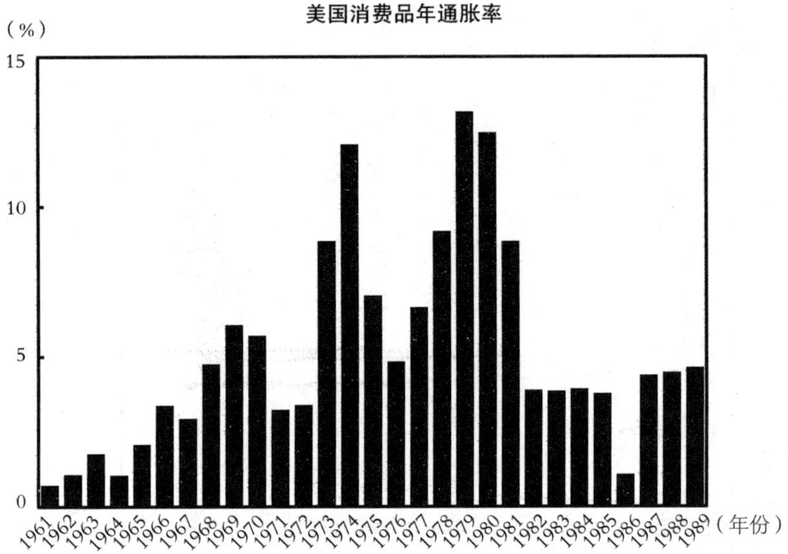

美国消费品年通胀率汇总表

年份	通胀率（%）	年份	通胀率（%）	年份	通胀率（%）
1961	0.72	1971	3.24	1981	8.85
1962	1.08	1972	3.4	1982	3.89
1963	1.77	1973	8.86	1983	3.86
1964	1.05	1974	12.09	1984	3.93
1965	2.07	1975	7.05	1985	3.78
1966	3.38	1976	4.84	1986	1.08
1967	2.94	1977	6.65	1987	4.38
1968	4.76	1978	9.19	1988	4.48
1969	6.06	1979	13.17	1989	4.64
1970	5.71	1980	12.48		

书目提要

Bergsten, C. Fred. *Dilemmas of the Dollar: The Economics and Politics of U.S. International Monetary Policy.* New York: New York University Press for the Council of Foreign Relations, 1975.

Brooks, John. "Annals of the Dollar," parts I and II. *The New Yorker,* March 23 and 30, 1968.

Coombs, Charles. *The Arena of International Finance.* New York: Wiley, 1976.

Cooper, Richard N. *The International Monetary System: Essays in World Economics.* Cambridge, Mass: MIT Press, 1987.

Deane, Marjorie, and Pringle, Robert. *Economic Cooperation from the Inside.* New York: Group of Thirty, 1984.

de Menil, George, and Solomon, Anthony M. *Economic Summitry.* New York: Council on Foreign Relations, 1983.

Depres, Emile; Kindleberger, Charles P.; and Salant, Walter S. "The Dollar and World Liquidity." In *The International Monetary System: Problems and Proposals,* edited by Lawrence H. Officer and Thomas D. Willett. Englewood Cliffs, N.J.: Prentice–Hall, 1969.

Destler, I. M., and Henning, C. Randall. *Dollar Politics: Exchange Rate Policy–making in the United States.* Washington, D.C.: Institute for International Economics, 1989.

Devlin, Robert. *Debt and Crisis in Latin America: The Supply Side of the Story.* Princeton: Princeton University Press, 1989.

de Vries, Margaret Garritsen. *Balance of Payments Adjustment, 1945 to 1986.* Washington, D.C.: International Monetary Fund, 1987.

———. *The International Monetary Fund* 1966–1971. Washington, D.C.: International Monetary Fund, 1976.

———. *The International Monetary Fund* 1972–1978. Washington, D.C.: International Monetary Fund, 1985.

Einzig, Paul. *The Euro–Bond Market.* 2d ed. London: MacMillan and Co., 1969.

Fishlow, Albert. "Lessons from the Past: Capital Markets During the 19th Century and the Interwar Period." *International Organization,* no. 39, Summer 1985.

Friedman, Milton, and Roosa, Robert V. *The Balance of Payments: Free Versus Fixed Exchange Rates.* Washington, D.C.: American Enterprise Institute, 1967.

Funabashi, Yoichi. *Managing the Dollar: From the Plaza to the Louvre.* Washington, D.C.: Institute for International Economics, 1988.

Gardner, Richard N. *Sterling–Dollar Diplomacy: The Origin and the Prospects of Our International Economic Order.* 2d ed. New York: McGraw–Hill,

1969.

Gilpin, Robert. *The Political Economy of International Relations*. Princeton: Princeton University Press, 1987.

Gyohten, Toyoo. "Internationalization of the Yen: Its Implications for the U.S.–Japan Relationship." In *Japan and the United States Today: Exchange Rates, Macroeconomic Policies, and Financial Market Innovations,* edited by Hugh T. Patrick and Ryuichiro Tachi. New York: Center on Japanese Economy and Business, 1986.

Hajnal, Peter I., ed. *The Seven–Power Summit: Documents from the Summits of Industrialized Countries 1975–1989*. New York: Kraus International Publications, 1989.

Hirsch, Fred. *The Pound Sterling: A Polemic*. London: Victor Gollancz, 1965.

———. *Money International*. New York: Doubleday, 1969.

Horsefield, J. Keith, and de Vries, Margaret Garritsen, eds. *The International Monetary Fund 1945–1965*. Washington, D.C.: International Monetary Fund, 1969.

Iida, Keisuke. "The Theory and Practice of International Economic Policy Coordination." Ph.D. dissertation, Harvard University, 1990.

Kenen, Peter B., and Pack, Clare. *Exchange Rates, Domestic Prices, and the Adjustment Process*. Group of Thirty Occasional Paper No. 1. New York: Group of Thirty, 1980.

Kennedy, Paul. *The Rise and Fall of the Great Powers*. New York: Random House, 1987.

Keohane, Robert O. *After Hegemony: Cooperation and Discord in the World Political Economy*. Princeton: Princeton University Press, 1984.

Keynes, John Maynard. *The Economic Consequences of Mr. Churchill*, London: Hogarth Press, 1925.

Kindleberger, Charles P. *The Dollar Shortage*. Cambridge, Mass.: MIT Press, 1950.

———. *Manias, Panics, and Crashes*. New York: Basic Books, 1978.

Kraft, Joseph. *The Mexican Rescue*. New York: Group of Thirty, 1984.

Lincoln, Edward J. *Japan: Facing Economic Maturity*. Washington, D.C.: The Brookings Institution, 1988.

Milward, Alan S. *The Reconstruction of Western Europe 1945–1951*. London, Methuen, 1984.

Malkin, John. *The Global Debt Crisis*. New York: Basic Books, 1984.

Malkin, Lawrence. *The National Debt*. New York: Henry Holt, 1987.

Marris, Stephan. *Deficits and the Dollar: The World Economy at Risk*. Washington, D.C.: The Institute for International Economics, 1985.

Odell, John S. U.S. *International Monetary Policy: Markets, Power, and Ideas as Sources of Change*. Princeton: Princeton University Press, 1982.

———. *The U.S. International Monetary System*. Princeton: Princeton University Press, 1984.

Patrick, Hugh T., and Tachi, Ryuichiro, eds. *Japan and the United States Today: Exchange Rates, Macroeconomic Policies, and Financial Market Innovations*. New York: Center on Japanese Economy and Business, 1986.

Ponting, Clive. *Breach of Promise: Labour in Power 1964–1970*. London: Hamish Hamilton, 1989.

Purnam, Robert D., and Bayne, Nicholas. *Hanging Together: Cooperation and Conflict in the Seven–Power Summits*. Rev. ed. Cambridge, Mass.: Harvard

University Press, 1987.

Roosa, Robert V. *The United States and Japan in the International Monetary System, 1946–1985*. New York: Group of Thirty, 1986.

Roosa, Robert V., et al. *Reserve Currencies in Transition*. New York: Group of Thirty, 1982.

Servan–Schreiber, J. J. *The American Challenge*, Translated by Ronald Steel. New York: Atheneum, 1968.

Solomon, Robert. *The International Monetary System, 1945–1981*. New York: Harper & Row, 1982.

Triffin, Robert. *Europe and the Money Muddle: From Bilateralism to Near–Convertibility, 1947–1956*. New Haven: Yale University Press, 1957.

———. *Gold and the Dollar Crisis: The Future of Convertibility*. Rev. ed. New Haven: Yale University Press, 1961.

Volcker, Paul A. "The Political Economy of the Dollar." Fred Hirsh Memorial Lecture, University of Warwick, November 9, 1978.

———. "The Triumph of Central Banking." Per Jacobssen Lecture, The Per Jacobssen Foundation, Washington, D.C., September 23, 1990.

Williams, John H. *Postwar Monetary Plans and Other Essays*. 3rd ed. New York: Alfred A. Knopf, 1947.

Williamson, John. *Targets and Indicators: A Blueprint for the International Coordination of Economic Policy*. Washington, D.C.: Institute for International Economics, 1985.

Yoshitomi, Masaru. "Growth Gaps, Exchange Rates and Asymmetry: Is It Possible to Unwind Current–Account Imbalances Without Fiscal Expansion in Japan?" In *Japan and the United States Today: Exchange*

Rates, Macroeconomic Politics, and Financial Market Innovations, edited by Hugh T. Patrick and Ryuichiro Tachi. New York: Center on Japanese Economy and Business, 1986.

———. *Japan as Capital Exporter and the World Economy.* Group of Thirty Occasional Paper No. 18. New York: Group of Thirty, 1985.

主要人名中英文对照[①]

阿德莱·史蒂文森	Stevenson, Adlai
阿尔韦托·藤森	Fujimori, Alberto
阿兰·加西亚	García, Alan
阿瑟·奥肯	Okun, Arthur
阿瑟·伯恩斯	Burns, Arthur
埃德温·杜鲁门（特德·杜鲁门）	Truman, Edwin
埃德温·科恩	Cohen, Edwin
埃德温·约	Yeo, Edwin
埃米尔·范·伦内普	Lennep, Emile van
艾伦·斯普劳尔	Sproul, Allan
爱知揆一	Aichi, Kiichi
安德烈·德·拉特	Lattre, Andre de
安德烈斯·比安基	Bianchi, Andres
安东尼·巴伯	Barber, Anthony
安东尼·所罗门（托尼·所罗门）	Solomon, Anthony

① 英文人名均为姓氏在前。

安赫尔 · 古里亚	Gurria, Angel
奥特马尔 · 埃明格尔	Emminger, Otto
巴伯 · 科纳布尔	Conable, Barber
柏木雄介	Kashiwagi, Yusuke
保罗 · 肯尼迪	Kennedy, Paul
保罗 · 麦克拉肯	McCracken, Paul
贝里尔 · 斯普林克尔	Sprinkel, Beryl
比尔 · 布拉德利	Bradley, Bill
彼得 · 彼得森	Peterson, Peter
C. 弗雷德 · 伯格斯滕	Bergsten, C. Fred
查尔斯 · 库姆斯	Coombs,Charles
查尔斯 · 舒尔策	Schultze, Charles,
查尔斯 · 舒默	Schumer, Charles
查尔斯 · 沃克	Walker, Charls
查尔斯 · 兹维克	Zwick, Charles
澄田智	Sumita, Satoshi
池田勇人	Ikeda, Hayato
村山达雄	Murayama, Tatsuo
大场智满	Oba, Tomomitsu
大平正芳	Ohira, Masayoshi
大卫 · 洛克菲勒	Rockefeller, David
戴维 · 蒂林哈斯特	Tillinghast, David
戴维 · 肯尼迪	Kennedy, David
戴维 · 马尔福德	Mulford, David
丹尼尔 · 布里尔	Brill Daniel
丹尼尔 · 帕特里克 · 莫伊尼汉	Moynihan, Daniel Patrick
丹尼斯 · 希利	Healey, Dennis
道格拉斯 · 狄龙	Dillon, Douglas

稻村光一	Inamura, Koichi
蒂姆·麦克纳马	McNamar, Tim
杜威·达恩	Daane, Dewey
多明哥·卡瓦洛	Cavallo, Domingo
厄尼·斯特恩	Stern, Ernie
菲利普·杰根森	Jurgensen, Philippe
菲利普·考德威尔	Caldwell, Philip
弗朗索瓦·密特朗	Mitterand, François
弗雷德·赫希	Hirsch, Fred
弗雷德·舒尔茨	Schultz, Fred
弗里茨·洛伊特维勒	Leutweiler, Fritz
福田赳夫	Fukuda, Takeo
富兰克林·D. 罗斯福	Roosevelt, Franklin D.
G. 威廉·米勒（比尔·米勒）	Miller, G. William
戈登·理查森	Richardson, Gordon
宫泽喜一	Miyazawa, Kiichi
古斯塔沃·佩特里西奥利	Petricioli, Gustavo
哈里·德克斯特·怀特	White, Harry Dexter
哈里·杜鲁门	Truman, Harry
哈罗德·威尔逊	Wilson, Harold
何塞·洛佩斯·波蒂略	Lopez Portillo, José
赫尔穆特·施密特	Schmidt, Helmut
赫苏斯·席尔瓦·埃尔索格	Silva Herzog, Jesus
亨德里克·霍撒克	Houthakker, Hendrik
亨利·华莱士	Wallich, Henry
亨利·基辛格	Kissinger, Henry
亨利·罗伊斯	Reuss, Henry
亨利·乔·福勒	Fowler, Henry “Joe”

胡安·苏鲁耶	Sourrouille, Juan
吉米·卡特	Carter, Jimmy
吉田茂	Yoshida, Shigeru
教皇保罗六世	Paul VI, Pope
杰弗里·萨克斯	Sachs, Jeffrey
杰克·贝内特	Bennett, Jack
杰克·亨尼西	Hennessey, Jack
杰拉尔德·福特	Ford, Gerald
杰拉尔德·科里根	Corrigan, Gerald
杰里米·莫尔斯	Morse, Jeremy
金子一平	Kaneko, Ippei
卡尔·奥托·珀尔	Pöhl, Karl Otto
卡尔·布莱辛	Blessing, Karl
卡尔·席勒	Schiller, Karl
卡洛斯·萨利纳斯·德戈塔	Salinas de Gortari, Carlos
克劳德·皮埃尔·布罗索莱特	Brossolette , Claude Pierre
莱尔·格拉姆利	Gramley, Lyle
劳尔·阿方辛	Alfonsin, Raúl
劳伦斯·克莱因	Klein, Lawrence
勒内·拉尔	Larre, René
雷蒙·巴尔	Barre, Raymond
里纳尔多·奥索拉	Ossola, Rinaldo
理查德·达曼	Darman, Richard
理查德·库珀	Cooper, Richard
理查德·尼克松	Nixon, Richard
林登·约翰逊	Johnson, Lyndon
铃木秀雄	Suzuki, Hideo
刘易斯·普雷斯顿	Preston, Lewis

罗伯特·安德森	Anderson, Robert
罗伯特·鲁萨（鲍伯·鲁萨）	Roosa, Robert
罗伯特·施特劳斯 （鲍伯·施特劳斯）	Strauss, Robert
罗伯特·所罗门（鲍伯·所罗门）	Solomon, Robert
罗伯特·特里芬	Triffin, Robert
罗纳德·里根	Reagan, Ronald
罗伊·詹金斯	Jenkins, Roy
马丁·费尔德斯坦	Feldstein, Martin
玛格丽特·撒切尔	Thatcher, Margaret
迈克·曼斯菲尔德	Mansfield, Mike
迈克尔·布拉德菲尔德	Bradfield, Michael
迈克尔·布卢门撒尔	Blumenthal, Michael
麦乔治·邦迪	Bundy, McGeorge
米尔顿·弗里德曼	Friedman, Milton:
米格尔·德拉马德里	de la Madrid, Miguel
米格尔·曼塞拉	Mancera, Miguel
米歇尔·若贝尔	Jobert, Michel
默里·韦登鲍姆	Weidenbaum, Murray
尼古拉斯·布雷迪	Brady, Nicholas
欧文·弗里德曼	Friedman, Irving
佩德罗·阿斯佩	Aspe, Pedro
佩德罗·蒂诺科	Tinoco, Pedro
佩尔·雅各布松	Jacobsson, Per
佩奇·纳尔逊	Nelson, Page
皮埃尔～保罗·施魏策尔	Schweitzer, Pierre~Paul
前川春雄（“迈克”）	Mayekawa, Haruo "Mike"
乔纳森·弗林蓬～安萨	Frimpong~Ansah, Jonathan

乔瓦尼 · 戈里亚	Goria, Giovanni
乔瓦尼 · 麦拉戈蒂	Malagodi, Giovanni
乔治 · 鲍尔	Ball, George
乔治 · 让 · 蓬皮杜	Pompidou, Georges
乔治 · 舒尔茨	Shultz, George
乔治 · 钱皮恩	Champion, George
琼 · 斯佩罗	Spero, Joan
萨达姆 · 侯赛因	Hussein, Saddam
萨姆 · 克罗斯	Cross, Sam
水田三喜男	Mizuta, Mikio
斯蒂芬 · 马里斯	Marris, Stephen
速水优	Hayami, Masaru
汤姆 · 克劳森	Clausen, Tom
唐纳德 · 里甘	Regan, Donald
田中角荣	Tanaka, Kakuei
瓦莱里 · 吉斯卡尔 · 德斯坦	Giscard d' Estaing Valéry
威拉德 · 布彻	Butcher, Willard
威廉 · 戴尔	Dale, William
威廉 · 罗兹	Rhodes, William
威廉 · 麦克切斯尼 · 马丁	Martin, William McChesney
威廉 · 萨菲尔	Safire, William
威廉 · 西蒙（比尔 · 西蒙）	Simon, William
沃尔特 · 白芝浩	Bagehot, Walter
沃尔特 · 赫勒	Heller, Walter
沃尔特 · 里斯顿	Wriston, Walter
细见卓	Hosomi, Takashi
夏尔 · 戴高乐	de Gaulle, Charles
雅克 · 德拉罗西埃	Larosière, Jacques de

亚当 · 斯密	Smith, Adam
亚历山大 · 卡夫卡	Kafka, Alexandre
约翰 · F. 肯尼迪	Kennedy, John F.
约翰 · 奥滕	Auten, John
约翰 · 海曼	Heimann, John
约翰 · 康纳利	Connally, John
约翰 · 里德	Reed, John
约翰 · 梅纳德 · 凯恩斯	Keynes, John Maynard
约翰 · 佩蒂	Petty, John
约瑟夫 · 道奇	Dodge, Joseph
詹姆斯 · 贝克	Baker, James
詹姆斯 · 卡拉汉	Callaghan, James
詹姆斯 · 托宾	Tobin, James
植木庚子郎	Ueki, Koshiro
中曾根康弘	Nakasone, Yasuhiro
竹下登	Takeshita, Noboru:
佐上武弘	Sagami, Takehiro
佐藤荣作	Sato, Eisaku

译后记

人们习惯于从历史中寻找经验和教训，所依据的历史是否真实因此尤其重要，这决定了那些得出的经验和教训是否有价值，否则容易步入歧途、误导民众，甚至造成难以估量的损失。这是我翻译《时运变迁》的初衷，即从亲历者那里了解真实的历史。本书出版两年来，收到不少读者及朋友的反馈，自己也多次翻阅，本次修订正是修改此前版本中的生涩和错误，使得阅读更顺畅。另外，从不同途径了解到，北京大学有的专业将《时运变迁》作为指定课外读物，希望修订版能达到教科书的效果。

从经济发展的角度，中国不曾参与战后国际经济体系、规则的讨论、谈判，这是一个难以弥补的缺失，相信其影响可能还会持续。我在今年6月拜访行天丰雄先生时提及，如他这样的亲历者对日本的价值，并不亚于数以千亿计的美元储备。正如一位欧洲朋友所言，现有的国际经济规则，并不是如空气一般自然存在。客观了解相关历史，对中国是一件好事。这是《时运变迁》

及《管理美元》[1]的价值所在。重温《时运变迁》，回顾战后国际经济体系的发展演变，对认知当下世界格外重要，因为国际形势的发展已然超出了经济的范畴。我因此邀请美国哥伦比亚大学博士、北京大学副教授张健先生（曾入选北京大学“十佳教师”）为新版写序，读者可以更理性地了解和认识世界秩序和规则的意义。

关于中国经济，我在2018年之前的一些分析似乎正在被验证（包括《时运变迁》第一版时的序言《今天的中国，为什么要读〈时运变迁〉》，以及译后记《〈时运变迁〉，我推荐了十年》，有兴趣的朋友可以在网络上搜索），对主要资产布局于国内的投资者们来说，这很难说是一个好消息。在2018年3月中美贸易争端爆发之初，有二级市场投资者从股票投资的角度不屑于贸易争端的讨论，相信股市随后三个月的走势让其更清楚地认识到中国经济的处境及对投资者情绪的影响。

就中国与世界、中国货币与美元的关系，溯及更久远的历史可能更有意义，有助于我们将碎片化的认知系统化，因此，在《时运变迁》和《管理美元》之外，我最近翻译完成的《通胀螺旋》[2]和《抗战外援》对所有中国读者来说都是不可或缺的。非常荣幸的是，中信出版集团总编辑乔卫兵先生说，“这（后）两本书很有价值”。我跟他笑称，可以用这句话作为推荐语。

不少朋友说，这四本书“填补了一些空白”。对于译者而言，这应该算是最大的褒奖了，翻译的辛苦因此也值得。我个人认为，策划、翻译这四本书，是我工作经历中最有意义的事情；因为这

① 《管理美元》由中信出版社于2018年3月出版。——编者注

② 《通胀螺旋》由中信出版社于2018年10月出版。——编者注

四本书的内容均涉及影响世界格局、国家命运的重大事件，因此也将这四本书称为“时运变迁”书系，希望读者在专业和历史之外，发现更多的价值。看货币变迁，看国力起落。

《时运变迁》的翻译、出版首先要感谢保罗·沃尔克和行天丰雄两位老先生。时至今日，在遇到不解的问题向沃尔克先生请教时，都能得到他的回复；每次见到行天丰雄先生，除了能听到他对中日两国经济的分析，还能听到他经历的很多趣事，受益良多。最近一次见他时，他不无歉意地说，“‘时运变迁’这个题目原本要表达的是美国的衰落、日本的崛起，但我和沃尔克在书中的判断都错了，美国并没有衰落”。沃尔克先生也曾对我讲过：《时运变迁》写作之前，世界流行的是《日本第一》，等《时运变迁》出版之后，形势就变了。另外要特别感谢美国彼得森国际经济研究所（原国际经济研究所）创始人弗雷德·伯格斯滕先生。邀请他给《时运变迁》和《管理美元》两本书写序，他都欣然同意，读者因此得以将这两本“历史书”同当下结合。就在今年 6 月底，伯格斯滕先生还亲自写信邀请我翻译他刚刚出版的一本书，难得的荣幸。他目前还是美国总统贸易政策和谈判顾问委员会成员，其言论（包括这两本书里的序言）值得关注。

感谢上海金融与法律研究院的傅蔚冈院长、中国人民银行的王宇局长，感谢三叉戟读书会的朋友们。同你们的交流是我完成这项工作的动力。

感谢中信出版集团的潘岳副总经理和乔卫兵总编辑的信任，这四本书能够在中信出版集团出版，确拜两位领导的推动，我个人的运气，也是读者的幸事。感谢沈家乐副总编及策划编辑宋冬雪，以及《时运变迁》初版时的李楠副总编及编辑刘绚。在目前的市场环境下，编辑、策划、发行一本书的辛苦，在做过之后才能真正体会。

感谢天云文化同人们的支持，原本只是为了了却自己的一个夙愿才翻译《时运变迁》，而今完成了四本书。在“迪斯尼”“小猪佩奇”之外如此大的跨界，没有给大家带来太多的违和感，全仰赖于各位的包容。精神食粮不分长幼。

最后感谢我的家人们。翻译耗时、耗神、耗力，没有她们的理解和支持，断然做不了这项工作。每每在女儿问我“爸爸，你工作完了吗？”时，我都会自言自语：真是一份苦差事。想到将这些书作为给她们的礼物，稍稍释然。

即便修订再译，错误仍然难免。如果发现错误，可通过微信公众号“时运变迁”告知，不胜感激。读好书，免于无知。

于杰

2018 年 10 月